SPECIAL RESEARCH ON RISK MANAGEMENT AND INSURANCE INDUSTRY SECTION

风险管理与保险专题研究

（行业篇）

◎ 闫东玲　许亚萍　编著

天津大学出版社
TIANJIN UNIVERSITY PRESS

图书在版编目(CIP)数据

风险管理与保险专题研究. 行业篇 / 闫东玲, 许亚萍编著. -- 天津 : 天津大学出版社, 2023.11
ISBN 978-7-5618-7125-6

Ⅰ. ①风… Ⅱ. ①闫… ②许… Ⅲ. ①保险－风险管理 Ⅳ. ①F840.32

中国版本图书馆CIP数据核字(2022)第012318号

风险管理与保险专题研究（行业篇）
FENGXIAN GUANLI YU BAOXIAN
ZHUANTI YANJIU（HANGYEPIAN）

出版发行　天津大学出版社
地　　址　天津市卫津路92号天津大学内（邮编：300072）
电　　话　发行部：022-27403647
网　　址　www.tjupress.com.cn
印　　刷　北京虎彩文化传播有限公司
经　　销　全国各地新华书店
开　　本　710mm×1010mm　1/16
印　　张　20. 25
字　　数　403千
版　　次　2023年11月第1版
印　　次　2023年11月第1次
定　　价　58.00元

前言

2020年，基于风险管理的视角，笔者出版了适合理工科院校的通识课程教材《风险管理与保险》，此书的内容主要是以风险为出发点，以风险管理为核心，运用保险手段管理各种类型的风险。《风险管理与保险专题研究（行业篇）》，在通识课程教材《风险管理与保险》的理论基础上，综合考虑经济发展过程中风险突出的行业领域和高校的重点专业领域，设置了6个行业专题，分别是金融风险管理与保险、工程项目风险管理与保险、农业风险管理与保险、物流风险管理与保险、电子商务风险管理与保险、国际贸易风险管理与保险；并以《风险管理与保险》的基本原理为框架，深入探讨和研究这6个行业的不同风险特征及类型、风险管理的具体内容及保险技术手段在不同行业风险应对中的运用等。

本书的主要目的是基于《风险管理与保险》的基本理论，为不同行业的风险管理提供更深入的研究框架和更清晰的研究思路，有助于读者掌握各行业领域风险发生的规律和有效控制风险的技术手段，充分利用保险技术，最大限度地控制行业风险损失，从而为行业经济发展保驾护航。

本书研究特色主要体现在以下几个方面。

（1）对不同行业的风险管理与保险进行全面、深入的理论研究。

风险管理与保险是研究风险发生规律和风险控制技术的一门新兴管理科学，本书基于风险管理与保险的基本理论构建了6个专题行业的理论知识体系。本书先从各行业的风险、风险管理、保险等基本概念入手，界定了一些重点概念，如电子商务风险、物流风险管理、金融保险等。在此基础上，分析各行业风险的特征，如农业风险除了分析其具有的一般风险特征外，还探讨了其独有的特征，对独有特征的分析为后续选择农业风险管理技术奠定了理论基础。在概念界定、风险特征分析的基础上，全面研究和分析各个行业的风险分类，如针对金融风险分类，除了从传统的形态进行划分，还从性质、主体、层次方面进行了划分。在多角度全面划分风险的基础上，本书梳理出各专题行业的风险分类清单，为各行业风险管理提供理论支撑。

（2）基于风险管理基本框架，研究各行业风险管理的具体内容。

在《风险管理与保险》一书中，笔者从一般角度研究了风险识别、风险衡量、风险评价，选择风险管理技术，风险管理效果评价等风险管理的内容。本书基于这一内容框架，深入研究各行业风险管理的具体内容，如各行业风险识别、风险评估等特有的方法和模型，并通过各行业实务案例详细说明这些方法和模型的具体运用。本书从控制型、财务型两种风险管理技术角度对各行业具体风险控制技术进行了研究和探讨。

（3）深入研究保险在行业风险管理中的职能与作用。

行业发展过程中所面临的财产风险、责任风险、信用风险等已经成为制约行业经济发展的重要因素。保险作为财务型风险管理的重要技术手段，具有转移风险、补偿损失的基本职能，在行业经济发展过程中发挥着无可替代的作用。本书基于行业风险管理视角，重点研究各专题行业领域保险的险种、性质和责任范围；构建各行业经济发展的保险保障体系，如针对金融行业，在分析金融风险管理与保险之间关系的基础上，提出金融保险的概念，构建控制金融风险的保险保障体系（主要包括存款类保险、信用保证类保险、投资类保险）；对每一类保险中的具体险种及其发挥的作用进行阐释，如小微企业、科技企业贷款保证保险为中小企业和科技企业的发展保驾护航，海外投资保险为开拓海外市场特别是为“一带一路”倡议提供经济保障。

（4）撰写并分析各行业风险管理与保险的典型实务案例。

本书中的每个专题都结合行业发展，选取了风险管理与保险的典型实务案例，所选取的这些案例具有很强的时代性、研究性。针对这些实务案例引发的思考问题，运用各行业风险管理与保险的理论深入浅出地加以分析，能够帮助读者深入了解各行业风险管理与保险的实践意义，并掌握各行业风险管理与保险的理论、方法和精髓。

本书由天津大学闫东玲、北京工商大学许亚萍共同撰写。闫东玲负责全书的框架结构设计，并撰写专题 1（金融风险管理与保险）、专题 2（工程项目风险管理与保险）、专题 4（物流风险管理与保险）、专题 5（电子商务风险管理与保险），许亚萍撰写专题 3（农业风险管理与保险）、专题 6（国际贸易风险管理与保险）。最后，由闫东玲从管理学角度、许亚萍从经济学角度对全书进行统稿。在本书的大纲设计及初稿的评审过程中，笔者得到了许多专家、同人的指导，他们提出了许多宝贵的意见与建议，提高了本书的质量；在本书的撰写过程中，一些博士研究生、硕士研究生承担了资料收集和整理工作，他们分别是博士研究生郑依琳、张若楠、张国伟、连瑞毅、赵润博、李海文、方省，硕士研究生王一凌、李笑静、甄奕婷等，正是他们的积极参与和辛勤付出，丰富了本书的内容。在此，向专家、同人及同学们表示衷心的感谢！另外，书中参考、引用的相关文献和资料，已附在每一专题之后，在此一并向这些作者表示感谢！

本书出版获得了天津大学管理与经济学部的资金资助和天津大学出版社的大力支持，在此表示衷心感谢！

本书针对各行业的风险管理与保险的理论框架和内容做了初步的研究和探讨，并选取了最新案例。限于时间、条件和水平，书中难免有不当和不足之处，恳请同行与广大读者不吝赐教。

闫东玲

2023 年 10 月

于天津大学北洋园

目录

专题1

专题 6

专题1 金融风险管理与保险

1.1 金融风险

随着改革开放的深入和市场经济的逐步建立,金融风险越来越成为人们关注的热点之一,如何减少和防范金融风险已成为经济运行中的一个重要话题。

1.1.1 金融风险的概念

风险作为金融市场和金融活动的内在属性已经普遍为人们所接受。但是,在理论上有关金融风险的确切定义尚存争议。有学者将金融风险与不确定性相联系,认为某种金融产品或金融活动的风险应由其收益的不确定性来决定;也有学者把风险与其可能带来的不利后果相联系,认为某种金融产品或金融活动的风险应由其收益活动所造成的损失来确定;还有学者认为,金融风险既应与不确定性相联系,又应与其相应的不利后果相联系,只有当这种不确定性有可能给投资者带来损失时,才构成金融风险。

本书从风险管理的理论体系出发,认为金融风险是指经济主体在从事筹集和运用资金的金融活动过程中遭受损失的可能性和不确定性。对金融风险的理解应把握两点:一是金融风险是针对资金借贷和经营的风险;二是金融风险既可能带来经济损失,也可能带来超额收益。因此,金融风险的外延比其他风险要小,内涵比其他风险要大。

1.1.2 金融风险的特征

金融风险的特征是金融风险的本质及其发生规律的外在表现。正确认识金融风险的特征,对于建立和完善金融风险管理机制,防范和化解金融风险,具有重要意义。

1. 金融风险具有不确定性

在市场经济中,人们所面对的市场变化是无限的,然而人们的认识能力却是有限的,难以事前完全把握影响金融风险的因素。因此,金融风险具有不确定性,即金融风险是否发生,在何时、何地发生,因何原因发生,其影响程度如何,这些都具有不确定性。金融风险的不确定性要求金融活动参与主体必须树立风险的动态观念,并时刻根据经济环境、经济主体行为的变化特点,把握金融风险的变化和发展情况,以采取有效措施加以防范。

2. 金融风险具有普遍性

由于资金融通具有偿还性的特点,金融活动的融出方要在将来的某一时间收回其资金,并获得报酬,而金融活动的融入方要同时偿还本金和利息。但是,由于将来存在着许多不确定因素,因而融出方可能无法按时、按预期的报酬收回本金和利息,融入方也可能无法按时、按预期的成本偿付资金,这种可能性在资金融通过程中普遍存在。

3. 金融风险具有扩散性

金融以信用为基础,金融机构作为融资中介,实质上是一个由多边信用共同建立起来的信用网络。信用关系的原始借贷通过这一中介网络,不再具有一一对应的关系,而是相互交织、相互联动,任何一个环节出现风险损失都有可能通过这个网络对其他环节产生影响,任何一个链条断裂都有可能酿成较大的金融风险,甚至引发金融危机。

4. 金融风险具有隐蔽性和突发性

由于金融机构具有一定的创造信用的能力,可以在较长的时间里通过不断创造新的信用来掩盖已经造成的损失和出现的问题,这些风险因素被不断累积,在过程中很难被发现,具有隐蔽性,但最终会以突发的形式表现出来。例如,2008 年法国兴业银行巨亏案件,由于银行交易员热罗姆·科维尔违规交易,银行最终损失了 49 亿欧元。因违规进行衍生金融工具交易而受损、倒闭的金融机构,其资产几乎在一夜间就化为乌有,爆发的突然性往往出乎人们的预料。

5. 金融风险具有周期性

任何金融活动参与主体都是在既定的货币政策环境中运营,而货币政策在经济周期规律的作用下,有宽松期和紧缩期之分。一般来说,在宽松期,放款、结算、投资等环节的矛盾相对缓和,影响金融活动安全的因素逐渐减少,金融风险相对就小;反之,在紧缩期,金融同业间以及金融、经济间的矛盾加剧,影响金融活动安全性的因素逐渐增多,金融风险相对就大。货币政策宽松期,一般也是金融风险低发期,而货币政策紧缩期,往往也是金融风险多发期,特别是在两种货币政策交替期间,这种反应尤为明显。因此,金融风险受经济周期和货币政策变化的影响,呈现出规律性、周期性的特点。

6. 金融风险具有可控性

宏观金融风险是客观存在的，但就微观意义上的某一金融活动参与主体而言，金融风险是可以控制的。金融风险的可控性，就是金融活动参与主体按一定的方法、制度，对风险进行事前识别、预测分析，事中防范和事后化解。

7. 金融风险具有双向性

虽然金融风险更多地强调发生损失的可能性，但在金融活动中，在风险存在的条件下，获取收益的可能性也是客观存在的。这种风险收益激励人们勇于面对风险、承担风险，从而促进金融的深化。金融风险的这种双向性特征，势必对金融活动参与主体产生约束机制和激励机制，从而更有效地配置资源。

1.1.3　金融风险的分类

依据不同的标准，金融风险可划分为不同的种类。

1.1.3.1　按金融风险的形态划分

1. 市场风险

市场风险是指未来市场价格（利率、汇率、股票价格和商品价格）的不确定性导致金融活动参与主体的资产价值发生变化的风险。这些市场价格可能对金融活动参与主体造成直接影响，也可能通过竞争者，供应商或者消费者对其造成间接影响。市场风险主要包括利率风险、汇率风险、证券价格风险、金融衍生品价格风险和通货膨胀风险。

（1）利率风险

利率风险是指利率变化使金融活动参与主体的实际收益与预期收益或实际成本与预期成本发生背离，使其实际收益低于预期收益，或实际成本高于预期成本，从而使经济主体遭受损失的不确定性。

（2）汇率风险

汇率风险是指汇率的变化导致金融活动参与主体遭受损失的不确定性。它一般存在于外汇交易和外币业务活动中。

（3）证券价格风险

证券价格风险是指证券价格变动导致金融活动参与主体遭受损失的不确定性。

（4）金融衍生品价格风险

金融衍生品价格风险是指金融衍生品价格的波动导致活动参与主体遭受损失的不确定性。

(5)通货膨胀风险

通货膨胀风险又称购买力风险,是指一般物价水平的波动使经济主体遭受损失的不确定性。

2. 信用风险

信用风险是指在经济交往中,权利人与义务人之间,由于一方违约或违法致使另一方遭受经济损失的不确定性,又称违约风险。一般来说,信用风险随经济运行周期的变化而变化。在经济扩张期,较强的盈利能力会使总体违约率降低,所以信用风险降低;反之,在经济紧缩期,信用风险增加。

信用风险依据不同的角度有不同的分类:从信用形式来看,可分为商业信用风险、银行信用风险、国家信用风险、消费信用风险、信托信用风险、民间信用风险、保险信用风险以及一些其他形式的信用风险;从信用期限来看,可分为长期信用风险、短期信用风险和不定期信用风险。

3. 流动性风险

流动性风险是指金融活动参与主体虽然有清偿能力,但无法及时获得充足资金应对资产增长或支付到期债务而造成损失的不确定性。简言之,流动性风险就是金融活动参与主体由于资产流动性降低而遭损失的不确定性。而流动性极度不足会导致经济主体破产,因此流动性风险是一种致命的风险。但这种极端情况往往是由其他风险导致的。例如,某大客户的违约给银行造成的重大损失可能会引发该银行的流动性问题和人们对该银行前途的疑虑,这足以触发大规模的资金抽离,或导致其他金融机构和企业为预防该银行可能出现违约而冻结其信用额度,这些均可引发银行严重的流动性危机,甚至造成其破产。

4. 操作风险

操作风险是指金融活动参与主体由于人员、技术、内部流程、外部事件等因素遭受损失的不确定性。操作风险中的风险因素很大比例来源于经济主体的业务操作,属于可控范围内的内生风险。从覆盖范围来看,操作风险覆盖了经济主体经营管理所有方面的不同风险,几乎涉及经济主体内部的所有部门。新巴塞尔资本协议按照导致损失的原因,将操作风险分为 7 种:内部欺诈;外部欺诈;员工和工作场所安全性;客户、产品及经营行为;实物资产损失;经营中断和系统出错;交割及流程管理。

5. 政策风险

从宏观经济的角度出发,国家需要采用一些政策手段对经济进行调节,如财政政策、货币政策等其他金融政策。政策风险就是指金融领域的政策发生重大变化或者有重要的举措、法规出台，引起金融市场的波动，从而给金融活动参与主体带来的不确定性。

政策风险主要包括反向性政策风险和突变性政策风险。反向性政策风险是指在一定时期内，由于政策导向与金融市场内在发展方向不一致而产生的风险。当金融活动参与主体经营状况与国家调整政策不相容时，就会加大这种风险。突变性政策风险是指由于管理层政策口径突然发生变化而给金融活动参与主体造成的风险。国内外政治经济形势的突变会加大金融活动参与主体的政策风险。

6. 金融科技风险

金融科技是“技术驱动的金融创新”，即通过将现代科技成果应用于改造或创新金融产品、经营模式、业务流程等之中，达到推动金融业提质增效的目的。金融科技是传统金融行业创新性改革发展的产物，其高科技性和创新性满足了金融活动参与主体的需求，因此越来越受到金融领域的重视。随着金融科技应用范围的不断扩大，以及大数据、云计算、人工智能、生物识别、区块链等新技术的蓬勃发展，实现了科技与金融业务的深度融合，推动了金融经营模式与业务流程的变革，金融科技在改造和创新金融产品和服务等方面发挥了重要作用。

金融科技风险是指在金融科技的运用过程中，信息不对称、金融科技自身的脆弱性等给金融活动参与主体带来损失的不确定性。金融科技风险曾经被作为操作风险的一部分进行管控，但伴随金融科技的广泛应用，金融科技在金融领域中的重要性与日俱增，在此背景下开始将金融科技风险从传统的操作风险中剥离出来，引入更为专业的技术与手段，并交由更加专业的人员对金融科技风险进行研究和管控。

7. 法律风险

法律风险是指在法律实施过程中，由于金融活动参与主体外部的法律环境发生变化，或由于金融活动参与主体未按照法律规定或合同约定行使权利、履行义务，而对自身造成负面法律后果的可能性。法律风险是一种特殊类型的操作风险，它包括但不限于因监管措施和解决民商事争议而支付的罚款、罚金或者惩罚性赔偿所导致的风险敞口。

法律风险主要有两方面的来源：一是法律环境因素，包括立法不完备，执法不公正，合同相对人失信、违约、欺诈等；二是经济主体自身法律意识淡薄，对法律环境认知不够，经营决策未考虑法律因素。相比之下，经济主体自身原因引起的风险比例较高，主要原因是经济主体法律意识和依法治理的能力与法律环境变化存在差距。

1.1.3.2 按金融风险的性质划分

1. 系统性风险

系统性风险是指金融体系由于遭受了大规模的冲击而无法持续有效运转的可能性。系统性风险由于对市场上所有金融活动参与主体都有影响，无法通过风险管理的技术手段加以分散和回避，因此又被称为不可分散风险或不可回避风险。

系统性风险往往隐含着金融危机的可能性，直接威胁着一国的经济安全。通常由金融活动参与主体自身无法控制的一些因素而引起，如政治因素、经济因素、自然因素和突发事件等。其不利影响可能会在整个金融体系引发“多米诺骨牌”效应，造成经济金融的大幅度波动，产生宏观层面上的金融风险。

2. 非系统性风险

非系统性风险是指某个金融活动参与主体在经营过程中遭受损失的可能性，它是某个金融活动参与主体特有的风险。非系统性风险可以通过风险管理的技术手段加以分散和回避，因此又被称为可分散风险或可回避风险。

非系统性风险一般都由于金融活动参与主体决策失误、经营管理不善、违规扩张或债务人违约等导致，其表现形式也是多种多样，一般包括信用风险、财务风险、经营风险、流动性风险和操作风险等。非系统性风险是个别性风险，不会对市场整体造成大的影响。

1.1.3.3 按金融风险的主体划分

1. 国家金融风险

国家金融风险是将国家作为经济主体，在从事金融活动中所面临的遭受损失的可能性。国家金融风险产生的客观基础是国际资本流动的自由化和各国金融市场的迅速发展。

国家金融风险的产生有内部原因和外部原因：内部原因主要有国际收支逆差、过重的债务负担和泡沫经济等；外部原因主要是国际金融市场上已经形成了规模巨大的机构投机者，他们的操纵会给有关国家造成灾难性的破坏，甚至导致金融危机的爆发。

2. 金融机构风险

金融机构风险是指金融机构作为经济主体，在从事金融活动中所面临的遭受损失的可能性。金融机构风险主要包括银行风险、证券风险、保险风险、信托风险等。由于金融机构专门经营金融业务的特殊性，金融活动是金融机构日常最普遍的活动，各种各样的金融风险都有可能发生，金融机构可谓金融风险的“聚居地”。

3. 企业金融风险

企业金融风险是指一般工商企业在从事金融活动中所面临的遭受损失的可能性。一般工商企业的核心业务是生产和经营实体产品，其经营活动和收益主要与产品市场相关，遵循价值规律。这就决定了一般工商企业面临的金融风险具有两个特点：一是金融风险是一般工商企业基本经营活动的“副产品”；二是一般工商企业的经营活动或产品本身并不直接具有金融风险，金融风险是由这些业务活动所产生的现金流的不确定性间接导致的。

4. 个人金融风险

个人金融风险也可以称为居民金融风险或家庭金融风险，是指居民在从事金融活动时所面临的遭受损失的可能性。随着所拥有的金融资产的增多，居民开始考虑各种理财和投资，个人金融风险不断加大，如面对高收益金融产品时，过分重视投资回报率，忽视潜在的风险损失，直接投资股市比例过多，偏好点对点网络借款（Peer to Peer，P2P）等互联网金融产品等，这些都会导致个人金融风险的发生。

1.1.3.4　按金融风险的层次划分

1. 微观金融风险

微观金融风险是指微观主体即金融活动参与主体在金融交易过程中面临遭遇损失的不确定性。微观金融风险属于个体风险，其责任主体是金融机构、居民个人等。微观金融风险转化成现实的主要表现有两种：一是损失，如资产缩水、投资损失、收益减少、严重亏损等；二是破产，破产类风险出现的频率相对较低。

2. 宏观金融风险

宏观金融风险是指由于经济制度缺陷和宏观调控偏差等原因而给主权国家带来损失的不确定性。宏观金融风险属于公共风险，其责任主体是政府，与政府的财政责任有内在的关联性，是国家财政风险的重要来源。

根据风险后果的影响范围及其相应的承担主体区分微观金融风险和宏观金融风险。如果金融风险带来的后果是孤立性的、个体性的，不产生连带性影响，则是微观金融风险；如果金融风险带来的后果与此相反，是整体性的、关联性的，则是宏观金融风险。

宏观金融风险是从微观金融风险转化而来的，转化的条件有以下两种。一是损失类风险在行业内普遍累积，并已达到破产的临界点，如银行业积累了大量的不良资产，各个银行自身已经无力化解，到了破产的边缘，不得不由国家出面来剥离。二是破产类风险引发连锁反应，如某一个金融机构破产可能会引起社会预期改变，产生存款挤兑风潮、资产价格急剧波动、外资大规模流出、货币大幅度贬值等。尤其当单个金融机构达到相当大的规模时，其利益相关者也会组成一个巨大的群体，在这种情况下，无论该机构是公有还是私有，如果任其破产就会带来巨大的公共风险，政府救援不可避免。21 世纪初美国政府出面挽救私人所有的量子基金就是一个典型例证。

金融风险有多种分类方式，本节主要从金融风险的形态、金融风险的性质、金融风险的主体、金融风险的层次等角度对金融风险分类进行阐述，现将这些金融风险分类及描述汇总为表 1-1。

表 1-1　金融风险分类表

分类标准	风险种类	风险描述
按金融风险的形态划分	市场风险	利率、汇率、证券价格、金融衍生品价格、通货膨胀等波动带来的不确定性
	信用风险	交易双方不履行到期债务而引起的风险
	流动性风险	由于资产流动性降低而引起的风险
	操作风险	由于人员、技术、内部流程、外部事件等因素造成损失的不确定性
	政策风险	国家政策发生变动引起金融市场波动而带来的不确定性
	金融科技风险	在金融科技的运用过程中，信息不对称、金融科技自身的脆弱性等原因给金融活动参与主体带来损失的不确定性
	法律风险	由于外部的法律环境发生变化或金融活动参与主体未按照相应的法律行事而造成损失的不确定性
按金融风险的性质划分	系统性风险	金融体系遭受了大规模的冲击而无法持续有效运转而引起的风险，无法通过风险管理的技术手段加以分散和回避
	非系统性风险	某个金融活动参与主体在经营过程中由于决策失误、经营管理不善等原因遭受损失的风险，可以通过风险管理的技术手段加以分散和回避
按金融风险的主体划分	国家金融风险	国家在从事金融业务活动中可能遭受损失的风险
	金融机构风险	金融机构（银行、证券、保险、信托等）作为经济主体在从事金融活动中可能面临的遭受损失的风险
	企业金融风险	一般工商企业在从事金融活动中可能面临的遭受损失的风险
	个人金融风险	居民个人在从事金融活动时可能面临的遭受损失的风险
按金融风险的层次划分	微观金融风险	金融机构、居民个人等在金融交易过程中可能面临的遭遇损失的风险
	宏观金融风险	由于经济制度缺陷和宏观调控偏差等可能给主权国家带来损失的风险

1.1.4 金融风险的效应

正确认识金融风险的效应,对于加强金融风险管控具有十分重要的意义。金融风险虽然会对金融活动参与主体的行为产生约束效应,对金融活动起一定的平衡作用,但金融风险发生所造成的效应主要是负面的,体现在经济、政治、社会三个方面。

1.1.4.1 金融风险的经济效应

金融风险的经济效应包括微观经济效应和宏观经济效应两个部分。

1. 金融风险的微观经济效应

金融风险的微观经济效应主要体现在:①给经济主体造成经济损失,甚至威胁其生存与发展,在现实经济生活中,金融机构或企业因受金融风险的影响而破产的事例举不胜举;②影响投资者或存款人的信心,如银行一旦发生任何类型的金融风险,投资者和存款人就会对该银行失去信心,纷纷提取存款,形成挤兑风潮,从而加剧银行危机,甚至导致银行倒闭;③降低资金利用率,由于金融风险的存在,一些投资者和消费者会持币观望,从而导致社会资金闲置,增大机会成本,降低资金利用率。

2. 金融风险的宏观经济效应

金融风险的宏观经济效应主要体现在:①导致社会投资水平下降,致使经济增长速度放慢甚至出现负增长;②不利于动员国内外储蓄,容易造成财政政策和货币政策的扭曲;③破坏经济运行基础,造成产业结构畸形发展;④影响一国的国际收支,危及国家经济安全。

1.1.4.2 金融风险的政治效应

金融风险发生时,民众可能出于对政府处置风险不力或对政府采取的处置措施不满而游行示威,当权者被危机形势所迫一筹莫展或迫于社会舆论引咎辞职,从而引起政治危机。

1.1.4.3 金融风险的社会效应

金融业与其他行业的一个重要区别就是金融业具有明显的社会性特征,社会公众与金融机构之间的关系十分密切,它们之间是一种依附型、紧密型的债权债务关系。如果金融机构经营不善或倒闭,就会损害存款人、投资者、被保险人的利益,引起社会风险。如果金融机构不能清偿债务,就会给整个社会提供负面示范效应,造成整个社会经济秩序的混乱。

1.2 金融风险管理

1.2.1 金融风险管理的概念

金融风险管理是指金融活动参与主体对金融风险进行识别、度量和评价,并在此基础上优化组合各种金融风险管理技术,对金融风险实施有效控制并妥善处理金融风险损失所致的后果,期望达到以最小的成本获得最大安全保障的目标。

金融风险管理是金融管理的核心内容。随着金融一体化和经济全球化的发展,金融风险日趋复杂化和多样化,金融风险管理的重要性愈加突出。金融风险管理的内容包括对金融风险的识别、度量、策略选择及管理效果评估等。由于金融风险会对经济、金融乃至国家安全产生消极影响,在国际上,许多大型企业、金融机构和组织、各国政府及金融监管部门都在积极寻求金融风险管理的技术和方法,以对金融风险进行有效识别、精确度量和严格控制。

1.2.2 金融风险管理的作用

1.2.2.1 金融风险管理对微观经济主体的作用

1. 加强经济主体对自身金融风险的认知

经济主体在建立了金融风险管理机制或者采取了金融风险管理措施之后,各种潜在的经济损失就可能被识别、度量和处置。能够意识到金融风险的存在是进行有效金融风险管理的前提。例如,企业、金融机构可能通过监控资本充足率、不良贷款率等财务指标来判别自身的经营风险状况。

2. 使经济主体以较低的成本避免或减少金融风险可能造成的损失

资金借贷者、外汇头寸持有者、股票买卖者等市场参与者可以通过对利率、汇率、股票价格的变化趋势进行科学预测,并采用措施对这些市场风险加以规避,避免在金融交易中出现亏损。债权人根据严密的资信评估体系对借款人进行筛选,可以在事前规避信用风险;发放贷款后,债权人可以凭借完备的风险预警机制,及时发现问题并采取措施,防止借款人到期不履行还本付息的义务。金融机构或企业经过严格的内部控制,可以避免雇员利用职务之便从事违规金融交易,从而避免内部人为谋私利损害所有者利益而造成损失。

3. 稳定经济活动的现金流量,提高资金使用效率

金融风险管理中有各种防范风险的技术,可以根据变动各金融变量,保持相对稳定的收入和支出,减少现金流量的波动。例如,企业可以运用期货、期权等金融工具来避免利率风险和汇率风险,也可以通过合理计提一定的准备金来防范流动性危机,以及防止因大量资金闲置而导致资金使用效率低下的情况发生。

4. 为经济主体做出合理决策奠定基础

金融风险管理为管理经济主体划定了行为边界,约束其扩张冲动,也对市场参与者的行为起警示和约束作用。金融风险管理还有助于经济主体把握市场机会,在金融风险管理的框架下促进资金筹集和资金投资决策的合理化与科学化,减少决策的风险性。

5. 实现金融机构和企业的可持续发展

金融风险管理能够使金融机构和企业提高管理效率,保持稳健经营,避免行为短期化。同时,拥有健全的风险管理体系的金融机构和企业在社会中可以树立良好的形象,赢得客户信任,从而在激烈的竞争中不断发展壮大。客户的信任是金融机构和企业可持续发展的基石。

1.2.2.2　金融风险管理对宏观经济整体的作用

1. 有利于国家经济的发展

现代经济是市场经济,市场经济从本质上来讲就是一种发达的货币信用经济或金融经济,它的运行表现为价值流导向实物流,货币资金运动导向物质资源运动。金融运行正常有效,则货币资金的筹集、融通和使用也就充分而有效,社会资源的配置也就更合理,对国家经济走向良性循环所起的作用也就更明显。一旦出现金融风险将会影响国家经济增长,干扰国家整体经济的发展。因此,金融风险管理过程中要精准识别金融风险,加强金融风险监管,促进国家经济平稳发展和社会经济正常运行。

2. 增强国家的国际竞争力

金融风险管理水平的提高,一方面可以给整个国家带来良好的投资环境和经济秩序,吸引更多的国外资本,从而改善国家的国际收支水平;另一方面可以在一定程度上降低由于利率和汇率等的变动带来的经济损失。因此,在国际经济往来中,可以通过金融风险管理大大增强一个国家的国际竞争力。

3. 规范金融市场秩序

建立完善的金融风险管理体系,加强金融风险监管,能够保证市场上各金融参与主体的行为趋于合理化和规范化及投资者与筹资者双方行为的理性化,从而降低整个市场的金融风险水平,使金融市场正常、有序、高效、稳定发展。

4. 优化社会资源配置

通过金融风险管理尽量消除和减轻金融风险的不利影响,提高微观经济实体的经营管理水平,使每个经济个体在投资风险较大的行业时能够预先消除或者控制一些不确定的风险因素,保证资源按市场需求合理配置,从而实现整个社会资源的有效配置,提高社会生产率。

1.2.3 金融风险管理的目标

不管风险类型如何,各种风险管理的基本目标都是相同的,就是以最小的成本获得最大的安全保障效益。而具体到金融领域,金融风险管理的最终目标是在识别和衡量金融风险的基础上,对可能发生的金融风险进行预防并准备处置方案,以避免和减少损失,从而以最小的成本获得最大的安全保障效益。金融风险管理具体目标可分为损失发生前的金融风险管理目标与损失发生后的金融风险管理目标,损失发生前侧重控制和防范,损失发生后侧重化解和处置。

1.2.3.1 损失发生前的金融风险管理目标

损失发生前的金融风险管理目标是指金融风险事故发生前,金融风险管理应达到的目标,可以分为以下几类。

1. 经济性目标

风险管理必须经济合理,以保证其总目标(即以最小的成本获得最大的安全保障效益)的实现。金融风险管理的经济性就是尽量减少不必要的费用支出,降低风险管理成本。它要求风险管理人员用最合适的、最佳的技术手段来降低管理成本。同时,严格核算成本和费用支出,注意分析成本与效益,保证实现经济目标。但是费用的减少会影响安全保障的程度,因此,如何使费用和安全保障程度达到平衡成为实现该目标的关键。

2. 安全性目标

所谓安全性目标就是减少忧虑心理和恐惧心理,提高安全保障水平。金融风险会给金融活动参与主体带来心理上的紧张不安,而这种心理上的忧虑和恐惧会严重影响劳动生产率的提高,造成工作效率低下甚至无效率。损失发生前的金融风险管理目标之一就是要减少人们这种焦虑和不安的情绪,提供心理上的安全感和有利于生产、生活的宽松社会环境。

3. 社会责任目标

实施金融风险管理必须履行有关社会职责和义务,这包括严格遵守相关的政府法规和各种公共准则,履行必要的社会责任,全面实施防范计划,尽可能消除风险损失隐患,营造良好的金融环境。

1.2.3.2 损失发生后的管理目标

1. 维持生存的目标

这是损失发生后风险管理的首要目标。为了使金融参与机构乃至整个社会不会因金融风险的发生而倒闭、破产和发生大的震动,维持生存成为损失发生后风险管理最基本、最重要的目标。成功的金融风险管理,应保证在发生金融风险损失后,经济主体或通过风险自留或通过风险转移等方式承受住打击并渡过难关,继续生存下去。

2. 尽快恢复正常生产经营和服务活动的目标

金融风险事件的发生具有很强的危害性,会给经济主体乃至整个社会带来不同程度的损失和危害,而实施金融风险管理,选择恰当的风险管理技术,则能为经济主体提供一定的经济补偿,为恢复资金筹集和经营活动秩序等提供条件,从而使经济主体在损失发生后迅速恢复正常。

3. 实现生产经营和服务活动持续发展的目标

实施金融风险管理,不但能使经济主体在遭受金融风险损失后求得生存,恢复原有水平,而且能使其在遭受损失后,积极采取有效措施,实现生产经营和服务活动的持续发展。

4. 社会责任目标

风险损失发生后,金融风险管理的目标同样包括社会责任目标。当发生金融风险事件时,常常会对一国乃至世界经济产生不同程度的影响。从道德责任观念和社会意识上考虑,要求将上述金融风险事件对其他人员或地区产生的影响降到最低。因此,实施金融风险管理时,应尽可能减轻因金融风险损失给其他经济主体和整个国际社会带来的不利影响,以保持该经济主体在社会和公众中的良好形象和声誉。

1.3 金融风险管理的内容

1.3.1 金融风险识别

1.3.1.1 金融风险识别的概念

金融风险识别是指风险管理部门运用相关的理论和方法,系统、全面、连续地对经济主体所面临的现实的和潜在的各种金融风险因素进行识别、判断和归类,从而为衡量金融风险和选择合理的管理策略提供依据的动态过程。

可从以下几方面进一步理解金融风险识别的概念。

第一,金融风险识别的方法是在金融风险管理实践基础上不断总结出来的科学方法,但这些方法中的任何一种方法都不可能揭示出金融活动参与主体面临的全部风险,更不可能揭示出导致金融风险事件的所有风险因素,因此必须根据金融活动参与主体的性质以及每种方法的用途将多种方法结合使用。另外,这些方法不是一成不变的,而是随着人们对金融风险理解的加深和金融风险管理的逐步精细化而不断发展和完善。

第二,金融风险识别不仅要对现存的风险因素加以识别、判断和归类,还要对未来潜在的风险因素加以辨识和分析。

第三,金融风险识别应该是一个系统、全面、连续的动态过程。金融风险具有普遍性、可变性,复杂性,尤其是在变幻无常的现代经济社会中,金融风险呈现较强的不确定性,新的金融风险不断产生,原有的金融风险可能减弱、消失,也可能发展出新的特征。这一切都要求金融风险识别是一个系统、全面、连续的动态过程,能对许多复杂的和潜在的风险因素进行充分的认识和判别。

1.3.1.2 金融风险识别的原则与流程

1. 金融风险识别的原则

为确保金融风险识别的有效性和可靠性,金融风险识别需要遵循一定的原则。

(1)实时性原则

金融风险具有普遍性,广泛存在于经济主体的经营活动中。金融风险还具有可变性,经济主体的财务状况、市场环境等各种可能导致金融风险的驱动因素也时常处于变化中。随着这些驱动因素的变化,经济主体面临的金融风险的类型、受险的部位、严重程度等都可能发生变化。因此，经济主体的风险控制部门要根据实时信息及时发现风险的变化，完善风险管理系统，调整风险管理策略。

（2）系统性原则

系统性原则要求经济主体按照风险活动的内在流程、顺序、结构关系识别金融风险。金融风险具有复杂性、隐蔽性、多样性和传导性，因此金融风险识别不能局限在某个部门、某个环节和某种风险中，而是要研究经济主体相关联的单位，以及内部各个部门、各个环节之间的紧密联系和所面临的全部风险。经济主体的风险控制部门只有进行全面系统的调查分析，才能将金融风险进行综合归类，并揭示其性质、类型、传导路径及后果，从而采取科学、有效的风险处置方法防范风险。

（3）科学性原则

金融风险识别就是要准确识别风险源、风险存在的部位，并进行科学分类，构建风险清单，为风险管理提供依据，这就要求金融风险识别过程中要选取科学的风险识别方法，使风险识别结果准确、合理、完整。同时，金融风险识别的过程也是对经济主体的经营状况及其所处环境进行量化核算的过程，必须以严格的数理统计工具作为分析工具，在普遍估计的基础上，进行精确计算，得出比较合理的分析结果。

（4）成本效益原则

金融风险的识别需要花费人力、物力、财力和时间等，金融风险管理收益的大小取决于因金融风险管理而避免或减少的损失大小。一般来说，随着金融风险识别活动的进行，识别的边际成本会越来越大，而边际收益会越来越小，所以需要权衡成本和收益，从经济性角度来选择和确定最佳的识别程度和识别方法。金融风险识别的目的在于为金融风险管理者提供决策依据，保证企业、单位和个人以最小的成本获取最大的安全保障，减少风险损失。因此，经济行为主体在进行金融风险识别时，必须考虑成本因素，以保证以较小的成本换取较大的收益。

2. 金融风险识别的流程

金融风险识别流程就是金融风险识别的过程，实际上也是识别各种金融风险产生原因的过程。

金融风险识别的基本流程主要包括五个步骤。

（1）明确风险识别的目标

根据经济单位金融风险管理整体计划的内容来确定金融风险识别的目标，如经济单位背景、金融风险管理总体目标、风险标准、决策标准以及对风险识别的总体要求等。根据这些内容明确金融风险识别已到什么程度，预期的目标是什么，金融风险要素挖掘的深度如何，从而为进一步识别风险提供指导。

（2）确定风险识别的对象和范围

金融风险识别是一项复杂的工作，涉及风险主体的方方面面。因此，要根据经济单位的特点确定金融风险识别的工作结构单元和活动范围，即金融风险识别的对象和范围，并明确识别工作人员的分工，各人员都需要识别哪一方面的风险源。这样，才能使金融风险识别工作更加有针对性，使其全面、准确地识别经济单位的各项金融风险隐患。

（3）准备风险识别工具

在具体的金融风险识别过程中，会用到多种识别、分析方法，根据所选的方法，准备相应的识别工具，例如风险识别对象的工作流程图、工作分解结构、风险因素调查表、风险清单、风险登记表等。

（4）开展调查和分析

这是金融风险识别过程中非常关键的一步，主要是通过各种途径搜集大量的信息资料，并运用科学的风险识别方法，对这些信息资料进行汇总梳理，从而找出经济单位存在的各种金融风险因素。在此基础上，分析哪些风险因素影响程度最大，哪些风险要素影响不大，从而为后续的金融风险识别筛选打下基础。

（5）提交风险识别结果

在调查分析的基础上，对经济单位的金融风险进行筛选，并撰写风险识别报告。将识别出来的各种金融风险及其原因进行归类，并用文字加以描述，从而构建出经济单位的金融风险数据库，作为后续风险评估和风险控制的主要研究内容。风险识别结果一般包括金融风险分类、金融风险表现描述、金融风险清单等内容。

1.3.1.3 金融风险识别的内容

金融风险识别的内容主要包括感知金融风险和分析金融风险两方面的内容。

1. 感知金融风险

感知金融风险是指通过调查，了解容易产生金融风险的部位和其来源，发现各种金融风险暴露，认识金融风险的类型，是金融风险识别的基础。通过感知金融风险，在此基础上进一步进行分析，寻找导致金融风险事件发生的条件因素，分析金融风险的成因和特征，为拟订金融风险处置方案、选择金融风险管理决策奠定基础。例如，调查了解商业银行的一笔贷款所涉及的客户、数额、期限、贷款方式、定价、付息方式、贷款回收等业务环节，这些环节都存在着金融风险暴露，会导致各种金融风险的发生。其中不同的客户具有不同的信用风险，贷款给信誉好的优质客户面临的信用风险较小，而贷款给经营状况差或投资高风险项目的客户面临的信用风险较大。贷款的数额、期限和到期能否偿还(或提前偿还)等问题,直接影响着商业银行资产的流动性,会引发流动风险,因为这些因素直接关联着银行信贷计划和头寸的分配情况,影响着资产和负债的匹配情况。期限和定价等问题又会带来利率风险,因为期限的长短决定着利率的敏感性,而定价方式本身也面临着利率风险。贷款的回收,是信贷工作最后且最重要的环节,贷款到期能否及时且全部收回是商业银行信贷业务中存在的最主要的信用风险。

2. 分析金融风险

造成金融风险的因素错综复杂,有客观原因和主观原因,也有系统原因和非系统原因,不同因素造成的风险特征不同。分析金融风险即通过风险归类,掌握金融风险产生的原因、条件以及金融风险所具有的性质和特征,为梳理风险清单打下基础,它是金融风险识别的关键。分析金融风险一方面可以通过历史经验来判断,另一方面可以通过对各种客观的资料和金融风险事件的记录进行分析、归纳和整理,以及通过必要的专家访谈,找出各种明显和潜在的风险因素及其风险特征。风险具有可变性,因而分析金融风险是一项持续性和系统性的工作,要求风险管理部门密切注意原有金融风险的变化情况,并随时发现新的风险因素。例如,商业银行存在的信用风险、操作风险、流动风险、利率风险等,由于业务、流程、工作人员等不同,导致这些风险发生的因素和条件就会不同,要针对具体情况分析出这些风险产生的主、客观原因及系统、非系统原因,并加以描述,最后形成风险清单。

感知金融风险和分析金融风险构成了金融风险识别的基本内容,也是金融风险识别的两个阶段,感知金融风险是金融风险识别的基础,分析金融风险是金融风险识别的关键。两者相辅相成,相互联系。只有通过感知金融风险,才能进一步有意识、有目的地分析金融风险;只有通过分析金融风险,才能发现可能导致金融风险事件发生的各种因素和条件,为拟订风险预防、处置方案和进行风险管理决策奠定基础。

1.3.1.4 金融风险识别的方法

在金融风险识别过程中,需要综合利用科学的风险识别方法,本着实时性、系统性、科学性、成本效益等基本原则,全面、高效地研究和分析金融风险的识别内容。金融风险的识别方法普遍采用的是定性方法,如头脑风暴法、德尔菲法、标准化调查法(如现场调查法、问卷调查法等)、风险清单法、财务报表法、流程图法、事故树分析法、工作—风险分解法、态势分析法、主观风险测定法等,这些定性方法在实践中也在不断发展和完善。另外,也采用定性与定量相结合的风险识别方法,但更强调定量的方法,如事故树分析法、客观风险测定法、幕景分析法、模糊集合分析法等。具有普遍性的风险识别方法，在《风险管理与保险》教材的第三章中已做了详细的阐述，本节重点阐述以下几种方法。

1. 主观风险测定法

主观风险测定法通常分为传统的主观风险测定法和现代的主观风险测定法。

（1）传统的主观风险测定法

传统的主观风险测定法是依赖金融风险管理者个人的经验及主观分析判断，对经济主体的金融风险进行识别的一种方法。

传统的主观风险测定法主要包括以下四类。

①直接观察法，即由经验丰富的风险管理者根据自己的经验与直觉，对经济主体的各个经营环节进行观察，推测、识别本单位的金融风险。

②财务报表透视法，即风险管理者在财务部门的配合下，通过对财务报表上相关科目的观察，如资产负债表中的资金来源及运用情况，损益表中的利润、损失情况等，从而推测出经济单位存在的金融风险。

③事件推测法，即根据经济主体本身已发生的典型事件，结合相关内外部信息资料来推测、识别本单位未来发展中可能存在的相关金融风险。

④证券市场追踪法，主要适用于已经上市的经济组织，即根据上市经济主体在股票市场中的价格变化情况来推测、识别本单位的金融风险。该方法假定经济主体的收益与风险和本单位在股票市场的价格密切相关。

传统的主观风险测定法主要适用于可获得数据较少的情形。该方法依赖经济主体风险管理者的主观努力和个人经验判断，因此使用起来简单、快捷，能够发现经济主体本身特有的风险，风险测定结果保密性强。但是，传统主观风险测定法识别出的金融风险会因风险管理者的不同而出现差异，风险大小的衡量标准也不一致。针对传统的主观测定方法的不足，在实践中开始在原有方法的基础上适当加入定量分析，被称为现代的主观风险测定法。

（2）现代的主观风险测定法

现代的主观风险测定法是在传统主观风险测定方法识别金融风险的基础上，将金融风险因素分类并赋值，尝试将主观风险测定的定性分析转向定量分析，由此将主观分析扩展为能够同时完成综合评价金融风险因素与测量金融风险临界值的双重任务。

现代的主观风险测定法中较具代表性的是"A 记分法"。"A 记分法"将与经济主体的金融风险有关的各种现象或标志性因素列出并分类，根据它们对经济主体经营成败的影响进行赋值，并将这些数值或记分汇总，就可以得出该经济主体的确切风险程度。

“A 记分法”的基本思路:经济主体的经营失败不是突发事件,而是逐步的发展过程。首先,将这个过程中的风险因素分为三类,第一类是经济主体在经营过程中存在的问题,第二类是经济主体在经营过程中发生的错误,第三类是经营主体出现的破产征兆;然后,根据影响程度对风险因素进行赋值;最后将所得数值或记分求和,就可以知道该经济主体的风险程度。

“A 记分法”的具体操作:将风险因素分为三大类 17 项,不同风险因素的记分值不同。第一类经营过程中存在的问题包括管理水平低、被动的领导班子、财务管理不强、管理技能不全面、缺少成本监督系统、没有过程预算系统、无现金开支计划、董事长兼任总经理、总经理独断专行、应变能力差 10 个因素;第二类经营过程中发生的错误包括缺乏资本的业务规模、过大的风险项目、高杠杆负债经营 3 个因素;第三类破产征兆包括管理停顿、经营秩序混乱、被迫编造假账、危机财务信号 4 个因素。总分值 100 分,临界值 25 分。一般认为 0~18 分为安全区, 18~25 分为警戒区。具体赋值方式如表 1-2 所示。

表 1-2 风险因素及其风险值

分类	风险因素	记分值	总值	临界值
1. 经营过程中存在的问题			43	10
	管理水平低	1		
	被动的领导班子	2		
	财务管理不强	2		
	管理技能不全面	2		
	缺少成本监督系统	3		
	没有过程预算系统	3		
	无现金开支计划	3		
	董事长兼任总经理	4		
	总经理独断专行	8		
	应变能力太差	15		
2. 经营过程中发生的错误			45	15
	缺乏资本的业务规模	15		
	过大的风险项目	15		
	高杠杆负债经营	15		

续表

分类	风险因素	记分值	总值	临界值
3. 破产征兆			12	0
	管理停顿	1		
	经营秩序混乱	3		
	被迫编造假账	4		
	危机财务信号	4		
分值加总		100	100	25

尽管“A 记分法”对风险因素尽量定量化,但是它的赋值依据依然是评判者的个人判断。因此,即使是现代主观风险测定法也存在以下缺陷:一是不同评判者对同一经济主体的风险测定结果不一样;二是评判者的判断边界模糊;三是不同评判者或分析者对各种风险因素的记分或赋值标准的观点可能不一致。这样就需要更客观或更为科学的方法来弥补其缺陷,于是就产生了客观风险测定法。

2. 客观风险测定法

客观风险测定法是一种以反映金融活动的实际数据为依据进行金融风险识别的方法。客观风险测定法的关键在于准确选择与确定综合评判指标体系。客观风险测定法按其发展的成熟程度和发展的时期不同,同样分为传统的客观风险测定法和现代的客观风险测定法。

(1)传统的客观风险测定法

传统的客观风险测定法主要是通过分析单一的财务指标,来识别金融风险,也称为财务比率分析法。该方法利用的分析比率是财务报表中常用的比率,主要包括债务比率、流动比率、资本结构比率、酸性试验比率、存货周转率、收入结构比率、资本回报率、边际利润率、资产周转率等比率值。

在传统的客观风险测定法中,每一个财务指标分析结果只反映经济主体某一方面的风险程度,不能反映风险单位的综合风险程度。随着金融风险管理活动的深入,分析单一财务指标已不能满足金融风险识别的需要,这就要求构建一个综合性的风险指标体系对金融风险进行更加科学的综合识别。

(2)现代的客观风险测定法

现代的客观风险测定法是结合金融活动的实际数据构建一个风险指标体系,运用这一指标体系,对经济主体的金融风险做综合评判的方法,比如沃尔评分法。

沃尔评分法是目前经常用于评价经济主体信用水平的一种客观风险测定法。该方法是指将选定的财务比率指标用线性关系结合起来，并分别给定其各自的分数比重，然后通过与标准比率指标进行比较，确定各项指标的得分及总体指标的累计分数，从而对经济主体的信用水平做出综合评价的方法。

沃尔评分法的基本步骤包括以下 4 个。

①选择评价指标并分配指标权重。

可选择的财务比率指标包括：盈利能力的指标，如资产净利率、销售净利率、净值报酬率等；偿债能力的指标，如自有资本比率、流动比率、应收账款周转率、存货周转率等；发展能力的指标，如销售增长率、净利增长率、资产增长率等。

按重要程度确定各项比率指标的评分值，评分值之和为 100。

如上述三类指标的评分值为 5∶3∶2，其中盈利能力指标三者的比例为 2∶2∶1，偿债能力指标和发展能力指标中各项具体指标的重要性大体相当。

②确定各项比率指标的标准值，即这些指标在经济单位现有条件下的最优值。

③计算该经济单位在一定时期各项比率指标的实际值。

资产净利率=净利润 ÷ 资产总额 ×100%

销售净利率=净利润 ÷ 销售收入 ×100%

净值报酬率=净利润 ÷ 净资产 ×100%

自有资本比率=净资产 ÷ 资产总额 ×100%

流动比率=流动资产 ÷ 流动负债 ×100%

应收账款周转率=赊销净额 ÷ 平均应收账款余额 ×100%

存货周转率=产品销售成本 ÷ 平均存货成本 ×100%

销售增长率=销售增长额 ÷ 基期销售额 ×100%

净利润增长率=净利润增加额 ÷ 基期净利润 ×100%

资产增长率=资产增加额 ÷ 基期资产总额 ×100%

④形成评价结果。

沃尔比重评分法的公式为：实际分数=实际值 ÷ 标准值 × 权重。

其中，当实际值大于标准值为理想时，此公式正确；但当实际值小于标准值为理想时，实际值越小得分应越高，用此公式计算的结果却恰恰相反。另外，当某一单项指标的实际值畸高时，会导致最后总分大幅度增加，掩盖情况不良的指标，从而给管理者造成一种假象。

3. 模糊集合分析法

模糊集合分析法是一种以模糊数学为理论基础，可以解决有关模糊事物问题的分析方法。所谓模糊事物是指很难给出其精确或客观的定义或判断标准且具有亦此亦彼特性的事物。在金融风险识别过程中会经常遇到模糊事物。例如,考察放款对象的信用水平时,很难对信用水平进行精确评估;又如,模型很难对金融机构所面临的流动性风险给出精确的估计值。模糊集合分析法主要包括模糊模式识别法、模糊聚类分析法、模糊综合评判法等。

4. 预期净现值法

预期净现值法的基本思想是金融工具的内在价值等于该金融工具预期的未来所有现金流按某个合适的贴现率进行贴现的现值之和。金融工具的预期净现值可以表示为内在价值与当前市场价格之差。若预期净现值小于零,则说明该金融工具被高估,面临未来价格下跌的风险;相反,如果该金融工具的预期净现值大于零,则说明该金融工具被低估,面临未来价格上升的风险。

5. 平衡点法

平衡点法主要是指盈亏平衡点法,即通过寻找、分析收益成本的平衡点辨识金融风险的方法。金融风险管理的主要目的在于如何在控制风险的前提下实现收益最大化。因此,金融风险辨识和金融风险管理成功与否的关键是能否找到风险与收益之间的平衡点及其变化规律。这表明平衡点法在金融风险辨识中具有重要地位。

1.3.2 金融风险度量

1.3.2.1 金融风险度量的概念

金融风险的度量是指对金融活动中各种风险的存在及发生损失的可能性、风险损失的范围和严重程度等进行估计和衡量。

通过金融风险识别发现需要进一步考察的金融风险以后,就要对金融风险进行度量。金融风险度量是金融风险管理过程的核心和难点,也是进一步正确选择、设计、实施金融风险管理策略的前提和基础。

1.3.2.2 金融风险度量的内容

金融风险度量的基本内容是运用个人经验或概率统计方法对金融风险的发生及其后果进行估计,得出比较准确的概率水平,为金融风险管理奠定可靠的基础。

金融风险度量具体内容主要包括以下几个方面。

1. 预测金融风险发生的概率

预测金融风险在一定时间内发生的可能性,也就是风险概率的大小,并且估计其可能造成损失的严重程度。

2. 预测金融风险发生的可能结果

根据金融风险发生的概率及损失的严重程度估计总体损失的大小，也就是金融风险可能造成的后果。

3. 确定各种金融风险的相对重要性，明确需要处理的缓急程度

根据以上结果，分析各种影响金融风险发生的可能因素，也就是金融风险因素，结合这些风险因素及风险发生的可能结果，确定各种金融风险的风险程度，并加以排序，为金融风险处置提供决策依据。

1.3.2.3　金融风险度量的方法

1. 发生概率的度量方法

（1）主观概率法

主观概率法是指对于没有确定性规律和统计规律的风险，需要通过专家和管理者的主观判断来分析和估计概率，但这种方法系统误差较大。

（2）时间序列预测法

时间序列预测法利用风险环境变动的规律和趋势来估计未来风险因素最可能的范围和相应的概率，包括移动平均法、回归法等。

（3）累计频率分析法

累计频率分析法利用大数法则，通过对原始资料的分析，画出风险发生的直方图，利用直方图来估计累计频率概率分布。

2. 预测风险结果的度量方法

（1）敏感性度量法

敏感性度量法是指在保持其他条件不变的情况下，研究单个风险因子的变化对金融资产或者资产组合的收益造成的可能性影响。最早应用在利率风险的度量上，主要用于利率敏感性度量。

从敏感性度量的内涵可以看出，资产或资产组合所面临的风险大小，实际上取决于两个因素：一是资产或资产组合的价值对风险因子变动的敏感性；二是风险因子本身的变动方向和幅度。

常见的敏感性指标主要有衡量股票价格系统性风险的贝塔系数、衡量利率风险的久期和凸性以及衡量金融衍生品风险的 Delta、Gamma、Theta、Vega、Rho 等。敏感性分析虽然计算简便而且便于理解，但是其有自身的缺陷，较为复杂的金融产品的影响因素往往不止一个，而且各个风险因子之间往往具有相关性，因此用单一的敏感性指标来衡量资产的风险不够完全，也不够准确。

(2)波动性度量方法

波动性度量方法是用由风险因子的变化造成的资产组合收益的波动程度来度量资产组合所遭受的风险程度的方法,一般是估计资产组合的实际收益与预期收益之间可能偏离的程度。实际上,波动性度量方法就是统计学中方差或标准差的概念在风险度量中的应用,而方差或标准差描述的是随机变量的取值偏离其数学期望的程度。

波动性度量方法最早是由马科维茨(Markowitz)于1952年在其经典的资产组合选择理论中提出的一种运用标准差度量风险的分析方法。该方法假设某种金融资产收益率 r 为随机变量,其预期收益率即数学期望为 μ,标准差为 σ。σ 也称为波动系数,可反映资产收益率 r 偏离其预期收益率即数学期望 μ 的幅度,所以可用标准差 σ 来度量该资产的风险。σ 越大,说明该资产收益率的波动性越强,从而该资产面临的市场风险就越大;反之,就说明该资产面临的风险越小。

波动性度量方法也存在一些不足:①对资产组合未来收益概率分布进行准确估计比较困难,其普遍使用的正态分布常常偏离实际;②仅仅描述了资产组合未来收益的波动程度,并不能给出资产组合价值变化的方向;③同敏感性度量方法一样,也不能给出资产组合价值变化的具体数值。

(3)风险价值度量方法

风险价值,也常常被称为在险价值,具体含义是指市场处于正常波动的状态下,对于给定的置信水平,投资组合或资产组合在未来特定的一段时间内所遭受的最大可能损失。其表达式如公式(1.1)所示。

$$Prob(\Delta P > VaR) = 1 - c \tag{1.1}$$

式中,$Prob$ 表示概率测度,$\Delta P=P(t+\Delta t)-P(t)$表示组合在未来持有期 Δt 内的损失,$P(t)$表示组合在当前时刻 t 的价值,c 为置信水平,VaR 为置信水平 c 下组合的在险价值。

以上定义中包含了两个基本因素"未来特定的一段时间"和"给定的置信水平"。前者可以是1天、2天、2周或1个月等,后者是概率条件。例如,某投资组合的每日风险价值在95%的置信水平下为100元,意味着在市场正常运转的情况下,该投资组合一天内的损失超过100万元的概率只有1-95%=5%。

风险价值度量法为不同类型的金融风险提供了一个一致的、可比的、全面的、直观的度量方法,因此,其被全球范围内的各类金融风险管理主体广泛应用于风险比较、风险控制、业绩评估、风险资本估算、风险投资决策以及风险监管等诸多领域。

但风险价值度量法只能用于市场风险因子处于正常波动的情形下,对于极端情形往往无能为力。而现实中的金融市场常常会出现一些极端情况,如市场崩溃、金融危机、政治巨变或自然灾害等。在这些情况下,经济变量间、金融市场因子间的一些稳定关系就会遭到破坏,风险价值赖以成立的假设和计算参数发生巨大变化,导致风险价值方法估计的结果出现极大误差。为此,作为风险价值方法的有效补充,压力实验和极值理论度量方法应运而生。

(4)压力试验度量法

压力试验度量法的核心思想是通过构造、模拟一些极端情景,度量资产组合在极端情景发生时的可能损失。压力试验度量法主要包括情景分析法和系统化压力试验法。

情景分析法是通过对金融市场中一个或多个主要市场因子(利率、汇率、股票或商品价格、市场流动性)变化情况的模拟来构造极端情景,依此评估该极端情景发生对资产组合价值变化造成的影响和后果。情景分析法主要包括典型情景构造法、历史情景模拟法、风险价值情景构造法、蒙特卡罗情景模拟法、特殊事件假定法等。各种情景分析法的实施包括两个关键步骤:情景构造和情景评估。

情景分析法也存在一定的不足,主要体现在以下几个方面:①情景分析法无法将所有的极端市场情景都考虑进去,从而导致情景分析不全面;②即使未来市场情景在本质上与某一历史情景具有相似性,但在具体表现形式上也不可能完全相同,因此有效情景的构造和选择很重要但十分困难,需要良好的判断、丰富的经验和技巧;③运用情景分析法,很难对多变量和复杂情况构造有效情景;④情景分析法不能给出不同情景实际发生的可能性,只是指出特定情景产生损失的大小。

系统化压力试验法的基本原理是,在一定条件下,对影响资产组合价值 P 的风险因子 $r_1, r_2, \cdots, r_n$ 采用数学或者统计的方法生成大量的市场情景,然后评估这些情景对资产组合价值变化的影响,从中搜寻最坏情景,即导致资产组合价值损失最大的压力情景。

系统化压力试验法存在的不足:①市场因子极端值的假设往往不成立;②忽略了不同头寸对不同市场因子的敏感性;③忽略了联合分布的某些特定属性;④正态假设不成立;⑤稳定数据假设不一定成立。

(5)极值理论度量法

极值理论度量法应用极值统计方法来估计资产组合所面临的最大可能损失。极值理论的概念是由费希尔(Fisher)和蒂皮特(Tippett)于1828年提出的,最早主要用于水力学和保险学领域,后又被广泛应用于经济、金融、气象、环境等诸多领域,目前已成为除了压力试验法以外度量极端情况导致的风险损失的又一种基本方法,但与压力试验法相比较,极值理论度量法更好地利用了统计(特别是极值统计)理论和方法。极值理论主要包括分块样本极大值模型和阈顶点模型。

分块样本极大值模型对大量独立同分布的样本分块后的极大值进行建模,进而描述风险因子变化分布的尾部特征。现实金融市场上的资产价格经常会出现大幅度波动的情形,所以金融风险因子的变化一般不服从正态分布,而是表现出厚尾分布的特征,分块样本极大值模型正是用于评估厚尾分布事件风险或极端事件风险的工具。分块样本极大值模型需要大量的数据,并需要对大量同分布的样本进行分块,进而才能应用 Fisher-Tippett 定理建立极大值模型。

阈顶点模型对超过给定阈值的样本数据进行建模,进而描述风险因子变化分布的尾部特征。由于广义帕累托分布是超额数(超过某一充分大的阈值)分布的极限分布,阈顶点模型就是通过广义帕累托分布对超额数的所有观察值进行建模。

极值理论度量法存在的不足:①只适用于描述尾部分布,这是由极值方法的自身特点决定的;②需要大量的历史数据,然而最后能用于估计尾部分布的数据很少,丢失了许多有用信息;③建立极值理论的假设条件不一定成立,如独立同分布、幂指规则等。

1.3.3 金融风险管理技术

金融风险管理技术又称金融风险管理方法,它是指在风险识别、评估的基础上,综合平衡成本与收益,通过实施一系列的政策和措施来对不同风险特性制定相应的风险应对策略,以消除或减少其会产生不利影响的行为。

自 20 世纪 70 年代以来,随着国际金融市场环境不断变化、金融活动范围不断扩大、金融风险不断增加且日趋复杂化、金融风险主体对有效的风险管理技术更加渴求等,金融风险管理理论与实践迅速发展和完善,从传统的风险管理步骤发展到系统全面的风险管理框架,从传统的定性、定量分析管理技术发展到工程化风险管理技术。

不同的金融风险主体,由于其所处的金融风险环境不同,其选择的金融风险管理技术和组合也不一样,金融风险管理技术从大类上可分为控制型和财务型两类。控制型风险管理技术是指在金融风险事件发生之前,使用各种金融控制策略,力求消除各种隐患,减少诱使风险发生的因素,将损失的严重后果降至最低程度的方法。而财务型风险管理技术则是指在金融风险事件发生并已经造成损失后,运用财务类控制策略比如风险自保基金、保险等,对损失的后果及时进行补偿,促使经济主体尽快恢复日常工作的方法。

1.3.3.1　控制型金融风险管理技术

1. 风险预防策略

金融风险预防策略是在识别出某种金融风险并对其进行分析后,积极主动地采取各种预防性措施,以降低某一特定风险的预期损失频率和损失程度的策略。例如在信用风险管理中,我国商业银行信贷管理中实行的信贷"二查"制度,实际上就是一种比较典型的风险预防策略。银行在贷款发放过程中,通过调查借款人的信誉、资本金、经营状况及偿债能力,审查贷款发放的程序,检查和监督贷款的运用情况,可准确地做出贷款决策,一旦发现问题可及时地调整贷款方案,并要求借款人改善经营状况,或变更还款计划。

一般来说,风险预防策略是一种较传统的风险管理技术,具有安全可靠、成本低廉、管理效果好的特点。目前金融领域各大金融机构都建有比较全面的金融风险预警系统,通过内部的研究部门或外部的咨询机构,对经营活动中可能出现的各类金融风险进行监测和预警,以引起有关部门的注意,从而采取有效的风险预防策略。

2. 风险避免策略

风险避免策略是指通过计划的变更来消除金融风险或金融风险发生的条件,保护金融活动参与主体免受风险影响的策略。简单地说,就是金融活动参与主体通过放弃或拒绝合作、停止业务活动来回避风险源,即不做业务,不承担风险。当风险的潜在收益显著低于预期损失,且通过某项业务或遵照规章制度可以避免风险时,适合采用风险避免策略。风险避免策略必须权衡与这种行为相关的成本和收益。比如,金融活动参与主体在决策中发现某种金融政策的出台或者某项贷款贷出将面临很大的潜在风险,可考虑放弃,从而避免遭受损失,或者改变资金借贷和资金经营活动性质、方式和经营组织形式,也能在一定程度上避免潜在的和存在的风险。

在现代商业银行风险管理实践中,风险避免策略也可以通过限制某些业务的经济资本配置来实现。商业银行首先将所有业务面临的风险进行量化,然后依据董事会所确定的风险战略和风险偏好确定经济资本分配,最终表现为授信额度和交易限额等各种限制条件。对于不擅长且不愿承担风险的业务,商业银行仅对其配置非常有限的经济资本,并设立非常有限的风险容忍度,迫使该业务部门减少业务的风险暴露,甚至完全退出该业务领域。

金融活动参与主体为了避免汇率风险,还可以通过持有硬通货来实现。在对外贸易和对外金融活动中,通常遵循这样的原则:在出口或发生对外债权时,应争取用硬通货;而在进口或发生对外债务时,应争取用软通货。这种"收硬付软"和"借软贷硬”的做法,可以有效地规避汇率变动所产生的风险。

3. 风险分散策略

风险分散策略是指通过多样化的投资来分散和降低风险的策略。“不要将所有的鸡蛋放在一个篮子里”的古老投资格言形象地说明了这一策略。马科维茨的投资组合理论认为,只要两种资产收益率的相关系数不为1(即不完全正相关),分散投资于这两种资产就具有降低风险的作用。而对于由相互独立的多种资产组成的投资组合,只要组合中的资产种类足够多,该投资组合的非系统性风险就可以通过这种分散策略完全消除。

比如,针对商业银行的信用风险,根据多样化投资分散风险的原理,商业银行的信贷业务应是全面的,而不应集中于同一业务、同一性质甚至同一个借款人。商业银行可以通过资产组合管理或与其他商业银行组成银团贷款的方式,使自己的授信对象多样化,从而分散和降低风险。一般而言,实现多样化授信后,借款人的违约风险可以被视为相互独立(除了共同的宏观经济因素影响,例如经济危机引发的系统性风险),这就大大降低了商业银行面临的整体信用风险。

再比如,证券投资分散化也是典型的风险分散策略。投资者在进行证券投资时并不把其全部资本集中投资于某一种特定的证券,而是将其资本分散地投资于多种不同的证券。通过投资分散,投资者可用其中一些证券的意外收益来抵补另一些证券的意外损失,从而在总体上达到风险抵消的目的。要达到有效抵消风险的目的,投资者不仅要实现资产结构多样化,还要尽可能选择相关系数小的资产进行搭配。只有这样,各种资产的风险才能相互抵消,整个资产组合的风险程度才能降低。

多样化投资分散风险的风险管理策略经过长期的实践证明是行之有效的,但其前提条件是要有足够多的相互独立的投资形式。同时需要认识到,风险分散策略是有成本的,主要是分散投资过程中增加的各项交易费用。

4. 控制型(非保险型)风险转移策略

控制型风险转移策略是指通过采取合法的经济措施或购买某种金融衍生品将金融风险转移给其他经济主体的一种策略。这种策略的重要特征是金融风险的转移必须以被转移者同意承担为条件,这种转移是合法正当的,而不是通过非法的渠道不择手段地将本该自己承担的风险强加于他人。一般情况下,风险转移中风险程度保持不变,只是从转移者转到被转移者,改变了风险的承担者。金融领域比较典型的控制型风险转移策略主要有以下几种类型。

(1)担保、备用信用证

担保、备用信用证等能够将信用风险转移给第三方。银行和其他金融机构对外贷款时常常会采用由第三方担保的方式贷给借款人。担保或备用信用证是指金融机构在发放贷款时,要求借款人以第三方信用或其拥有的各种资产作为还款保证的一种形式。这样,银行及其他金融机构通过设定担保、备用信用证等,将所承受的信用风险转移给第三方。签订贷款合同后,担保人、信用证开证行要监督借款人到期如数还本付息。如果借款人不能按期付清全部款项,则担保人、信用证开证行必须依照合同有关规定承担连带责任,替借款人清偿债务。

(2)业务外包

业务外包即将一些金融活动参与主体不太擅长、风险较大的相关业务外包给具有较高技能和规模的第三方经营。以金融机构为例,可以外包的业务通常有以下几类:①技术外包,如呼叫中心、计算机中心、网络中心、信息技术策划中心等;②处理程序外包,如消费信贷业务有关客户身份及亲笔签名的核对、信用卡客户资料的输入与装封等;③业务营销外包,如汽车贷款业务的推销、住房贷款推销、银行卡营销等;④某些专业性服务外包,如法律事务、不动产评估、安全保卫等;⑤后勤性事务外包,如贸易金融服务的后勤处理作业、凭证保存等。业务外包使经济主体将重点放到核心业务上,从而在提高效率,节约成本的同时,也将相应的一些风险转移给承包单位。但业务外包并不能降低发包单位董事会和高级管理层确保第三方行为的安全稳健以及遵守相关法律的责任,因此在选择外包服务提供者时要对其财务状况、信誉状况和双方各自的独立程度进行评估,要和对方签订明确的合同或服务协议,明确对外包服务质量和可靠性的基本要求,并对信息保密和业务安全提出明确的要求。

(3)购买金融衍生品

某些金融衍生品可看作是特殊形式的风险转移工具,为金融活动参与主体转移各种金融风险。如针对银行贷款的违约风险,可利用期权中的违约期权转移风险,即银行可以在发放贷款时购买一个违约期权,金额与该笔贷款的面值相对应,当贷款违约事件发生时,期权出售者向银行支付违约期权的面值,这样银行就将违约风险转移给违约期权交易对手;同理,也可以利用互换中的违约互换转移贷款违约风险,利用资产证券化将风险转移到资本市场,如抵押房贷债券等。

近年来,由于金融衍生品不断创新和发展,国际上通过金融衍生品转移各种金融风险的技术越来越广泛,越来越工程化,如利用金融衍生品进行风险对冲、套期保值等。

1.3.3.2 财务型金融风险管理技术

1. 风险自留策略

风险自留策略是指金融活动参与主体自行筹措资金,自我承担风险损失后果的一种风险应对策略。采用此策略往往是金融活动参与主体主动理性地承担风险,以其内部资源如风险准备金、自有资本来弥补发生的损失。

通常金融活动参与主体对以下类型的风险采取风险自留策略。①不可保风险,如巨灾风险、投机风险等。针对这些风险,金融活动参与主体采取风险自留策略往往是无奈的选择。②金融活动参与主体自愿选择风险自留策略应对的风险,如发生频率高、单体损失程度低且风险事件间近乎相互独立的风险。这些风险虽然经常发生,但损失程度很小,金融活动参与主体自留风险的管理费用小于投保费用。③监管风险。金融活动参与主体的业务与监管合规要求有冲突,做法只分为合规、不合规两种,若业务中部分合规依旧会遭到监管处罚,而该违规业务带来的收益显著大于违规受罚的成本时,金融活动参与主体会主动采取风险自留策略。

针对以上自留风险的财务安排主要有以下几种方式。

(1)将损失摊入当期经营成本

损失发生后,金融活动参与主体将这些损失计入当期损益,摊入经营成本。这种风险自留策略实行的是财务制度上的现收现付制,一般适合于发生频率高但损失程度小的风险。

(2)计提非基金制的风险准备金

风险准备金多指用于风险承担、补偿损失的保障性资金,有时也称风险补偿金。金融活动参与主体为应对自留的风险,在财务上会从营业收入中定期计提风险准备金,当金融风险事件发生造成损失时,用风险准备金加以冲销。如目前金融活动参与主体在财务上建立的风险准备金主要有期货风险准备金、外汇风险准备金、住房公积金风险准备金、农业保险大灾风险准备金、社会保障风险准备金、P2P 网贷平台风险准备金等。

(3)设立专用基金

金融活动参与主体从每年的现金流中提取一定金额的专用基金,逐年积累,形成意外损失专用基金。通过这种方式能够积聚较多的资金储备,应对更多的自留风险。但按税务和财务法规,应对风险损失的这些专用基金不允许税前列支,需要按规定上税。

(4)建立专业自保公司

自保是自营保险的一种形式,是大型企业集团或行业自己承担风险损失、自我承保的一种财务型风险处理方法。专业自保公司是指由母公司投资设立,投保人主要是其母公司和关联企业的专属保险公司。建立专业自保公司是风险自留的一种高级形式。

专业自保公司的基本运作流程是母公司及附属公司向下设的专业自保公司投保并交纳保费,专业自保公司进行承保理赔,然后根据自身经营状况和承保能力,通过再保险公司进行分保。专业自保公司的运作流程如图 1-1 所示。

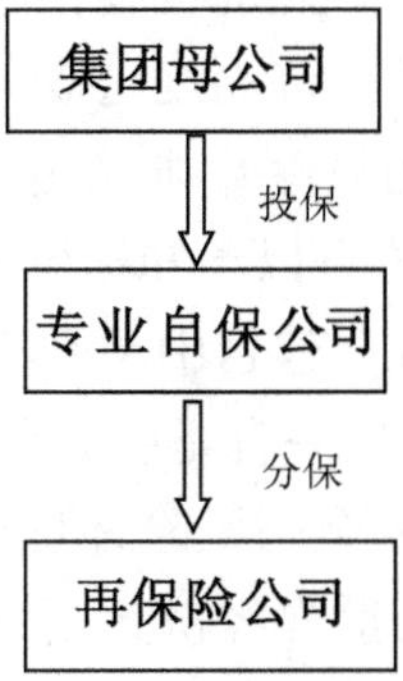

图 1-1　专业自保公司的运作流程

专业自保公司的主要职能有两点:一是为能以有效方式承受高发性风险的企业集团或行业本身提供自我保险;二是为某些在传统保险市场上无法投保的风险进行融资。国际上专业自保公司的类型主要有单一母公司的专业自保公司、集团专业自保公司或协会专业自保公司、租借型专业自保公司。

专业自保公司发展的优势在于可以降低保险成本、改善经济主体的现金流、利用再保险市场转移风险、享受国家的税收优惠政策等。专业自保公司的发展模式适用于经营规模庞大、资金雄厚且发展成熟的大型组织中,通过设立专业自保公司,逐步加强风险主体的内部风险管理。目前,专业自保公司已为国际大型企业集团普遍采用,近八成世界 500 强企业均设有专业自保公司。

(5)借入资金

金融风险事件发生后,金融活动参与主体无法依靠内部资金度过财务危机时,就会向其他经济单位寻求特别贷款或从其他渠道融资,以补偿损失。这要求遭受损失的金融活动参与主体有雄厚的财务能力,信用较好,能在面临危机的情况下筹到借款,否则会产生流动风险,导致金融活动参与主体出现危机甚至破产。

在以上 5 种形式的财务安排中,设立专用基金,建立专业自保公司是风险自留策略采用的主要方法。

2. 保险型风险转移策略

保险型风险转移策略是指金融活动参与主体购买商业保险,以交纳保费为代价,将金融风险转移给保险公司的策略,当金融活动参与主体发生风险损失时,保险公司按照保险合同的约定责任给予金融活动参与主体一定的经济补偿。保险是以合同的方式建立起保险关系,结合多数单位的风险情况,合理收取保险金,对特定灾害事故造成的损失后果或人身伤亡给予资金补偿的经济形式。从法律关系看,保险是一种合同行为;从社会关系看,保险是一种互助机制;从风险管理角度看,保险是一种双方当事人通过一定的法律和保证手段(订立规定双方权利义务的保险合同)来进行风险转移的技术。大数法则是保险的数理基础,在这一基础上,可将个别风险单位遭遇损失的不确定性变为多数风险单位可以预知损失的确定性,从而使保费的计算较为准确。概率论和数理统计方法是保险经营中重要的数理工具。

保险作为风险缓释的有效手段,一直是西方金融风险管理的重要工具。虽然还没有一种保险产品能够覆盖所有的金融风险,但很多金融风险能够被特定的保险产品所转移。早在 20 世纪 30 年代,世界经济大萧条过后,为恢复存款人对银行的信任,并保障存款人的合法权益,美国就开始实行存款保险制度。有些国家的保险机构在政府的支持下为客户提供汇率波动保险,当汇率波动的幅度超过规定的幅度,从而使客户遭受损失时,其损失部分就由保险公司补偿。近年来,通过保险来管理金融风险的形式越来越多,其中,较常见的主要有存款保险、贷款保险、商业信用保险、出口信用保险以及投资风险保险等。

1.3.4 金融风险管理效果评估

1.3.4.1 金融风险管理效果评价的内容及方法

1. 金融风险管理效果评价的内容

金融风险管理效果评价的内容包括对金融风险度量、选择金融风险管理工具、金融风险管理决策以及金融风险管理的经济效益和社会效益等进行全面的评价总结,为未来做好金融风险管理决策和提高金融风险管理水平提出建议。

金融风险管理效果评价的内容主要包括以下几个方面。

(1)金融风险处置技术效果的评价

金融风险处置技术效果的评价主要是评价金融风险识别、金融风险度量等所选择的工具是否恰当、合理。通过对风险处置后的经济技术参数与执行前预测的数据进行对照比较,找出存在的差距,从中检验风险处置技术的合理程度,为风险处置技术的修正提供依据。

(2)金融风险管理决策效果的评价

金融风险管理决策效果的评价是通过评价金融活动参与主体所面临的风险状况和金融风险管理决策的实际情况,检验金融风险管理决策前的风险预测及对金融活动参与主体抵御能力的分析是否正确,并重新评估金融风险管理决策是否有效。金融风险管理决策是否科学有效,需要通过金融风险管理的实践来检验。如果金融活动参与主体的风险管理决策有助于降低金融风险事故发生的频率和减少金融风险事故造成的损失,有助于促进金融活动参与主体的进一步发展,如降低能源消耗、治理环境污染等,金融风险管理决策就是有效的。

(3)金融风险管理方案执行效果的评价

金融风险管理方案执行效果的评价主要是通过评价金融风险管理各环节工作的实际成绩,总结各环节的经验教训,找出各环节方案执行的偏差,并分析偏差的原因。金融风险管理方案的执行情况,直接影响金融风险管理决策的效果。金融风险管理方案执行中的任何偏差,都有可能导致金融风险管理的失败。因此,评价金融风险管理方案执行情况是金融风险管理效果评价的重要方面,不仅有助于金融风险管理决策措施的实施,还有助于消除金融风险管理方案执行中的失误,强化金融风险管理方案的执行。

(4)金融风险管理经济效益效果的评价

金融风险管理经济效益效果的评价是对实施金融风险处置方案后金融风险主体的实际财务状况进行再评估,并与金融风险处置方案实施前进行指标对比,找出偏差,分析原因,提出改进措施。

(5)金融风险管理社会效益效果的评价

金融风险管理社会效益效果的评价是分析金融活动参与主体的金融风险管理对社会发展目标的影响和贡献,包括环境影响评价、社会影响评价、经济影响评价等多方面的综合评价分析。

2. 金融风险管理效果评价的方法

金融风险管理效果评价最为普遍的方法就是事后检验,事后检验是一个非常有效的评估金融风险测量和方法集合的工具。事后检验的结果出来后,需要采取相应的措施,或是对模型进行调整,或是重新评估定价和损益行为。

事后检验过程主要包括两方面的内容:第一,用汇总和测量总的资产组合风险的风险价值法计算出的结果与实际的经验损益数字进行比较；第二，用比较理论实际的损益，检验每一个用于估价和控制公司头寸风险的模型是否覆盖所有的风险要素。

除了事后检验法，其他风险管理效果评价的常用方法如因素分析法、评分法、过程评估法等，同样适用于金融风险管理效果的评价。

1.3.4.2 金融风险管理效果评价的基本过程

1. 制订金融风险管理效果评价计划

制订金融风险管理效果评价计划是风险管理效果评价的首要任务。风险管理效果评价的单位可以是国家有关管理部门、企业风险管理部门、保险公司等。金融风险管理效果评价应当根据风险单位的具体特点，确定金融风险管理效果评价的对象、范围、目标和方法，据此制订金融风险管理效果评价计划，所制订的评价计划应能较好地反映金融风险管理单位的管理绩效。

2. 搜集与整理有关资料

金融风险管理效果评价单位根据金融风险管理效果评价计划搜集有关资料，根据资料评价金融风险管理的效果。金融风险的特点决定了风险管理的效果在短期内是难以考察、评价的，需要长期的观察和大量风险管理资料的支持。这个阶段需要搜集的资料包括以下几个方面。

①金融风险管理的有关资料。这方面的资料主要包括金融风险管理意见书、金融风险管理措施的可行性报告、金融风险评价报告、设立金融风险管理设施的成本概算以及其他有关的合同文件。

②金融风险管理措施实施后的有关资料。这方面的资料主要包括金融风险管理措施实施后的运行状况、金融风险管理的成本、金融风险管理措施实施后的收益状况等。这类资料可以通过金融风险管理实施前后发生金融风险的概率及以此为依据计算出的技术指标的对比中获得。如果金融风险事故的发生频率呈现出上升的趋势，则应该分析产生问题的原因，对以往的金融风险管理决策效果做出评价，并提出改进措施。

③国家有关政策与规定方面的资料。这方面的资料主要包括与金融风险管理措施有关的国家政策、法规等，评价金融风险管理措施是否符合国家的政策和法规。

④有关部门制定的金融风险管理措施评价的方法。金融风险管理效果评价不仅与数据资料有关，与金融风险管理效果的评价方法也有很大关系。金融风险管理效果的评价应该符合金融风险管理单位的具体情况，兼顾金融风险管理单位的管理目标。

⑤其他有关资料。根据金融风险管理的具体特点与风险管理目标的要求，还要搜集其他有关的资料，如金融风险管理技术资料、设备安全运行情况资料等，为金融风险管理效果评价提供参考。

3. 编制金融风险管理效果评价报告

评价报告是金融风险管理效果评价的最终成果。金融风险管理效果评价人员应当根据国家有关部门制定的评价格式，将金融风险管理效果分析结果汇总，编制出金融风险管理效果评价报告。金融风险管理效果评价报告的编制必须坚持客观、公正和科学的原则。

1.4　金融风险管理与保险的关系

金融风险管理与保险作为金融领域中两个不同的业务，无论是在理论渊源上，还是在各自分别作为一种经济活动与经济制度的发展中，都有着密切关系。

1.4.1　风险是金融风险管理与保险经营的对象

风险同是金融风险管理和保险管理的对象。保险经营的就是风险，但不是所有风险都被保险所接受，保险只管理可保的纯粹风险。金融风险管理是指各经济实体在筹集和经营资金的过程中，对金融风险进行识别、衡量和分析，并在此基础上有效地控制与处置金融风险，用最小成本实现最大安全保障的科学管理方法，管理对象仅限于资金筹集与经营中存在和发生的风险。虽然两者经营对象相同，但各自管理的风险范围却有所不同。由于金融风险的特点，保险对可承保的金融风险有严格的条件限制，通过保险转移的金融风险会受到一定的限制。

1.4.2　保险是金融风险管理的手段

从风险管理理论的发展历史来看，最早形成系统理论并在实践中广泛应用的风险管理手段就是保险。第一次提出风险管理概念是在 1931 年，由美国管理协会保险部提出。在以后的若干年，美国管理协会保险部以学术会议及研究班等多种形式集中探讨和研究风险管理问题。1932 年纽约保险经纪人协会成立，纽约几家大公司定期组织并讨论风险管理的理论与实践问题。该保险协会的成立标志着风险管理学科的兴起。从风险管理的起源来看，金融风险管理与保险有着紧密的联系。金融风险管理的内容包括风险识别、风险衡量和评价、选择风险管理技术处置风险等。而保险则是金融风险管理技术中，着眼于风险分散和转移的传统有效手段。保险起步较早，经过了长期的经营活动,积累了丰富的识别风险、预测与估价风险和防灾防损的经验和技术,掌握了许多风险发生的规律,制订了大量的预防和控制风险的行之有效的措施。由此可见,保险是金融风险管理的有效手段,其发展也有助于金融风险管理水平的提高。

1.4.3 金融风险管理影响保险经营效益

保险从学科领域来看属于金融领域,金融风险管理是保险公司获得经济效益的手段。保险公司作为经营风险的金融企业,拥有并运用金融风险管理技术为被保险人提供高水平的防灾防损风险管理服务,是除开展业务、理赔、资金运用等环节之外最为重要的一环。一个卓越的保险公司并不是通过提高保险费率、惜赔等方法来增加利润,而是通过承保大量的同质风险,运用金融风险管理技术防灾防损,力求少发生或不发生风险事件来降低赔付率,从而获得预期的经济效益。如果保险公司不能通过金融风险管理正确认识客户面临的风险、客观评估风险、选择合理的风险处理手段对风险管理模式不断调整与完善,就不可能提升保险经营效益。

1.5 金融保险

1.5.1 金融保险的概念

本书中的"金融保险"并不是通常所说的金融和保险的合称,而是一种保险形式,是指以保险学知识为基础,以服务于金融业为基本原则和目标,对金融活动中发生的金融风险损失给予补偿的保险形式。由于金融业务的广泛性,针对金融业务的保险形式也多种多样,各不相同。在目前的金融业务中,如存款、贷款、储蓄、票据贴现、外汇、结算、信托、投资、金融租赁、发行有价证券等,都存在金融风险。实践领域也在不断地研究和探索通过保险转移这些金融业务的风险。本书结合实践领域的发展情况,将金融保险划分为存款保险、信用保证保险、投资保险及商业银行操作风险保险四种类型。

1.5.2 金融保险的特性

虽然保险是金融风险管理技术中的一个重要手段,但由于金融风险自身的特点,许多金融风险仍难以通过保险得到有效管理,因此,保险在金融领域中发挥作用有如下特性。

1. 保障类型的单一性

保险是一种营利性的商业行为，这就导致保险公司只会经营有经济效益的险种，而金融风险具有扩散性，一旦某个环节、某个金融机构、某个领域发生金融风险事件，金融风险就会快速传播，达到一定程度就会爆发金融危机。金融危机带来的影响是毁灭性的，其危害的规模程度远远超过战争，因此有些金融风险，保险公司不予以承保，这在一定程度上限制了保险在金融活动中的保障类型。在金融业面向全球和金融创新深入发展的同时，其风险也逐步演变得更加复杂、隐蔽。由于金融机构的不完全透明性，在没有爆发金融危机时，其可能因信用特点而掩盖金融风险拥有的不确定性损失的实质，因此保险过度单一的保障类型难以满足现实中各种复杂金融风险的需求。

2. 保险覆盖面的狭窄性

保险是一种对价有偿的服务，其获取要付出代价。由于金融风险具有扩散性和加速性，金融机构之间存在复杂的债权、债务关系，一家金融机构出现危机可能会出现多家金融机构接连倒闭的“多米诺骨牌”现象。同时，一旦金融机构出现经营困难，就会失去信用基础，甚至出现挤兑风潮，这样会加速金融机构的倒闭。这些情况都会使保险公司一方面持审慎态度给予承保，另一方面即使提供保险，在保险定价方面也有很大的定价空间。因此，保险的对价有偿和单一保障类型共同限制了保险针对金融风险提供保障的覆盖面的扩大。

3. 保险手段的消极性

风险管理技术依照实施的时间可以分为损前技术、损中技术和损后技术。保险属于一种损后技术，侧重的是保险标的受灾后的补偿与恢复。作为一种损后技术，保险的积极性是肯定的，但是金融风险通过金融风险管理理论的发展、金融市场的规范、智能性的管理媒介，可以得到有效的监管和控制。同时，金融风险受经济循环周期和货币政策变化的影响，呈规律性、周期性的特点，提前采取有效手段监督和预防金融风险的发生显得尤为重要。长期以来保险过于注重损后处理，过于突出经济给付或补偿的基本职能，而大大忽略了对风险的损前和损中控制，疏忽了防灾防损职能的履行，因此，保险在金融活动中的运用并非积极手段，而是消极手段。

1.5.3 金融保险的分类及责任范围

1.5.3.1 存款保险

1. 存款保险的定义

存款保险是一种金融保障制度安排,是指由符合条件的各类存款性金融机构作为投保人,按一定存款比例向存款保险基金管理机构(存款保险公司)交纳保险费,建立存款保险准备金,当投保金融机构发生经营风险或面临破产倒闭时,存款保险公司向其提供财务救助或直接向存款人支付部分或全部存款,从而保护存款人利益,维护金融机构信用,稳定金融秩序的制度安排。

存款保险制度始于20世纪30年代的美国,联邦存款保险公司作为一家为银行存款保险的政府机构成立并开始实行存款保险,以避免挤兑,保障银行体系的稳定,开创了世界上存款保险制度的先河,建立了真正意义上的存款保险制度。20世纪50年代以来,随着经济形势和金融制度、金融创新等的不断变化和发展,美国存款保险制度不断完善,成为美国金融体系及金融管理的重要组成部分。

20世纪60年代中期以来,随着金融业日益自由化、国际化,金融风险明显上升,绝大多数西方发达国家相继在本国金融体系中引入存款保险制度,印度、哥伦比亚、中国台湾地区等部分发展中国家和地区也进行了这方面的尝试。20世纪80年代以来,世界上相继发生了一系列银行危机与货币危机,促使许多国家政府在借鉴国外存款保险制度的基础上,结合本国实际,着手建立或改善已有的存款保险制度。进入21世纪,全世界引入存款保险制度的国家和地区数量大幅增加,无论是发达国家还是发展中国家强制要求所有存款机构加入保险体系已成为一种主流。2015年5月1日,我国存款保险条例正式实施。截至2016年底,全世界引入存款保险制度的国家和地区数量已经增加到125个,较1974年增长了10倍多。

2. 存款保险的特征

各个国家推行存款保险制度均会因结合自身实际情况而有所差异,但总的来看,存款保险制度存在政策性、公益性、互助性、垄断性等四个共性特征。

(1)政策性

存款保险公司是金融安全网的重要组成部分,存款保险制度是一种制度安排,该制度负有规避国家系统性金融风险发生的责任,不同于开展商业行为的人寿保险公司、财产保险公司等机构。存款保险公司遵循安全性高于营利性的基本原则,积极管理存款保险基金,如管控基金支出符合规定、基金投向依法依规、基金投资领域相对安全等,都是存款保险公司政策性的体现。

(2)公益性

存款保险制度的政策性特征,必然使得存款保险制度存在公益性特征。存款保险制度的公益性是相对于营利性而言的,存款保险公司的运营目的不在于追求高额回报,而在于保障存款人利益,稳定金融体系,助力实体经济发展。但是,存款保险制度的公益性并不是指存款保险公司不追求收益。存款保险公司需要通过收取参保金融机构保费、运营存款保险基金获得收益、接收捐赠、发行债券等方式筹集资金,以保证正常运行,以便在金融机构出现流动性问题时,为储户存款给予保障范围内的赔偿,并在金融机构经营不良、倒闭清算时,提供救助资金。

(3)互助性

存款保险作为一种保险制度,具有一人为众、众为一人的互助特性。这种互助性通过存款保险公司用多数存款投保金融机构交纳的保险费建立的存款保险基金对少数遭受损失的被保险人提供补偿或给付得以体现。存款保险是众多的投保金融机构互助共济实现的,为此要注意如果只有少数金融机构投保,则保险基金规模小,难以承担金融机构破产时对存款人给予赔偿的责任。

(4)垄断性

存款保险制度的政策性也使得存款保险公司拥有垄断地位,一般情况下国家不设立多个存款保险公司进行互相竞争。无论是官方的、民间的,还是合办的存款保险公司都不同于商业保险公司,其经营目的不在于营利,而在于通过存款保护建立一种保障机制,增强存款人对金融业的信心。因此,存款保险公司一般具有垄断性。

3. 存款保险制度划分标准和类型

(1)按存款保险制度职能和权限划分

根据职能和权限,可将存款保险制度分为付款箱型、成本最小化型和风险最小型。

付款箱型,是指存款保险机构的职权狭窄,包括制定和征收保费、为赔付做准备、管理保险基金、通过投资运作使其保值和增值、金融机构关闭后赔付存款人。存款保险机构在金融机构倒闭之前不干预其经营。目前,付款箱型存款保险制度改革的趋势是扩大存款保险机构的职权范围。

成本最小化型,是指存款保险机构利用客观科学的手段测算金融机构破产的损失和所需要的救助成本,基于成本最小化原则进行相关制度设计,但存款保险公司不具备监管参保金融机构及早期纠正的权限。日本是成本最小化型存款保险制度的典型代表国家。

风险最小型,是指存款保险机构拥有对正常运作的金融机构的监察权和欺诈及异常情况的调研权,可评估其风险,针对金融机构存在的问题迅速采取措施。韩国是风险最小型存款保险制度的典型代表国家。

(2)按存款保险机构的组织形式划分

从组织形式角度划分,存款保险制度分为政府主办型、官民合办型、非政府主办型三种形式。

政府主办型,是指存款保险机构全部由政府出资设立。该类制度的典型代表国家为美国、英国、加拿大等。

官民合办型,是指存款保险机构由政府及非政府机构(如银行界)合资设立。该类制度的典型代表国家为日本、比利时、荷兰等。

非政府主办型,是指存款保险机构由非政府机构设立,如在政府支持下由银行同业联合建立。该类制度的典型代表国家为德国。

(3)按是否出台相关法律划分

按是否出台关于存款保险的法律法规及是否设立相应执行机构,将存款保险制度划分为显性存款保险制度和隐性存款保险制度。

显性存款保险制度,是指规定范围的存款金融机构强制或者自愿按照吸收存款的一定比率,向存款保险机构交纳保险费,建立存款保险基金;当投保金融机构发生经营危机或面临破产倒闭时,存款保险机构向其提供财务救助或直接向存款人支付部分或全部存款,从而保护存款人利益,支持银行信用,维护金融体系稳定的一项制度安排。显性存款保险制度通常以法律的形式对存款保险的特征、机构设置以及问题金融机构处置等方面做出明确规定。

隐性存款保险制度,是指问题金融机构倒闭时公众期望获得存款保障的情形,这种期望通常是基于政府的过往行为或官方声明。隐性存款保险制度对存款的保障程度、赔付程序不进行明文规定,而且基金累积方式也不固定,通常依赖财政支出,隐性存款保险制度多见于发展中国家或者国有银行占主导的银行体系中。与显性存款保险制度相比较,隐性存款保险制度的随意性较强,最后往往需要国家财政买单,并且效率低下,成本难以估计。

相对而言,显性存款保险制度规章明确,有专门的存款保险机构执行相关职能,并且透明化和制度化程度较高,应对危机时可以及时迅速做出反应,并且能够和金融安全网的其他成员之间形成有效配合,有助于金融监管体制的完善。本书中如无特殊说明,涉及的存款保险制度一般是指显性存款保险制度。

4. 存款保险的作用

(1)保护存款人的利益,增强社会公众对金融机构的信心

出台存款保险制度,为广大储户的存款上了一道“保险”,当金融机构资金周转不灵或破产倒闭而不能支付存款人的存款时,按照保险合同条款,投保金融机构可从存款保险公司那里获取赔偿或取得资金援助,或被接收、兼并,存款人的存款损失就会降低到尽可能小的程度,有效保护了存款人的利益。存款保险制度虽然是一种事后补救措施,但它的作用在事前也有体现,当存款人知道金融机构已投保了存款保险,即使金融机构真的出现问题,他们也会得到相应的赔偿,这从心理上给了他们安全感,可以降低乃至避免存款人出于恐慌心理而出现集体挤兑现象。金融机构本身特殊的经营特质,即便是经营稳健、核心资产充足的优质金融机构也禁不起存款人挤兑,最终会因为流动性不足而导致金融机构被迫关闭,由于金融机构之间互相往来拆借资金,进而引发整个金融业产生挤兑连锁反应,极易导致金融危机。所以,存款保险有效引导存款人建设存款安全心理至关重要。

(2)有效增强金融体系的稳定性,维持正常的金融秩序

由于存款保险公司负有对问题金融机构承担保证支付的责任,它必然会对投保机构的日常经营活动进行一定的监督、管理,从中发现隐患所在,及时提出建议和警告,以确保各金融机构都会稳健经营,增加了一道金融安全网。同时,这一制度对公众心理所产生的积极作用,也可有效防止金融挤兑风潮的发生和蔓延,从而促进了金融体系的稳定。

(3)促进金融业适度竞争,为公众提供质优价廉的服务

大型金融机构由于其规模和实力在吸收存款方面往往处于优势地位,而中小型金融机构则处于劣势地位,这就容易形成大型金融机构垄断经营的局面。而垄断是不利于消费者利益的,社会公众获得的利益就会小于完全竞争状态下的利益。存款保险制度是保护中小金融机构,促进公平竞争的有效方法之一。它可使存款人形成一种共识,将存款无论是存入大规模金融机构还是存入小规模金融机构,该制度对其保护程度都是相同的,因此提供服务的优劣,将成为客户如何选择金融机构的主要因素。

5. 存款保险的责任范围及相关规定

(1)存款保险范围

规定存款保险的适用范围,即哪些类型的存款可以受到保险保障。一般来说,存款保险适用于个人普通存款、企业存款以及其他特定类型的存款。

(2)保险责任

确定存款保险的责任和保险金的范围,即在出现破产、风险或其他影响存款人权益的情况下,存款保险机构需要承担的责任。

(3)保险金支付

规定存款保险机构向存款人支付保险金的条件和程序。一般情况下,存款保险机构会根据具体的情况和相关规定,对合格的存款人支付保险金。

(4)存款保险机构的监督和管理

明确存款保险机构的监督和管理要求,包括机构的准入条件、资本要求、监管机构的监督和管理职责等。

目前,不同国家和地区的存款保险条例可能会有所不同,但它们都在保护存款人的权益,维护金融系统的稳定。存款保险条例的具体内容和要求需根据各国法律法规进行查询和了解。

我国自 2015 年 5 月 1 日起施行《存款保险条例》,条例规定的存款保险具有强制性。在我国境内设立的吸收存款的金融机构,包括商业银行(含外商独资银行和中外合资银行)、农村合作银行、农村信用合作社等,都应当参加存款保险。同时,参照国际惯例,外国银行在中国的不具有法人资格的分支机构以及中资银行海外分支机构的存款原则上不纳入存款保险,但我国与其他国家或者地区之间对存款保险制度另有安排的除外。从存款保险覆盖的范围来看,既包括人民币存款,也包括外币存款;既包括个人储蓄存款,也包括企业及其他单位存款;本金和利息都属于被保险存款的范围。但金融机构同业存款、投保机构高级管理人员在本机构的存款,不在被保险范围之内,这主要是为了更好地发挥市场机制的约束作用,防范道德风险,这也是国际通行做法。

6. 基于博弈视角的我国存款保险制度道德风险防范

存款保险制度可有效防止银行出现挤兑,在很大程度上保护存款人利益,维持金融市场稳定。但由于信息的不对称性和风险转移等原因,这一制度非常容易引发道德风险,影响金融体系的稳定发展,例如 1987 年美国储贷协会的破产倒闭。在我国实施《存款保险条例》过程中,有效防范道德风险,保证我国存款保险制度能够良性运行是目前亟待关注的重点。

(1)存款保险制度的道德风险

道德风险一词来源于经济学,是指被保险人在保险关系中利用已掌握到的信息优势,在追求自身利益最大化的同时做出损害保险人利益的行为,或是代理人在保险代理关系中利用信息优势而做出损害被代理人利益的行为。下面将从存款人、投保银行、存款保险公司这三个方面,分别对存款保险制度所带来的道德风险进行阐述。

1)存款人的道德风险

在没有实施存款保险制度的条件下,为了保证自身财产安全,存款人会及时了解银行经营情况以及投资风险水平,并以此为根据对银行进行一定程度的监督。但是存款保险制度实施以后,存款人就会认为若银行发生破产,存款保险公司将会赔偿其损失,这样就造成存款人将监督银行的责任转嫁给存款保险公司,从而使存款人失去了监督银行的动力。为了谋取利润,存款人会忽略银行经营风险状况,只关心银行是否给予较高的存款利率,所以会把资金存到利率水平最高的银行,这样就造成了存款人的道德风险。

2)投保银行的道德风险

一方面,存款保险制度实施以后,由于存款人不会忧虑存款是否安全,自然就会放弃监督存款所在的银行,从而导致银行为谋求更大的收益而采取高风险经营措施。另一方面,在存款保险制度实施的条件下,投保银行可以把风险转移给存款保险机构,同样会导致银行进行高风险投机以谋取高额利润,即产生投保银行在存款保险下的道德风险问题。

3)存款保险公司的道德风险

存款保险最初是为了在银行破产时给予存款人补偿,减少存款人的财产损失,但是,一旦出现投保银行与存款保险公司关系密切,导致存款保险公司在监督银行的过程中监管宽容,最终就会使存款人利益蒙受损失。而且,若投保银行出现危机时可以自行解决,就能够为存款保险公司节省一笔救助开销,所以存款保险公司会为了私利推迟处理问题银行。也就是对于出现问题的一些银行,存款保险公司没有处理问题的积极性,从而造成存款保险公司的道德风险。那么,一旦银行发生破产倒闭,不仅存款人的利益会遭受损失,而且整个金融市场都会受到损失。

(2)存款保险制度道德风险的成因分析

此处从博弈论视角,构建不完全信息静态博弈模型,分别对存款人与银行、存款保险公司与银行之间的博弈行为进行说明,寻求防范道德风险的根本思路和措施。

1)存款人与银行的博弈

由于存在信息不完全性,下面构建存款人与银行之间的不完全信息静态博弈模型。模型假设如下。

①银行按照风险状况分为高风险、低风险,存款人可以对银行进行监督,也可以不进行监督。

②若银行进行低风险经营,可获得收益是 Y_1;若进行高风险经营,可获得收益是

Y_h。若存款人不对银行进行监督,不清楚银行的风险,那么银行即使选择高风险经营也没有机会成本;若存款人进行监督,那么高风险经营银行会有一些机会成本,比如客户流失等,用 C_1 表示。若银行采取低风险经营,那么不论存款人是否进行监督,银行均没有机会成本。这里 $Y_h > Y_l > Y_h - C_1$。

③银行支付的保费为 D。

④存款人对银行可以进行监督或者不进行监督,若进行监督,则承担监督造成的成本 C_2;若不进行监督,则没有成本(成本等于零)。

基于上面所列假设,存款保险制度下存款人与银行之间的博弈模型见表 1-3。

表 1-3 存款保险制度下存款人与银行之间的博弈模型

银行	存款人	
	监督	不监督
低风险	$(Y_l - D, -C_2)$	$(Y_l - D, 0)$
高风险	$(Y_h - D - C_1, -C_2)$	$(Y_h - D, 0)$

由上面的模型可知,假定存款人进行监督,那么对于银行而言,最优策略为低风险($Y_l > Y_h - C_1$);假定存款人对银行不进行监督,那么对于银行来说,最优策略为高风险。反过来讲,即不论银行进行低风险经营还是高风险经营,对于存款人而言,最优的选择均为不对银行进行监督,所以此博弈会有一个均衡:(高风险,不监督)。从这个结果可以得出结论:由于在存款保险制度下存款得到保护,存款人缺乏对银行进行监督的积极性,失去了谨慎选择银行的动力,更加不可能耗费 C_2 来对银行进行监督。存款人不对银行进行监督,就会造成银行为了高额收益选择进行高风险经营运作。这就导致了存款人与投保银行产生道德风险。通过上面这个博弈模型,可以得出防范存款人与投保银行道德风险的思路,即应实行恰当的限额保险和合理的差别费率制。

2)存款保险公司与银行的博弈

下面构造一个存款保险公司与银行之间的不完全信息静态博弈模型。模型假设如下。

①所有银行都进行投保。

②存款保险公司对不同风险水平的银行收取不同的保费,为简化起见,假定存在 2 个保费级别 D_h 与 D_l,$D_h > D_l$。

③银行吸收存款以后进行投资,可以自主选择高风险经营投资或者低风险经营

投资,若进行低风险经营投资,则可获得收益 R_l;进行高风险经营投资,成功的概率是 β,可获得收益 R_h,失败的概率是 $1-\beta$,资金将全部无法收回。假定 $\beta R_h > R_l$,即高风险经营投资带来的期望收益比低风险经营投资带来的期望收益高。

④银行向存款保险公司交纳保费,设银行投资额为 1,存款保险公司不会获得银行投资具体内容。若存款保险公司依据经验评定银行的风险水平较低,则收取低保费;反之则收取高保费。

基于上面所列假设,存款保险制度下存款保险公司与银行之间的博弈模型见表 1-4。

表 1-4　存款保险制度下存款保险公司与银行之间的博弈模型

存款保险公司	银行	
	高风险	低风险
高保费	$(D_h-1+\beta, \beta R_h-D_h)$	(D_h, R_l-D_h)
低保费	$(D_l-1+\beta, \beta R_h-D_l)$	(D_l, R_l-D_l)

由上述博弈模型可以知道,假定银行是高风险,对于存款保险公司而言的最优选择为高保费;假定银行是低风险,则对于存款保险公司而言最优选择仍是高保费。同时,不论存款保险公司收取高保费还是低保费,对于银行而言最优选择都是高风险,因此存款保险公司和银行的最优策略均衡是(高保费,高风险)。但这对整个金融系统,却是危害极大的选择,高额保费使银行的运营成本增加,高风险经营使银行发生危机的可能性大大增加。

上面的博弈是单期,然而在实践中,存款保险公司和银行的博弈却是无限期重复的。如果第一期时,存款保险公司认定此银行的信用极好、风险状况良好,银行只需交纳低额保费,但之后此银行进行高风险投资并过度投机,那么接下来一期银行需要交纳高额保费,鉴于 $D_h > D_l$,银行经营成本将会上升,依此类推,如果是无限期模型,银行就不会进行过度投机。若是各个银行的风险状况均可以被准确衡量,就可以完全规避存款保险制度的道德风险。虽然上述模型过于简单化和理想化,但是,可以由此模型分析得出防范道德风险的思路,即实行基于风险的差别费率制和健全我国金融机构风险评级体系。下面将基于这些思路,结合具体情况,提出防范存款保险制度道德风险的对策建议。

(3)我国存款保险制度道德风险防范的对策建议

1)实行合理的基于风险评估的差别费率制

费率的设计直接影响存款保险制度实施的效果，银行的风险状况各不相同，若实行单一费率就会对风险状况良好并且稳健经营的银行不公平，造成风险较低的银行对风险高的银行进行补贴的结果，非常容易导致道德风险产生。因此，从国际经验来看，实行风险差别费率制是一种发展趋势。目前，我国信用风险评级系统有待健全，尚不具备按照投保银行的风险精确实施差别费率的条件。但是，我国可以积极参考国外差别费率制的成功经验，有效防范道德风险。我国可以分步实施，分阶段采用差别费率制。在实行初期，根据风险水平将存款机构划分成若干不同层次，在层次间实行差别费率。比如将五大国有商业银行划归为一层，全国性股份制商业银行划归为一层，城市商业银行以及农村信用社等划归为一层。进行层次划分以后，赋予每一层次一个基础的保险费率，然后根据具体风险状况再进行相应调整。随着制度逐渐深入实施，最终将采用基于风险评估的差别费率制。

2)实行与通货膨胀挂钩的限额保险

关于保险限额的设定，国际上通常有两种方法，一种是依据本国人均国内生产总值设定存款保险限额，另一种是以保证90%的存款人可以得到全额赔付进行设定。适当的保险限额可以起到规避道德风险的作用，进行保险限额的设定时，既要参考国外保险限额设定的经验，又要从我国具体国情出发，确定合理的赔偿额度。目前我国实施的《存款保险条例》规定的赔付限额是人民币50万元，大约是2014年我国人均国内生产总值的14倍，能够为99.63%的存款人提供全额保护，这高于国际上大部分国家的保障水平。但是由于存在通货膨胀或者通货紧缩，保险限额的真实价值会随之发生改变，所以必须建立通货膨胀调整机制，抑制通货膨胀对存款保险限额真实价值的影响。美国曾对保险限额进行了7次调整，可以从中借鉴经验。总之，实行与通货膨胀挂钩的限额保险，既可以科学引导存款人预期，也可以为银行预测保险限额提供帮助，为银行经营提供有效信息参考。

3)保证存款保险基金充足

充足的保险基金对于存款保险公司来讲是十分重要的。具有充足的存款保险基金，存款保险公司才能长期保持稳定运作。并且，保险基金得到充分保障也可以使存款保险公司不必担心因审慎监管而造成的成本，有效减少存款保险公司对投保银行监管宽容的行为，也就能起到降低存款保险公司道德风险的作用。这样一来，银行负有来自存款保险公司的监管压力，就不会进行过度投机，也降低了投保银行的道德风险。另外，充足的保险基金可以保障存款保险公司对出现问题的银行及时进行处理，避免因为保险基金不足或者担心处置成本而推迟处理问题，以至于存款人甚至整个金融体系的利益蒙受损失。《存款保险条例》第六条规定存款保险基金的来源包括投保机构交纳的保费、在投保机构清算中分配的财产、存款保险基金管理机构运用存款保险基金获得的收益、其他合法收入。要想保证基金的充足性，必须使保险基金增值，应该将存款保险基金进行投资以获取收益。除了存放在中国人民银行，还可以投资于政府债券、中央银行票据等风险较低的有价证券，以及信用等级较高的金融债券及其他高等级债券，从而获取一定的收益。另外，必要的时候中国人民银行（简称央行）可以以优惠的条件贷款给存款保险公司，对其提供额外的资金救助，或者通过特定途径进行融资，充实保险基金。

4）建立健全风险评级体系

建立健全风险评级体系，才能保证差别费率制的顺利实施。美国联邦存款保险机构根据骆驼评级标准对银行进行评估，根据评估结果对银行采取差异化监管措施。现阶段，我国首先应该建立独立的信用评级机构，对金融机构的信用风险进行客观评定，给予存款保险公司测算保险费率的依据。其次，建立相应指标体系对金融机构进行信用评级，运用定量与定性相结合的分析方法，对金融机构的风险状况科学、客观地进行评估。同时积极借鉴国外已有经验，提高风险评估水平，更大程度地满足市场需求，缩小同国际水平之间的差距。

5）制定完善法律法规

完善的法律法规是存款保险顺利实施必不可少的前提。现阶段，我国已经建立了比较完善的金融法律体系，如《中华人民共和国商业银行法》《中华人民共和国保险法》等，为存款保险提供了基本的法律环境。2015 年 5 月 1 日，《存款保险条例》开始实施，为我国存款保险制度建立提供了具体的法律保障。接下来，应该继续实施相关法律，对存款保险公司处理问题银行等做更加详细的规定，完善相关的金融法律法规，同步制定相关实施细则。总之，完善法律法规，才可以有效抑制道德风险问题，提高我国存款保险制度实施的效率。

1.5.3.2　信用保证保险

1. 信用保证保险的定义及责任范围

在现代经济活动中，许多金融活动都建立在信用的基础上，信用活动中必然会存在信用风险，由此承保信用风险的保险业务便开始发展起来，信用保证保险应运而生。信用保证保险包括信用保险和保证保险。

(1)信用保险定义及承保责任范围

所谓信用保险是指在金融活动过程中,权利人向保险人投保债务人信用风险的保险,如果债务人在承保范围内不履行其义务,则保险人承担赔偿责任。该险种的设立主要是为了保证交易活动中应收账款的安全性,它是一个企业可以用于金融风险管理的保险险种。信用保险是通过保险合同来承保的,其保险合同中需要列明责任范围、责任免除、保险金额、损失赔偿、被保险人的权利义务等事项。保险合同只涉及权利人和义务人两方。在信用保险中,被保险人向保险公司交纳保费投保信用风险,是为了将义务人不履行义务的时候会使自己受到损失的金融风险转移给保险公司,保险公司承担着巨大风险,一般情况下需要把大部分的保费用于赔款,有时候保险公司甚至会亏损。保险人虽然有向责任方追偿的权利,但一般成功率较低,也就是说信用保险面临的风险较大。

信用保险承保责任范围:①信用保险合同中所规定的保险人应支付赔款的各种风险事故,特征是存在不可抗力或无法预料的原因,这种原因造成了被保险人的利益损失;②政治危险责任,是政治运动和政府政治法律制度改变而导致被保险的财产及利益遭受损失,因而保险人负赔偿责任;③信用风险责任,是指债务人主观或者客观原因导致的被保险财产或者利益的损失,认为属于债务人信用不良而引起,保险人依照合同应承担责任。

除外责任:①被保险人的投资项目受损后引发的被保险人其他的一切商业损失;②被保险人或其代理人违背投资协议,或者故意做出违法行为导致政府有关部门征用或者没收而造成的损失;③政府有关部门对汇出汇款期限有明确规定,由于被保险人没有按照规定汇出汇款而造成的损失;④原子弹、氢弹等核武器造成的损失,以及投资合同范围以外的任何其他财产被征用、没收等造成的损失。

(2)保证保险定义及承保责任范围

所谓保证保险,是指在金融活动中,保险人为投保人向权利人提供担保,如果是因为投保人的行为造成了权利人的损失,且投保人的行为在承保范围之内时,保险人负责赔偿责任的保险。保证保险一般是通过保函的形式来办理。涉及主体一般是投保人、被保险人和保险人。在保证保险中,在投保人没有能力承担的情况下,保险公司才负责赔偿,保险公司可以通过再保险措施来分散风险,所以相对于信用保险来说,保证保险承保的风险相对较小。

保证保险承保责任范围:①一般保证,因为当事人在保证合同中约定,主债务人不能履行债务时,则保证人承担保证责任;②主债务人不能履行债务时,债权人应首先找债务人清偿,也就是保证人在主合同纠纷未经审判或者仲裁,并就债务人财产依法强制执行仍不能履行债务前,对债权人可以拒绝承担保证责任;③若有抵押,保险公司的担保范围仅限于未设置抵押的部分。

除外责任:①投保人因意外事故或不可抗力,无力履行合同;②投保人故意不履行债务;③投保人违反如实披露义务;④投保人骗保。

2. 信用保证保险的特征

(1)信用保证保险属于财产保险

财产保险是以财产及其有关利益作为保险标的的保险,财产损失保险、责任保险和信用保证保险是财产保险的三大类别。信用保证保险属于财产保险,其保险标的是信用风险。

(2)信用保证保险具有担保功能

对于一般财产保险来说,投保人交纳保险费,当保险合同中约定的保险事故发生并给投保人造成财产损失时,保险公司应赔偿保险金额,投保人通过支付保险费的方式,将其所面临的财产风险转嫁给了保险公司。同样,在信用保证保险中,投保人向保险公司支付保费,将信用风险转移给了保险公司,两者都实现了转嫁目的。但有所不同的是,按照信用保证保险合同的约定,如果债务人无法履行债务时,有权要求保险公司承担代偿的责任,这正体现了信用保证保险的担保功能。

(3)信用保证保险承保的风险具有信用性

一般而言,财产保险承保的是由自然灾害和意外事故引起损失的风险,即纯粹风险,如果是被保险人故意行为造成的损失,保险公司是不予承保的。信用保证保险承保的是被保险人的信用风险,也可以说是被保险人不能履约的风险,其承保的风险具有信用性。

(4)保险人资格的特许性

信用保证保险所承保的是信用风险,具有高风险性,所以保险公司想开展信用保证保险必须经由国家保险行政管理部门审批,须具备国家规定的开展信用保证保险应有的条件。保险公司如果申请经营信用保证保险业务,必须有雄厚的经济实力、丰富的保险经验、严格的信用评级机构和专业化的核保队伍。

3. 信用保证保险承保的风险

(1)贷款信用风险

贷款信用风险通常表现为借款人不能按照借款合同规定的期限和条件偿还贷款的风险。

(2)应收款信用风险

商业信用是延期付款形式的购买行为,表现为卖方先向买方借贷(从财务科目上看,卖方表现为应收账款,买方表现为应付账款),买方按买卖合同规定的日期、数额及其他条件归还贷款(买方支付应付账款,卖方收回应付账款)。买方不能按买卖合同规定的日期、数额及其他条件归还贷款的风险,就是商业信用风险。

(3)预付款信用风险

用预付款或定金方式取得某种货物、技术或劳务服务就是预付款信用。支付了预付款或定金而不能以约定条件取得该货物、技术或劳务服务的风险就是预付款信用风险。

(4)保证信用风险

债务人不能按期履行合同规定的义务,向债权人交付约定货物、技术或劳务,使保证人不得不承担这种履约义务的风险就是保证信用风险。

(5)诚实信用风险

雇主向雇员支付薪金、工资或其他形式的报酬,而雇员不能依合同规定提供服务、履行义务的风险就是诚实信用风险。

4. 信用保证保险的主要险种

信用风险是金融活动领域中的重要风险之一,为化解信用风险,信用保证保险行业在实践中不断摸索和创新,推出的主要保险保障产品可分为三类:一般商业信用保险、出口信用保险和贷款保证保险等。

(1)一般商业信用保险

一般商业信用保险,又叫国内信用保险。它是指在商业金融活动中,作为权利人的一方当事人要求保险人将另一方当事人作为被保证人,并承担由于被保证人的信用风险而使权利人遭受商业利益损失的保险。

一般商业信用保险承保的标的是被保证人的商业信用,这种商业信用的实际内容通过列明的方式在保险合同中予以明确,其保险金额根据当事人之间的商业合同的标的价值来确定。如果被保险人发生保险事故,保险人首先向权利人履行赔偿责任,同时自动取得向被保证人进行代位求偿的权利。由于商业信用涉及各种形式的商业活动,商业信用保险也必须针对各种不同的商业活动的需要进行设计,从而开发出为各种商业信用提供保险保障的商业保险业务。国内信用保险一般承保批发业务,不承保零售业务;承保3~6个月短期商业信用风险,不承保长期商业信用风险。

一般商业信用保险主要是针对企业在商品(其中也包括金融产品和金融服务)交易过程中所产生的风险。在商品交换过程中,交易的一方以信用关系规定的将来偿还的方式获得另一方的财物或服务,但不能履行给付承诺而给对方造成损失的可能性随时存在。比如,买方拖欠卖方货款,对卖方来说就是应收款项可能面临坏账损失。一般商业信用保险主要包括贷款信用保险、赊销信用保险、预付信用保险和信用卡信用保险。

1)贷款信用保险

贷款信用保险是指保险人对银行或其他金融机构与企业之间的借贷合同进行担保,以承保借款人信誉风险的保险。

在贷款信用保险中,贷款方(即债权人)是投保人。保单签发后,贷款方即成为被保险人。当企业无法归还贷款时,债权人可以从保险人那里获得补偿。债权人在获得保险人的补偿后,必须将债权转让给保险人,由保险人向借款人追偿。贷款信用保险的承保金额是银行或其他金融机构贷出的全部款项。保险人在厘定保险费率时要重点考虑企业的以下条件:企业的资信情况;企业的经营管理水平与市场竞争力;贷款项目的期限和用途;经济地区的不同等。

通过保险手段来规避贷款风险目前在金融风险管理领域中广泛运用,国际上一些发达国家和地区的商业银行贷款,大多是通过不同形式的保险来转移不同的金融风险。例如,美国有90%以上的商业银行都通过购买贷款信用保险来转移信用风险。贷款信用保险,实际上是一种担保,银行或其他金融机构作为权利人要求保险人为被保证人提供信用保障。

开展贷款信用保险对企业、个人、银行机构都起重要的作用。对企业而言,通过贷款信用保险,拓宽了为企业担保的渠道,在一定程度上缓解了企业贷款担保难的问题,企业能及时得到贷款,保证生产经营活动的正常运转。对个人而言,贷款信用保险可解贷款燃眉之急,凭借个人信用,在无须抵押物、没有担保人的情况下,只要有贷款信用保险做保障,可在3~5个工作日内从银行获得小额消费贷款以解燃眉之急。对银行而言,缓解了银行制度约束和增加投入的矛盾。银行作为经营信贷资金的所有者,面临不能按期收回贷款的风险,往往会要求贷款企业提供抵押品或担保,过程和手续往往比较繁杂。而贷款信用保险作为一种担保,可使银行信贷资金安全得到保障,消除了银行的后顾之忧,也避免了繁杂的手续。

2)赊销信用保险

赊销信用保险是为国内商业贸易的延期付款或分期付款行为提供信用担保的一种信用保险业务。在这种业务中,投保人是制造商或供应商,保险人承保的是买方(即义务人)的信用风险,目的在于保证被保险人(即权利人)能按期收回赊销货款,保障商业贸易的顺利进行。从国外的实践来看,赊销信用保险适用于一些以分期付款方式销售的耐用商品,如汽车、船舶、住宅及大批量商品等。这类商业贸易往往交易金额较大,一旦买方无力偿付分期支付的货款就会造成制造商或供应商的经济损失。因此,需要保险人提供买方信用风险保险服务。

赊销信用保险的特点是赊账期往往较长,风险比较分散,承保业务手续也比较复杂,保险人在仔细考察买方资信情况的条件下才决定是否承保,承保条件也比较严苛。

3)预付信用保险

预付是指购买者先向卖者支付货款,经过一定时期以后才能取得货物的一种交易方式。预付信用保险是保险人为卖者交付货物提供信用担保的一种信用保险业务,预付信用保险承保的是预付款信用风险。投保人(被保险人)是商品的买方,保险人所承保的是卖者的信用风险。

4)信用卡信用保险

信用卡信用保险是指发卡行与有关的保险公司签订协议,按规定每年交纳一定的保险费,当发生合同内规定的信用风险损失时由保险公司负责赔偿的一种信用卡业务风险管理方式。

信用卡信用保险,以银行信用卡部作为投保人和被保险人,对因持卡人或其他原因给银行信用卡部造成无法追偿的经济损失给予一定的补偿。

由于信用卡业务是高风险与高效益并存的业务,每个发卡行都会有不同程度的恶意透支、伪造冒用等行为发生,这些行为所造成的损失是事先难以预计的。而进行信用卡信用保险,可以把这些无法估计的意外损失变成合理的、少量的、固定的保险费支出,以获得迅速、及时的部分或全部补偿,使信用卡的风险在不同程度上得到了转移,从而极大地降低了信用卡业务的信用风险,增加了信用卡业务的经济效益,使信用卡业务能够安全、持续、稳定地发展。

(2)出口信用保险

1)出口信用保险的定义

出口信用保险是承保出口企业在经营出口业务的过程中因进口商的商业风险或进口国的政治风险而遭受损失的一种信用保险,是国家为了推动本国的出口贸易,保障出口企业的收汇安全而制定的一项由国家财政提供保险准备金的非营利性的政策性保险业务。出口信用保险承保的对象是出口企业的应收账款,承保的风险主要是人为原因造成的商业信用风险和政治风险。

商业信用风险的风险因素主要包括买方因破产而无力支付债务、买方拖欠货款、买方因自身原因而拒绝收货及付款等。

政治风险的风险因素主要包括因买方所在国禁止或限制汇兑、实施进口管制、撤销进口许可证、发生战争暴乱等卖方和买方均无法控制的情况,导致买方无法支付货款。

出口信用保险承担的风险特别巨大,且难以使用统计方法测算损失概率,一般商业性保险公司不愿意经营这种保险,所以大多数靠政府支持来经营。

2)出口信用保险的特征

第一,政府或受托机构进行经营。出口信用保险的经营机构通常由政府部门或国家财政直接投资设立的出口信用保险公司或国家委托的商业保险机构来经营。

第二,目的在于鼓励、扩大出口。出口信用保险的业务方针体现着国家的产业政策和国别贸易政策,因此经营出口信用保险必须处理好国家和企业自身利益的关系,旨在为被保险人提供优质服务,进而鼓励商业经营,扩大出口贸易。

第三,非营利性经营。出口信用保险通常以比较低的收费承担比较高的风险,亏损由国家财政予以补贴。

第四,投保者须为本国国民或企业。出口信用保险的投保人必须是本国国民或本国企业。投保的出口商品应是在本国生产或制造。

第五,国家立法干预经营。出口信用保险一般由国家通过专门立法来规定其出口信用保险机构的性质、地位、经营方针和承保原则等。

3)出口信用保险的分类

出口信用保险主要包括短期出口信用保险、延长期出口信用保险、中长期出口信用保险、特定出口信用保险。

短期出口信用保险:适用于信用期限不超过180天的出口合同,是世界上出口信用保险适用性最强、承保能力最大的保险。

延长期出口信用保险:可视为短期出口信用保险的延续,是承保180天到两年之间的出口贸易风险,适用于诸如汽车、机械工具、生产线等货物的出口。

中长期出口信用保险:是保险责任期为中期(1~5年)或长期(5~10年)的出口信用保险,主要用于高科技、高附加值的大型机电产品和成套设备等资本性货物的出口。

特定出口信用保险:在特定情况下,承保特定合同项下的风险,承保的对象一般是复杂的、大型的项目,如大型的转口贸易、军用设备、出口成套设备(包括土木建筑工程等)及其他保险公司认为风险较大需单独出立保单承保的项目。

4)出口信用保险的作用

出口企业为防范出口信用方面的风险,除了运用控制型风险管理方法对风险加以防范,更有效且有充分保障的风险管理方法就是将这些信用风险转移给出口信用保险公司,出口企业可向出口信用保险公司填写投保单、申请买方信用限额,并在出口信用保险公司批准后支付保费，保险责任即成立。

企业按时申报适保范围内的全部出口，如发生保单所列的风险，企业可按规定向出口信用保险公司索赔。根据支付方式、信用期限和出口国别的不同，保费从 0.23%至 2.81%不等，平均为 0.9%。买家拒付、拒收的，赔付比例为实际损失的 80%；其他的为 90%。保险公司在赔付后向买家追讨的收益，还会按上述比例再分配给投保企业。

出口信用保险的具体作用可总结如下。

第一，提高市场竞争能力，扩大贸易规模。投保出口信用保险使企业能够采取灵活的结算方式，接受银行信用方式之外的商业信用方式；使企业给予其买家更低的交易成本，从而在竞争中最大程度抓住贸易机会，提高销售企业的竞争能力，扩大贸易规模。

第二，提升债权信用等级，获得融资便利。出口信用保险承保企业应收账款来自国外进口商的风险，可变应收账款为安全性和流动性都比较高的资产，成为出口企业融资时对银行的一项有价值的“抵押品”，因此银行可以在有效控制风险的基础上降低企业融资门槛。

第三，建立风险防范机制，规避应收账款风险。借助专业的信用保险机构防范风险，可以获得单个企业无法实现的风险识别、判断能力，并获得改进内部风险管理流程的协助。另外，交易双方均无法控制的政治风险可以通过出口信用保险加以规避。

第四，通过损失补偿，确保经营安全。通过投保出口信用保险，信用保险机构将按合同规定在风险发生时对投保企业进行赔付，有效弥补企业财务损失，保障企业经营安全。同时，专业的信用保险机构能够通过其追偿能力实现企业无法实现的追偿效果。

总之，通过支付相对有限、固定的保险费，企业可以将不可预计的风险转化为企业固定的税前财务成本支出，从而确保企业的稳定经营。

（3）贷款保证保险

保证保险自产生以来，险种不断增加，涉及领域也不断拓宽，目前已发展到资金融通领域，为资金的流通提供帮助，促进经济的发展。在资金融通活动中，最早运用的是一般商业信用保险，但由于道德风险频发，开始要求一些企业、个人办理保证保险，以此来降低因商业信用违约给权利人带来的损失。保证保险一般分为两类，一类是忠诚保证保险，一类是确实保证保险。忠诚保证保险是保险人对雇主因雇员不诚实行为造成的经济损失承担赔偿责任，由雇主投保。确实保证保险是保险人依照法律或合同约定，当被保证人不履行其义务时，对被保险人造成的经济损失承担赔偿责任，此种保险由被保证人投保。贷款保证保险是确实保证保险中的一类。

不同于贷款信用保险,贷款保证保险由债务人投保,当保险条款规定的保险事故发生时,即投保人(债务人)未能按照与被保险人(债权人)签订的借款合同约定履行还款义务或欠款超过规定期限,保险人对投保人应偿还而未偿还的贷款本金和相应的利息承担赔偿责任。贷款保证保险的主体涉及三方,即投保人(债务人)、保险人(保险公司),被保险人(债权人)。债务人愿意在增加融资成本的情况下投保贷款保证保险,主要原因是该保险能提升其信用度,对于无抵押担保或抵押担保不足的债务人,投保贷款保证保险能弥补自身抵押担保不足的劣势,帮助债务人更顺利地获得贷款资金。因此,债务人投保的目的是"增信",提升获得贷款资金的可能性。

贷款保证保险为银行贷款业务的开展提供了较为理想的风险转移方式,增强了银行开展相关贷款业务的积极性,尤其是针对一些信用风险较大的领域(如小型微型企业(简称小微企业)贷款融资领域、农村个人贷款融资领域),客户抗风险能力较大企业、大客户弱,抵押担保有所欠缺,银行会主动谋求与保险公司达成合作的关系。另外,伴随着科技类企业的快速发展,以及其轻资产的特征,科技类贷款保证保险应势而生。随着互联网金融产品的不断创新,贷款保证保险还与新型的金融产品相结合,出现了很多新型的贷款保证保险产品,比如为网络贷款履约提供保证保险。以下重点介绍小微企业贷款保证保险、农村小额贷款保证保险、科技企业贷款保证保险。

1)小微企业贷款保证保险

小微企业是小型企业、微型企业、家庭作坊式企业、个体工商户的统称。小微企业贷款保证保险是针对小微企业贷款提供还款保障的保险。小微企业因资信不足或缺乏抵押物无法从银行等资金方取得贷款时,可通过投保小微企业贷款保证保险,由保险公司提供还款保证,帮助其增信融资。在保险期内,如果小微企业产生还款风险,保险公司将负责赔付。小微企业贷款保证保险的投保人是申请贷款的小微企业,被保险人是放款方如商业银行、小额贷款公司等。

小微企业贷款保证保险的运行机制如下。第一,小微企业贷款前向保险公司投保小微企业贷款保证保险,保险标的为贷款的本金和利息。保险公司进行核保,若符合承保条件,双方签订保险合同,小微企业支付相应的保险费。第二,小微企业向商业银行提出贷款申请,商业银行进行贷前调查,符合贷款条件,商业银行给予审批,并就贷款金额、贷款期限、贷款还款方式以及贷款用途等内容签订贷款合同。第三,商业银行发放贷款,并做好贷后管理和催收贷款工作。第四,小微企业严格按照贷款合同上面规定的用途使用资金,并按时以约定的还款方式归还商业银行本金和利息。若小微企业到期不能归还本金和利息,商业银行可对符合展期条件的小微企业进行展期。若小微企业确实丧失偿还贷款的能力,商业银行将贷款确认为损失类,然后向保险公司索赔。保险公司核赔,若核查后确认属于保险责任范围内,则按保险合同规定的保险金额进行理赔。同时,保险公司支付赔款后,取得了对该小微企业的代位追偿权,事后对小微企业进行持续性的追偿行为。

小微企业贷款保证保险兼具保险与担保的双重属性。一方面,小微企业贷款保证保险从性质上看属于保险分类中的财产保险,具有保险的功能;另一方面,由于小微企业投保贷款保证保险的目的是为申请银行贷款增信,实质上发挥了担保的功能。基于小微企业贷款保证保险的双重属性,在金融活动领域发展小微企业贷款保证保险有着重要的现实意义。一是使三方主体受益。小微企业通过投保,成功获得银行贷款,解决融资难问题;保险公司由此实现保费收入,扩大保证保险业务规模;银行可获得利息收入,支持小微企业发展。二是转移金融风险。遵循大数法则,将原先由银行单独承担的违约风险全部或者部分转移给保险公司,继而保险公司通过归集大量小微企业投保时交纳的保费来补偿少数企业违约而给银行带来的损失。

2)农村小额贷款保证保险

随着市场经济的快速发展,农村对金融的需求日益增强。农村房屋的土地属于集体所有制,不能在交易市场上正常交易,无法评估其价值,农村小额贷款不能用农村的房屋产权抵押,只有通过担保人的担保,才能获得贷款申请,因此农村小额贷款申请途径受到限制从而导致贷款困难。鉴于这种情况,商业保险公司推出的农村小额贷款保证保险就可以增加贷款申请的途径,解决贷款难题。

农村小额贷款保证保险是指投保人在向农村金融机构贷款时,为了防止自己贷款后人身出现意外事故,例如重大疾病、交通事故等,导致身亡或者丧失部分或者全部劳动能力,无力偿还贷款,向保险公司投保小额贷款保证保险,当发生约定的保险事故而无力偿还贷款时,由保险公司向农村金融机构直接偿还贷款的一种保险形式。通过这一涉农信贷与涉农保险的有机合作,解决了农村信贷抵押物不足和担保人缺乏的难题,从而可以有效解决当前农村融资难的问题。

在农村小额贷款保证保险的法律关系中,投保人和被保险人同是在农村金融机构申请贷款的人,而且必须是在农村金融机构申请贷款成功的人,即和农村金融机构之间建立了合法有效的债权债务关系之后,农村小额贷款保证保险的被保险人资格才成立。从保险性质来看,农村小额贷款保证保险仍属于财产保险,但与小微企业贷款保证保险有所不同,农村小额贷款保证保险是以投保人出现特定的人身意外事故为保险对象的特殊险种,从承保范围来看,也具有人身意外保险性质,属于财产保险+人身意外险性质。

在实践领域中发展农村小额贷款保证保险具有重要意义。

第一,有利于农民转移风险,维持农村家庭稳定。农业生产是一个受自然环境影响极大的行业,农业具有高风险性。而农村的生产一般是以家庭为单位,农户向农村金融机构申请贷款,必然对家庭关系产生很大的影响。农村小额贷款保证保险的产生,能够在出现极端情况下,转移农民及其家庭的风险,维持农村家庭的稳定。

第二,有利于化解农村金融风险,促进农村金融的整体发展。农村小额贷款保证保险业务推出以前,由于农村的特性,农村金融机构为了防范和规避风险,人为地设置了较为苛刻的条件,审查严格,放款率较低,大大影响了农村金融机构的效率,也阻碍了农村金融的发展以及金融对"三农"(农业、农村和农民)发展的支持和促进。农村小额贷款保证保险应运而生,其目的是创新信贷管理,提高信贷质量,促进农村金融的发展。这是一种"花小钱、保贷款"的创新举措,实现了农村金融机构和贷款农户之间的互惠互利,和农户、保险公司、农村金融机构三者之间的共赢局面。因此,农村小额贷款保证保险的发展,有利于化解农村金融风险,也能在效率和安全方面促使农村金融机构将更多的贷款发放给农民,从而促进农村金融的整体发展。

第三,有利于农村金融、保险市场的互动发展。农村金融和保险行业两者有着不同的业务范围,农村金融强调的是金融对"三农"的支持,发挥的是普惠金融的功能;而保险行业则是在投保人出现约定的保险事故时给予补偿,体现的是保险的补偿功能。农村小额贷款保证保险是以小额信贷为标的,把信贷资金的扶持功能和保险的补偿功能合二为一,既有效地防范了信贷风险,也拓展了保险市场的空间,更为金融业和保险业实现良性互动,为农村发展混业经营提供了一个新的思路。

改革开放以来,农村实体经济蓬勃发展,迫切需要融资促进"三农"的发展。农村小额贷款保证保险为农村融资带来了新的途径,开辟了贷款担保新天地,已被业界称为"三农"贷款难的破冰之举。从实践来看,不仅是保证保险充当担保手段的创新,而且是农村金融贷款担保机制改革的重要突破,必将对推动"三农"经济的发展产生深远的影响。

3)科技企业贷款保证保险

科技创新是人类共同应对风险挑战、促进和平和发展的重要力量,科技企业承担着科技创新的首要任务。然而,众多科技企业,特别是初创期与成长期的科技企业在发展过程中面临融资渠道窄、资金周转难的问题。实践中,科技企业融资主要依靠商业银行贷款,但由于科技企业高风险性、无形资产占比较高且估值较难等原因,银行贷款这一融资主渠道往往比较艰难。因此,拓宽企业融资渠道成为支持科技企业创新发展的关键,科技企业贷款保证保险能对企业起到增信作用,为科技企业提供融资保障,推动"大众创业、万众创新",助力经济发展转型升级。

科技企业贷款保证保险是指科技企业(借款人)作为投保人,应银行等金融机构的要求,以自身的信用为保险标的向保险公司进行投保,保险公司承保偿还银行贷款义务的一种保证保险。在科技企业贷款保证保险业务中,被保险人为银行等可开办贷款业务的金融机构,保险人为保险公司。若在保险期间内,科技企业(投保人)不能按照与银行等金融机构(被保险人)签订的贷款合同的约定及时偿还贷款,并且所拖欠的欠款已经超出保险单规定的"赔款等待期"时,保险公司应就科技企业(投保人)所欠的贷款本金和利息之和按照贷款保证保险合同的约定向银行等金融机构(被保险人)予以赔付。银行、保险公司和科技企业是科技企业贷款保证保险涉及的三个参与主体,而贷款合同和贷款保证保险合同是该保险涉及的两个合同。除此之外,再保险公司在满足一定条件的基础上也会参与到科技企业贷款保证保险的实施过程中。

科技企业贷款保证保险业务在经营过程中面临较高的成本和较大的风险,并且各参与主体尤其是科技企业和贷款银行在业务开展过程中易产生道德风险和逆向选择风险,导致保险公司为规避风险而不愿意承保科技企业贷款保证保险。因此,要推动和深化科技企业贷款保证保险的发展,需要加大政府扶持力度,开展由政府、银行和保险公司多方参与、风险共担的合作经营模式(简称"政银保"模式),使更多的科技企业在缺乏合格抵质押品的情况下增加获得银行等金融机构贷款资金的可能性。

政府主导的科技企业贷款保证保险的运作流程主要包括以下几个方面。

第一,科技企业向银行申请贷款。银行受理并审查,在审查时重点明确科技企业申请贷款的用途、金额、使用期限以及偿还贷款的方式,对符合产业政策和标准的贷款申请在审核完成后与申请贷款的科技企业签订贷款合同。

第二,科技企业投保贷款保证保险。银行与科技企业签订贷款合同之后,为了规避风险资本依赖度较高的科技企业由于发生意外事故而给银行造成潜在的贷款损失风险,通常会要求科技企业以全部贷款作为保险标的投保贷款保证保险。保险公司通过对科技企业的资信审查后,与之签订贷款保证保险合同,按照一定的保险比例承担科技企业无法按时还款的风险。

第三,银行向科技企业发放贷款。当科技企业与银行签订贷款合同的环节和保险公司承保该保险业务的环节都完成之后,银行会向投保科技企业发放贷款。在发放贷款后,银行会严密监控已发放贷款的整个运作流程,以确保贷款资金用途的真实性,从而规避风险。

第四,保险公司与再保险公司分保风险。保险公司为分散自身风险,会向再保险公司投保,分出部分风险,以使赔付风险控制在保险公司可承受的范围内,以确保科技企业贷款保证保险的承保能力。

第五,科技企业使用并按时归还贷款资金。通常情况下,科技企业在获取银行发放的贷款资金后,会按照与银行签订的贷款合同的约定使用并按时偿还贷款的本金和利息。

第六,科技企业违约,保险公司和再保险公司按各自分保比例向银行支付保险赔付。若科技企业在使用贷款过程中因非故意原因无法偿还贷款,银行一旦确定科技企业确实违约,则向保险公司申请理赔。保险公司对保险合同责任范围内的理赔申请予以核准,在确定理赔后,和再保险公司按分保比例向银行支付赔款。

第七,保险公司理赔后取得对科技企业的债务追偿权。保险公司为保障其自身权益,在了解科技企业具体经营情况的基础上,既可采取直接向科技企业进行赔款金额追偿的方式,也可通过将科技企业的抵押物进行拍卖以变现的方式履行对科技企业的追偿权。

在以上科技贷款保证保险业务实施过程中,需要对国家的产业政策、金融政策以及财政政策进行有效的整合。一方面政府要加大对科技企业贷款保证保险的财政支持力度,以贷款贴息、保费补贴和设立风险补偿准备金的方式分别向贷款保证保险的参与主体即银行、科技企业和保险公司予以支持;另一方面,政府可适时建立由其主导的专业化信用保证保险机构,充分发挥其在资源、信用等多方面的优势,大力推动科技企业贷款保证保险的发展。

1.5.3.3　投资保险

1. 投资保险的定义

投资保险也称为海外投资保险,是对金融活动中的海外投资风险提供保障的保险。它是指投资国通过立法,特别设立或指定海外投资保险机构,对本国海外投资者由于当地发生政治风险而遭受的财产和利益损失予以补偿的保险。投资保险是在政府支持下的一种政策性保险制度,承保范围只限于特定的政治风险,目的是通过保障海外投资者投资的利益,促进本国海外投资的发展。

投资保险源自第二次世界大战后“欧洲复兴计划”中的投资保证方案。1948 年,美国根据《对外援助法》制定了《经济合作法》,开始实施“欧洲复兴计划”,对战后欧洲进行经济援助,并通过投资保证制度促进本国国民对欧洲的投资,投资保险制度由此初步形成。20 世纪 60 至 70 年代,许多经济合作与发展组织国家,如日本、法国、德国、加拿大、英国等,纷纷效仿美国的做法,通过本国的出口信用机构或其他政府代理机构开展投资保险业务,用以推动和保护具有本国利益的跨境投资活动,投资保险制度由此广泛建立。进入 20 世纪 90 年代,全球经济一体化进程加速,跨国直接投资增长迅猛,国际资本流动加快,导致新兴市场风险日益显现,客观上形成了对投资保险的巨大需求,由此推动了投资保险业务的快速发展。时至今日,投资保险已被各主要资本输出国在支持跨境投资方面广泛应用,被公认为是当今促进跨境投资和保护国际投资的通行做法和有效制度,并在国际投资活动中扮演着越来越重要的角色。

2. 投资保险的特点

投资保险虽与一般商业保险具有某些相似的特征,例如两者都是关于财产与责任的保险制度,都要求被保险人与保险人签订保险合同并支付保险费用,但投资保险与一般商业保险相比有其自身的特点。

(1)保险机构的特殊性

投资保险机构通常由政府机构、政府公司或公营公司担任。原因在于:一是海外投资具有高风险性,一般的商业保险公司无力承保;二是海外投资者与东道国主体地位不平等,实践中由专门的保险机构代为行使代位追偿权更为合理。因此,通常由投资者母国政府设立专门的投资保险机构,依据签订的双边投资保护协定或共同加入的国际条约,代表东道国政府行使代位求偿权或寻求外交保护。保险机构向被保险人进行赔付后,取得依据国际投资条约得到东道国承认的代位追偿权,以其自身名义或被保险人名义向东道国追偿。

(2)投保人的特殊性

作为投资保险的投保人必须符合以下条件之一,才能作为合格的投保人与投资保险机构订立保险合同。

一是本国国民,指根据本国法律取得本国国籍的自然人。

二是本国公司、合伙或其他社团。大多数国家都允许依本国法律设立的,具有或不具有法人资格的、营利或非营利的公司、企业、合伙或其他社团作为投保人。

三是外国公司、合伙、社团。外国公司、合伙或社团作为投保人,一般有严格的限制。法律规定,依外国法设立的外国公司、合伙、社团,其资产的全部或至少 95%为本国公民、公司、合伙或社团所有,才可作为合格的投保人。

(3)承保对象的特殊性

承保对象必须满足的“合格”条件如下。

一是投保资本合格。投保资本必须符合法律或保险合同规定的条件或标准才可予以承保。如投资必须符合投资者本国的利益、有利于东道国的经济发展、仅限于新的海外投资等。

二是投资的东道国合格。只有在符合以下条件的国家投资才可予以承保:①必须是事先已与本国政府签订有双边投资保护协定的国家，一旦保险事故发生，本国政府可依据相关条约进行代位索赔；②投资所在的东道国必须是发展中国家，而且其国民收入较低。

三是投资的形式合格。投资的形式既包括有形资产，也包括无形资产，主要有：①股权投资，既包括投资者用现金、实物、工业产权与专有技术等进行的投资，也包括基于契约安排的权益投资，如企业的利润收益权、技术及能源开发中产品分配安排应得的权益等；②贷款，如对已批准的投资工程的贷款，或与股权投资有关的贷款；③债券，合格的投资形式还包括取得外国政府、外国法人为经营海外企业所发行的公债、公司债券或类似债券；④向分支机构投资。

（4）经营性质的特殊性

一般商业保险经营都是以营利为目的，投资保险是由政府机构或公营保险公司承保，与一般商业保险不同，是政策性保险，经营不以营利为目的，而是以保护投资为目的，对政治原因导致的金融风险防患于未然。

（5）承保风险的特殊性

投资保险所承保的是政治风险，而非其他风险。政治风险是东道国政府行为直接给投资者造成不利影响而产生的金融风险。在不同的时代背景下，政治风险的范围会有新的补充和定义，比较广泛。投资保险承保的政治风险分为货币不可兑换风险（汇兑风险）、政府征收风险、战争及政治暴乱风险和政府违约风险等类型。政治风险一旦发生，往往只会导致损失，属于纯粹风险。

（6）代位权的特殊性

在保险事故发生后，由保险机构向投资者补偿其所遭受的损失，同时保险机构向造成意外政治损失的第三者行使代位追偿权，一般商业保险是向不固定的第三者进行追偿，但这里的第三者一般是指东道国政府。因此，投资保险的代位权与一般商业保险相比具有不同的特征。①代位权客体的受禁性。投资的政治风险主要来自东道国政府的具体行政行为和其颁布的国有化或征收法令或禁止汇兑的命令，投资保险代位权所指向的权利和财产，通常情况下处于东道国的控制之下，而一般商业保险只承保非政治性的自然风险和意外风险，保险机构行使代位权的客体不处于国家的控制之下。②代位权行使对象的主权性。投资保险代位权行使的对象不是普通的商事主体，而是主权国家。③代位权行使依据的复杂性。投资保险是一种具有涉外因素的国内法上的制度，虽然保险人和被保险人都为具有投资母国国籍的法人或自然人，但由于代位权行使的对象是东道国这一主权国家，显然不能依据一国国内法向另一个主权国家主张权利，这就使得投资保险代位权的行使必须寻求国际法上的依据。

3. 投资保险的作用

(1)提供损失补偿

保险的本质就是为风险事故造成的损失提供补偿,投资保险也不例外。投资保险为投资者因遭受政治风险而产生的投资损失提供经济补偿,维护投资者权益,避免因海外投资损失而导致财务危机或坏账。

(2)增加融资渠道

海外投资风险高,融资难度大是跨境投资者所面临的比较普遍的问题。投资保险通过承保政治风险,为投资者提供融资便利的同时,也为投资者降低了融资成本,帮助投资者获得较为优惠的信贷支持。如中国出口信用保险公司(简称中信保)积极参与国际资本市场的运作,与众多国际性投资银行和商业银行等金融机构建立了紧密联系,为投资者提供多渠道的融资支持服务。

(3)提升信用等级

投资保险通过承保特定风险,降低投资者和融资银行承担的风险,提升投资者和被保险债权的信用评级,增强债券和股票的投资吸引力,为投资者赢得更具竞争力的发展空间。

(4)开拓海外市场

在投资保险保障的基础上,配合国家保险机构专业化的投融资支持服务,投资者可以更有信心地开拓海外新市场、投资新项目,从而实现分散投资风险、增强企业国际竞争实力的目的。如中信保会定期发布并更新一些主权国家的《国家风险分析报告》,为政府部门和投资者提供国别风险分析服务。中信保还对重点国别进行考察研究,了解当地投资环境,收集项目信息,并与有关国家的政府签订合作协议,不断提升风险防范能力,为投资者开拓海外市场保驾护航。

(5)加强金融风险防控

投资保险公司作为政策性金融机构与国家相关部门保持密切的联系,及时获取各国政治经济最新动态和投资环境状况。作为专业的政治和信用风险管理机构拥有丰富的项目承保经验和先进的承保技术,可以帮助投资者提升金融风险管理水平,提高项目抵御金融风险的能力,及时化解投资风险,防止损失发生。如中信保以中国政府为依托,通过承保项目对东道国施加影响,从而降低项目的汇兑、政府征收和政府违约等风险。即使出现投资纠纷,中信保也可以借助外交等手段来协助化解投资者和有关政府之间的纠纷,最大限度防范投资金融风险的发生。

4. 投资保险的种类及责任范围

投资保险一般分为两类,一类是股权保险,承保标的为投保人的预期收益和股本投入，其中股本投入包括技术、本金及其管理的投资收益，并以此来确定保险金额，一般不超过总股本投入的三倍，承保期限一般与项目回收期相等；另一类是贷款保险，承保标的为投资企业对其海外投资项目进行的股东贷款，国内企业向金融机构为其投资项目申请的贷款等，保险金额以承保贷款本金和利息为基础来确定，保险期限一般为贷款的还款期，当股东贷款未能如期偿还时，赔偿金额按还款计划表到期应还而未还的金额来确定。无论是股权保险还是贷款保险，其保险责任范围主要包括以下三种。

（1）外汇险

外汇险包括禁兑险和转移险。禁兑险是指作为被批准投资工程的利润或其他收益，或因投资回收或处分投资财产而获得的当地货币或其他货币，在东道国被禁止兑换成美元，使投保者的投资财产受到局部或全部损失，则由承保人负责赔偿的保险。转移险是指由于政府有关部门的限制，使被保险人未能按投资契约规定将应属被保险人所有并可汇出的汇款汇出而造成的损失，由承保人负责赔偿的保险。

按照保险合同的规定，投资者必须在换取美元的申请已经提交 30 天或 60 天期满而当地政府仍不批准的条件下，方可向海外私人投资公司要求用美元予以兑换。如投资者事先未尽力向当地政府申请兑换或者这笔当地货币在投资者手中迟迟不换已超过 18 个月，则无权再向该公司要求兑换。

法律规定，有以下情况之一，致使投资者的本金和利润 2 个月以上不能兑换为外币并汇出，均属外汇险承保：①东道国政府实行外汇管制或禁止外汇交易；②因东道国发生战争、革命和内乱，无法实行外汇交易；③东道国政府对投资者各项应得金额实行管制；④东道国政府取消对各项应得金额汇回的许可；⑤东道国政府对各项所得金额予以没收等。

（2）征收险

征收险一般是指由于东道国政府实行征收或国有化措施，致使投保者的投资财产受到局部或全部损失，则由承保人负责赔偿的保险。

征收行为主要包括以下内容：①征收是东道国政府采取的行为，包括政府采取、授权、批准或纵容的行为，且不管是否给予补偿；②征收包括直接征收和间接征收；③征收的对象一般包括投资者的投资和贷款，以及投资的利润和贷款的利息，不仅包括财产权以及由此产权产生的其他债权，而且包括契约权，如关于征收的定义就明确包括违约；④构成征收险的征收行为一般应持续一年以上。

（3）战争与内乱险

战争与内乱险是指由于战争、革命、暴动或内乱，投资者在东道国的投保财产受到损害,而由承保人负责赔偿的保险。

构成战争与内乱险,并不要求具备正式宣战的行为,承保范围扩大到在战争、革命和暴动期间为了阻止、反击或防御敌对行动而采取措施所造成的各种损失。对于动乱程度不如革命或暴动的骚乱风险,不予承保。这将一般的劳资纠纷、经济矛盾所引起的骚乱冲突风险排除在外。一般活动或国内轻微骚乱所致的损失,也不属于战乱险,除非是出于国内或国际有组织的武装力量的敌对行动对财产的蓄意破坏。

5. 中国投资保险的发展现状与前景展望

(1)中国投资保险发展现状

中国从 1989 年开始试办境外投资面临的政治风险保险,当时受国务院委托由中国人民保险公司出口信用保险部办理。1994 年中国进出口银行成立,开始承保境外投资项目、境外加工贸易项目、带资承包的海外承包工程交钥匙等项目由于政治原因造成损失的风险。2001 年,中国成立中国出口信用保险公司(简称中信保),承接了中国人民保险公司和中国进出口银行的投资保险全部业务。中信保由国家财政预算支持,注册资本金为 40 亿元人民币。中信保的第一份投资保险是于 2003 年 9 月 18 日为中国化学工程总公司、中国成达工程公司以建设—经营—转让方式投资印度尼西亚巨港电站项目提供的海外投资保险。中信保于 2004 年 2 月正式成立了投资保险部,专门承保汇兑限制、征收、战争及政治暴乱等险种。

中信保自经营投资保险业务以来,为中国对外经贸发展与合作提供了巨大助益,同时中国投资保险业务也在飞速发展。从投资保险承保的险别来看,和多数海外投资保险制度承保险别类似,中国主要对汇兑限制、征收、战争及政治暴乱这三种政治风险进行保护。但随着业务需求的发展,中国又将政府违约风险纳入了投资保险的范畴。中国之所以将政府违约风险纳入承保范围,主要是因为其海外投资大部分金额流向了发展中国家,经济和政治状况都不甚稳定的发展中国家出现政府违约风险的概率较高。而且单边模式的海外投资保险制度使得政治风险发生后,中国很难通过代位求偿等方式来向投资东道国索赔,就这个层面来说,政府违约风险的承保对中国海外投资者是非常有必要的。如果企业在投资过程中发现东道国违反或者没有履行投资项目相关的协议,并且东道国拒绝对企业进行补偿,那么企业可以根据海外投资保险向中信保获得赔偿。从投资保险承保比例来看,中信保承保的海外投资保险最高赔偿率是其投资和利润损失的 95%,赔偿比例较高。从服务投资项目的模式来看,范围在不断扩大,最初投资保险承保的海外投资项目采用的模式是建设—经营—转让(Build-Operate-Transfer, BOT)模式,随着业务的发展,投资保险还承保了建设—拥有—经营(Build-Own-Operate, BOO)、建设—移交(Building-Transfer, BT)等多种经营模式。从投资保险服务的业务来看，涉及领域不断扩大，行业广泛，目前，涉及的领域有能源开发、交通运输、设施建设、信息交流等。自2013年中国提出“一带一路”倡议后，中信保的海外投资保险业务积极服务于“一带一路”建设，中国海外投资保险业务开始迅猛发展。

（2）中国投资保险发展前景展望

“一带一路”倡议的提出，为我国“走出去”企业对外投资谋划了新的宏伟蓝图，注入了新的强大动力。但“一带一路”倡议是一把双刃剑，既给中国海外投资提供优质的发展平台，也为中国海外投资带来了各种政治风险，因为“一带一路”沿线绝大多数是发展中国家，政治环境复杂，地缘冲突不断，普遍存在政局不稳定、宗教民族问题较突出、市场化水平低、法律体制不健全等问题。这些问题都蕴含着巨大的政治风险，这些政治风险除需要国家动用政治、军事、外交力量进行控制外，还必须通过投资保险手段来管理和控制。因此，“一带一路”倡议的推进实施，为中国投资保险发展带来了前所未有的历史机遇。借世界百年未有之大变局之际，中国的投资保险应做好战略规划以迎接机遇和挑战。

一是要健全投资保险制度和法律体系。中国应在综合考虑国情及国际形势的基础上，借鉴国际经验，探索出适应中国发展的完善的投资保险制度和有效的投资保险法律体系。加快研究和明确投资保险方面的专门法律和相关配套措施，以保证投资保险的规范经营和长远发展。在这一过程中，中国要有选择地吸取国际成功的经验，尽快建立适合中国国情的投资保险制度。

二是丰富投资保险的险种类型。在世界政治风险不断发展和变化的时代，投资保险也要不断地发展和创新，以满足市场的需求。比如，根据世界市场的发展形势制定出适合各个企业机构发展的承保制度，扩大承保范围，研究新的险种类型，同时加强对投资风险的控制，使其维持在可控范围内。投资保险除了承保传统的风险，如汇兑限制、征收、战争及政治暴乱等险种，还应该注重开发非传统业务，让非传统业务的规模和比重也得到提升。

三是增加投资保险机构的数量。目前，中国主要是由中信保来经营投资保险业务，而且投资保险业务也不是中信保的主要业务。随着“一带一路”倡议的推进，中信保的业务规模与中国在国际上的地位并不符合，因此政府应合理增加海外投资保险机构主体，开放一些短期海外投资保险市场，采取“政策保险机构+商业保险机构”的运营模式，引入国内有实力的商业财产保险公司，如中国平安保险、太平洋保险、中国人保财险等来共同经营海外投资保险。在承保技术得到提高的基础上，降低投资保险费率，为广大海外投资企业提供更为优质的保险服务，这样既能促进海外投资保险长期健康发展,又能推动中国海外投资企业稳步拓展国际市场,同时保障“一带一路”高质量发展。

案例分析

案例描述

摘要:如今互联网金融在中国发展迅猛,已经初具规模,但也暴露出了许多问题和风险。2017 年爆发的侨兴债违约事件以其涉及金额大、波及范围广、涵盖互联网金融和传统金融两大领域引发了广泛热议。本案例借助这起事件,从风险识别的角度出发,拆解整个事件的原委,从发债企业侨兴集团谈起,从承销、销售、担保三个层次上阐述发债过程,揭示最终投资者受损的内在风险因素,希望能引起金融监管层的注意。只有通过金融监管的革新使互联网金融发展规范并实现其与传统金融的有效对接,互联网金融能够真正地惠民利民。

关键词:侨兴债违约;互联网金融;风险识别;金融监管

0 引言

2017 年 1 月 26 日,在除夕的前一天,受到侨兴债 3~7 期违约事件影响的投资者经过 20 多天的等待终于获得了赔付,拿到了自己投资的款项,历时 2 个多月的侨兴债违约事件伴随着浙商财产保险股份有限公司的预赔付暂时告一段落。

一笔私募债、一款互联网理财产品,把六家企业牵涉其中,它们分别是侨兴集团、广东金融高新区股权交易中心、上海招财宝金融信息服务有限公司、广发银行、众安在线财产保险股份有限公司和浙商财产保险股份有限公司。某杂志评价:“这原本是一桩看似完美的交易:有原属中国企业 500 强的发行人加之发行人董事长本人提供的连带责任担保、有当地政府作为背书的地方股权交易平台的受托管理人、提供保险增信措施的两家保险公司,还有国内知名的互联网金融交易平台。然而,多方加持的侨兴债缘何演变成一朵‘恶之花’?”在这场混局中投资者该如何拨云见日,探查理财产品的真面目?

2016 年中国债券市场违约事件频发,监管层也紧锣密鼓地开展工作,由国务院组织的始于 2016 年 4 月的互联网金融专项整治活动也一直持续到 2017 年 3 月,其中针对 P2P 网络借贷平台提出“落实信息中介性质,不得设立资金池,不得发放贷款,不得非法集资,不得自融自保、代替客户承诺保本保息、期限错配、期限拆分、虚假宣传、虚构标的，不得通过虚构、夸大融资项目收益前景等方法误导出借人，除信用信息采集及核实、贷后跟踪、抵质押管理等业务外，不得从事线下营销”以及“未经批准不得从事资产管理、债权或股权转让、高风险证券市场配资等金融业务”等要求。2016 年 10 月主管机构更是先后出台了七项相关政策涉及互联网金融、互联网金融活动、互联网保险、股权众筹、P2P 网络借贷、非银行机构、跨界从事金融活动的风险整治。在这样严格的监管整治活动中，爆发出来的侨兴债违约事件是偶然事件还是区域性股权交易所和互联网金融新兴合作模式下私募债违约的冰山一角？有些投资者即使在拿到赔款以后仍在疑惑为什么自己购买的互联网金融平台上的个人贷产品会与侨兴债扯上关系。互联网金融作为一种新兴的金融业态在发展过程中存在哪些风险？它在与传统的金融市场合作的过程中又存在哪些问题？笔者将带你走进这起事件，探查其中的风险。

1 事件伊始：侨兴为何借债？

这起事件的开端还要从侨兴集团旗下的两公司为何发债说起。事件的主人公侨兴集团成立于 1992 年 4 月，是国内电话机、手机等通信终端产品的大型制造民营企业，主要从事通信终端产品的研发、生产与销售，属于中国电子通信行业元老级的民营企业。改革开放后，中国的经济高速发展，通信业也迎来了高速发展阶段，从 1978 年到 1998 年间，固定电话网和移动电话用户总规模持续扩张，到 2003 年时移动电话盛行。侨兴集团抓住机遇，于 1992 年设立公司从事电话机的研发、制造与销售，经过几年发展，不断壮大，1999 年侨兴在国内首次研发出无绳电话，产销量跃居全国第一位，侨兴环球成功在美国纳斯达克上市。2003 年侨兴实现快速转型，收购中国电子信息产业集团下属企业——中电通信科技有限责任公司，开始进军手机制造行业，于同年 11 月首次跻身“中国企业信息化 500 强”。2007 年，侨兴环球营业收入创新高，侨兴移动在纽约证券交易所（简称纽交所）上市。2009 年，侨兴集团持股的瑞金矿业在香港交易及结算有限公司上市。

但是，随着电子信息行业的竞争逐渐激烈，行业结构更加合理，从注重硬件发展，到软件业的收入不断提高，再到两者的融合程度不断加深，已经相互依存，并实现了产品附加值的提升。同时，行业也从开始的山寨机盛行，到全行业创新能力的提升，自主研发已成为趋势。显然，侨兴集团没有跟上时代的脚步，侨兴集团的主业为手机整机、动态影像专家压缩标准音频层面 3（简称 MP3）等业务，主要为外部品牌商贴牌代工，即按照其他品牌厂商的要求进行生产，所有的设计均来自外部品牌。除此之外，侨兴集团一直试图尝试多元化：2006 年起，侨兴集团开始进军矿冶产业，投资几十亿元进行矿种的勘探开发和制造加工;2012年,侨兴集团计划建立导航应用生产基地,把中国的北斗卫星导航系统民用化,应用到通信行业;2015年,侨兴集团涉足俄罗斯农业,满足国内对于有机粮食的需求;同年,侨兴集团开展与健康相关的产品与服务,规模化培养药用植物的干细胞;2016年,侨兴集团进军跨境电商,从事大健康概念的产品供应。但并没有一个行业成为翘楚。

2007年侨兴集团在纽交所上市的侨兴环球由于财务报告虚假而被告上法庭,2012年其股票被摘牌。2009年持股的瑞金矿业由于巨亏在2011年停牌。侨兴集团旗下的惠州侨兴电讯有限公司(简称侨兴电讯)和惠州侨兴电信有限公司(简称侨兴电信)主要业务为电话机,根据侨兴债的产品说明书,侨兴电讯、侨兴电信2012年度、2013年度和2014年前7个月的营业收入和净利润如表1所示。

表1 侨兴电讯、侨兴电信营业收入和净利润表 单位:亿元

年份	侨兴电讯		侨兴电信	
	营业收入	净利润	营业收入	净利润
2012	16.67	1.04	20.89	1.72
2013	17.79	1.09	22.16	1.83
2014(1—7月)	9.43	0.60	12.87	0.80

数据来源:由侨兴集团官网数据整理而得。

据媒体报道,2015年年末侨兴集团总体负债约112亿元。其中,存续贷款余额约为51亿元,占比接近50%。而实际的贷款主体主要是侨兴电讯(约有贷款余额39亿元)、侨兴电信(约有贷款余额11亿元)。由于贷款银行的突然抽贷,侨兴集团的现金流难以偿付巨额贷款,侨兴集团想到了发债。

2 事件推进:如何借助互联网金融平台发债?

2.1 传统金融“四板市场”来承销

发债公司想要筹集资金,需要有专门的机构和平台承销债券,将债券通过专门的平台销售给投资者。在中国,承销商主要包括证券公司、银行和区域性股权交易中心,交易平台有上海证券交易所和深圳证券交易所(简称沪深交易所)、银行间市场和区域性股权交易中心。普通投资者可以通过在沪深交易所开户的方式直接购买债券,但要想在交易所内发行,必须是上市公司,而且企业规模达到国家规定,财务会计制度符合规定,连续三年盈利等,审核较为严格。银行间债券市场主要交易的是国

债、政策性金融债、央行票据以及高评级的企业债。而区域性股权交易中心属于场外市场，场外市场具有挂牌标准低、信息披露要求低、监管较为宽松等特点。

在其中，侨兴集团选择了区域性股权交易中心——广东金融高新区股权交易中心有限公司（以下简称“粤股交”）。区域性股权交易中心为特定区域的企业提供股权、债权融资和转让服务的私募市场，既可以作为承销商，又可以提供交易平台。

根据 Wind 咨讯的数据显示，2016 年除去侨兴债违约，区域性股权交易场发生了三起债券违约事件，分别是广西北部湾股权交易所的金满锐溢债，百花医药 1 期 A 债、百花医药 1 期 B 债和齐鲁股权交易中心的 14 迪浩债，其中百花医药 1 期 A 债、百花医药 1 期 B 债 10 月 21 日违约，涉及债券余额 0.82 亿元，14 迪浩债涉及金额 320 万元。

粤股交是一个公司制的区域性股权交易市场。粤股交主要由广发证券股份有限公司、招商证券股份有限公司等六家公司出资设立，经营范围主要是为非上市公司挂牌、转让、融资、登记、托管、结算相关金融产品提供场所、设施和配套服务以及相关的咨询服务。

值得注意的是，区域性股权市场并不由中国证券监督管理委员会（简称中国证监会）主管，只要当地地方政府金融服务（工作）办公室（简称金融办）审批通过，就能建立，并由金融办管理。企业进入粤股交挂牌需要满足的条件也较为宽泛，例如对于存续时间要求只需依法设立并且持续经营满一个会计年度，对于财务状况要求最近一年的营业收入不低于 1 000 万元或者净利润不低于 100 万元，对于财务报告有限责任公司也可提供未经审计的内部报告等。德弘资产管理公司创始人、仁和智本资产管理集团合伙人陈宇也表示这种债券的发行只需要有推荐商推荐，在交易所备案即可，不需要任何评级。

粤股交对公司的信息披露要求比较简单，也就是说只要满足上述条件，任何企业都可以通过粤股交来筹钱。2014 年 12 月 10 日，侨兴电信和侨兴电讯在粤股交备案后各发行了 5 亿元私募债，本金合计 10 亿元。

2.2　四板市场对接互联网金融平台来销售

粤股交承销的侨兴债为私募债，而根据《中华人民共和国证券法》《中华人民共和国公司法》的有关规定，非公开发行的公司债券应当向合格投资者发行，不得采用广告、公开劝诱和变相公开的方式，每次发行对象应不超过 200 人。其中提到的合格投资者要求企事业单位法人或合伙企业净资产不得低于人民币 1 000 万元，个人投资者名下的金融资产不得低于 300 万元人民币。根据《上海股权托管交易中心私募债业务暂行管理办法》第二十二条规定,私募债起买点为面值 100 万元。也就是说对私募债的交易对手有明确的规定,一般的普通投资者无法购买到私募债。

由于粤股交所属的四板市场只是地方性的交易所,用户的资源有限,成交量惨淡,华中地区一家四板交易场所的人士表示四板市场"成交量寥寥无几,目前大多数新三板市场的企业都难以有成交量,何况地方的四板市场",那么如何能顺利地把债券承销出去?此时,互联网金融开始登场。在那几年互联网金融发展得如火如荼,人们对其的讨论也热度不减。所谓的互联网金融不是互联网和金融业的简单结合,而是金融机构依托互联网技术,借助互联网的相关功能,依靠云计算、大数据、智能技术等金融科技,在开放的平台上实现资金融通、支付、投资、信息中介服务的一种新兴金融业态和服务系统。

此次与粤股交合作的是上海招财宝金融信息服务有限公司(简称招财宝)。招财宝如果大家不熟悉,余额宝应该是众人皆知了,它们同属于蚂蚁金服集团,在阿里巴巴旗下。招财宝 2014 年正式上线,主要是为个人投资者和资金需求方提供金融信息居间服务,致力于打造固定期限、低风险的投资理财专区,提供开放的金融信息服务平台,平台上的主要产品有中小企业贷、基金产品和保险产品等。招财宝借助蚂蚁金服的品牌,获得强大的客户资源,且平台上投资者交易活跃。截至 2014 年 12 月,招财宝上线 8 个月时间内,平台上理财产品交易规模就超过了 500 亿元,截至 2015 年 12 月 16 日,招财宝投资总用户数达到 1 005.5 万人,投资总金额达到 3 968.68 亿元,2016 年 7 月至 2017 年 7 月招财宝平台成交数据如图 1 所示。

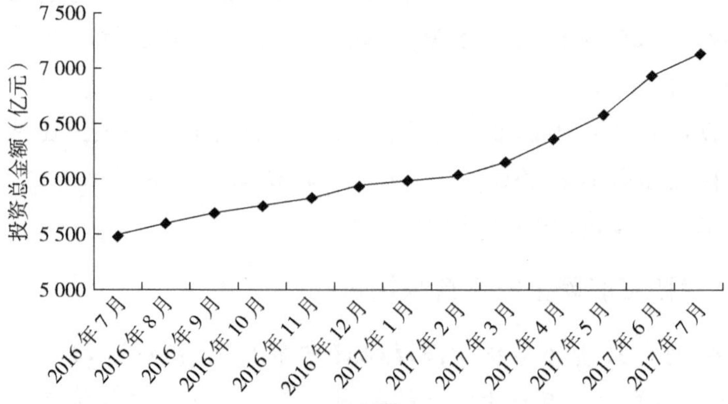

图 1 招财宝平台投资总金额趋势图

(数据来源:招财宝平台官网)

从图1中可以看出，截至2017年7月，招财宝投资总金额已突破7 000亿元，交易仍十分活跃。所以，一方面粤股交有资产，另一方面招财宝有钱，两者的结合也就顺理成章了。

但是问题还没有完全解决，按照私募债发布要求，普通投资者仍无法购买到该债券。所以，招财宝打了擦边球，把十几亿元的侨兴债直接拆分、化整为零，如“侨兴债001-N”，其中N的数量不固定，多者能达到100期以上，投资者能以最少1万元的价格购买私募债，投资者在购买时由系统随机分配其中一期，虽然一位投资者对应一份产品合同，但其中的内容一致。拆分之后，每一期的子债券能够容纳200名投资者，但本质上仍然是同一产品。通过这样的分拆销售，普通的投资者就可以购买到这只“高风险”的私募债。

除了粤股交，招财宝还曾与多个区域性股权市场合作，采用变相公开的方式发行过私募债。其实，这种互联网金融平台与区域性股权交易中心合作模式早在2015年已被证监会叫停，在证监会下发的《关于请加强对区域性股权市场与互联网平台合作销售企业私募债行为监管的函》中指出这种合作销售私募债的模式具有较高风险，其主要风险中最突出的就是变相公募和架空合格投资者制度的问题。

对此，北京大学金融与产业发展研究中心秘书长黄嵩也认为：“我国已在证券交易市场建立了全面有效的投资者适当性管理机制，在互联网金融领域也应该尽快建立起投资者适当性制度，对互联网理财产品实行强制性的风险评估和投资者分级制度。同时，完善信息披露的相关规定。”

2.3 招财宝平台的增信措施

粤股交把债券发布到蚂蚁金服旗下招财宝平台进行销售，由于在招财宝平台上募集资金需要有专门的金融机构或担保公司予以增信，所以粤股交引入了浙商财产保险股份有限公司（简称浙商财险）予以担保，如果到期时侨兴违约，浙商财险需要赔付金额总共达11.46亿元。

浙商财险是一家全国性的财产保险公司，注册资本15亿元人民币，受侨兴债违约的影响，2016年浙商财险的综合偿付能力充足率为144.88%，比上年下降146.75个百分点。

浙商财险需承担巨大的信用风险，所以在侨兴工作人员的陪同下，浙商财险与广发银行惠州分行签订保函。保函，又称保证书，是指担保人应申请人的请求，向第三方开立的一种书面信用担保凭证。如果申请人未能按约定履行义务，则由担保人代其承担某种支付或经济赔偿责任。据浙商财险的说法，2016年2月广发银行惠州分行确认了保函的有效性,2016 年 5 月广发银行惠州分行出具《银行履约保函声明》,确认保函“真实合法有效”。如果此份保函为真,侨兴债违约会有广发银行做担保,承担一定的经济赔偿责任。同时,侨兴集团董事长承诺将以个人全部合法资产对侨兴债承担不可撤销的无限责任担保。所以,最后呈现在广大投资者面前的就是这样一个理财产品,由浙商财险提供保证保险、广发银行提供保函、侨兴集团董事长提供反担保的“侨兴债”。

随着各种 P2P 网贷跑路事件的发生,投资者更加愿意相信成熟的大型互联网金融平台。有投资者表示,“出问题有保险公司赔,是自己选择招财宝的重要理由”。招财宝平台上的借款产品要求有专门的金融公司或者担保公司提供本息兑付的保证,如果借款人违约,则由该金融机构或担保公司完成代为偿付的责任。所以,在招财宝网站的首页上,清晰可见“金融机构等作为增信机构提供本息兑付增信措施”。

但也正因如此,出现了两个问题。其一,有学者认为多重的增信设计使得风险也随着出现,黄嵩表示,“招财宝的产品链条长,导致最终的投资者难以了解最初的资产,确实是一个问题”。其二,投资者认为招财宝本身的一系列措施已经为债券的刚性兑付形成了一种声誉背书,招财宝后通过信息中介平台推脱责任,使得投资者难以接受。

3 事件爆发:“招财宝”产品也违约?

2016 年 12 月 15 日、12 月 16 日,招财宝披露侨兴电信、侨兴电讯私募债约 3.12 亿元资金到期未兑付,发生违约。

12 月 19 日,浙商财险向有关主管部门递交了不动产抵押登记申请;同日,浙商财险分别向广发银行总行和广发银行惠州分行提供了《有关银行保函履行事宜的重大风险提示函》,广发银行总行和广发银行惠州分行当日做出口头回应,否认出具过保函——出现了“萝卜章”乱象。

12 月 20 日,招财宝发布了《关于“侨兴电信”、“侨兴电讯”无法按时还款和启动保险公司理赔流程的说明》;同日晚,粤股交也发布了《关于“侨兴电信”、“侨兴电讯”相关事项的公告》,其中提到,12 月 15 日、16 日,粤股交、招财宝向浙商财险递交了《保险出险通知书》和《启动理赔保障通知书》,要求浙商财险及时予以赔付,并于 12 月 19 日,向其提供了相关理赔资料。浙商财险在合同中承诺若产品到期违约,将于保险责任核定后 3 日内履行赔偿义务。但由于保险涉及互联网保证保险,浙商财险以资料不全为由推迟履行赔偿义务,要求粤股交和招财宝对审核工作予以配合。

12 月 21 日下午,招财宝最新公告表示将为侨兴电信和侨兴电讯投资人承担全部的法律服务费用,且暂不用承担兑付业务。

12 月 22 日,浙商财险第二次发布公告对未予理赔予以说明,表态由于事件涉及甚广且复杂,不要把正常的理赔工作看成拖延、扯皮甚至推诿。

12 月 25 日,浙商财险向外界披露侨兴债的资金去向,10 亿元中有 7 亿元用于偿还贷款,大部分流向广州银行惠州分行。根据侨兴债的发行说明书, 10 亿元主要用于第四代通信技术的通信终端产品制造与应用项目,由侨兴集团有限公司统筹安排总投资 15 亿元,预计 2014—2016 年所得净利润为 6 亿元。但是实际情况却是用于补充或置换各商业银行 2014 年前后的强制退出贷款已达 7 亿元,用于下属企业的设备更新和基建工程达 2 亿元,剩余 1 亿元为补充下属制造业的流动资金。侨兴集团筹集资金去向实际情况图如图 2 所示。

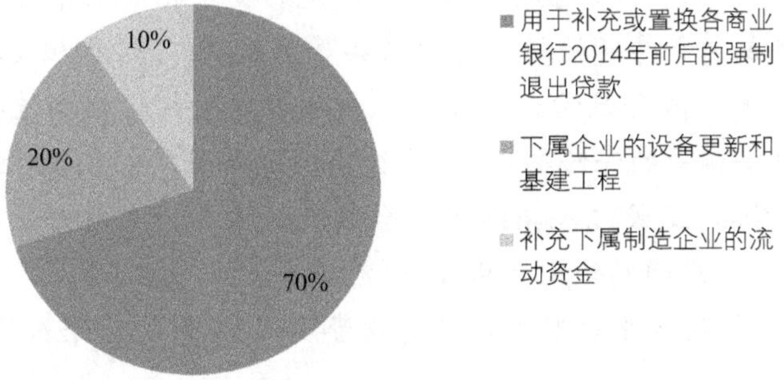

图 2 侨兴集团筹集资金去向实际情况

12 月 26 日,广发银行发表声明表示关于侨兴债的担保文件、公章、私章均属于伪造,并向公安机关报案。

4 事件轰动:个人贷投资者“被违约”?

在浙商财险被推上风口浪尖的同时,众安在线财产保险股份有限公司(简称众安保险)的名字也出现在了投资者的维权群中。根据 TechWeb 记者的报道,江苏的吕荷(化名)于 2015 年 10 月的时候在招财宝平台上购买了价值 7 621 元的个人贷产品,本以为是平台上个人对个人一对一的贷款产品,又有众安保险承保,但是 12 月 15 日产品到期的时候却被告知无法兑付本息,原因是侨兴债违约了。同样,河南的辛界(化名)也于 2016 年 10 月在招财宝平台上购买了名为“个人贷 887859 号”、价值 4.185 1 万元的产品,到期也被告知由于侨兴债违约而无法偿付本息。这是什么原因?

原来是招财宝为了吸引投资者,提供了理财产品的变现功能,不管是借款类产品还是非借款类产品，只需支付一定的变现服务费和保险费，就能轻松提现，其中针对个人贷产品，由众安保险提供担保。

众安保险，注册资本 12.4 亿元，由阿里巴巴、腾讯、平安、携程等国内知名企业发起，于 2013 年成立，主要经营范围包括与互联网交易直接相关的企业/家庭财产保险、货运保险、责任保险、信用保证保险、短期健康/意外伤害保险以及机动车保险等，是全球首家互联网保险公司。众安保险 2016 年年末偿付充足率为 722.45%，符合当时中国保险监督管理委员会（简称保监会）150%的要求。2016 年，众安保险的保证保险收入接近 5.17 亿元，位居各险种的第二位。截至 2017 年 3 月 31 日，众安保险累计服务客户数量 5.82 亿，保单数量超过 82.91 亿。有着三家大公司的加盟，众安保险承保的产品被投资者认为具有较低的风险。

根据招财宝官网上对变现功能的解释，凡是购买了招财宝平台上的指定理财产品如保险、私募债或者交易所挂牌发行的产品等的用户，可以对相关持有的资产提出变现申请，根据阿里小微金融结合专业金融机构的风险评估模型进行云计算评估风险，再将结果输出给相应的保险公司，保险公司决定是否提供担保，若决定承保，则会生成一笔个人贷产品，正式进入招财宝平台的交易系统。业内专业人士曾这样评价变现功能，称之为“用时间的错配完成了一场‘资金的马拉松’”。

表 2 展示的是招财宝平台变现借款的收费规则，其中针对个人贷产品，由众安保险提供担保。

表 2　招财宝平台变现借款的收费规则

<table>
<tr><th>产品类型</th><th>借款类（个人贷、中小企业贷等）</th><th>非借款类（包含万能险、理财计划、债券、保本混合基金、债权转让、收益权转让、定向融资工具、直接债务融资工具等）</th></tr>
<tr><td>档次一</td><td rowspan="2">借款类产品变现，按变现成交额的 0.2%收取变现服务费（其中 0.1%为变现平台服务费、0.1%为变现保险服务费）</td><td>每个半年度内第 1 至 12 次变现该类产品按变现借款成交额的 0.2%收取变现借款费用（其中 0.1%为变现平台服务费、0.1%为变现保险服务费）</td></tr>
<tr><td>档次二</td><td>每个半年度内第 13 次及其以后变现借款该类产品按变现成交额的 0.5%收取变现借款费用（其中 0.4%为变现平台服务费、0.1%为变现保险服务费）</td></tr>
<tr><td>计数周期</td><td>自然年</td><td>以自然年的上半年（1 月 1 日—6 月 30 日）、下半年（7 月 1 日—12 月 31 日）半年作为周期</td></tr>
<tr><td>次数计算</td><td colspan="2">每一次变现借款申请均计入变现次数统计（如变现借款申请未成交，则该次变现借款申请在取消后不计入变现借款次数统计。注：部分变现借款成交也视为变现借款成交，也将计入变现借款次数统计）</td></tr>
</table>

续表

产品类型	借款类(个人贷、中小企业贷等)	非借款类(包含万能险、理财计划、债券、保本混合基金、债权转让、收益权转让、定向融资工具、直接债务融资工具等)
跨周期计算	每周期交替时,若在上一周期内发起变现借款申请,并在下一个周期内变现借款成交,则该次变现借款计入上一周期变现借款次数统计。	
身份识别	系统以身份证为唯一标准认定用户,同一身份证注册的不同账户累积计算变现借款次数	

由表 2 可见,不管是借款类产品还是非借款类产品,只需支付一定的变现服务费和保险费,就能轻松提现,而且投资者可以将自己的贷款无限制地 100%提现下去。而在招财宝平台上购买个人贷的投资者不会知道原始资产是侨兴债,而会以为是风险较低有保险公司担保的个人贷。那么购买个人贷的投资者仍可以在需要用钱的时候再次发起个人贷,也就是说理论上以侨兴债为抵押的贷款将无限次地发放下去,不需要像银行一样预留准备金。那么如果侨兴债违约,整个以侨兴债为抵押的个人贷链条上的所有投资者都难以全身而退。而个人贷的投资者并不了解自己购买的个人贷产品最原始的债务人是侨兴集团,因为在个人贷的产品合同和购买界面上,并没有出现“私募债”或“侨兴债”的字眼。

浙江的一位投资者小东(化名)就表示“我估计像我这样知道买的是侨兴债,而且买的底层资产‘一手贷’的至少有几千人,每个人再‘变现’出来,下一批投资人通过‘个人贷’买进,投资者应该有好几万人。通过‘个人贷’买进的,基本上不会知道自己买的是什么。”以至于到最后,招财宝不得不限制一个支付宝账户最多买 5 万元。华东政法大学金融法教授陈岱松表示这种变现只是原始的债权人拿自己的私募债权做抵押,“也就是下家没法确认自己真实拿到了抵押品,权益是不被保障的”。图 3 展示了整个侨兴债事件的发展过程。

5 事件阶段性收尾:互联网保险业务受关注

转眼到了 12 月 27 日, 27 日晚间,浙商财险发布公告,将根据侨兴电信、侨兴电讯 2014 私募债第一、二期的保证保险对投资者开展预赔付工作,于次日支付相应的预赔款项,预赔涉及的款项本息合计 3.12 亿元,并开始开展追偿工作。随后,招财宝发布公告,提示投资者相关资金将陆续到账。

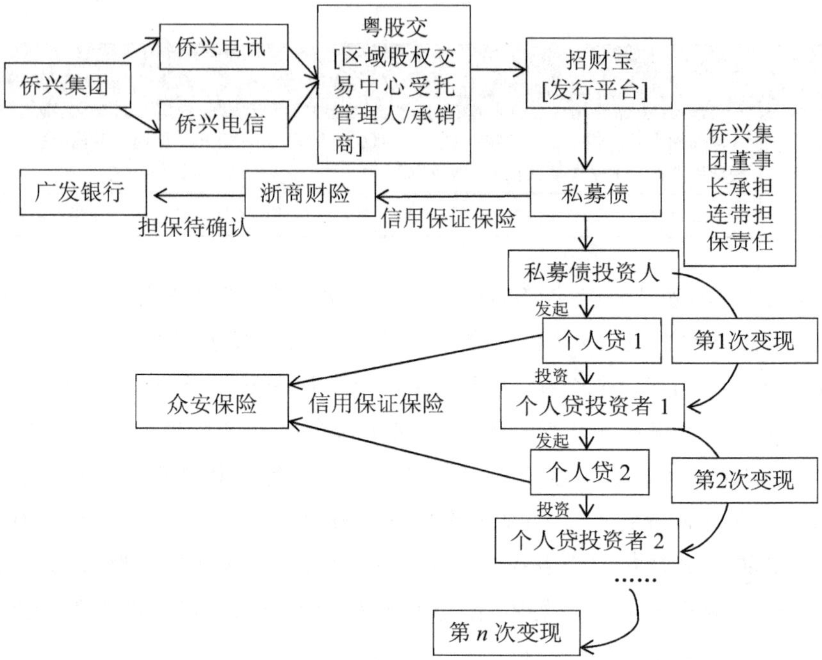

图 3 整个侨兴债事件的发展过程

12 月 28 日,侨兴集团董事长被惠州警方采取强制措施。

2017 年 1 月 24 日,浙商财险发布公告,目前侨兴私募债的 3~7 期已经到期,会尽最大努力分期赔付,也请广发银行承担相应责任。中国人民大学法学院副院长杨东指出:"该保函由广发银行工作人员于办公时间段内在广发银行惠州分行办公地点签署,即使经鉴定是假保函,广发银行由于管理不善,对其员工的违法行为也应当承担相应的责任。"

根据浙商财险发布的 2016 年财务报告显示,浙商财险在 2016 年亏损 6.49 亿元,仅保证保险这一项就亏损 3.68 万元,而承保的保费只有 0.33 亿元。此时也引起了保监会的重视,其于 2017 年 6 月开始对《信用保证保险业务监管暂行办法(征求意见稿)》公开征求意见,其中针对网贷平台的信用保证保险,"应当按照互联网保险业务的相关规定,做好保险产品及服务等方面的信息披露",同时,"保险公司应当要求合作网贷平台公布由保险公司统一制作和授权的保险产品重要信息,相关宣传内容应当经双方共同审核同意,避免网贷平台进行虚假、误导宣传"。

6 互联网金融风险管控:任重道远

2016 年债券违约事件频发,侨兴债相较于其他债券违约,涉及的金额更大,高达十几亿元；涉及的范围更广，涵盖银行、保险、互金平台和区域性股权交易中心多家机构。细数各家机构在这起事件中的作用，似乎都有纰漏，目前粤股交由广东省人民政府直接监管，独立于中国一行三会的监管之外，粤股交既是登记备案方，又是承销方，是否存在利益冲突？“互联网金融+区域性股权市场”的私募债分拆销售的合作机制如何规范？针对“个人贷”的信息披露和变现的无限制该如何监管？侨兴债还有一个重要特点，即事件发生在互联网金融平台上。

侨兴债的违约无疑触碰了互联网金融发展的痛点，从而暴露出了互联网金融在自身发展过程中以及在与传统金融的对接过程中所出现的风险点：市场金融的参与者在金融创新的过程中强调普惠金融降低金融服务的门槛，但相关的信息披露和市场调研却不充分；纵观整个金融产品的创造销售过程，在互联网金融监管还未成型时各参与方通过打擦边球的方式扩大业务范围，在对产品尚未评估好的情况下进行承保，一系列的风险隐患早已暗藏其中，而后通过互联网这种新媒体被放大曝光出来。

北京大学法学院教授郭雳指出：“对于互联网金融领域的金融创新，既要个案认定，更要统一标准，特别是建立统一的合格投资者标准。”蚂蚁金服首席战略官陈龙曾指出：“金融领域风险的爆发具有滞后性，监管的核心不只是控制风险，而要在金融创新给社会带来的福利和风险之间寻找一个平衡。”所以，金融监管者如何通过监管的革新来及时发现识别风险，而不是一味地“亡羊补牢”显得尤为重要。期待中国金融监管层加强监管，不断引导和规范互联网金融发展，使其更好地服务于实体经济和百姓生活。①

案例思考与分析

问题 1：这起事件暴露了互联网金融平台的哪些风险？请列出风险清单。

按照案例描述的事件的发展过程分析各阶段暴露出的风险点，风险点的分析如表 3 所示。表 3 从互联网金融平台招财宝的角度详细地分析了每阶段的风险类别、具体体现、风险产生的原因和风险造成的后果。

① 本案例已收录到中国管理案例共享中心案例库，编号为 FAM-0427，作者为闫东玲、郑依琳、甄奕婷。

表 3　风险识别分析思路

事件阶段	风险类别	具体体现	风险产生的原因	风险造成的后果
开始阶段	业务风险	信用风险	行业竞争激烈，侨兴集团发展遇到瓶颈，现金流紧张	债券违约，投资者受损，浙商保险提供赔偿
发展阶段	关联方风险	信息披露风险	粤股交对挂牌企业的信息披露要求不高，审核不严	投资者没有足够渠道获得可供参考的高风险提示信息
	平台风险	法律风险	招财宝平台把私募债进行“大拆小”处理	普通投资者能够购买到高风险的私募债
		营运风险	招财宝平台对本身信息中介平台定位宣传不到位	普通投资者盲目轻信大平台产品而导致投资受损
		杠杆风险	招财宝的变现功能可以无限次提现	以侨兴债为抵押的个人贷链条上的投资者均受到影响
		信息不对称风险	“个人贷”的投资者不清楚贷款的基础抵押资产为高风险的侨兴债	“个人贷”投资者在不知情的情况下资金受损
阶段性收尾	关联方风险	资质审核风险	浙商财险盲目承保互联网信用保证保险，后又陷入“萝卜章”事件	浙商财险亏损严重

问题 2：分析互联网金融与传统金融的差异，结合案例考虑互联网金融作为一种新型业态在与传统金融对接的过程中应注意哪些问题？

分析互联网金融与传统金融的差异，差异分析如图 4 所示（仅供参考）。

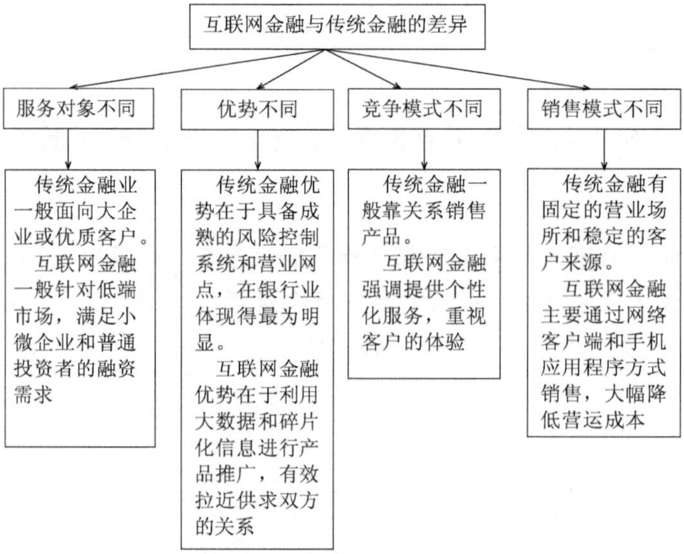

图 4　互联网金融与传统金融的差异

针对以上差异，需要思考互联网金融与传统金融对接的过程中应注意哪些问题，如在利用双方比较优势、谋求最大交集时，树立底线思维，在外部条件允许的情况下实施；在对接之前，订立风险管理的目标，对可能出现的风险点进行识别、衡量，选择恰当的风险管理方法进行风险控制，比如利用互联网和大数据的优势的同时，注重信息安全，降低资金被盗风险等。

风险管理方法包括控制性风险管理方法和财务性风险管理方法。控制性风险管理方法包括避免、预防、分散、风险组合等，财务性风险管理方法包括自留转移、中和等。结合案例，探讨本次事件后招财宝平台应采取哪些风险防控措施来加强风险控制，如一些预防措施：对用款信息进行核实、资信调查引入外部征信记录、对客户风险进行评级、对处于不同层级的客户设定不同的贷款额度和价格标准等。

参考文献

[1] 闫东玲，刘俊. 风险管理与保险 [M]. 天津：天津大学出版社，2020.

[2] 吴安兵，龚星宇，陈创练，等. 非金融企业影子银行化的风险承担效应：内在机制与经验证据[J]. 中国工业经济，2023(4)：174-192.

[3] 冯振华，何程. 政府外部治理、存款保险与银行风险承担[J]. 保险研究，2023(8)：112-127.

[4] 何平，柯文轩. 我国存款保险制度的机构模式选择[J]. 经济理论与经济管理，2022，42(3)：9-21.

[5] 闫东玲，申文旭. 信用违约互换在商业银行中的应用：基于中小企业融资难问题[J]. 甘肃科学学报，2016，28(2)：136-139.

[6] 闫东玲，郑依琳. 公司盈利能力与债券收益率关系及其传导机制：基于中国公司债市场数据的实证分析[J]. 天津大学学报（社会科学版），2019，21(5)：426-435.

专题 2 工程项目风险管理与保险

2.1 工程项目风险

2.1.1 工程项目风险的概念

工程项目是以工程建设为载体的项目,是被管理对象的一次性工程建设任务。它以建筑物或构筑物为目标产出物,需要支付一定的费用、按照一定的程序、在一定的时间内完成,并应符合质量要求。工程项目委托于工程项目业主方,旨在为工程建设提供专业化管理和服务,适用于房屋、轨道、公路、隧道、桥梁等建筑物或构筑物的建设。通常情况下,工程项目不但涉及相对较长的建设工期及较大的建设投资,其建设还会受到周边环境及其他因素的影响。

工程项目风险的含义,比较有代表性的有两种:一种是指标的物在工程各个阶段中遇到的各种自然灾害和意外事故导致标的物受损的风险;另一种是指所有影响工程项目目标实现的不确定因素的集合。结合工程项目特点,本书将工程项目风险定义为:在整个建筑工程全寿命过程中,自然灾害和各种意外事故发生造成的人身伤亡、财产损失和其他经济损失的不确定性。

对工程项目风险含义的理解:①工程项目风险是相对一定条件的,如信息的不充分性和滞后性、认识客观事物的局限性、客观条件的复杂性和变动性等;②风险对工程项目目标包含正负两方面影响;③工程项目风险主体主要包括个人、业主、承包商、咨询方、监理方等;④工程项目风险的发生与否和影响后果都是不确定的。

2.1.2 工程项目风险的特征

工程项目建设活动是一项复杂的系统工程。工程项目具有工期长、工艺复杂、资金紧张、环境不确定、参与方众多等特点。工程项目面临着大量的风险,这些风险往往使工程项目成本超支、工期拖延,甚至导致项目失败。工程项目风险属于一般风险中的一种特殊形式,即既具有一般风险的主要特征,又具有其特殊性。

2.1.2.1 工程项目风险的一般特征

工程项目风险是风险的一个分支,所以它具有风险所具有的一般特征。

1. 客观性

工程项目风险是一种客观存在的风险。随着科技进步与管理能力的提升,在工程项目的建设过程中所遇到的风险如自然灾害、意外事故等,可以在一定程度上进行有效的规避,但仍没有办法做到完全排除,所以工程项目风险具有客观性。

2. 损害性

工程项目风险与项目经营方和项目建设方的利益密切相关,工程项目风险发生的后果就是给项目经营方和项目建设方带来一定的损害。因此,无论是什么样的工程项目风险,都具有损害性,都会给工程项目造成经济损失。

3. 不确定性

工程项目风险的不确定性表现为空间上的不确定性、时间上的不确定性、损失程度的不确定性,即工程项目风险事件发生在何地不确定,工程项目风险事件发生在何时不确定,工程项目风险事件发生造成何等程度的损失不确定。所以,工程项目风险事件的发生和导致的后果具有不确定性。

4. 可测定性

工程项目风险的不确定性说明工程项目风险是一种随机现象,不可预知。但是,这是对个别单位而言的,且不确定性也不表明人们对它没有规避的方法。就工程项目风险总体而言,根据数理统计原理,随机现象一定服从于某种概率分布。结合实际来看,工程项目建设实施过程具有一定的规律性,因此工程项目风险也具有一定的规律性,故根据规律可以对风险进行预测。对于工程项目风险的预测,可以依据概率论原理,对一定时期内特定风险发生的频率与损失率进行预测,把不确定性化为确定性,所以工程项目风险具有可测定性。

5. 发展性

一切事物都处在发展变化的过程中。当代,高新技术在工程项目中的应用越来越广泛,更新换代的速度也越来越快,这都使得风险的发展性更为突出。工程项目风险产生的影响因素在不断变化,因此风险也不断变化更迭。所以,工程项目风险具有发展性。

2.1.2.2 工程项目风险的独有特征

1. 相对性

工程项目风险的相对性主要体现在以下两点。第一,风险主体是相对的。风险总是相对于事件的主体而言的,同样的风险对不同的主体有不同的影响。如工程合同的某些缺陷,可能为承包人索赔创造了条件,这对工程项目业主而言是一种风险,但对承包人而言是一个机会。第二,风险大小是相对的。人们对于风险活动或事件都有一定的承受能力,但是这种能力因活动、人和时间而异。如某一房地产开发项目遇到了销路不畅的风险,对于具有多个房地产项目的大公司而言,可能还有几个做得较成功的项目,因此这种风险对该公司来说无关紧要;但对于只有一两个项目的小公司来说,可能会导致其破产。

2. 阶段性

工程项目一般可分为策划和决策阶段、勘察设计阶段、建设准备阶段、施工阶段、生产准备阶段、竣工验收阶段、考核评价阶段。工程项目风险贯穿整个工程项目的周期。而工程项目所处阶段不同,其风险也不同。所以,风险的阶段性有助于分阶段对项目进行风险识别。一般情况下,工程项目建设阶段的前期存在的风险较大,因此是否能在项目前期做出正确的决策,极大地影响之后阶段的项目建设以及最终的项目结果。为了减少风险带来的损失,项目建设前期的选择,显得尤为重要。

3. 影响的全局性

虽然不同的建设阶段存在不同的风险,但某个阶段的风险并不只影响其存在的阶段或某几个阶段,其造成的后果会影响整个工程项目建设。例如,未知的自然条件变化,可能会造成工程建设的停滞,从而影响整个工程项目的后期计划,影响后期所有参与者的工作。它不仅会造成工期延长,而且会造成费用的增加,甚至对工程质量造成影响。即使是局部的相对独立的风险,随着时间的推移和项目的发展也会积少成多,其影响呈扩大趋势。

4. 多样性和多层次性

大型工程项目周期长、规模大、涉及范围广、风险因素数量多且种类繁杂,这些特点致使大型项目在其全生命周期内的风险多种多样。而且大量风险因素之间有着错综复杂的关系,各风险因素之间与外界因素交叉影响又使风险显示出多层次性。

5. 高频性

由于工程项目建设周期长、施工工艺复杂、施工现场危险因素多,在一些工程项目尤其是大型工程项目的施工过程中,人为因素和自然因素造成的工程事故频发。

施工期内经常出现建筑工人意外伤亡及建筑材料和设备丢失损坏的事故，工程施工设计或现场管理不当也成为导致工程缺陷或事故的人为风险源。此外，地震、洪水和其他自然不可抗力等自然风险源引发的工程风险事故的频率也比较高。据有关资料统计，国内建筑安装工程项目风险发生频率位居第二，仅次于挖掘业。

6. 风险承担者的综合性

当一项工程风险的发生给工程整体造成损失时，一般按照谁造成损失谁负责的原则，由责任方承担相应的损失责任。在判定责任时，需要辨识和分析风险源、风险转化的条件等，据此来判断是谁造成的风险损失。工程项目的施工过程往往涉及众多责任方，比如建筑材料和构件由供应商供给，施工机械由承包商提供，施工图由设计单位提供，工程施工由若干承包商参与、业主负责采购，有些项目还涉及提供贷款的银行和担保公司等。因此，一项工程风险事故的责任可能涉及业主、承包商、分包商、设计方、材料设备供应商等多方。比如，工程项目工期延误了，可能是业主资金或物资不到位造成的，可能是承包商施工组织不力造成的，可能是供应商供货延期造成的，也可能是这些原因共同造成的。总之，一项工程风险事故的发生通常有多个风险承担者，与其他行业相比更具突出性。

2.1.3　工程项目风险的分类

将风险进行分类，便于识别风险和对不同类型的风险采取不同的分析方法和管理措施。一般来说，按不同的原则和标准，从不同的角度分析，风险有着不同的分类。以下按照工程项目风险来源、工程项目风险损害的对象、工程项目风险后果的承担者、工程项目阶段对风险进行分类。

2.1.3.1　按工程项目风险的来源分类

按工程项目风险的来源划分，可分为来源于工程项目外部的风险和来源于工程项目内部的风险。

1. 来源于工程项目外部的风险

来源于工程项目外部的风险即由工程项目建设环境或条件的不确定性而引起的风险，包括自然风险、社会风险、经济风险、法律风险和政治风险。

（1）自然风险

自然风险是工程项目实施过程中不可抗拒的自然灾害引起的风险，如地震，风暴，异常恶劣的雨、雪、冰冻天气等；未能预测到的特殊地质条件，如泥石流、河塘、流沙、泉眼等；恶劣的施工现场条件等。

(2)社会风险

社会风险是指因宗教信仰的影响和冲击、社会治安的稳定性、社会的禁忌、劳动者的文化素质、社会风气等因素引起的风险。例如在有宗教信仰的人群的密集地区建设教堂等宗教用建筑及设施,需要注意当地的宗教信仰和法律法规,如果建设不当,可能会引发宗教信徒的冲击,对生命财产造成损失。

(3)经济风险

经济风险是工程项目实施过程中,各种经济相关因素变化引起的风险。引发工程项目经济风险的因素主要有国家经济政策的变化,产业结构的调整;项目产品市场的变化;工程承包市场、材料供应市场、劳动力市场的变动;工资的提高、物价上涨、通货膨胀;金融风险、外汇汇率的变化等。经济风险是工程项目风险中常见的风险之一。

(4)法律风险

法律风险是指由于法律不健全,有法不依、执法不严,相关法律内容发生变化,或者对相关法律未能全面、正确理解,或者环境保护法律的限制等给工程项目带来的风险。例如,因合同签订不完善存在的法律风险,工程质量的法律风险和工资、安全施工、环境保护、相邻关系等问题造成的法律风险。

(5)政治风险

政治风险是指政局变化、政权更迭、罢工、战争等引起的社会动荡对工程项目造成的财产损失和损害以及人员伤亡的风险。引发工程项目政治风险的因素除了政局的不稳定性,战争、动乱、政变的可能性之外,还包括国家的对外关系,政府信用和政府廉洁程度,政策及其稳定性,经济的开放程度,国有化的可能性,国内的民族矛盾、保护主义倾向等。

2. 来源于工程项目内部的风险

来源于工程项目内部的风险既包括工程项目本身的技术原因的风险,称其为技术风险;也包括工程项目的计划、组织、控制等管理方面的原因导致的风险,称其为非技术风险。

(1)技术风险

工程项目的技术风险是指由技术条件的不确定性造成损失或工程项目目标不能实现的可能性。主要表现在工程方案选择、工程设计、工程施工等过程中,在技术标准的选择、分析计算模型的采用、安全系数的确定等问题上出现偏差而形成的风险。引起工程项目技术风险的因素可分为方案可行性研究、设计、施工等风险,引起技术风险的事件有很多。表 2-1 列出了技术风险因素及事件。

表 2-1 技术风险因素及事件

风险因素	典型风险事件
方案可行性研究风险	基础数据不完整,不可靠;分析模型不合理;预测结果不准确等
设计风险	设计内容不全,设计存在缺陷、错误和遗漏;规范、标准选取不当、安全系数选择不合理;有关地质的数据不足或不可靠;未考虑施工的可能性等
施工风险	施工工艺落后;不合理的施工技术和方案,施工安全措施不当;应用新技术、新工艺失败等
其他风险	工艺设计未达指标;工艺流程不合理;工程质量检验和工程验收未达到规定要求等

(2)非技术风险

工程项目的非技术风险是指由于计划、组织、协调、控制等非技术条件的不确定而引起工程项目目标无法实现的可能性。表 2-2 给出了非技术风险因素及事件。

表 2-2 非技术风险因素及事件

风险因素	典型风险事件
项目组织管理风险	缺乏项目管理能力;组织不适当,关键岗位人员经常更换;项目目标不适当,控制不力;项目规划或安排不适当;缺乏项目管理协调
进度计划风险	管理不力造成工期滞后;进度调整规划不适当;劳动力缺乏或劳动生产率低下,材料供应不上;设计图纸供应滞后;现场条件不可预见;施工场地太小或交通线路不满足要求
成本控制风险	工期的延误;工程变更不适当;工程支付不适当;承包人的索赔;预算偏低;管理缺乏经验;采购策略不适当
其他风险	施工干扰;资金短缺;无偿债能力

2.1.3.2 按工程项目风险损害的对象分类

按工程项目风险损害的对象划分,可分为财产风险、人身风险、责任风险和信用风险。

1. 财产风险

财产风险是指工程项目中财产发生毁损、灭失和贬值的风险。它涉及威胁财产的火灾、雷电、台风、洪水等事故,除发生直接损害外,还会发生如增加房租等的间接损害。

2. 人身风险

人身风险是指工程项目中作用于人体,影响人们身心健康的风险。人身风险通常引起费用损失,也可能引起所得损失或责任损害,如工程项目中的员工人身意外伤害等。

3. 责任风险

责任风险是指工程项目中由于个人或者单位违背法律、合同或者道义上的规定,形成过失行为、侵权行为而造成他人财产损失、人身伤害,需要负法律责任或者赔偿责任的风险。

4. 信用风险

信用风险是指在工程项目各种信用活动中,在权利人和义务人之间,由于一方违约造成另一方损失而形成的风险。

2.1.3.3 按工程项目风险后果的承担者分类

按工程项目风险后果的承担者划分,可分为业主/项目法人的风险、承包商的风险和咨询/设计/监理的风险等。

1. 业主/项目法人的风险

业主/项目法人除了会遇到工程项目外部的政治、经济和自然风险,通常还会遇到项目决策、项目组织实施、业主组织内部等方面的风险。

(1)项目决策风险

业主/项目法人在实施工程项目过程中,需要进行各类项目决策,包括工程项目方案的选择、工程设计方/监理方/施工承包方的选择、工程材料和设备供货商的选择、工程实施中各种问题处理方案的选择等。在这些项目决策问题上均存在不同程度的风险。

(2)项目组织实施风险

这类风险起因于诸多方面,如主管部门对工程项目干预太多、建设体制或建设法规不合理、合同条件存在缺陷、承包人缺乏合作诚意、材料与工程设备供应商履约不力或违约、监理工程师失职、设计缺陷等。

(3)业主组织内部风险

若项目业主是联营体,则可能存在由于各合伙人对应尽的义务和应享有的权利等的理解或态度的不同而造成的项目进展缓慢的风险,即使在项目执行组织内部,项目管理班子也会因与各职能部门之间的配合不力而不能对各部门实施有效的管理,导致管理失控的风险发生。

2. 承包商的风险

承包人和业主/项目法人是合作关系,但在各自的经济利益上又是对立的双方,即双方既有共同利益,又各自有风险。承包人的行为对业主构成风险,业主的举动也会对承包人的利益造成威胁。承包人的风险大致有以下几方面。

(1)投标决策阶段的风险

投标决策阶段决策的主要内容包括是否进入某市场,是否对某项目进行投标;当决定进入某市场或决定对某项目进行投标时,又必须决定投什么性质的“标”;最后还要决定采取什么策略中标,这一系列的工作都潜伏着各种风险。

1)信息缺失风险

信息缺失一方面是指获得的是虚假的投标信息,另一方面是指对工程项目的资料掌握不全。由于信息缺失而出现的经济损失的不确定性即信息缺失风险。

2)来自中介与代理的风险

承包商依赖中介机构促成业务的同时,不可避免地要面对一些从事中介业务的人为谋取私利以种种不实之词诱惑交易双方成交,从而给交易双方带来很大风险。代理人给承包商带来的风险如下:一是水平太低,难以承担承包商的委托代理工作,从而使承包商的利益受到损害;二是为获私利,不择手段,与业主/项目法人串通,从而使承包商利益受损;三是同时给多家代理,故意制造激烈的竞争气氛,使承包商的利益受损。

3)报价失误风险

报价失误风险包括低价中标风险与高价中标风险。

低价中标风险是指低价中标寄希望于高价索赔,然而往往是低价中标成功,却难以通过索赔达到预期效果。采用低价中标策略要求对未来市场形势判断准确并且对同类工程有相应的经验。如果判断失误,承包商投入全部精力和资金,并不能从中获利,反而会亏损。

高价中标风险有两个方面:一是倚仗技术优势报高标价,可能由于价格过高,使自己失去了市场;二是倚仗关系优势而盲目乐观,从而报高标价。但随着我国市场体制和建筑市场运行机制不断健全和完善,某种特殊关系的优势将逐渐丧失。

4)合作风险

这是指选择合作伙伴失误造成的风险。个别合作伙伴缺乏诚实信用,进行欺诈活动,会给承包商带来风险,或合作伙伴实力差,难以独立承担工程项目施工任务,从而对承包商造成损害。

(2)签约和履约阶段的风险

1)合同条款风险

合同确立后就具有法律效力,各方就要按照合同条款履行自己的权利和义务。如条款的定义和用词含糊不清,在实施过程中就会不可避免地发生不测或争议。

2)项目管理风险

搞好项目管理是承包商获得项目成功的一个很关键的环节。应该注意的是,每个项目都有特点,就是说任何施工项目都不可能在管理上毫无风险。例如,大型复杂的工程项目,参与实施的分包单位多,相互协调工作难度大;企业内部各职能部门与项目经理部的关系不和谐;项目管理的其他相关主体之间的配合(如业主、监理、设计、供应各方)不好;由于政府有关部门政策调整,承包商没有做出迅速反应;工程地质、水文、气象等自然条件的变化等均存在较大的变数等。若管理跟不上,不能应用现代管理手段,不提高自己的全面素质,就会导致项目的失败,由此可能造成巨大损失。

3)合同管理风险

合同管理是承包商获利的关键手段,不善于合同管理的承包商是绝对不可能获得理想的经济效益的。合同管理主要是利用合同条款保护自己的合法权益,扩大收益。这就要求承包商具有渊博的知识和娴熟的技巧,要善于利用合同条款保护自己的利益,如合理提出索赔,否则只能自己承担损失。

4)成本管理风险

施工项目成本管理是承包项目获得理想的经济效益的重要保证。成本管理包括成本预测、成本计划、成本控制和成本核算,任何一个环节的疏忽都可能给整个成本管理带来较大风险。

5)分包或转包风险

好的分包或转包可降低总承包商的风险,但如果分包或转包单位水平低又疏于监督管理,使得工程质量不合格,分包或转包单位又无力承担返修责任,总承包商就要对业主方负责,不得不为分包或转包单位承担返修责任。

(3)工程验收与交付阶段的风险

这一阶段的风险主要体现在竣工验收准备工作和竣工验收资料管理等方面。

1)竣工验收准备工作风险

这一阶段施工方应全面回顾项目实施的全过程,做好充分的准备以确保项目验收顺利通过。其具体工作内容是在分项、分步整理技术资料的同时,梳理各施工阶段的质量问题及处理结论,列出条目,召集会议,进一步检查落实,制订全面整改计划,并在人力、财力、物力等各方面予以保证。实行总分包的项目应请分包单位参加并落实他们的整改责任,如果整改计划不及时或不落实,不具备竣工验收条件,必定会对承包商造成风险。

2)竣工验收资料管理风险

竣工验收资料管理从以下几个方面为承包商带来风险。第一,由于施工项目经理部或企业未按有关资料管理的规定去做,使竣工资料不全或混乱,影响施工项目竣工验收。第二,建设单位与施工单位在签订施工承包合同时,对施工技术资料的编制责任和移交期限等事项未能做出完整、明确的规定,造成竣工验收时资料不符合竣工验收规定,影响竣工验收。第三,由于市场的供求机制不健全,法规不健全,业主拖欠工程款,施工企业拖欠材料款、机械设备租赁费,资源供应方为了今后索取款项故意不按时交付有关证明文件,致使竣工验收工作不能正常进行。

3. 咨询/设计/监理的风险

同业主、承包人一样,咨询/设计/监理在工程项目实施和管理中也面临着各种风险,归纳起来,源于下列几方面。

(1)来自业主/项目法人的风险

咨询/设计/监理受业主委托,为业主提供技术服务,当然要按技术服务合同承担相应的责任,因此承担着相应的风险。

(2)来自承包人的风险

主要表现在承包人不诚实、缺乏职业道德、素质太差等。

(3)职业责任风险

咨询/设计/监理的职业责任风险一般由下列因素构成:设计不充分或不完善、设计错误和疏忽、投资估算和设计概算不准、自身的能力和水平不适应等。

按照工程项目风险后果的承担者划分,除了上述三个方面的风险,还包括供应商风险、投资方风险、担保方风险、保险公司风险以及政府风险等。

2.1.3.4 按工程项目的阶段分类

按工程项目的阶段划分,可分为策划和决策阶段的风险、施工前准备阶段的风险、施工阶段的风险和竣工阶段的风险。

1. 策划和决策阶段的风险

这一阶段主要工作包括投资机会研究,可行性研究,项目评估及投标决策等。在这些工作中面临的风险主要体现在以下几方面。

(1)市场信息获取风险

在市场信息获取阶段可能面临的风险主要有公共关系风险和社会环境风险。公共关系风险是指因为招标人自身没有编制招标文件的能力或不熟悉招标流程等原因,使用招标代理成为很多招标人的选择,招标代理公司的道德风险就成了公共关系中的主要问题。社会环境风险包括政治风险、经济风险和不可抗力风险。

（2）投标风险

在投标过程中，主要面临投标决策风险，包括项目信息不完全风险、中介与代理风险、投标报价风险、合作伙伴选择失误风险等。

（3）合同洽谈与签订风险

在合同洽谈与签订过程中主要面临业主风险、技术风险、环境风险、资源条件风险、外部协调风险、投资者的信誉风险、合同类型中的风险、合同条款的风险和来自代理人的风险等。

2. 施工前准备阶段的风险

（1）人力资源准备风险

技术人员不熟悉项目需要的技术特点，管理人员不能高效履行管理职能等。

（2）物资设备准备风险

不能充分利用当地现有的合格资源，增加施工成本；未能预先针对建筑材料价格波动进行相应的准备措施，配件准备预估不足等。

（3）施工条件准备风险

主要是临时设施、临时水电等方面的准备不足。

3. 施工阶段的风险

（1）进度风险

工程项目进度风险是指影响项目施工的各种不利因素使进度不能按计划目标实现的可能性。如恶劣的气候，项目资金不能及时到位，业主频繁变更对项目的要求，管理人员施工方案不当，采用的工艺技术不合理，所需材料设备不能按期运抵施工现场或质量不符合要求等，都会影响施工进度并造成延误。施工进度是工程项目重要的考核指标之一，直接影响企业的经济效益。

（2）安全风险

项目安全风险主要源于三个方面：人的不安全行为、物的不安全状态和管理的缺陷。

①人的不安全行为：缺乏安全意识，忽视安全警告；操作失误；使用不安全设备等。

②物的不安全状态：防护信号等装置缺乏；设备工具有缺陷；施工场地环境不良。

③管理的缺陷：人事安排不合理，超负荷工作；教育、培训、雇佣选择不当；合同签订等过程中忽略了安全健康方面的要求；作业程序的缺陷造成安全隐患。

（3）质量风险

造成工程项目质量风险的原因主要有：未认真进行地质勘察，地质资料数据有误，从而采用错误的基础方案；对不均匀地基未进行加固处理或处理不当；建筑材料不合格；施工和管理未按规定进行等。

（4）技术风险

项目施工过程中存在的技术风险主要包括：实际施工效果未达到要求的技术水平；施工技术、工艺老旧；对施工现场安全措施布置不够周全等。

（5）成本风险

施工阶段，引发项目成本风险的因素主要有环境风险因素和行为主体风险因素。

①环境风险因素包括政治因素、经济因素、自然因素等。国家法律、政策的颁布或改变等政治因素可能会使工程建设进程受阻，工期延长造成成本上升。如在项目施工过程中，施工单位往往要投入大量流动资金，其大多依靠银行贷款取得，一旦政府紧缩银根、压缩信贷规模，提高贷款利率，就会导致项目因资金投入不足而限制施工能力的正常发挥，导致施工项目的财务费用增加，从而成本升高。通货膨胀的影响，市场价格、汇率、税率的变化等经济因素的变化导致材料价格、劳务人员工资上涨。如工程项目在施工过程中，需要投入建材、设备、燃料、易耗品、劳保用品等生产要素，这些都要从市场上采购或租赁，物资市场价格的上涨，必然导致材料费上升；施工中可能还会用到一些进口设备，如果外汇汇率上调，便会增加进口设备的支付费用，提高进口成本。自然灾害因素会阻碍工期进度，甚至将已经建好的部分工程毁于一旦。如台风、洪灾、雪灾、地震等都会导致施工无法继续，只能停工，这就造成大量的人、机闲置，并且一直产生贷款利息，这些都会导致成本增加。

②行为主体风险因素包括业主/项目法人支付能力差、资金筹措不到位等，会对工程项目成本造成很大的影响。施工单位，尤其是项目部，其项目管理水平影响项目成本。例如，施工单位对材料、机械设备的利用率不高，所选用的施工工艺和施工技术不合理等都会大大影响项目施工阶段的成本。

（6）资金风险

①垫资施工现象严重，存在较大的资金风险。

②履约保证金返还时间长，有的业主由于自身资金原因故意延迟验收时间。

③工程账款拖欠现象严重，造成承包方大量的应收账款。

④项目资金预算管理体制不健全，实际过程变化较大，而项目预算缺少及时的动态调整。

⑤缺乏有效的财务监督，不能及时有效地掌握资金流向情况，造成资金流失。

（7）物资采购风险

1）外部风险

价格风险：供应商相互串通，抬高价格；汇率的变动会造成国际采购价格风险。

采购质量风险：供应商提供的物资质量不符合要求，导致工程项目未达标而带来损失，建筑单位声誉也因此受损。

技术进步风险：由于技术的更新换代，原有已采购物资“过时”而造成损失。

合同欺诈风险：以虚假的合同主体身份与他人订立合同，以伪造的产权证明作为合同担保；接受对方当事人给付的预付款后逃之夭夭。

2）内部风险

计划采购人员业务水平不高、合同风险、验收风险、存量风险、责任风险等。

（8）施工设备风险

①施工任务繁重，机械设备超负荷运转，加速老化。

②作业环境恶劣，设备产生安全风险。

③设备保养不够，出现问题进行修理时不得不进行大范围的修理工作。

④设备操作人员技能不达标，可能造成机械事故风险。

（9）项目分包风险

①分包方：分包方拖欠工资、责任纠纷风险、索赔纠纷风险。

②企业自身：准入把关不严、分包合同订立不规范、过程控制不力等。

4. 竣工阶段的风险

（1）竣工验收风险

①验收人员失责风险：验收人员不负责任，未能将问题反映出来。

②工程整改风险：技术资料不全，资料手续不完善，影响工程竣工移交。

（2）工程结算风险

结算期限不明确、结算文件资料不全、结算周期漫长、结算错误等造成经济损失。

根据不同的分类标准，工程项目风险的分类结果也有所差异。除上述分类外，按工程项目风险造成的后果划分，可分为纯粹风险和投机风险；按工程项目风险可预测性划分，可分为已知风险、可预测风险和不可预测风险；按照工程风险影响范围划分，可分为局部风险和总体风险。

工程项目的风险分类有多种方式，本节主要从工程项目风险来源、风险损害的对象、风险后果的承担者、工程项目阶段等角度对工程项目风险分类进行阐述，现将这些工程项目风险分类及描述汇总为表 2-3。

表 2-3　工程项目风险分类

分类标准	风险种类	风险描述
按工程项目风险的来源分类	来源于工程项目外部的风险	自然风险、社会风险、经济风险、法律风险、政治风险
	来源于工程项目内部的风险	技术风险、非技术风险
按工程项目风险损害的对象分类	财产风险	工程项目中财产发生毁损、灭失和贬值的风险
	人身风险	工程项目中作用于人体，影响人们身心健康的风险
	责任风险	工程项目中由于违背法律，需要负法律责任或者赔偿责任的风险
	信用风险	工程项目中由于一方违约造成另一方损失而形成的风险
按工程项目风险后果的承担者分类	业主/项目法人的风险	项目决策风险、项目组织实施风险、业主组织内部风险
	承包商的风险	投标决策阶段的风险、签约和履约阶段的风险、工程验收与交付阶段的风险
	咨询/设计/监理的风险	来自业主/项目法人的风险、来自承包人的风险、职业责任风险
按工程项目的阶段分类	策划和决策阶段的风险	市场信息获取风险、投标风险、合同洽谈与签订风险
	施工前准备阶段的风险	人力资源准备风险、物资设备准备风险、施工条件准备风险
	施工阶段的风险	进度风险、安全风险、质量风险、技术风险、成本风险、资金风险、物资采购风险、施工设备风险、项目分包风险
	竣工阶段的风险	竣工验收风险、工程结算风险

2.2　工程项目风险管理

2.2.1　工程项目风险管理的概念

工程项目风险管理是指项目管理组织通过风险识别、风险衡量和风险评价去认识项目的风险，并以此为基础合理地选择和实施各种风险应对策略，对工程项目的风险实行有效的控制，妥善处理风险事件造成的不利后果，以最低的成本保证工程项目总体目标实现的过程。

对工程项目风险管理定义的理解包括以下几方面。

①工程项目风险管理的主体是项目管理组织,特别是项目经理。项目风险管理要求项目管理组织采取主动行动,而不应仅仅在风险事件发生后被动地应对。

②工程项目风险管理的核心内容是风险识别、风险衡量和风险评价,这是风险防控的基础。

③工程项目风险管理的关键是选择和实施各种风险应对策略。各种控制技术的综合运用及优化组合是实现工程项目风险管理目标的重要环节。

④工程项目风险管理的目的是以最小成本来保障项目总目标最大限度地实现。

⑤工程项目风险管理是一个周期性的动态过程。通过对工程项目风险进行监控,当出现新的风险或者原来不显著的风险演变成关键风险时,就需要对工程项目进一步进行风险辨识、风险衡量和风险评价,重新选择风险管理技术,这个过程贯穿工程项目整个生命周期。

2.2.2 工程项目风险管理的作用

随着科学技术和社会生产力的迅猛发展,工程项目的规模化以及技术和组织管理的复杂化突出了工程项目管理的复杂性和艰巨性。作为工程项目管理的重要一环,工程项目风险管理对保证项目实施及项目总目标的实现具有重要的作用。具体表现为以下几点。

1. 工程项目风险管理能够降低项目的风险成本

从工程项目的成本、时间和质量目标来看,只有通过工程项目风险管理降低项目的风险成本,项目的总成本才能得到较好控制。工程项目风险管理把风险导致的各种不利后果减少到最低程度正符合各项目有关方在时间和质量方面的要求。

2. 工程项目风险管理为项目财务可行性研究提供依据

从工程项目管理范围来看,工程项目管理范围的主要内容之一是审查项目内容和项目变更的必要性。一个项目之所以必要、被批准并付诸实施,无非是因为市场和社会对项目的产品和服务有需求。工程项目风险管理通过风险分析,对这种需求进行预测,指出市场和社会需求的可能变动范围,并计算出需求变动时项目的盈亏大小,这就为项目财务的可行性研究提供了重要依据。

3. 工程项目风险管理为工程项目计划的制订提供依据

工程项目计划考虑的是未来,而未来充满着不确定因素,工程项目风险管理的职能之一恰恰是减少项目整个过程中的不确定性,这一工作显然对增强工程项目计划的准确性和可行性有极大的帮助。

4. 工程项目风险管理为工程项目的成本管理提供依据

工程项目风险管理通过风险分析，指出可能有哪些意外费用，并衡量出意外费用的多少；对不能避免但是能够接受的损失计算出数量，列为一项成本。这就为在工程项目预算中列入必要的应急费用提供了重要依据，从而增强了工程项目成本预算的准确性和现实性。因此，工程项目风险管理是项目成本管理的一部分。没有风险管理，项目成本管理就不完整。

5. 工程项目风险管理为工程项目风险规避提供依据

从工程项目的实施过程来看，许多风险都在项目实施过程中由潜在变成现实。无论是机会还是威胁，都在实施中见分晓。工程项目风险管理就是在认真的风险分析的基础上，拟定出各种具体的风险应对措施，对风险实行有效的控制。

2.2.3　工程项目风险管理的目标

工程项目风险管理的总体目标是以最低的成本保证工程项目总体目标的实现，具体目标可以分为损失发生前的风险管理目标和损失发生后的风险管理目标，两者构成了项目风险管理的系统目标。

2.2.3.1　损失发生前的风险管理目标

1. 节约成本

工程项目风险管理者包括业主、承包者、监理等用最经济的手段为可能发生的风险做好准备，运用最佳的技术管理手段降低管理成本。具体来讲，风险管理者应在损失发生前，比较各种风险管理工具以及有关的安全计划，对工程保险和其他防损技术费用进行全面的财务分析，从而以最合理的处置方式，把控制损失的费用降到最低限度，通过尽可能低的管理成本，形成最强的安全保障，取得控制风险的最佳效果。这一目标的实现依赖于工程项目风险管理人员对效益和费用支出的科学分析和对成本及费用支出的严格核算。

2. 减少忧虑

任何风险都会给人们带来心理上的紧张不安的情绪，工程项目更是如此，如工作环境的安全、管理者的责任等。这种心理上的忧虑和恐惧会严重影响劳动生产率，造成工作效率低下。损失发生前工程项目风险管理的另一重要目标就是要减少人们的焦虑情绪。

3. 履行有关义务

承担工程项目的单位生存于社会之中,必然要承担社会责任和义务,实施工程项目风险管理也不例外。如工程项目风险管理必须满足政府的法规和各项公共准则,必须全面实施工程项目防灾、防损计划,尽可能地消除社会风险隐患,履行有关义务。

2.2.3.2 损失发生后的风险管理目标

损失发生后的风险管理目标主要是通过事先安排的风险对策计划将实际损失降到最低程度,具体包括以下内容。

1. 维持生存

这是损失发生后最重要、最基本的风险管理目标。良好的工程项目风险管理,有助于工程项目风险承担者在发生损失后渡过难关,继续生存。如通过一系列保险手段转移风险,使损失得到相应补偿,从而使经济单位能够维持生存,不至于破产。只有首先保证经济单位的存在,才可能使工程项目逐步恢复和发展。

2. 保证工程项目的恢复与发展

损失发生后,实施工程项目风险管理的第二个目标就是保证工程项目活动迅速恢复,正常运转,按原定计划完成。如通过合同中事前安排的索赔或反索赔对策计划,科学合理地将风险转移,这不仅可以规避工程项目单位的经济损失,还可以有效维护工程项目的稳定发展。

3. 实现稳定的收入

风险事件的发生,会导致工程项目建设的中断,从而给经济单位造成收入损失。在成本费用不增加的情况下,通过合理的风险对策计划可以保证收入的稳定。如除了上述维持生存、恢复工程项目建设所采取的对策计划,还可以通过购买营业中断保险的方式实现工程项目单位的稳定收入。

4. 履行社会责任

工程项目单位应该通过风险管理,在损失发生后尽可能减轻因企业受损对其他人和整个社会的影响,以尽到应尽的社会责任。如建筑企业以及施工单位可以通过担保等法律手段,来保证合同如实履行,在一定程度上规避了合同的信用风险,避免了对社会造成不良影响。

2.3 工程项目风险管理的内容

工程项目风险管理的内容主要包括工程项目风险识别、工程项目风险评估、工程项目风险管理技术和工程项目风险管理效果评估四部分。

2.3.1 工程项目风险识别

2.3.1.1 工程项目风险识别的概念

风险识别是风险管理的第一步,也是风险管理的基础。只有在正确识别自身所面临的风险的基础上,人们才能够主动选择适当有效的方法对其进行处理。

工程项目风险识别是指项目承担单位在收集资料和调查研究的基础上,运用各种方法对尚未发生的潜在风险以及客观存在的各种风险进行系统归类和全面识别。工程项目系统庞大而复杂,其中存在的风险影响因素纷繁复杂,其相互影响之后产生的后果也复杂多样,涉及各种衍生问题,项目风险识别不是一次就能够完成的,应该在整个项目运作过程中定期而有计划地进行风险识别。

2.3.1.2 工程项目风险识别的依据

1. 工程项目目标的描述

根据工程项目目标的描述,如工程项目规划中的项目目标、任务、范围、进度计划、费用计划、资源计划、采购计划及项目承包方、业主方和其他利益相关方对项目的期望值,识别出项目目标的不确定性,进而识别出影响项目目标的各种风险因素。如工程项目目标是建一栋综合楼,项目开发计划与设计文件对本项目的质量和技术特性各个方面都有具体要求和说明,风险识别的最基本依据是项目的经营目标。

2. 工程项目的前提、假设和制约因素

一方面,工程项目的建议书、可行性研究报告、设计和其他文件一般都是在若干假设、前提和预测的基础上做出的,这些前提和假设在项目实施期间可能成立,也可能不成立,具有不确定性。因此,项目的前提和假设中隐藏着风险。另一方面,任何项目都处于一定的环境之中,受内外诸多因素的制约,有些项目组织不能控制的制约因素中就隐藏着风险。

3. 类似工程项目的历史资料

过去工程项目建设过程中的档案记录、工程总结、工程验收资料、工程质量与安全事故处理文件,以及工程变更和施工索赔等资料中,有对项目风险因素的分析,有各种风险事件发生过程的记录,还有有关项目风险带来的机遇威胁的分析,以及实际发生的风险事件所造成的损失等方面的信息。

4. 工程项目常见的风险种类

工程项目常见的风险主要有政治风险、经济风险、自然风险、技术风险、商务风险、信用风险等。若风险分类罗列全面，则最终的识别结果就不致遗漏，还可避免风险识别时盲目、无从下手的情况。

2.3.1.3 工程项目风险识别的过程

1. 收集信息和数据

工程项目风险识别是一个复杂的过程，可以用不同的方法进行，但风险识别需要通过大量的信息来了解情况。掌握系统、完整的信息和数据，是识别项目风险的前提和保证。工程项目风险识别需要收集工程项目环境方面的数据资料、类似工程的有关数据资料、工程的设计和施工文件等。在收集信息和数据环节一定要重视信息的准确性和有效性。

2. 列出初步风险清单

对收集到的信息和数据进行筛选整理，与发现和推测的因素进行比较，确定其是否符合分析的需要。通过筛选，将具有不确定性的因素梳理出来，列出工程项目初步风险清单，使项目的管理团队在此基础上换一个角度重新审查项目计划，认清项目形势，揭露原来隐藏的假设、前提和以前未曾发觉的风险，抛弃所有个人的良好预期，仅仅考虑项目现有的能力。

3. 对风险清单进行分析评价

在衡量风险形势的基础上，尽量客观地确定项目存在的风险因素，判断这些风险因素引发项目风险的大小，对工程项目初步风险清单进行分析，得出单个风险与整体风险之间的关系，各个单个风险之间的关系，从而进一步确定风险指标体系。为确保风险指标体系的科学、合理，可采用德尔菲等调查方法进一步修正、完善指标体系。

4. 分析确定各种风险事件和潜在结果

根据风险清单中的各种风险源，推测与其相关的多种风险事件，并计算出其带来的可能损失。对潜在风险进行重要性分析和判断通常采用二维结构图，如图 2-1 所示。

图 2-1 中，纵坐标表示不确定因素的发生概率，横坐标表示不确定事件的潜在危害。通过这种二维图形评价某一潜在风险的相对重要性。鉴于风险是一种不确定性，并且与潜在危害密切相关，因而可通过一种由曲线群构成的风险预测图表示。曲线群中每一曲线均表示相同的风险，但不确定性或者说其发生概率与潜在危害有所不同，因此各条曲线所反映的风险程度也就不同。曲线距原点越远，风险就越大。

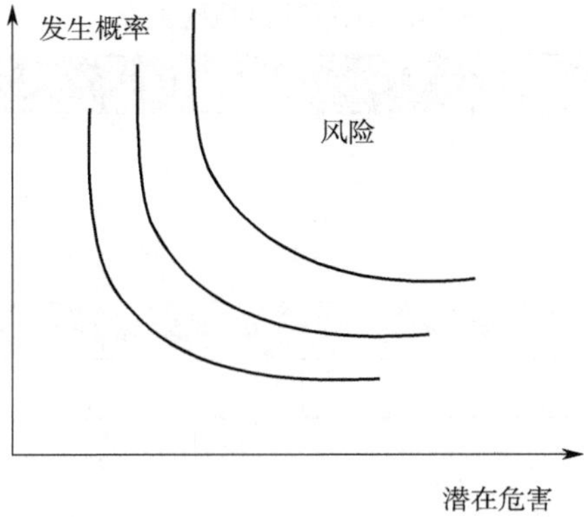

图 2-1　二维结构图

5. 进行风险分类或分组

根据工程项目的特点，按风险的性质和可能的结果及彼此间可能发生的关系对风险进行分类或分组。

对风险进行分类，一方面是为了加深对风险的认识和理解，另一方面是为了进一步识别风险的性质，从而有助于制定风险管理的目标和措施。

6. 编制工程项目风险识别报告

应在工程项目风险分类或分组的基础上，编制出工程项目风险识别报告。该报告是风险识别的成果，通常包括如下内容。

(1)已识别出的工程项目风险

已识别出的工程项目风险是风险识别重要的成果之一。该结果经常以风险清单的形式出现，如表 2-4 所示。按工程项目风险的大小或轻重缓急程度，将风险事件列成清单，不仅给人们展示出工程项目面临的总体风险情况，而且能把全体项目管理人员统一起来，使个人既考虑到自己管理范围内所面临的风险，也了解到其他管理人员所面临的风险以及风险之间的联系和可能的连锁反应。工程项目风险清单的编制一般应在风险分类分组的基础上进行，并对风险事件的来源、发生时间、发生后果和预期发生的次数等有选择地做出说明。

表 2-4 工程项目风险清单

工程项目风险清单			
工程项目名称： 概述： 负责人： 日期：			
风险编码	风险事故	风险事故描述	风险条件变量

(2)潜在的工程项目风险

潜在的工程项目风险是指尚没有迹象表明将会发生的风险,是人们主观判断的风险,一般是一些独立的工程项目风险因素,如自然灾害、项目团队特殊成员的辞职等。当然,潜在的工程项目风险可能会发展成为现实的工程项目风险,即其发生有一定的可能性。所以,应该注意跟踪和评估可能发生的或者损失相对较大的潜在的工程项目风险。

(3)工程项目风险的征兆

工程项目风险的征兆是指工程项目风险发展变化的可能趋向。如当工程工期紧张,需要赶工的时候,往往就有可能出现减少施工工序、不检验使用建材等风险征兆。需密切注视工程项目风险征兆,并考虑应对计划和措施。

根据以上总结的工程项目风险识别步骤,画出流程图,如图 2-2。

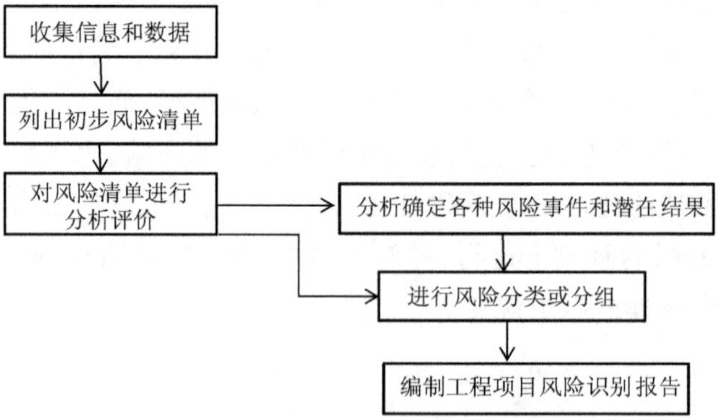

图 2-2 工程项目风险识别步骤流程图

2.3.1.4　工程项目风险识别的方法

1. 文件审查类

从工程项目整体和详细范围两个方面对工程项目计划与假设、以往的项目文件及其他资料进行结构性的审核。例如，文件审查中的财务报表法，通过分析企业财务报表识别工程项目当前的财产、责任和人身损失风险。

2. 信息采集技术类

（1）访谈法

工程项目风险管理者通过访谈问卷向涉及本项目的各部门、各专业技术人员或专家、各位经理或管理人员以及有丰富的施工经验的工人广泛地征询他们对工程项目风险的看法。在访谈过程中，应向访谈对象提供项目内外部条件、假设条件和约束条件等信息，访谈对象依据自身丰富的经验和掌握的项目信息，对项目风险进行识别，项目风险管理者在此基础上整理出相应的风险识别信息。

（2）头脑风暴法

头脑风暴法是最常见的风险识别方法，本质是一种特殊的“小组会”。它规定了一定的特殊规则和方法技巧，从而形成了一种有益于激励创新的环境氛围，与会者可以漫谈工程项目现有的和潜在的风险，风险管理者全过程记录相关信息，冷静思考并对其进行梳理，剔除其不合理成分，保留精华。

（3）德尔菲法

德尔菲法也称专家预测法，是邀请专家匿名参加项目风险识别的一种普遍方法。工程项目风险管理者采用函询调查的方式，即事先设计好问卷发给各位被征询意见者，回收后分门别类或按事先给定的权重挑选出恰当的风险因素。

（4）虚拟团队技术

有关虚拟团队的定义，不同研究人员给出了不同的看法，总结前人研究认为：虚拟团队是指利用网络通信信息技术将跨地区、跨组织的人组织起来完成指定任务的新型组织结构。虚拟团队有三个基本特征：①沟通方式为先进的通信技术和信息技术；②虚拟团队由跨时间、跨空间和跨组织边界的人员组成；③团队成员利用各自的知识和资源优势实现共同的目标。

利用虚拟团队技术对工程项目进行风险识别，就是在规定的时间内，通过网络通信技术将虚拟团队成员组织起来（一般 7~10 人），不需要虚拟团队成员进行相互影响的讨论，而是大家各自把与问题有关的想法写在纸上，5~10 分钟后每个人轮流表达自己的想法，然后由组织者将所有观点记录在活动挂图上，循环此过程直到没有新的观点出现。收集完所有观点前不会展开讨论,收集完所有观点后对每个观点展开讨论,最后每个成员写下他们认为最严重的风险并进行排序。

3. 图表技术类

图形技术包括建立一个展示项目实施的全部活动的工程项目的总流程与各分流程,然后分析在各个流程中潜在的风险。

(1)因果分析图

1)鱼骨图法

根据风险核查表,或者项目很可能出现的失败后果,分析所有可能导致该结果的风险事件,进一步分析导致风险事件的风险因素。其图形很像鱼刺,所以也叫鱼刺图法。以机电安装工程项目的进度风险为例,鱼骨图如图 2-3 所示。

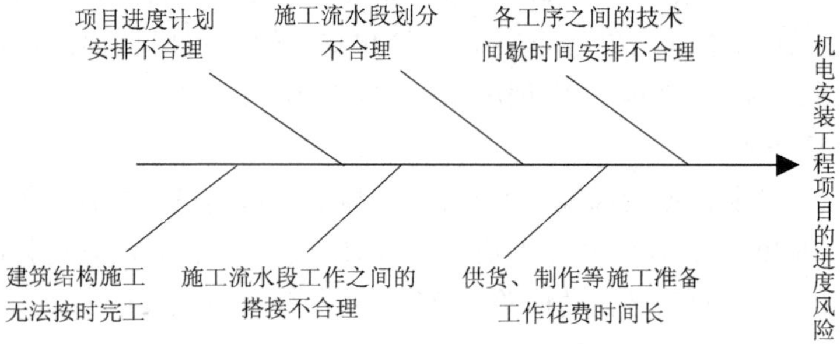

图 2-3　鱼骨图

2)事故树分析法

事故树分析法(FTA)是 1961 年美国贝尔实验室对导弹发射系统进行安全分析时,由沃森(Watson)和默恩斯(Mearns)提出来的。该方法是通过对可能造成事故的系统或产品的硬件、软件、环境、人为因素进行分析,从而确定系统或产品事故原因的各种可能的组合方式和逻辑关系。建立事故树的步骤是:首先,选定顶事件即某一影响最大的系统事故;其次,将造成系统事故的原因逐级分解为中间事件;最后,直至底事件即不能或不需要分解的基本事件,构成一张树状的逻辑图即事故树。该方法利用图解的形式,将大的事故分解为各种小的事故,然后对各种引起事故的原因进行分析,因此可用于工程项目风险的分层次辨识。事故树分析法常用于直接经验较少的风险辨识。

(2)幕景分析法

幕景分析法是一种能够分析引起风险的关键因素及其影响程度的方法。幕景就是对事件未来状态的描述,它可以采取图表或曲线等形式来描述当影响项目的某种因素发生变化时，整个项目情况的变化及其后果。该方法可以扩展决策者的视野，是帮助他们确切分析未来状况的一种思维方式。

（3）核对表

核对表是有关人员利用他们掌握的丰富知识设计形成的。根据以前类比项目信息及其他相关信息编制的风险识别核对图表，积累项目的历史信息和知识。核对表包括多种内容，这些内容能够提醒人们还有哪些风险尚未考虑到。核对表的优点是它使人们能按照系统化、规范化的要求去识别风险，简单易行。其不足之处是专业人员不可能编制一个包罗万象的检查表，因而核对表具有一定的局限性。核对表的形式多样，可以是最普通的表格，也可以是在员工中广泛征求意见和观点的问卷调查表等。

（4）工作—风险分解法

工作—风险分解（WBS-RBS）法是将工作分解构成工作分解树，将风险分解形成风险分解树，然后以工作分解树和风险分解树交叉构成的 WBS-RBS 矩阵进行风险识别的方法。首先要弄清楚项目的组成、各个组成部分的性质、它们之间的联系以及项目同环境之间的关系等。项目工作分解结构按等级把项目分解成子项目，子项目再分解成更小的工作单元，直至最后分解成具体的工作方法。用工作分解结构识别风险，可将工程项目分解为单项工程、单位工程和分部分项工程。但考虑到可操作性，分解层次不能太多，然后从底层单元开始逐步识别风险。运用 WBS-RBS 法进行风险识别主要分为三个步骤：一是工作分解，二是风险分解，三是利用 WBS-RBS 矩阵判断风险是否存在。

2.3.2 工程项目风险评估

工程项目风险评估是对建设工程可能出现的风险因素、风险出现的概率及其所造成的损失进行分析、预测，并据此提出风险管理计划和防范风险的技术措施，为最终实施风险管理创造条件。工程项目风险评估一般包括对工程项目风险的衡量和评价。

2.3.2.1 工程项目风险衡量

1. 风险衡量的定性分析方法

风险衡量的定性分析方法是运用风险衡量者的知识和经验，理智地对工程项目风险做出主观判断的方法。

常用的定性分析方法有集合意见法、德尔菲法、层次分析法和事故树分析法、主要风险障碍分析法以及领先落后指标分析法等。集合意见法、德尔菲法、层次分析法和事故树分析法属于定性分析法的分析形式，主要风险障碍分析法、领先落后指标分析法属于定性分析法的分析技巧。在采用集合意见法、德尔菲法等形式时，可运用主要风险障碍分析法、领先落后指标分析法等技巧进行历史类推、直接类推、类比类推等。

定性分析方法的优点体现在缺乏完整系统的风险资料时，可以充分运用风险衡量者的思维能力和远见卓识，对工程项目风险做出预测。定性分析方法的缺点体现在缺乏客观资料和较准确的数据，参与风险衡量的人员的经验、智力以及对风险的偏好存在较大差异时，做出的风险衡量很难评估其准确程度。因此，运用定性分析方法时，要选好衡量人员，尽量运用数据，以求准确、可靠。

2. 风险衡量的定量分析方法

风险衡量的定量分析方法是根据过去实际的风险数据，如风险成本、风险损失、风险收益、风险概率、风险事故发生次数等，运用统计方法和数学模型进行计算，对工程项目的风险做出定量估算。

工程项目风险衡量的定量分析方法很多，包括：风险指数法；概率方法，包括主观概率法、随机方法（包括随机模拟法、二阶矩阵法、随机模型数值分析法）、蒙特卡罗法等；模糊论方法，包括模糊概率法、模糊参数回归分析法、模糊矩阵分析法等；还有移动平均法、指数平滑法、因果关系预测法、方差和协方差矩阵方法、历史性模拟方法等其他方法。

定量分析方法的优点体现在运用历史数据、数学方法进行估算，估算值不受估算人员主观意见左右，比较客观。定量分析方法的缺点体现在用历史的趋势代替未来，不能包括未来发生的异常变化。

工程项目的风险衡量，既有定性的方面，也有定量的方面，而定性分析方法和定量分析方法各有优缺点。这就是说，风险衡量的准确性，不仅要依靠历史数据和数学公式，还要靠直观能力和远见卓识的判断。两类方法有紧密的关系，如果不进行定量分析则估计难以准确，而定量分析要以定性作指导，否则定量分析的数据将毫无意义和价值。因此，两类方法最好结合在一起运用，这样，可以提高对工程项目风险事故预见的准确率。

2.3.2.2 工程项目风险评价

工程项目风险评价是在项目风险识别和衡量的基础上，通过建立相应的系统评价模型，来估算出各种风险发生的概率及损失的大小，从而对项目风险进行分级排列，为如何处置这些风险提供科学的依据。工程项目风险评价的依据主要有工程项目类型、风险管理计划、工程项目风险识别的成果、工程进展状况、数据的准确性和可靠性等。风险评价有定性和定量两种，进行风险评价时，还要提出防止、减少、转移或者消除风险损失的初步方法，并将其列入风险管理阶段要进一步考虑的各种办法之中。

1. 工程项目风险评价的目的

从整体上来看风险评价有以下四个目的。第一，对项目各风险进行比较和评价，确定它们的先后顺序。第二，进一步量化已识别风险的发生概率和后果，减少风险发生概率和后果衡量中的不确定性。第三，考虑不同风险之间相互转化的条件，研究如何才能化威胁为机会。第四，分析原来以为的机会在什么条件下会转化为威胁。

风险评价就是要从项目整体出发，同时对项目的各个风险因素进行分解、剖析，挖掘风险事件的成因，弄清各个风险事件之间确切的因果关系，或者找到某一些风险事件的共同风险源，制订出系统的风险管理计划。

2. 工程项目风险评价的步骤

工程项目风险评价的一般思路是：充分利用在工程项目风险管理中收集到的各种信息、风险识别和风险衡量的结果以及风险管理人员以往的经验积累，首先对单个风险按单项指标进行评价，并根据风险的大小将其排序；其次对工程项目整体风险进行评价，确定工程项目的危险等级。工程项目风险评价，一般可按下列步骤进行。

（1）确定工程项目安全指标

工程项目安全指标就是工程项目主体针对不同的项目风险确定的可接受的风险损失。一般而言，对单个风险和工程项目整体风险均要确定不同的安全指标，可分别称之为单个安全指标和整体安全指标。

（2）确定工程项目风险水平

工程项目风险水平包括单个风险水平和整体风险水平。单个风险水平是指某个风险事故将引起的风险损失大小。整体风险水平是综合了所有风险之后确定的工程项目可能面临的总损失大小。需要注意的是，工程项目整体风险水平总是要和工程项目的整体安全指标相比较，因此整体风险水平的确定方法要和整体安全指标确定的原则和方法相适应，否则两者就缺乏可比性。

（3）对应比较分析

对应比较分析就是将工程项目单个风险水平与单个安全指标、整体风险水平与整体安全指标进行比较，进而确定它们是否在可接受的范围之内，或者考虑应采取什么样的风险应对措施。

3. 工程项目风险评价的方法

工程项目风险评价的方法一般分为定性评价和定量评价两种。工程项目风险的定性评价是一种感性的、相对直观的方法,它主要是对无法量化和量化水平较低的风险进行评价,或者在定量研究的基础上作定性分析,得出更加可靠的结果。而项目的定量评价则是一种科学、客观、理性的方法,它主要是将风险造成的损失频率、损失程度以及其他因素综合起来考虑,分析风险可能的影响。在实践过程中,项目风险的评价常采用定性评价与定量评价相结合的办法进行。

常用的风险评价方法包括层次分析法、模糊数学法、主观评分法、决策树法、敏感性分析法、蒙特卡罗模拟法、外推法等。下面主要介绍这 7 种工程项目风险评价方法。

(1)层次分析法

层次分析法(Analytic Hierarchy Process, AHP)是一种定性分析和定量分析相结合的评价方法,其在项目风险评价中运用灵活、易于理解,而且具有一定的精度。其评价的基本思路是把复杂的风险问题分解为各个组成因素,将这些因素按支配关系分组形成有序的递阶层次结构,通过两两比较的方式确定层次中诸因素的相对重要性,然后综合人的判断以决定评价诸因素相对重要性的总顺序。AHP 体现了人们决策思维的基本特征,即分解、判断、综合。该方法既可以用于评价自然灾害风险、单位工程风险等单项风险水平,又可以用于评价工程项目不同方案的综合风险水平。但要注意,如果所选的要素不合理,其含义混淆不清,或要素之间的关系不正确,都会降低 AHP 的结果质量,甚至导致 AHP 决策失败。为保证递阶层次结构的合理性,需要把握以下原则:第一,分解简化问题时把握主要因素,不漏不多;第二,注意比较要素之间的强度关系,相差太悬殊的要素不能在同一层次比较。

(2)模糊数学法

美国学者 Zadeh 于 1965 年首次提出模糊集合的概念,对模糊行为和活动建立模型。模糊数学从二值逻辑的基础上转移到连续逻辑上来,把绝对的“是”与“非”变为更加灵活的隶属度,在相当的限阈上相对地划分“是”与“非”,这并非让数学放弃它的严格性去迁就模糊性,相反,是以严格的数学方法去处理模糊现象。

工程项目中潜含的各种风险因素很大一部分难以用数字来准确地定量描述,但都可以利用历史经验或专家知识,用语言生动地描述出它们的性质及其可能的影响结果。并且,现有的不少风险评价模型都是基于需要数字的定量技术,而与风险评价相关的大部分信息却很难用数字表示,易于用文字或句子来描述。这种情况最适合采用模糊数学模型。模糊数学处理非数字化、模糊的变量有其独到之处,并能提供合理的数学规则去解决变量问题,相应得出的数学结果又能通过一定的方法转为语言描述。这一特性极适于解决工程项目中普遍存在的潜在风险。

(3)主观评分法

主观评分法是利用专家的经验等隐性知识,直观判断项目每一单个风险并赋予相应的权重。如 0 至 10 之间的一个数, 0 代表没有风险, 10 代表风险最大。然后把各个风险的权重加起来,再与风险评价基准进行分析比较。这种方法适用于决策前期,评估的结果主要取决于专家打分的客观性和评价标准的合理性,不同的专家对同一项目风险会有不同的评估结果,因此为进一步规范这种方法,可根据专家在国内外进行工程承包工作的经验、对投标项目所在地区及项目情况的了解程度、知识领域等标准对专家评分的权威性确定权重值。

(4)决策树法

根据项目风险问题的基本特点,项目风险的评价既要能反映项目风险背景环境,又要能描述项目风险发生的概率、后果以及项目风险的发展动态。决策树结构模型既简明又符合上述两项要求。采用决策树法来评价项目风险,往往比其他评价方法更直观、清晰,便于项目管理人员思考和集体探讨,因而决策树法是一种形象化和有效的项目风险评价方法。

决策树法利用树枝形状的图像模型来表述项目风险评价问题,项目风险评价可直接在决策树上进行,其评价准则可以是收益期望值、效用期望值或其他指标值。

(5)敏感性分析法

敏感性分析法是项目风险评价中常用的一种分析方法。影响项目目标的诸多风险因素的未来状况处于不确定的变化之中。出于评价的需要,测定并分析其中一个或多个风险因素的变化对目标的影响程度,以判定各个风险因素的变化对目标的重要性就是敏感性分析。具体而言,它是在确定性的基础上,重复分析假定某些风险因素发生变化时,对项目影响的程度。

(6)蒙特卡罗模拟法

蒙特卡罗模拟法,又称随机抽样技巧或统计实验方法,它是衡量经济风险和工程项目风险的常用方法之一。蒙特卡罗模拟法在工程项目风险评价中应用的主要步骤有:风险识别→风险识别成果(即风险清单)→专家调查法对每个风险因素进行概率衡量和影响程度评估→进行各种风险因素的概率模拟实验,根据实验结果得出概率分布曲线→分析和总结概率分布曲线,对工程项目的风险进行评价。

(7)外推法

外推法是进行工程项目风险评估和分析的一种十分有效的方法,可分为前推、后推和旁推三种类型。

前推就是根据历史的经验和数据推断出未来事件发生的概率及其后果。如果历史数据有明显的周期性，就可据此直接对风险做出周期性的评估和分析；如果从历史记录中看不出明显的周期性，可用曲线或分布函数来拟合这些数据再进行外推，还得注意历史数据的不完整性和主观性。所以，前推法运用的前提是拥有足够的历史资料，方法简单易行；但缺点是历史资料不一定完全适用于现在，且没有考虑事件的因果关系。

后推是在手头没有历史数据可供使用时所采用的一种方法。后推是把未知的、想象的事件及其后果与某一已知事件及其后果联系起来，把未来风险事件归结到有数据可查的，造成这一风险事件的初始事件上，从而对风险做出评估和分析。

旁推就是利用类似项目的数据进行外推，用某一项目的历史记录对新的类似项目可能遇到的风险进行评估和分析。当然，这还得充分考虑新环境的各种变化。这种外推法在工程项目风险评价中得到了广泛采用。

2.3.3 工程项目风险管理技术

2.3.3.1 控制型风险管理技术

1. 风险回避

风险回避即承包商对可能造成损失的事件采取规避，从而达到减少风险发生的可能性的目的。对于建筑工程而言，当其风险因素的得分足够大，即风险事件发生的概率很大时，应该放弃与该项风险因素相关的工程或工程方案，以免遭受风险损失，但也意味着失去获利的可能性。在实施风险回避时，因为风险因素的复杂性和相互关联性，一个工程或工程方案可能面临多个风险因素，因此不可能完全躲避风险，只能根据风险事件的特性和发生规律有选择性地回避。承包商可以在工程初期就选择放弃，也可以在工程发展过程中出现异常情况时，立即终止或改变工程方案。

（1）完全回避

对风险概率较大、影响严重的工程，拒绝投标。

承包商利用与业主签订的施工合同条款来加强对自身的保护，利用合同分清业主、承包商、监理的责任，做到各负其责、责任到位，但同时应尽量使合同条款完整严谨、责权分明，以消除施工过程中可能出现的风险因素，做到防患于未然。不接受任何人为实力差、信誉不佳的分包商和材料、设备供应商做的推荐；不委托道德水平低下或其他综合素质不高的中介组织或个人。

(2)部分回避

承担小风险躲避大风险,即为回避某种风险而以承担另外的风险为代价。如投标报价中加上一笔不可预见费,可回避成本亏损的风险,但承担失去竞争力的风险,损失一定的较小利益来避免风险。再如对原材料的选购,应选择信誉好、实力强的供应商,虽然建筑成本会因此提高,但大大降低了分包商违约的风险。

(3)项目终止

终止法是指通过终止或放弃项目或项目计划的实施来避免风险的一种方法。例如,某工程项目在经过可行性分析后,发现实施该项目后会面临较大的经济风险,此时立即停止该项目的实施,并放弃这一项目的计划,这样就可以从根本上避免受到更大的风险损失;又如,对大体积混凝土,当采用一般水泥会出现温度裂缝时,就应该立即终止原设计计划,而采用新的措施如改用低热水泥,或采用其他温控措施,以彻底消除混凝土温度裂缝这种质量风险。

风险回避虽然是一种风险防范措施,但应该承认这是一种消极的防范手段。风险回避固然能避免损失,但也失去了获利的机会。处处回避,事事回避. 其结果只能是停止发展。如果企业家想生存图发展,又想回避其预测的某种风险,最好的办法是采用除回避以外的其他手段。

2. 风险预防

在工程项目风险管理中,可以在损失发生前,通过消除或减少风险因素来降低损失发生的频率。工程项目风险的损失预防措施有如下几种。

(1)工程法

工程法是一种有形的预防风险的方法,其以工程技术为手段,消除物质性风险的威胁。例如,施工单位在安全管理中,在高空作业下方设置安全网;在楼梯口、预留洞口、坑井口等设置围栏、盖板或架网等均是十分典型的工程法预防风险的措施。工程法的特点是每一种措施总是与具体的工程设施相联系,因此采用该方法预防风险的成本较高,在风险措施决策时应充分考虑这一点。

工程法的措施还有很多,主要可归结为以下两种思路。

①避免风险因素发生。在项目实施或开始活动前,采取必要的工程技术措施,防止风险因素的发生。

②消除已经存在的风险因素。例如,在施工现场,若已经发现某些电气设备有漏电现象,一方面找到漏电的原因,并有针对性地采取措施;另一方面做好电气设备的接地,这样就可有效地防止人身伤亡的发生。

(2)程序法

与工程法相比,程序法是无形的损失预防方法。其要求用标准化、制度化、规范化的方式从事工程项目活动,以避免可能引发的风险或不必要的损失。在宏观上,我国工程项目建设中规定了工程建设的基本程序,其是工程项目建设技术经济内部规律的反映。在工程项目的实施过程中,要求按照该程序一步一步进行,对于一些重要的环节,还要求完成一步后,进行评审或验收,以防给以后的过程留下不利条件(引发风险的因素)。在微观上,工程项目的施工过程是由一系列作业组成的,在有些作业之间存在着严格的先后作业逻辑关系。对于这种情况,在工程施工中就要求严格按照规定的作业程序施工,而不能随意安排,以避免项目风险的发生。

(3)教育法

工程项目风险管理的实践表明,项目管理人员和操作人员的行为不当是引起风险的重要因素之一。因此,要避免工程项目风险,就要对项目人员开展教育,增强大家的风险意识,这是避免工程项目风险的有效途径之一。教育的内容一般涉及工程、经济、技术、质量和安全等方面。教育的目的是让大家认识到个人的任何疏漏或不当的行为均会给工程项目带来很大的损失,并使大家认识工程项目目前所面临的风险,了解和掌握处置风险的方法和技术。

另外,管理者要熟悉和掌握工程施工阶段的有关法律法规。涉及施工阶段的法律法规是保护工程承发包双方利益的法定根据,建筑企业只有熟悉和掌握这些法律法规,依据法律法规办事,才能增强用法律保护自己利益的意识,有效地防患于未然。

3. 风险抑制

风险抑制的含义有两层,在风险损失发生前,应采取措施,降低风险事件发生的概率;风险损失发生后,也要通过各种措施,遏制损失继续扩大或限制其扩展的范围,减少损失。例如,业主在确信承包商无力继续实施其委托的工程项目时,决定立即撤换该承包商;施工安全事故发生后,应立即采取紧急救护措施;在建筑工程中,当出现雨天无法进行室外施工时,尽可能地安排各种人员从事室内作业;工程项目投资人严格控制内部核算,制定种种资金运作方案等都是为了达到减轻风险损失的目的。

在工程项目风险管理中,抑制风险损失通常可采用以下措施预防风险源的产生:①减少构成风险的因素;②防止已经存在的风险扩散;③降低风险扩散的速度,限制风险的影响空间;④在时间和空间上将风险和被保护对象隔离;⑤借助物质障碍将风险和被保护对象隔离;⑥迅速处理风险已经形成的损失,阻止其继续蔓延。

2.3.3.2 财务型风险管理技术

1. 风险转移

风险转移是指承包商在不能回避风险的情况下,将自身面临的风险转移给其他主体来承担,是指风险主体的转换(或部分转换)。风险转移一般指将风险分散给分包商和保险机构。

(1)非保险风险转移

非保险风险转移的主要形式是通过合同,将工程中很大一部分风险分散给若干分包商和生产要素供应商,如业主对承包商、总承包商对分包商、总供应商对分供应商等。承包商在项目中投入的资源越少越好。一旦遇到风险,进退自如,通过租赁或指令分包商自带设备等措施,减少自身资金、设备沉淀。对于项目总体来讲,分别由几个承包商承包,面临的风险损失将小于由一家承包商承包可能面临的风险损失。

非保险转移主要有担保合同、租赁合同、委托合同、分包合同、无责任合同、合资经营、实行股份制。

以担保为例来说明。非保险转移中的担保就是通过担保银行或保险公司开具保证书或保函。根据保证书或保函,保证人保证委托人对债权人履行某种明确的义务。保证人必须履行担保义务。常见的工程担保种类有如下四类。第一,投标担保,是指投标人在投标报价之前或同时,向业主提交投标保证金(俗称抵押金)或投标保函,保证一旦中标,则履行签订承包工程合同的手续。第二,履约担保,是为保障承包商履行承包合同所作的一种承诺。一旦承包商没能履行合同义务,担保人给予赔付,或者接收工程实施义务,另觅经业主同意的其他承包商负责继续履行承包合同义务,这是工程担保中最重要的,也是担保金额最大的一种工程担保。第三,预付款担保,要求承包商提供的担保,为保证工程预付款用于该工程项目,不准承包商挪作他用及卷款潜逃。第四,维修担保,是为保障维修期内出现质量缺陷时,承包商负责维修而提供的担保。

(2)保险风险转移

购买保险是转移风险的另一种主要手段,即通过保险合同,承包商将自身面临的风险转移给保险公司。保险分为强制性保险和自愿保险。在西方发达国家和地区,强制性的工程保险主要有以下几种:建筑工程一切险(附加第三者责任险)、安装工程一切险(附加第三者责任险)、社会保险(如人身意外险、雇主责任险和其他国家法令规定的强制保险)、机动车辆险、10 年责任险和 5 年责任险、职业责任险等。其中,建筑工程一切险和安装工程一切险是对工程项目在实施期间的所有风险提供的全面保险,既对施工期间发生的工程本身、工程设备和施工机具以及其他物质损失予以赔偿,也对因施工而给第三者造成的人身伤亡和物质损失承担赔偿责任。过去,一切险的投保人多数为承包商;现在,国际上普遍推行由业主投保工程一切险。工程活动事故频发,常常带来人身、财产的伤害,所以在工程承包中,保险已成为不可或缺的一部分,并逐渐形成了强制性保险的概念。关于工程项目保险的内容将在下一章详细说明,在此不再赘述。

2. 风险自留

所谓风险自留是指承包商以自身的力量承担风险可能带来的损失和收益。承包商自留风险主要有以下情况:一是对风险的程度衡量不足,认为这种风险不会发生;二是这种风险无法回避或转移;三是经各种方案利弊分析比较,慎重考虑后决定自己承担风险。从风险主体的承受意愿出发,风险自留可分成两大类:主动风险自留和被动风险自留。

(1)主动风险自留

对某些风险,在识别风险及其损失,并权衡了其他风险处置技术后,主动决定自己承担风险损失的全部或部分,并适当安排一定的财力准备。其具体措施有自我保险、专属保险、损失摊销、借款补偿、自负额保险。

其中,自我保险是指承包商自己承担风险。因为某些情况下承包商自己承担可能发生的风险比转移措施更有利,采取这种措施可以节约开支,承包商会积极主动地对可能发生的风险进行控制。为此,承包商必须全面提高自身素质,严格遵守各项工艺规程,并始终留有一定的应急费用,以应对可能出现的进度拖延、技术障碍等风险。设立自保公司是自留风险的最高级形式,但目前建筑工程行业内尚没有专业的自保公司。

(2)被动风险自留

被动风险自留是指没有充分识别风险及其损失的最坏后果,没有考虑到其他处置风险措施的条件下,不得已由自己承担损失后果的处置风险的方式。如未来房地产市场波动可能引致的风险就属于被动风险自留。被动风险自留是消极的被动承担,属于无奈之举。

从自留风险占全部可能出现风险的比重上看,可分为全部自留风险和部分自留风险。风险自留适用于那些造成损失小、重复性较高的风险,对于一些微不足道的风险损失,自留比转移更有利。

2.3.4　工程项目风险管理效果评估

2.3.4.1　工程项目风险管理效果评估的内容及意义

工程项目风险管理效果评估也称作工程项目风险管理的后评价，是指在工程项目完成后，通过对工程前期及实施阶段风险管理工作的综合研究，衡量和分析工程项目实际风险情况与预计风险情况的差距，确定有关工程项目风险分析与预警是否正确，采取的应对措施是否有效避免或缓解了风险损失，从工程项目风险管理完成过程中吸取成功经验和失败教训，为今后改进工程项目风险管理工作创造条件，并为提高工程抗风险能力提出切实可行的对策措施。

工程项目风险管理效果评估是一个学习的过程，是在工程完成后通过对工程风险管理目的、执行过程、作用和影响进行全面系统的分析，总结正反两方面的经验教训，使工程项目风险管理者学习到更加科学合理的风险管理方法，提高风险管理水平。

工程项目风险管理效果评估具体包括以下五个方面。

1. 风险管理决策效果评估

风险管理决策效果评估是评估现实工程项目所面临的风险状况和风险管理决策执行的实际情况，验证风险管理前做的风险预测及对工程项目风险抵御能力分析是否正确，并重新评估风险管理决策是否符合工程项目发展的需要。

2. 风险管理方案实施情况效果评估

风险管理方案实施情况效果评估主要是评估风险管理各环节工作的实际成绩，总结各环节的经验教训，找出每个阶段的工作对实际风险管理效益与预计风险管理效益的偏差程度。

3. 风险处理技术效果评估

风险处理技术效果评估是通过风险处理方案实际执行后的经济技术参数与执行前预测的数据对照比较，使工程项目进一步了解风险处理方案的实际情况，找出存在的差距，检验风险处理方案设计的正确程度，为新风险处理方案的评审提供依据。

4. 风险管理经济效益评估

风险管理经济效益评估是对实施风险处理方案后工程项目的实际财务状况进行再评估，并与风险处理方案实施前指标对比，分析偏差原因，提出改进措施，亦为今后风险管理决策提供参考资料。

5. 风险管理社会效益评估

风险管理社会效益评估是分析工程项目风险管理对社会发展目标影响和贡献的一种方法，包括环境影响评估、社会影响评估、经济影响评估等多方面内容的综合评估分析，并做出风险管理效果评估的综合结论。

2.3.4.2 工程项目风险管理效果评估的基本过程

1. 制订工程项目风险管理效果评价计划

制订计划是进行工程项目风险管理效果评估的第一步。在制订计划的基础上，根据计划中的安排，有序地进行效果评估。

2. 资料信息的收集调查

工程项目风险管理效果评估的基本资料包括工程情况、工程风险管理应对计划、工程风险管理历史信息资料、风险优先次序清单、经量化的风险优先次序清单、应对措施清单、风险承担人及承担风险情况、风险监控中的措施计划等。

3. 编写效果评估报告

在对资料进行全面细致的分析，对工程项目风险管理的总体效果、预定目标的实现程度、立项决策和工程风险管理的经验教训、已建工程的风险管理工作做出分析评价的基础上，编写效果评估报告。

效果评估报告是评价结果的汇总，应能够反映真实情况，客观分析问题，认真总结经验教训。效果评估报告内容应包括摘要、工程项目概况、评价内容、评价方法说明、主要变化和问题、原因分析、经验教训、结论及建议等。报告中要有对本工程项目风险管理功过得失的评价，更重要的是要有对工程项目风险管理工作进一步改进的建议和对未来风险管理相关政策法规修改的建议。

2.4 工程保险

2.4.1 工程保险的概念

工程保险是指工程项目中投保人（包括承包商、业主或工程风险的其他承担者）通过与保险人（保险公司）签订工程保险合同，投保人支付保险金，在保险期内一旦发生自然灾害、意外事故或人为原因造成财产损失、人身伤亡、第三者责任造成损失时，由保险人按照合同约定承担保险赔付责任的商业保险行为。

工程保险的概念可以这样理解。第一，工程保险是与建筑安装工程施工和使用过程有关的险种，业主、承包商或其他工程风险承担者在建设工程施工或使用过程中可投保该险种。第二，工程保险承保的期间不仅包括建筑安装工程施工期，还包括一段使用期（通常是试运行期）。第三，工程保险的保险责任范围很广，包括人为原因、自然灾害、意外事故造成的人身伤害、财产损失或其他经济赔偿责任。第四，工程保险是涉及财产险、人身险和责任险等的综合性保险。

2.4.2　工程保险的特性

工程保险是一种综合性保险，取决于工程风险的综合性。工程保险与普通的财产保险和人寿保险相比具有显著的特性。

1. 承保业务复杂，专业要求高

工程保险承保的风险具有特殊性。首先，工程保险既承保被保险人的财产损失风险，也承保被保险人的责任风险。其次，承保的风险标的中大部分裸露于风险中，自身抵御风险的能力大大低于普通财产保险的标准。最后，工程在施工中始终是一种动态的过程，而且存在大量的交叉作业，各种风险因素错综复杂，风险产生的原因也多种多样，使风险程度加重。

在承保工程保险业务时，工程风险分析估算、保险费率厘定、根据具体工程项目设计保险合同条款、防损和理赔业务，都需要具备工程专业、保险专业、数学专业、管理专业等多学科的综合知识。因此，对工程保险承保业务的专业水准要求很高。

2. 保险金额高

工程保险金额高的原因与其保障和被保险人的特点有关。

工程保险的保障具有综合性。工程保险的主要责任范围一般由物质损失部分和第三者责任部分构成，还可以针对工程项目风险的具体情况提供运输过程中、工地外储存过程中、保证期过程中等的各类风险的专类保障。

工程保险的被保险人具有广泛性。普通财产保险的被保险人的情况较为单一，通常只有一个明确的被保险人，而工程项目建设过程中可能涉及的当事人较多，关系相对复杂，包括业主、主承包商、分包商、设备和材料供应商、勘察和设计商、技术顾问、监理人、投资者、贷款银行等，他们均可能对工程项目拥有保险利益，成为被保险人。

在工程保险中，保险金额的确定是以投保标的的价值或者投保人所承担的经济赔偿责任为基础的，因此其保险金额很大。

3. 存在信息不对称问题

保险市场中普遍存在信息不对称的问题。信息不对称性在工程保险市场表现得更为明显,常常表现为保险人和投保人之间所掌握的信息不对称。一方面,保险人占有保险方面的信息优势,专门从事工程保险的保险人通过设置对自己有利的保险合同条款,从投保人交纳的保险费中获得更多的收益;另一方面,投保方占有工程方面的信息优势,他们对工程项目的风险情况比较清楚,会尽量投保对自己有利的险种,而且在保险条款协商方面占据优势,比如在保险费率、保险责任范围、保险项目等关键条款上,通过与保险人商讨,降低保险费率或扩大保险责任范围等。

4. 可以附加承保

工程保险除了承担主险,还可以承担附带的保险责任,在保单中设置各种附加条款或批单。比如,在安装工程一切险中,保险责任主要是由超电压、电弧、短路和电气等引起的事故,主要是对安装过程中出现的风险设置主险,同时由电气原因造成的机器损坏的保险责任可作为附加条款列入安装工程一切险的保单项目。保险责任附加条款或批单是工程保险的重要组成部分,可以从营销的角度灵活使用附加条款或批单,以吸引客户。

5. 关键保险条款具有个性化

关键保险条款内容需要根据保险标的的具体情况确定,因此工程保险条款具有个性化。比如保险费率,保险人通过评估承保工程的风险,根据风险条件,自主拟定保险费率而不受监管当局严格限制。在一些保险监管严格的国家,一般由国家保险监管部门或保险行业协会规定工程保险费率的参考费率幅度。

6. 保险条款可变更

随着工程施工进展不断深入和施工过程的内外环境变化,保险合同当事人在协商一致的基础上可以变更合同条款。比如随着工期延长可以延长保险期限;工程竣工需要调整保险金额,因为保险合同订立时,写入合同的保险金额是根据工程概预算金额计算的,而竣工之后需要根据决算价进行调整。另外,根据工程施工实际情况(如施工过程中增减一些施工设备或工程子项),保险项目和保险金额也要进行相应调整。

当需要保险条款变更时,根据我国《中华人民共和国财产保险合同条例》第九条规定:“在保险合同有效期内,投保方和保险方可以协议变更保险合同的内容,对于变更保险合同的任何协议,保险方均应在原保险单、保险凭证上批注或者附贴批单,以资证明”进行变更。

7. 保险标的具有不完整性

一般情况下,签订保单之前工程尚未动工或只施工完成了一部分,此时确定的保险项目和保险金额等合同要素源于工程的概预算资料和衡量,因而保险标的存在预测性。随着工程施工过程的深入,可能会增减一些工程子项,因而投保之初的保险标的通常是不完整的。

8. 可以承保高科技风险

现代工程项目的技术含量高,专业技术强,而且涉及多种学科或多项技术领域,从而对工程保险的承保技术、承保手段和承保能力提出了更高的要求。

9. 保险期限与建设期限一致

普通财产保险的保险期限一般按年计算,并按 1 年计收保险费, 1 年后再续保。工程保险的保险期限一般按施工期来定,如建筑工程一切险中规定的保险期限为:"本保险公司的保险责任自被保险工程在工地动工或用于保险工程的材料、设备运抵工地之时起始,至工程所有人对部分或全部工程签发完工验收证书或验收合格,或工程所有人实际占有或使用或接收该部分或全部工程之时终止,以先发生者为准。"也就是说,工程保险的保险期限一般从工程开工之日或约定的开始时间开始,到工程竣工验收之日或约定的终止日期终止。普通财产保险的保险期限有连续性,保险期满可以续保。工程保险期满后,即工程竣工后,工程转变为工程所有人的财产,要投保的将是相应的财产保险和责任保险。

10. 保险费率具有个别性

工程保险没有固定或统一的保险费率。在承保时,保险公司对承保工程的风险进行评估,根据承保工程的风险状况,确定保险费率。由于不同的承保工程的施工地点、工程性质、施工方法、工地及邻近地区的自然地理条件、承包商及其他工程关系方的资信情况、承保责任范围都有所不同,每一个工程都有着不同的保险费率水平。在一些政府对保险监管较严的国家,一般由国家保险监管部门或保险行业协会规定一个可供选择的保险费率幅度,由保险公司在此幅度内根据承保工程风险程度与投保人协商确定。

2.4.3 工程保险的分类

2.4.3.1 工程保险的基本分类

工程保险的分类方式较多,根据不同的方式可以进行如下分类。

1. 按照承保标的分类

根据承保标的可以将工程保险分为建筑工程一切险、安装工程一切险、施工机具保险、机器损坏保险、预期利益损失保险等。

国际工程保险人协会将工程保险业务分为四大类:①建筑、安装工程保险及其工程保证保险;②机器损坏保险、锅炉爆炸保险和其他;③电气设备保险;④利润损失保险。通常将这四大类称为广义工程保险,而将第一大类中的建筑、安装工程保险及其工程保证保险称为狭义工程保险。

2. 按照投保人的分类

按照投保人可以将工程保险分为项目保险和承包商保险。项目保险是以项目为单位进行投保的,通常项目保险的被保险人包括参与项目建设的各个方面,如业主、承包商、分包商、供应商等。承包商保险是承包商为维护自身的利益进行投保,通常承包商保险的被保险人是承包商自己。

3. 按照承保期限的分类

按照承保期限可以将工程保险分为工期保险和年度保险。工期保险是保险期限与项目工期相吻合的保险。年度保险是以年度为单位进行的保险。通常年度保险是承包商保险的一种形式,是以承包商在一个年度内完成的工程项目(工程量)为对象的工程保险。

4. 按照投保方式的分类

按照投保方式可以将工程保险分为确定保险和约定(开口)保险。确定保险是以一个确定的项目为对象的保险。约定(开口)保险则是以一定的承保条件,针对尚未确定的项目为对象的保险,属于一种预先约定的保险。

2.4.3.2 工程保险的险种

工程保险按保险标的不同分为建筑工程保险、安装工程保险和科技工程保险及其他工程保险险种。

1. 建筑工程保险

建筑工程保险(建工险)承保的是各类建筑工程,即适用于各种民用、工业用和公共事业用的建筑工程,如房屋、道路、桥梁、港口、机场、水坝、道路、娱乐场所、管道以及各种市政工程项目等,均可以投保建筑工程保险。

(1)建筑工程保险的被保险人

建筑工程保险的被保险人大致包括以下几个类别:一是工程所有人,即建筑工程的最后所有者;二是工程承包人,即负责该建筑工程项目施工的单位,它又可以分为主承包人和分承包人;三是技术顾问,即由工程所有人聘请的建筑师、设计师、工程师和其他专业技术顾问;四是其他关系方,如贷款银行或其他债权人。当存在多个被保险人时,一般由一方出面投保,并负责支付保险费,申报保险期间的风险变化情况,提出原始索赔等。

（2）建筑工程保险的保险标的

建筑工程一切险的保险标的范围很广，一般分为物质损失项目、第三者责任、特种风险赔偿三大类。

1）物质损失项目

建筑工程一切险的主要保险标的就是建筑工程的物质损失项目。该类保险标的为各类物质实体，而且是与建筑工程施工有关的物资，主要包括如下五项：在建的建筑工程，施工用的物料和构件，建筑用机器设备和工具，工地内临时搭建的建筑，所有人和承包人在工地上的其他财产。上述五项物质损失项目的保险价值，构成了建筑工程保险物质项目的总保险金额。

2）第三者责任

第三者责任是除物质损失项目之外建筑工程一切险的另一项重要保险标的。建工险的第三者责任的承担主体通常是工程业主或承包商。第三者责任具体是指在保险有效期内，因发生意外事故造成工地附近及邻近地区的第三者人身伤亡或财产损失，依法应由被保险人承担的民事赔偿责任和因此而支付的诉讼费及经保险人书面同意的其他费用。建筑工程保险的第三者责任是被保险人在建筑施工或使用过程中，因意外事故给第三方造成财产损失或人身伤亡而应承担的赔偿责任。在建工险中，第三者赔偿采用限额赔偿方式，也就是在订立保险合同时，就设定保险人赔偿的最高限额。

3）特种风险赔偿

特种风险赔偿是指对保险单上列明的地震、洪水等特种风险造成的各项物质损失的赔偿。一般而言，保险人为了控制建筑工程中的巨灾风险，通常对保单中列明的特种风险单独规定赔偿限额，无论保险期间发生一次或多次保险事故，保险人的赔偿均不得超过该限额。

（3）建筑工程保险的特点

1）承保风险的特殊性

建筑工程保险承保的保险标的大部分都裸露于风险中，同时在建工程在施工过程中始终为动态过程，各种风险因素错综复杂，风险程度增加。

2）风险保障的综合性

建筑工程保险既承保被保险人财产损失的风险，又承保被保险人的责任风险，还可以针对工程项目风险的具体情况提供运输过程中、工地外储存过程中、保证期间等各类风险。

3)被保险人的广泛性

包括业主、承包人、分承包人、技术顾问、设备供应商等其他关系方。

4)费率的特殊性

建筑工程保险采用的是工期费率,而不是年度费率。

2. 安装工程保险

安装工程是指以设备安装为主的工程。安装工程保险承保的对象是机械设备的安装,包括成套设备生产线、大型机械装置,如发电机组、各种钢结构构造物、管道安装等工程。

(1)安装工程保险的适用范围

安装工程保险的适用范围包括安装工程项目的所有人、承包人、分承包人、供货人、制造商等,即上述各方均可成为安装工程保险的投保人,但实际情形往往是一方投保,其他各方可以通过交叉责任条款获得相应的保险保障。

(2)安装工程保险的保险标的

安装工程保险标的的构成与建筑工程保险标的相似,分为物质损失项目和第三者责任两项。第三者责任所包含的内容和保险限额规定与建工险相同,但物质损失项目的内容有所不同。安装工程一切险物质损失项目包括安装项目、土木建筑工程项目(一般不在安装工程内,但可在安装工程内附带投保,其保险金额一般不超过整体安装工程保额的20%)、场地清理费、安装工程用机器设备(其保险金额按重置价值计算)及所有人或承包商在施工场地上的其他资产。

(3)安装工程保险的主要特点

安装工程保险的主要特点,可以概括为以下几点。

①以安装项目为主要承保对象,其中亦可包括附属建筑项目。

②安装工程的风险分布具有明显的阶段性,即安装工程在试车、考核和保证阶段的风险最集中,造成损失的可能性更大。

③承保风险主要是人为风险,具有技术色彩。

3. 科技工程保险

科技工程保险是以各种重大科技工程或科技产业为保险标的的综合性财产保险。它是随着现代高科技、新技术的发展和广泛应用而逐渐发展起来的一种特殊工程保险业务。

(1)科技工程保险的特点

①保险标的不仅具有危险集中、价值高昂的特点,而且包含着极高的科技因素在内,是财产、利益和法律责任等的集合体。

②各种科技工程保险承保的风险都具有一切险的性质。

③科技工程保险在客观上更多的是承保人为性风险，即由于技术原因、过失原因、产品原因等导致的财产和利益损失，从而与人的技术水平、认识能力和工作责任心等不可分割。

④保险人在承保科技工程业务时，很难根据经验或根据以往的事故损失来准确把握其承保风险，从而使该类保险业务面临未知的巨大风险。

（2）科技工程保险的分类

科技工程保险主要分为海洋石油开发保险、航天保险、核能保险和船舶工程保险等四大类。

1）海洋石油开发保险

海洋石油开发保险是以海洋石油工业从勘探到建成、生产等整个开发过程中的风险为保险责任，以工程所有人或承保人为被保险人的一种科技工程保险。海洋石油工业是分阶段进行的，只有前一阶段的成果得到充分肯定后，才可能继续下一阶段，因此海洋石油开发保险必然要与之相适应，分阶段进行。保险人的承保一般分为普查勘探阶段的保险、钻探阶段的保险、建设阶段的保险和生产阶段的保险四个阶段。

2）航天保险

航天保险是以航天工业为标的的一种保险。航天工业是指研制、安装、发射包括卫星、运载火箭、航天飞机等各种航天产品在内的新兴、高科技产业。在我国，中国人民保险公司最早涉足航天保险市场。20 世纪 80 年代初期，该公司曾多次接受过外国卫星发射保险业务的分保业务。航天保险的种类有发射前保险、发射保险、寿命保险、第三者责任保险和服务中断损失险等。

3）核能保险

核能工业是以核电站为主体的新兴能源工业，是随着核能技术的进步及其由军用转向民用方向发展而出现的新兴科技产业，是各国为了解决本国能源不足问题所发展的产业。所谓核能保险是以核能工程项目为保险标的，以核能工程中的各种核事故和核责任风险为保险责任的一种科技工程保险。凡是建有核电站的国家或地区，必定有核能保险，核能保险是核能技术民用化的必要配套措施，也是财产保险承保人重视的高科技保险业务。

核能保险的种类有核电站建筑安装工程险、核电站运输险、核电站机器损坏险、核电站物质损失险、核电站核责任险、核电站利润损失险（机损险项下）。机损险项下的利损险主要承保在保险期限内由于在机损险保单中保障的损失造成的利润损失。这种损失主要由固定费用和未实现利润组成。

4）船舶工程保险

船舶工程保险是以被保险人建造或拆除的船舶及各种海上装置在建造、拆除过程中所造成的船舶和设备损失及第三者责任为保险标的的工程保险。主要有船舶建造保险和拆船保险。船舶工程保险主要承保各类船舶及海上装置如石油钻井平台于整个建造和拆除期间在陆上、海上的各种风险。

4. 其他工程保险险种

除了上述三个险种，工程保险险种还有机器设备损坏险、机器设备利润损失险、雇主责任险、职业责任险、人身意外伤害险等。

（1）机器设备损坏险

机器设备损坏险，一般是依附在主保险单之上附加险投保的。该附加险承保因设计失误、制造缺陷、电路故障、工人违规操作而造成的机器设备的损坏。机器设备损坏险的保险标的是机器设备。

（2）机器设备利润损失险

机器设备利润损失险，一般也作为附加险依附于主保险单。机器设备利润损失险的保险标的是被保险机器设备利润损失。

（3）雇主责任险

按照劳动法规的规定，雇主应对雇员在受雇期间，因工作意外导致伤残、死亡、职业病等承担经济赔偿责任。为了转移这种经济赔偿风险，雇主可以向保险公司投保雇主责任险，其保险标的就是雇主承担的特定的经济赔偿责任。

（4）职业责任险

职业责任险是工程设计和施工的法人单位因工作疏忽或过失导致工程质量事故，造成物质损失或第三者损害，因此而承担经济赔偿责任的险种。职业责任险的保险标的就是这种经济赔偿责任。

（5）人身意外伤害险

人身意外伤害险是保险人对被保险人因遭受意外而导致伤残、死亡、支付医疗费、暂时丧失劳动能力等的经济赔偿。人身意外伤害险的保险标的是人身健康或寿命。

2.4.4　工程保险的责任范围

2.4.4.1　工程保险责任的概念

工程保险的保险责任是指在保险合同中约定的保险人对被保险人应承担赔付责任的事故及其造成的损失范围。保险人赔偿或给付保险金的责任范围包括:损害发生在保险责任内;保险责任发生在保险期限内;以保险金额为限度。与保险责任紧密联系的另一个概念是除外责任,它是指在保险条款中规定的保险人不负赔偿责任的各种事故及其所造成的损失范围。

在工程保险合同中,对于保险责任和除外责任的列示一般有以下三种形式。

列举式:即列举承保,可以明确负责的范围与不负责的界限,以便保险双方共同遵守保险合同中的条款。

除外式:即列出不予保险的责任,除此之外都是保险责任,间接列示了保险责任。

混合式:即直接列举保险责任,同时列举除外责任,但未列明责任通常不属于保险责任。

2.4.4.2　工程保险的责任范围

工程保险的责任范围由两部分组成:第一部分主要是针对工程项目下的物质损失部分,包括工程标的有形财产的损失和相关费用的损失;第二部分主要是针对被保险人在施工过程中可能产生的第三者责任部分,承担其经济赔偿责任的损失。

1. 主责任范围(物质损失部分)

在保险期限内,若保险单明细表中分项列明的被保险财产在列明的工地范围内,由本保险单除外责任以外的任何自然灾害或意外事故造成的物质损坏或灭失,保险公司按本保险单的规定负责赔偿。对经本保险单列明的因发生上述损失所产生的有关费用,保险公司亦负责赔偿。保险公司对每一保险项目的赔偿均不得超过该保险单明细表中对应列明的分项保险金额以及保险单特别条款或批单中规定的其他适用的赔偿限额。在任何情况下,保险公司在本保险单项下承担的对物质损失的最高赔偿不得超过本保险单明细表中列明的总保险金额。

工程保险的物质损失部分属于财产保险的一种,它主要针对被保险财产的直接物质损坏或灭失。通常对因此间接产生的各种费用和其他损失不承担赔偿责任。

2. 附加责任范围(第三者责任部分)

在保险期限内,因发生与保险单所承保工程直接相关的意外事故而造成的工地内及邻近区域的第三者人身伤亡、疾病或财产损失,依法应由被保险人承担经济赔偿责任,保险公司依条款规定负责赔偿。保险公司对每次事故的赔偿金额以法院或政府有关部门根据现行法律裁定的应由被保险人偿付的金额为准。在任何情况下,均不得超过本保险单明细表中对应列明的每次事故赔偿限额。在保险期限内,保险公司在该保险单项下对上述经济赔偿的最高赔偿不得超过保险单明细表中列明的累计赔偿限额。

工程保险的第三者责任保险属于场地责任保险,因此,保单只是对被保险人发生在工地内及邻近区域的第三者责任承担保险。被保险人若在工地以外的地区产生第三者责任则不在本保险责任范围内,这也正是场地责任保险的属性体现。

2.4.4.3 工程保险险种的具体责任范围

我国工程保险按保险标的不同可分为建筑工程保险、安装工程保险、科技工程保险和机器损坏保险等险种。下面将具体介绍这四个险种的保险责任范围。

1. 建筑工程保险

与一般的财产保险不同的是,建筑工程保险采用的是工期保险单,即保险责任的起讫通常以建筑工程的开工到竣工为期。其保险责任包括物质损失部分的保险责任和第三者责任部分的保险责任。

(1)物质损失部分

1)责任范围

物质损失部分的保险责任主要可归纳为以下三个大类:第一类是保险单上列明的各种自然灾害,如洪水、风暴、暴雨、地震等人力不可抗拒的破坏力强大的自然现象;第二类是意外事故,包括火灾、爆炸、飞行物体坠落等不可预料的以及被保险人无法控制并造成物质损失或人身伤亡的突发性事件;第三类是人为过失,包括盗窃、工人或技术人员过失等人为风险。另外,建筑工程保险还有多种附加险和适应工程项目特点的特约条款,以利于被保险人全面转嫁自己的风险。

2)除外责任

建筑工程保险除外责任的一部分与财产损害保险的除外责任相同,另一部分属于它自身特有的,包括以下内容:由于错误设计引起的损失、费用或责任;换置、修理或校正标的本身原材料缺陷或工艺不善所支付的费用;非外力引起的机械或电器装置的损坏或建筑用机器、设备损坏;施工用机具、设备、机械装置失灵造成的本身损失;停工引起的损失等。其中,错误设计引起的损失和费用应由设计师承担责任,另有相应的职业责任保险提供保障;因原材料缺陷或工艺不善引起的保险财产本身的损失以及换置、修理或校正这些缺点错误所支付的费用应属于制造商或供货商的责任；建筑工程保险只承保外来原因造成机器、设备、装置的损失，对本身原因造成的损失应由机器损坏保险提供保障。

（2）第三者责任部分

1）责任范围

第三者责任部分的保险责任包括：建筑工程因意外事故造成工地以及邻近地区第三者人身伤亡或财产损失而依法应当由被保险人承担的赔偿责任；实现经保险人书面同意的被保险人因此而支付的诉讼费用。

2）除外责任

第三者责任保险的除外责任包括：工程所有人、承包人以及在现场从事工程的有关职工的人身伤亡和疾病；工程所有人、承包人以及他们的职工所有的或由其照管、控制的财产的损失；由于震动、移动或减弱支撑而造成的财产损失和人身伤亡等。

2. 安装工程保险

安装工程保险的保险责任相当广泛，概括起来也可分为物质损失和第三者责任两部分。

（1）物质损失部分

1）责任范围

安装工程保险的保险责任范围只有两条与建筑工程保险相区别，其余均相同，即安装工程保险的保险责任还包括以下两条：①由于超负荷、超电压、碰线、电弧、漏电、短路、大气放电与其他电气引起的其他财产损失；②存在设计错误、铸造或原材料缺陷或工艺不善的被保险机器设备造成的其他财产损失。

2）除外责任

安装工程保险的除外责任与建筑工程保险相似，此处只列出根据安装工程保险的特点制定的除外责任：①因设计错误、铸造或原材料缺陷或工艺不善造成的本身损失以及为纠正这些缺点错误所支付的费用，如前所述，建筑工程保险将设计错误造成的损失一概除外，而安装工程保险仅把设计错误造成的本身损失除外；②由于超负荷、超电压、碰线、电弧、走电、短路、大气放电及其他电器原因造成电气设备或电器用具本身的损失。

（2）第三者责任部分

1）责任范围

安装工程保险的第三者责任保险主要承保被保险人在安装工程期间，因意外事故造成安装场所以及附近区域第三者的人身伤亡或财产损失，依法应由被保险人承担赔偿的责任。

2)除外责任

安装工程保险的第三者责任部分的除外责任与建筑工程保险绝大部分相同,但是建筑工程保险的第三者责任部分对"由于震动、移动或减弱支撑而造成的损失"是不负责任的,而安装工程保险没有此规定。

3. 科技工程保险

科技工程保险主要包括航天保险、海洋石油开发保险、核能保险等。其中,海洋工程开发保险承保从勘探到建成的整个生产过程的所有风险,所含险种多且杂,与上述提及的有部分重合,故不在这里具体阐述其责任范围。下面将简单介绍一下航天保险和核能保险的责任范围。

(1)航天保险

航天保险主要承保航天产品进入太空遇挫或遭受灾害事故而导致的经济损失,包括航天产品发射前的制造、运输、安装过程,发射时和发射后的轨道运行过程中可能出现的各种风险造成的财产损失和人身伤亡,航天产品使用寿命及责任等方面的风险损失。

(2)核能保险

核能保险以核能工程中的各种核事故和核责任风险为保险责任。其中,核事故风险为承保的主要责任,这也正是核能保险的特点所在。核事故风险在其他各种财产、工程保险中通常被列为常规除外责任,而不允许扩展承保。

4. 机器损坏保险

机器损坏保险是在传统财产保险的基础上发展起来的,专门承保各种工厂、矿山等安装完毕并已转入运行的机器设备,在运行过程中因与其特性相关的人为的、意外的或物理原因造成突然发生的、不可预见的机器设备损失。

(1)责任范围

在保险期内,若保险单明细表中列明的被保险机器及附属设备因下列原因引起或构成突然的、不可预料的意外事故造成的物质损坏或灭失(简称损失),保险公司按保险单的规定负责赔偿:①设计、制造或安装错误,铸造和原材料缺陷;②工人、技术人员操作错误、缺乏经验、技术不善、疏忽、过失、恶意行为;③离心力引起的断裂;④超负荷、超电压、碰线、电弧、漏电、短路、大气放电、感应电以及其他电气原因;⑤除外责任规定以外的其他原因。

前述原因造成的保险事故发生时,为抢救保险标的或防止灾害蔓延,采取必要的、合理的措施而造成保险标的的损失,及被保险人为防止或减少保险标的的损失所支付的必要的、合理的费用,以不超保险金额为限。

(2)除外责任

对于下列原因直接或间接引起的损失、费用和责任不负责赔偿。

①机器设备运行必然造成的后果,如自然磨损、氧化、腐蚀、锈蚀、孔蚀、锅垢等物理变化或化学变化。

②各种传送带、缆绳、金属线、链条、轮胎、可调换或替代的钻头、钻杆、刀具、印刷滚筒、套筒、活动管道、玻璃、瓷、陶及钢筛、网筛、毛毡制品、一切操作中的媒介物(如润滑油、燃料、催化剂等)及其他各种易损、易耗品。

③被保险人及其代表已经知道或应该知道的保险机器及其附属设备在本保险开始前已经存在的缺点或缺陷。

④根据法律或契约应由供货方、制造人、安装人或修理人负责的损失或费用。

⑤由于公共设施部门的限制性供应及故意行为或非意外事故引起的停电、停气、停水。

⑥火灾、爆炸。

⑦地震、海啸、雷电、飓风、台风、龙卷风、风暴、暴雨、洪水、冰雹、地崩、山崩、雪崩、火山爆发、地面下陷下沉及其他自然灾害。

⑧飞机坠毁、飞机部件或飞行物体坠落。

⑨机动车碰撞。

⑩水箱、水管爆裂。

⑪被保险人及其代表的故意行为或重大过失。

⑫战争、类似战争行为、敌对行为、武装冲突、恐怖活动、谋反、政变、罢工、暴动、民众骚乱。

⑬政府命令或任何公共当局没收、征用、销毁或毁坏。

⑭核裂变、核聚变、核武器、核材料、核辐射及放射性污染。

⑮保险事故发生后引起的各种间接损失或责任。

⑯本保险单明细表或有关条款中规定的应由被保险人自行负担的免赔额。

案例分析

案例描述

2017 年 5 月 17 日,保险人 A 公司接到某公路施工隧道塌方事故的报案。被保险人B公司称:隧道施工掘进与支护系按照设计要求进行,施工过程中根据对地质变化情况的了解,被保险人事先采取了缩小进尺、超前小导管注浆等工艺强化措施。事故发生前正在对隧道拱壁初喷,发现掌子面掉块,判断有塌方可能,即指挥工人撤离,随后塌方事故发生。被保险人B对事故原因的分析为:第一点,地质报告有一定偏差,原勘查认为该处为弱风化层,实际是强风化层;第二点,事故发生点对应于山体凹处,覆盖层较薄;第三点,冬季降水多致裂隙水较大。

接到报案后,保险人A迅速委托公估人查勘。公估人到达现场时,塌方现场尚在封闭状态,只了解到隧道采用新奥法分上下两步施工,事故发生时施工人员正在上层掘进。由于事故点及附近被土、石等完全封堵,公估人无法进入,便通过其他方式了解情况。从施工图和了解到的情况,可以明确本案事故发生于隧道掘进位置(掌子面)附近,该位置垂直覆盖面系山体凹处,图上标明该位置及附近为断裂带。公估人注意到被保险人正在制作的格栅所用钢材规格与设计要求不符,遂提出质疑。被保险人B回答,正在制作中的格栅非该处隧道所用,否认了公估人的质疑。公估人另外做了必要的询问。

查勘结束后,公估人要求被保险人在现场清理后立即通知复勘,并明确需要对实际应用格栅钢材勘查,要求被保险人B注意保留证据。

初次查勘结束后,公估人几次联系被保险人询问现场清理情况,要求复勘,但是被保险人B均报称现场未清理完。由于时间已经较长,公估人自行决定到现场做第二次查勘。当查勘人员到达现场时,看到被保险人早已将本案事故发生时的塌方现场清理完毕,隧道的挖掘工作正常正在进行。经询问得知,本案事故原发现场的实物证据均没有保留,特别是公估人初次查勘后要求被保险人保留的事故发生段的格栅,也被告知已经处理完毕,没有保留。通过第二次查勘工作,公估人确认了塌方段的位置和深度;对事故发生位置附近的格栅间距做了测量,并与被保险人共同认定了测量数据,从而确认本案事故发生前隧道施工实际安放的格栅间距大于1 000 mm,不符合设计所规定的800 mm的要求。

根据查勘了解的情况和被保险人的主张依据,保险人A对本案拒赔,理由如下。

第一点,被保险人在清理隧道塌方事故现场后,未通知查勘人员及时查勘,从而影响了对案发前施工实际情况的确认。初期查看时在现场看到的制作格栅所用螺纹钢规格为22 mm,而不是设计要求的25 mm,虽然被保险人否认该格栅用于事故发生段,但无证据支持。

第二点,虽然被保险人分析认为地质报告有一定偏差,但是地勘资料和施工图都清楚标明事故发生点处于断层附近,并且由于被保险人没有提供隧道施工通过断层的设计或工艺措施方案，使得其报称“隧道施工掘进与支护系按照设计要求进行”这一情况缺乏依据。

第三点，隧道施工实际执行的格栅间距明显违反设计规定，大幅度降低了设计要求。

第四点，依据保单除外责任约定：“因原材料缺陷或工艺不善引起的保险财产本身的损失以及为换置、修理或校正这些缺点错误所支付的费用。”本案事故原因属保险除外责任。

经沟通，本案被保险人接受了保险人的拒赔意见。

案例思考与分析

问题 1：本案例中涉及的风险因素有哪些？

本案例属于工程项目风险发生在工程项目施工阶段，主要为自然风险和社会风险，具体体现在工程项目施工土质层状况较差和施工螺纹钢使用的人为错误，这也是本案例中的主要风险因素。此外，施工单位是风险承担主体。

问题 2：本案例中的保险责任分析是否合理？

在本案的处理上，公估人查勘较为细致，对照施工图排除了被保险人分析认为的“地质报告有一定偏差，原勘查认为该处为弱风化层，实际是强风化层”这一事故原因。查勘人员不仅发现并提出了螺纹钢使用与设计要求不同的问题，而且坚持要求复勘求证材料实际应用情况，强化了被保险人的举证责任；通过实际测量确定了被保险人加大格栅间距这一违反设计要求的施工行为，给事故原因定性提供了较有说服力的证据。公估人的工作证明了施工方违反设计减少工料投入的条款，同时认定其行为减弱了隧道施工支护强度，有理有据地以施工材料、工艺“违反设计要求”定性本案事故原因，被保险人无以反驳。

从对本案处理的结果来看，拒赔处理无疑是正确的，但是保险责任分析中，应用保险除外责任中“因原材料缺陷或工艺不善引起的保险财产本身的损失以及为换置、修理或校正这些缺点错误所支付的费用”这一条款，其适用性值得推敲。

一是格栅间距的加大不应归于“工艺不善”，因为施工方的此行为并非工艺技术缺陷，而是以减少工、料投入的方式，通过降低设计保险系数、牺牲工程施工安全性的手段谋取额外利润，其结果是工程安全系数降低而风险增加。

二是根据查勘质疑，被保险人格栅制造中违反设计要求，以 22 mm 螺纹钢代替

25 mm 螺纹钢这一事实如果成立,同样不是材料存在缺陷,所以不应归于“原材料缺陷”原因。

上述分析可以看出,本案事故保险处理拒赔依据“原材料缺陷”和“工艺不善”不够准确。

另外,本案分析可否归于“被保险人及其代表的故意行为或重大过失行为”这一除外责任条件,从工程施工管理一般情况来看,对施工主材螺纹钢规格以 22 mm 替代 25 mm 不做设计更改,而且不经高层领导批准可能性不大;至于格栅间距,如果仅仅是局部小幅度超差,除有证据外,可能是施工过程控制原因,但像本案这种成规模地将格栅距离增加 25%,经过领导层同意(或授意)的可能性比较大。当然,这些分析需要证据支持。

根据《中华人民共和国保险法》和保险合同的约定,本案依据应是建筑工程一切险约定中“投保人、被保险人义务”项下关于“在保险期间内,被保险人在工程设计、施工方式、工艺、技术手段等方面发生改变致使保险工程风险程度显著增加或其他足以影响保险人决定是否继续承保或是否增加保险费的保险合同重要事项变更,被保险人应及时书面通知保险人,保险人有权要求增加保险费或者解除合同。保险人解除合同的,应当将已收取的保险费,按照合同约定扣除自保险责任开始之日起至合同解除之日止应收的部分后,退还投保人。被保险人未履行通知义务,因上述保险合同重要事项变更而导致保险事故发生的,保险人不承担赔偿责任”的约定,和《中华人民共和国保险法》第五十二条规定:“在合同有效期内,保险标的的危险程度显著增加的,被保险人应当按照合同约定及时通知保险人,保险人可以按照合同约定增加保险费或者解除合同。保险人解除合同的,应当将已收取的保险费,按照合同约定扣除自保险责任开始之日起至合同解除之日止应收的部分后,退还投保人。被保险人未履行前款规定的通知义务的,因保险标的的危险程度显著增加而发生的保险事故,保险人不承担赔偿保险金的责任。”

长期以来,工程建设以吞噬建设工程的安全保证为手段,追逐非法利润,危害工程安全进而危害社会的恶性事故屡有发生,作为保险从业的各方面,都应当从承担社会责任的角度抵制这种行为。站在保险业的角度,仅仅满足于责任分析是不够的,应考虑加强对施工过程的风险查勘,及时发现问题,做好防范工作。这里提醒对一个角色加以注意,那就是工程监理,如何对监理公司、监理人员的工作进行监督。在工程保险合同中,一般把监理人列为被保险人,但是对其责任、义务少有约定,此问题值得研究。本案事故中监理人的工作效果就值得考量。

参考文献

[1] 陈伟珂,吴绍艳. 工程项目风险管理[M]. 3 版. 北京:人民交通出版社,2022.
[2] 闫东玲. 我国发展专业自保公司的几点思考[J]. 南开经济研究,2005(2):104-106.
[3] 谢亚伟,金德民. 工程项目风险管理与保险[M]. 2 版. 北京:清华大学出版社,2009.
[4] 李荣芳,顾舒然. 施工企业工程项目风险的识别与应对[J]. 中国总会计师,2021(12):82-85.
[5] 张乙容. 我国建筑工程保险发展对策[J]. 经济研究导刊,2023(10):99-101.
[6] 魏华林,林宝清. 保险学 [M]. 4 版. 北京:高等教育出版社,2017.

专题3 农业风险管理与保险

3.1 农业风险

3.1.1 农业风险的概念

农业作为国民经济中的基础性行业，其发展运行状况会对其他社会经济领域以及社会整体的正常运转产生重要影响，直接关系着人民群众的切身利益、经济秩序的正常稳定，以及国家层面的战略安危。农业区别于其他行业的特点是农业的主要活动都是露天进行，这就决定了农业的生产、经营活动直接、紧密地依赖自然界的力量，也最易受自然界的影响。在人类拥有的知识技术手段还未能更好地克服自然界的影响时，农业已成为自然风险最大最集中的行业。如干旱、地震、火灾、暴风、暴雨、洪水、霜冻、冰雹、火灾、病虫害等都给农业带来了极大的影响。

从风险管理的角度来看，人们在从事农业生产和经营过程中遭受到由自然原因、人为原因或者两者兼有的原因所造成的破坏，从而给自然界、人类社会带来祸患并导致财产损失、人身伤亡或其他经济损失等风险。从农业自身角度来看，由于各种因素的影响农业生产在经营过程中会产生不确定性，这些不确定性会给农业生产造成损失。因此，农业风险是指人们在从事农业生产和经营过程中由于各种原因遭受损失的不确定性。

3.1.2 农业风险的特征

3.1.2.1 农业风险的一般特征

农业风险作为风险的一种，具有风险的基本特征。

1. 客观性

农业风险是客观存在的，可以通过采取一定的预防措施来减少农业风险的发生概率，但无法彻底消灭这类风险。因此，农业风险具有客观性。

2. 偶然性和必然性

单个农业风险的发生是不确定的，给社会带来的损失也具有偶然性。但对于整个社会而言，大量农业风险的发生概率是可以用概率工具加以测度的，具有必然性。

3. 不确定性

农业风险主要面临以下不确定性。

①空间上的不确定性：世界各地都有可能发生农业风险，但其具体发生在哪里具有不确定性，即空间上的不确定性。

②时间上的不确定性：农业风险受到自然环境、农产品市场价格波动、国家农业政策等诸多随机因素的影响，其发生的时间具有不确定性，即时间上的不确定性。

③损失程度的不确定性：农业风险发生会给社会带来损失，但每一次农业风险的发生带给社会的损失是不确定的，即损失程度的不确定性。

④风险是否发生的不确定性：就每个农业风险而言，是否发生是一种随机现象，具有不确定性，即是否发生的不确定性。

4. 可识别性和可控性

农业风险是可以识别和控制的，随着人类社会的进步和科学技术的发展，人们认识自然、改造自然、征服自然以及抵抗各种风险事故的能力不断提高，比如可以根据自然环境、农产品市场价格波动、国家农业政策动向等信息，对农业风险的发生时间、地点进行定性和定量的判断，进而采取防范措施对其进行有效控制。农业风险存在和发生的规律已经逐渐被人们掌握，人们预测该风险的能力不断提升并能采取措施防范风险，从而减少风险带来的损失。

3.1.2.2　农业风险的独有特征

1. 多样性

农业风险的种类多，几乎包括风险的全部内容，如自然风险、技术风险、市场风险、政策风险等，涉及农业生产经营的各个环节及农民生产的方方面面，并且我国农业自然灾害频繁、种类繁多，因此，农业风险具有多样性。

2. 分散性

农业生产地域广阔，农业风险有较强的分散性。农业经营多以家庭经营为主，不可能制定统一的衡量风险的标准和操作规范。农业风险被千家万户分散承担，而单个农业经营者风险承担能力不强，很难抵御频繁的农业风险袭击。

3. 区域性

由于农业生产和作物种植具有明显的区域性，因此相应的农业风险的区域性差异也很大。如中国的气象灾害种类繁多,发生频率较高,同时中国幅员辽阔,南北跨度近50个纬度,地形复杂,气候类型多样,降水分布不均且温差大,使农业气象灾害的分布具有一定的区域性。不同地理区域的农作物种植差异明显,且不同区域的农作物可能遭受的灾害风险也不尽相同。如中国北方容易发生冻灾和干旱,华北地区春季灾害严重,而长江流域以南则易发生洪涝灾害。沿海一带则常受台风侵袭,而中西部由于地处内陆且多以山地和盆地为主,因此气候干旱少雨,山体滑坡和地震灾害较多。

4. 季节性

农业相对其他行业,其经营特点带有明显的季节性。因此,农业风险多伴随着不同的季节出现和发生。这主要表现为两点:一是农业生产风险的时间性,错过相应季节,将给农业造成巨大损失;二是农业风险的集中性,受季节的影响,农产品进入市场表现出很强的集中性,同一品种的农业产品基本同时上市和下市,容易造成市场季节性饱和和季节性短缺,给农业经营者带来市场风险。

5. 巨灾性

农业生产面临着自然灾害、病虫害、市场、政策、技术等多重风险的挑战,无论是其中单一风险还是各类风险组合,都有可能导致农业巨灾风险的发生,从而引发重大农业损失。中国幅员辽阔,灾害众多,经常发生大规模的自然灾害,而对于很多灾害如旱灾、洪水等来说,一次灾害事故通常会造成较大范围的灾害损失,形成巨灾。

3.1.3 农业风险的分类

3.1.3.1 按农业风险的性质分类

按农业风险的性质分类,可以将农业风险分为纯粹风险和投机风险。

纯粹风险是指一些农业风险只有损失机会而无获利可能的风险。农业自然风险只有损失的可能,没有人能从农业自然灾害中获利,同时农业自然风险的发生会造成社会整体福利减少。比如,农业风险中的蝗灾风险,其一旦发生,对于农业来说,只有损失机会,农作物都被蝗虫破坏,严重影响收成状况,造成经济损失,没有可以获利可能,这属于纯粹风险。

投机风险指的是既有损失机会,又有获利可能的农业风险。比如,农业风险中的市场风险,市场价格变动既可能使农产品价格上涨,也可能使农产品价格下降,既有损失机会,也存在获利可能,对社会来讲,并不意味着整体福利的减少,也存在着整体福利增加的可能,属于投机风险。

3.1.3.2　按农业风险的形态分类

按农业风险形态分类,可以将农业风险分为静态风险和动态风险两种,静态风险在一定条件下可以转化为动态风险。

静态风险主要是由于自然力的不规则作用和人们的错误判断、错误行为等导致的风险,总体上具有一定的概率分布,在农业风险中,主要是指自然灾害导致的风险。

动态风险则是由于社会或者经济的结构变动导致的风险,发生的规律性不明显,不适用于大数法则,主要是农业风险中的社会风险、市场风险。

3.1.3.3　按农业风险的来源分类

按农业风险的来源分类,可以将农业风险分为自然风险、社会风险、政治风险、市场风险和技术风险。

1. 自然风险

农业的发展离不开自然界,受多种自然因素的影响。自然风险是指由于自然力的不规则变化,引起的种种物理化学现象造成损失机会的风险,也就是通常所说的自然灾害给农业造成的损失。

农业自然风险损失通常来源于两个方面。一是自然灾害导致农业生产条件恶化,从而致使农产品产量或品质降低。这是由农业自然再生产的客观属性所决定的,农业自然风险是农业生产的固有风险。尽管随着现代农业进程的推进,现代农业抵抗自然灾害风险的能力不断提升,但仍不能改变农业属于典型风险产业的属性,只能规避部分自然灾害风险和降低部分风险发生的频率与损失程度。二是自然灾害的发生导致农业专用性资产发生损毁或灭失。发展现代农业,就要用现代物质条件装备农业。发达国家发展现代农业的经验表明,从传统农业向现代农业转变的重要标志之一就是农业物质投入占农业产出的比重不断上升。随着精准农业、设施农业和加工农业等现代农业的快速发展,农业形成了大量的专用性资产。这些资产一旦出现损毁,不但会给农业生产经营者带来严重的财产损失,还会影响现代农业再生产的顺利进行。

2. 社会风险

社会风险又称为行为风险,它是指由于个人和团队的社会行为造成的风险。农业的社会风险主要表现在如下几个方面:一是伪劣种子、化肥和农药等农业生产资料造成的农业生产损失;二是错误的行政干预造成的农业生产损失;三是工业污染给农业生产和经营造成的损失;四是农业政策等经济环境的变化给农业生产和经营造成的损失。其中，农业政策变化带来的政策风险是影响农业生产和经营的重要因素。政策风险主要来源于与农业生产和经营相关的政策转换及政策改变两个部分。

3. 政治风险

政治风险，又称为国家风险，是指在对外投资和贸易的过程中，由于政治原因或者订约双方所不能控制的原因，使债权人可能遭受损失的风险。在农业风险中，政治因素对于农业的影响不是主要的影响，只占一小部分，主要是由于政局变化、动乱等政治因素影响国家之间的贸易和投资，给农业生产和经营造成损失。

4. 市场风险

农业的市场风险，也称经济风险，一般是指在农业生产和农产品销售过程中，由于市场供求失衡、农产品价格波动、经济贸易条件等因素变化、资本市场态势变化等方面的影响，或者由于经营管理不善、信息不对称、市场前景预测偏差等导致农户经济上遭受损失的风险。其中，价格波动是影响农业生产的重要因素，这种影响既可能是农业生产所需的生产资料价格上涨，也可能是产品价格的下跌，还可能是农业所需生产资料价格上涨高于农产品价格上涨。

市场风险的来源是市场调节的滞后性、农产品流通环节的特殊性以及国际市场的挑战性。首先，农业生产周期长，从农业生产者依据市场的价格信息对生产做出调整到产品产出有较大的时间差，在这段时间内，产品的价格与需求可能已经发生较大的变化，很难达到预期收益，因此市场调节滞后是造成农业生产周期波动的根源；其次，在流通领域，农产品具有鲜活易腐蚀性，必须采取特定的容器和设备进行运输，这使农产品流通比工业产品流通更具生产延续性和资产专用性，可能会降低农产品的市场竞争力，引发市场风险；最后，我国农产品在国际市场上的价格竞争力较低，农业产业化水平也较低，科技创新和科技成果产业化运行机制也不够健全，市场供求状况、竞争者和合作者的相关信息不能得到及时传递，从而由于信息分散而导致的农产品短缺和积压等现象时有发生，极大降低了市场效率，使农产品处于不利的市场竞争地位。

市场风险对不同的农业生产主体的影响是有差别的。种粮大户的规模经营水平、专业化程度以及市场参与度较高，其主要生产目的在于商品化出售以获得收入最大化，因此受市场风险的影响比小规模种植农户更大。

5. 技术风险

技术风险是指由于技术因素而给农业生产和经营造成损失的不确定性。

农业技术风险损失通常来源于以下三个方面：一是科学技术的副作用或其不适当的使用，比如转基因对食物安全的可能损害、农药在杀害虫的同时可能造成牲畜因误食而中毒等；二是农业科技成果的适用性，一项新的农业科技成果既可能拓展传统农业的生产可能性边界，提高农产品品质，也可能会由于自身的局限性导致农业生产经营者预期产量无法实现，或者由于外界条件的不满足，给农业生产经营者带来一定的损失；三是农业科技成果的外部性，由于大多数农业科技成果具有公共物品属性，农业科技成果使用者不可能独占该项技术成果所产生的正外部性，由此当众多使用者共同享用某项农业科技成果时，可能会使该技术效应发生逆向转化，如一项可以提高农产品产量或品质的农业科技成果全面推广后，众多该成果采用者的农产品产量或品质均得到了大幅度提高，结果可能导致该农产品价格因供过于求而下降，且农产品又属于需求缺乏弹性商品，农民很可能会因此减少收入。

我国是一个人口多、耕地少的国家，确保农产品总量的有效供给，必须立足于农业的科技进步，新的适用技术的采用和由此带来的技术进步应成为克服资源约束、促进农业发展的最有效的方式之一。随着大量农业高新技术的采用和推广，农业的技术风险将呈上升趋势。

需要指出的是，在众多影响农业风险的因素当中，由于市场变化而导致的价格变化和由于自然灾害因素而导致的产量变化是最为重要的风险因素。

3.1.3.4 按农业风险的损害对象分类

按农业风险的损害对象分类，可以将农业风险分为财产风险、责任风险和信用风险。

在农业财产风险中，自然风险发生导致的农业生产和经营的损失属于有形财产的损失，由于农产品品质原因导致的声誉的损失属于无形财产损失。

农业责任风险主要体现在社会风险方面，由于个人或者团队的疏忽或者过失导致的他人财产损失，比如过失导致的化肥、种子不合格，而又将这些不合格的种子销售给农民，导致农作物减产或者品质降低，造成农业收入的损失，就会形成责任风险。

信用风险是银行贷款或投资债券中发生的一种风险，即借款者违约的风险。信用风险在农业中也有所体现，农村金融的建设水平是乡村振兴的关键环节，若无有效的信用风险管理机制，农村金融乃至整个农村经济的发展会受到严重制约。目前，社会各界对农村地区信用风险的关注度远远不够，相应的信用保险制度也没有建立起来。

3.1.3.5 按农业风险分担的方式分类

按农业风险的分担的方式分类，可以将农业风险分为可分散风险和不可分散风险。

可分散风险，又称为非系统性风险，可以通过相关的技术和途径将风险分散，比如自然风险中的旱灾，可以通过人工降雨等技术手段，将风险造成的损失减小，从而分散风险。

不可分散风险，又称为系统性风险，此类风险无法通过技术手段避免，无法减少风险带来的损失，会给农业带来比较大的损失，如战争、技术变革等带来的风险。

3.1.3.6 按农业的种类分类

按农业的种类分类，可以将农业风险分为种植业风险和养殖业风险。

1. 种植业风险

种植业风险是一切种植作物在其生长期和收获期间因各种灾害事故造成的损毁、灭失和贬值的风险。由于作物种类不同，各自遭受风险的危险程度也不一样，有其相对独立性，不同种类的作物遭受风险的种类也是不完全一致的。

种植业风险按照风险作用的对象分类，可以分为粮食作物类风险、经济作物类风险、其他作物类风险、果树类风险、收获期农作物类风险、林木类风险等。

种植业和其他行业的区别在于，其主要生产活动都是在自然条件下露天完成的，更直接、更紧密、更经常地依赖于自然界的力量。因此，种植业生产最容易受到自然界的影响。在人类社会所拥有的科学技术手段还不能更好地控制和消除自然界的影响时，种植业生产者就成为受自然灾害（主要是气象灾害、病虫灾害和地质灾害等），比如干旱、暴雨、暴风、洪水、冰雹和病虫害等影响最大的风险承担者。种植业保险主要承保上述自然灾害带来的损失。

2. 养殖业风险

养殖业风险是指家畜、家禽和水产养殖等因各种灾害事故造成损毁、灭失和贬值的风险。

养殖业风险按照风险作用的对象，可以分为水产养殖风险和禽畜类养殖风险。与种植业不同的是，养殖业风险中，牲畜疾病风险比较大，各种病毒和环境污染等因素也增加了养殖业面临的风险。而且，养殖业风险中还包括思想观念风险，这一点与其他的风险不太一样。

农业风险有多种分类方式,本节主要从农业风险性质、农业风险形态、农业风险来源、农业风险损害对象、农业风险分担方式、农业种类等角度对农业风险分类进行阐述,现将这些农业风险分类汇总为表3-1。

表3-1 农业风险分类表

分类标准	风险种类	风险描述
按农业风险的性质分类	纯粹风险	指一些农业风险只有损失机会而无获利可能的风险
	投机风险	指的是既有损失机会,又有获利可能的农业风险
按农业风险的形态分类	静态风险	主要是由于自然力的不规则作用和人们的错误判断、错误行为等导致的风险,在农业风险中,主要是指自然灾害导致的风险
	动态风险	由于社会或者经济的结构变动导致的风险,主要是农业中由于技术、政治原因造成的风险
按农业风险的来源分类	自然风险	指由于自然力的不规则变化,引起的种种物理化学现象造成损失机会的风险,也就是通常所说的自然灾害给农业造成的损失
	社会风险	又称为行为风险,它是指由于个人和团队的社会行为造成的风险,如伪劣种子、污染等造成的农业损失
	政治风险	又称为国家风险,是指在对外投资和贸易的过程中,由于政治原因或者订约双方所不能控制的原因,遭受损失的风险,如战争给农业带来的损失
	市场风险	又称经济风险,一般是指在农业生产和农产品销售过程中,由于市场供求失衡、农产品价格波动、经济贸易条件等因素变化、资本市场态势变化等方面的影响,或者由于经营管理不善、信息不对称、市场前景预测偏差等导致农户经济上遭受损失的风险
	技术风险	指由于技术因素而给农业生产和经营造成损失的不确定性
按农业风险的损害对象分类	财产风险	在农业财产风险中,自然风险发生导致的农业生产和经营的损失属于有形财产的损失,由于农产品品质原因导致的声誉的损失属于无形财产损失
	责任风险	主要体现在社会风险方面,由于个人或者团队的疏忽或者过失导致的他人财产损失,比如过失导致的化肥、种子不合格,而又将这些不合格的种子销售给农民,导致农作物减产或者品质的降低,造成农业收入的损失,就会形成责任风险
	信用风险	由于一方的违约导致双方遭受经济损失的风险,信用风险在农业中也有所体现,生产方、供货方、使用方三者之间有着信用的约束,一方违约,就有可能导致三方经济损失
按农业风险分担的方式分类	可分散风险	又称为非系统性风险,可以通过相关的技术和途径将风险分散,如自然灾害风险
	不可分散风险	又称为系统性风险,此类风险无法通过技术手段避免,无法减少风险带来的损失,会给农业带来比较大的损失,如战争、技术变革等带来的风险

续表

分类标准	风险种类	风险描述
农业种类	种植业风险	可以分为粮食作物类风险、经济作物类风险、其他作物类风险、果树类风险、收获期农作物类风险、林木类风险等
	养殖业风险	可以分为水产养殖风险和禽畜类养殖风险

3.2 农业风险管理

3.2.1 农业风险管理的概念

农业风险管理，就是在农业生产经营过程中，政府、市场、经济单位等多元主体广泛参与，利用各种自然资源和技术手段对面临的风险进行识别、评估，在此基础上运用适当的方法对风险进行处置，以最低的成本减少农业生产波动，使农业和农民获得最大保障的经济管理活动。它的目标就是以最小成本取得农业的最大安全保障，具体表现在两个方面：一是减少农业风险发生的可能性；二是减轻农业风险给农业造成意外损失的伤害程度。

3.2.2 农业风险管理的分类

3.2.2.1 按照风险管理范围分类

按照风险管理范围的不同主要分为两大类：全面农业风险管理和保险型农业风险管理。

全面农业风险管理是指围绕整体的农业发展战略和农业发展目标，通过在农业政策制定、农业生产管理、农业生产运行和农产品市场运行的各个环节中可能存在的风险进行风险管理，建立全面的农业风险管理体系。全面农业风险管理不仅针对可保风险，而且允许农业生产的各个环节中的主体以合理的风险成本投入，通过对农业风险的确认、选择、控制，达到最佳的安全度。全面农业风险管理包括但不限于自然环境风险管理、社会环境风险管理、政治环境风险管理、经济风险管理、技术风险管理等。

保险型农业风险管理是基于保险发展起来的风险管理技术，只针对可保风险，如单独针对自然灾害的农业灾害险，通过风险分散和风险转移来降低风险损失发生的概率。

3.2.2.2 按照风险管理主体分类

按照风险管理主体分类,可以分为个人与家庭农业风险管理、企业农业风险管理和政府农业风险管理。

1. 个人与家庭农业风险管理

个人与家庭农业风险管理是指通过正确识别、衡量和评价农民自身和农户所面临的各类农业风险,采取切实可行的措施来处理风险。其主要包括农民及其家庭防范自然灾害、环境恶化、环境污染等自然风险、社会风险采取的措施。农户通过积极规避风险、进行多元化农业生产、采用农业新技术、参与农业基础设施建设和提前预备储蓄来提高风险管理的效果。

2. 企业农业风险管理

企业农业风险管理是指从事农业的企业通过风险识别、风险评估和风险控制等手段,管理农业风险的过程。企业通过对农业风险的管理,最大限度地减少或避免农业风险造成的损失,并获得相应的收益。随着新质生产力的提出,从事农业的企业可以通过智能化的风险管理系统有效支撑企业风险管理的整个过程。

企业农业风险管理主要包括以下内容。

①收入风险管理,主要管理由于自然风险、技术风险、经济风险、政策风险等造成企业生产经营收入的降低和成本的提高,从而导致其净收益下降的风险。

②责任风险管理,主要管理由于企业生产经营活动的不规范、不合法等因素导致的企业可能需要承担赔偿责任的风险。

③人员风险管理,主要管理企业雇佣人员由于多种因素导致人员伤亡的风险。

3. 政府农业风险管理

农业是支撑国民经济的三大产业之一,对于国家战略、国家安全、民生问题有非常显著的影响,各级地方政府加大对农业的支持力度并构建农业风险管理制度,运用市场化工具稳定粮食生产、保护农民利益,政府在农业风险管理中起了引导和支持作用,也是农业资金支持的主要供给方。农业的高风险性也需要政府介入农业风险管理。

3.2.3 农业风险管理的目标

农业风险管理的总目标是以最小成本达到最大安全保障。具体而言,农业风险管理目标包括安全目标、经济目标和生态目标。

1. 安全目标

安全目标要求农业为社会提供充足而安全可靠的农副产品,保证人们的生活质量持续提高、社会和谐稳定和文明进步。通过农业风险管理,不仅可以最大限度地稳定农业生产、农民收入和农村的社会经济环境,为社会提供充足的农产品,维持人类的基本生存,满足整个国民经济对农业的需求;还可以最大限度地消除或减轻农业风险对人们的各种危害,提高人们的安全保障程度,减轻人们的心理负担,消除人们精神上的后顾之忧;同时可以使农业更好地承担其作为国民经济基础产业的社会责任并履行其义务,避免社会动乱,为整个国民经济的平稳发展和社会的安定提供基础,进而保证人们的生活质量持续提高。

2. 经济目标

对农业风险的管理应以最小的成本,取得尽可能好的社会经济效益。或者说,既要有利于资源的优化配置,提高农业综合生产力,又要不过分加重政府的财政负担,还要有利于实现均衡的市场价格,提高农业经营管理水平和农业经济效益。

农业风险管理是人们通过对农业风险的认识、衡量和分析,优化组合最佳农业风险管理技术,以最小成本达到最大安全保障的管理方法。其总目标通俗来讲是以最小的风险管理成本将预期的农业损失降到最低限度,并且是出现的农业损失获得经济补偿的最大保证。通过农业风险管理,使农业生产经营活动不因风险事故的影响而中断,保证农业生产和农民生活的正常进行,采取必要的和有效的风险处理措施使损失得到及时补偿,从而维持农业收益的稳定性。通过农业风险管理,可以消除或减轻风险损失,提高农业经济效益。通过合理运用财务型风险管理技术,使农业提留和自保基金及保险费支出保持在合理水平,既减少了因过多支出造成的浪费,又可避免因支出不足而影响农业正常经营及经济效益的提高。

3. 生态目标

生态目标要求在进行农业生产时,必须注重合理开发和利用保护自然资源,维护和改善生态环境。把开发利用,保护治理及资源增殖有机地结合起来,发挥资源优化组合功能,形成各具特色的持续平衡的生态系统,并对资源与环境的动态变化进行监测,实行科学规划和管理。加强农业风险管理,就是要用最小的风险管理成本将预期的农业损失降到最低限度。其手段包括消除一切可能带来农业风险损失的不利因素的措施和方法。资源质量的降低、数量的减少以及生态环境的恶化等影响农业生态可持续发展的因素,已成为制约农业生产和农业经济发展的限制因素,极可能引发各种农业风险，使农业遭受损失。治理农业资源与环境，保证农业生态可持续发展，是农业风险管理的重要内容和主要目标。

3.3 农业风险管理的内容

3.3.1 农业风险识别

农业风险识别是对农业自身所面临的风险进行判断、归类和鉴定其性质的过程。各种不同性质的风险时刻威胁着农业的生存与安全，必须采取有效方法和途径识别农业所面临的以及潜在的各种风险。一方面可以通过感性知识和经验进行判断，另一方面必须对各种会计、统计、经营等方面的资料及风险损失记录进行分析、归纳和整理，从而发现农业面临的各种风险及其损害情况，并对可能发生的风险的性质进行鉴定，进而了解可能发生何种损益或波动。

3.3.1.1 农业风险识别方法

1. 头脑风暴法

头脑风暴法是在进行风险识别时最常用的方法。就风险识别而言，头脑风暴法就是通过会议的形式充分发挥与会者的创造性思维、发散性思维和专家经验来识别项目的风险。其最终目的是获得一份全面的风险列表，以备在将来的风险分析过程中进一步明确风险。在主持人的推动下，参与讨论的成员就某领域的风险集思广益，可以以风险类别作为基础框架，再对风险进行分门别类的讨论识别。

2. 德尔菲法

德尔菲法是依据系统的程序，采用匿名发表意见的方式，即团队成员之间不得互相讨论，不发生横向联系，只能与调查人员联系，通过多轮函询征求专家的意见，反复集中汇总不同专家的意见，最终得出较为一致的意见的一种经验判断法。该方法集思广益，可以充分发挥专家的集体智慧，避免主观性和片面性，已经被广泛应用于经济、社会和科技等不同领域的趋势预测。

3. 现场调查法

风险识别的主要目的是发现并找到各种潜在风险。现场调查法通过深入经营主体进行实地考察，从实际情况出发对风险因素进行鉴别。现场调查法是风险管理人员在现场检查各种设备运行和操作执行的方式，对风险进行大致了解，准备现场调查,对需填的每一项进行填写。

4. 情景分析法

情景分析法就是通过有关数字、图表和曲线等,对某种现象未来某个状态或某种情况进行详细的描绘和分析,从而识别引起风险的关键因素及其影响程度的一种风险识别方法。当一个现象持续的时间较长时,往往要考虑各种技术、经济和社会因素的影响,对这个现象进行风险预测和识别,就可以用情景分析法来预测和识别其关键风险因素及其影响程度。

5. 风险清单法

为识别农业风险管理所面临的各种风险,风险管理者需要制定一个识别风险的框架来概括所有可能发生的损失。有关人员利用所掌握的知识或凭借经验设计出农业风险及其来源的清单后,依照清单系统规范地识别风险。其中,大多风险源是针对可保风险和纯粹风险编制的。

运用风险清单发现、识别风险,可以降低风险管理的成本,节省不必要的开支,同时可以避免遗漏重要风险源。但同时无法概括农业风险管理中面临的特殊风险,只考虑了纯粹风险,而没有考虑投机风险。

6. 流程图法

流程图法是将农业相关活动的全过程按其内在的逻辑关系制成流程图,针对流程图中的关键环节和薄弱环节进行调查和分析,找出农业风险存在的原因,发现潜在的风险威胁,分析风险发生后可能造成的损失和对全过程造成的影响有多大等。

流程图法多用于农业质量安全风险识别的过程之中。在农业质量安全相关的风险管理过程中,风险识别的关键是找出能够对其造成显著影响或导致风险后果的关键风险因素。以下介绍流程图法在生鲜农产品质量安全内部风险识别中的具体应用。从生鲜农产品供应链的各个环节出发来分别进行风险识别,生鲜农产品供应链流程图见图 3-1。

将生鲜农产品供应链分为三个环节,分别为生产加工环节、运输流通环节和销售环节。三个环节风险识别如下。

(1)生产加工环节风险识别

生产加工环节主要是通过投入化肥、农药和种子等农业投入品,进行下一步生鲜农产品的种植或者养殖工作,生鲜农产品在生长过程中会遇到自然环境风险、动植物病害风险等。

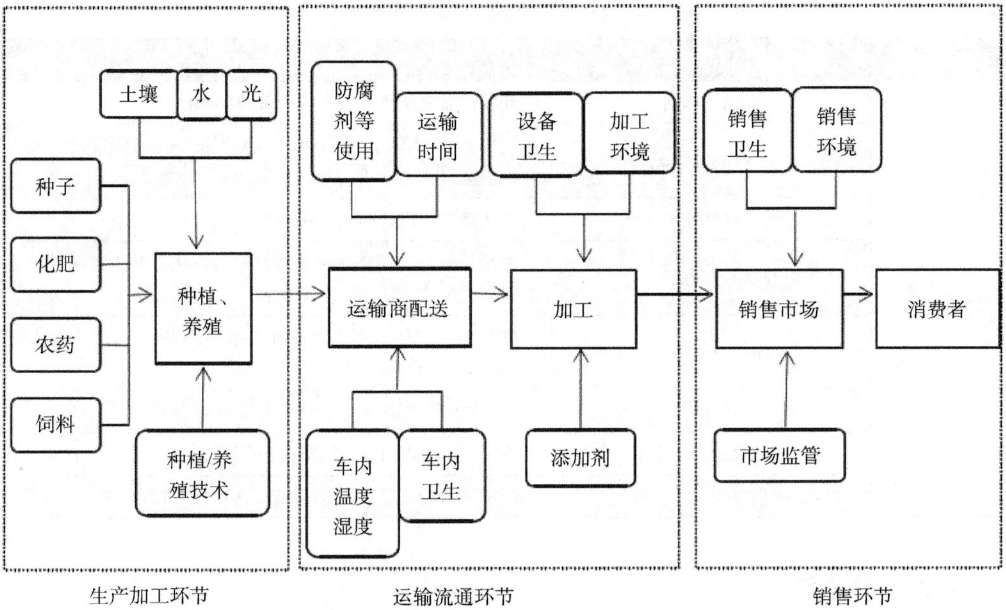

图 3-1 生鲜农产品供应链流程图

(2)运输流通环节风险识别

生鲜农产品成熟以后准备进入市场,即进入运输流通阶段。生鲜农产品通常不用加工或者进行初步加工,一部分需要初加工的生鲜农产品在运输流通环节的某个部分进行初步加工,例如切割、清洗等工作,这就涉及产品在进行初步加工过程中的卫生情况。另外,生鲜农产品的成品在进入市场的过程中,会进行专门的运输和存储,运输和存储时生鲜农产品所处的环境也会对产品的质量安全造成直接影响。由于生鲜农产品的保质期太短,在运输流通环节一些不法商家为了延长生鲜农产品的保质期或者为了产品的外观,可能会违法添加一些添加剂或者过量使用添加剂。

(3)销售环节风险识别

在销售环节中,生鲜农产品要步入市场进行销售,但是在进入市场前,可能会受到相关部门的抽检,任何抽检不到位或者抽检技术水平低下都会使不合格产品流入销售市场,给消费者带来巨大的隐患。生鲜农产品的销售市场比较混杂,难免出现卫生不达标的情况。

生鲜农产品供应链环节风险如表 3-2 所示。

表 3-2 生鲜农产品供应链环节风险

阶段	风险因素	备注
生产加工	动植物病害	导致产品品质不过关或直接被市场淘汰
	农业投入情况	化肥、农药、兽药、生物制剂等农业投入品的大量投入或不合格农业投入品的投入
运输流通	运输和存储技术水平	不达标容易出现腐烂变质的情况
	添加剂的滥用	为延长保存时间或掩盖某些缺陷被不法商家违规或过量添加某些添加剂
	加工卫生情况	进行加工的环境不卫生或加工条件不卫生,会对生鲜农产品的质量安全造成污染
销售	市场监督	市场监管和发达国家相比仍有一定的差距
	市场检测技术水平	检测技术有限,让一些不法分子有机可乘
	销售中的卫生情况	消费者选购过程中,人员复杂,卫生条件很难保障

7. 态势分析法

将与研究对象密切相关的各种主要的内部优势、劣势和外部的机会和威胁等,通过调查列举出来,并依照矩阵形式排列,然后用系统分析的思想,把各种因素相互匹配起来加以分析,从中得出一系列相应的结论,而结论通常带有一定的决策性。态势分析用于农业风险识别时,就是对农业本身的优劣势和农业外部环境的机会与威胁进行综合分析,对农业做出系统的评价,最终达到识别农业风险的目的。

3.3.1.2 农业风险识别过程

1. 发现风险源

风险源是指可能导致农业风险的因素或条件的来源,包括客观风险源和主观风险源。客观风险源又分为自然环境和人为环境(社会、政治、经济、法律、操作等环境);主观风险源为主观判断与客观现实的偏差(认知环境)。发现风险源是农业风险识别的开始。

2. 感知风险

感知风险即在发现风险源的基础上,了解客观存在的各种农业风险,识别农业风险的存在。感知风险是农业风险识别的基础。只有通过感知风险,才能进一步在此基础上进行分析,寻找导致农业风险事故发生的条件因素。

3. 分析风险

分析风险即分析引起农业风险的各种因素,寻找诱发农业风险的原因和条件。

如农业风险事故是由农业生产成本高、农产品价格低造成的，还是由耕地质量下降、劳动力结构发生变化造成的。分析风险是风险识别的关键，为最终提出具有针对性的农业风险防范措施打下基础。

农业风险识别过程可总结为图 3-2。

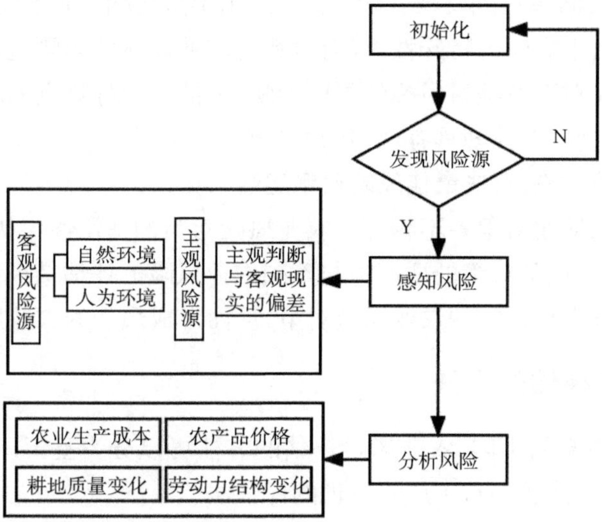

图 3-2 农业风险识别过程

3.3.2 农业风险评估

农业风险评估是指在农业风险识别的基础上，通过对所收集的资料的分析，对农业风险发生概率和损失程度（与预期收益比较）进行估计和衡量，对农业收益的波动性进行计量，明确农业风险的时空分布特征，为采取有效的农业风险处理措施提供科学依据。风险评估是风险管理工作的核心，通过对主要致损因子发生频率和损失程度的定量分析，可以明确农业生产风险的大小和时空分布特征，进而为农业风险管理提供依据。

3.3.2.1 农业风险评估的目的

1. 更准确地认识风险

通过定量方法进行风险评估，可以定量地确定农业领域的各种风险因素和风险事件发生的概率大小或概率分布,及其发生后对目标影响的严重程度或损失严重程度。其中,损失严重程度又可以从两个不同的方面来反映:一方面是不同风险的相对严重程度,据此可以区分主要风险和次要风险;另一方面是各种风险的绝对严重程度,即风险本身对目标影响的严重程度,据此可以了解各种风险造成的损失后果。

2. 保证目标规划的合理性和计划的可行性

农业领域中的数据库只能反映各种风险综合作用的后果,而不能反映各种风险各自作用的后果。由于农业的特殊性,只有对特定农业领域的风险进行定量评价,才能正确反映各种风险对农业项目目标的不同影响,才能使目标规划的结果更合理、更可靠,使在此基础上制订的计划具有现实的可行性。

3. 合理选择风险对策,形成最佳风险对策组合

不同风险对策的适用对象各不相同。农业风险对策的适用性应从农业风险评估结果考虑,将不同农业风险对策的适用性与不同农业风险的评估结果结合起来考虑,为不同程度的风险选择最适宜的农业风险对策,从而形成最佳的农业风险对策组合。

3.3.2.2 农业风险评估的方法

根据风险构成要素的不同,农业风险评估的方法可以分为基于风险因子的评估法、基于风险损失的评估法和基于风险机理的评估法。

1. 基于风险因子的评估法

基于风险因子的评估法是从引起农业风险的各种因子入手,构建灾害系统,开展风险评估建模。主要风险因子包含致灾因子、孕灾环境、承灾体和防灾减灾能力等。风险因子评估法利用专家打分等方法确定各指标值及权重,然后收集各指标数据信息,利用综合加权和层次分析法(AHP)计算风险指数。

风险因子评估法的主要优点在于,完整把握风险要素,不受历史灾害数据样本少的限制,并且操作直观,实现难度小。然而,风险因子方法作为典型的定性评估法,评估结果仅能给出风险等级,主观性强,无法满足保险定价对风险评估的精度要求,这是其最大的缺点。

2. 基于风险损失的评估法

基于风险损失的评估法是从农业损失结果的角度入手开展风险评估建模。如农作物生产损失数据(产量或灾情)中包含丰富的风险信息,通过观察数据分布特征,合理选择统计模型便可获取统计意义上的风险度量。损失估算可基于农作物单产数据、灾情数据以及两者混合数据进行;模型建构方面,可以分为常规风险模型和巨灾风险模型;损失概率分布拟合的统计方法主要有参数、非参数以及极值理论等。

基于风险损失的评估法是非寿险常用的定价方法，它虽然无法对复杂大气物理现象深入分析，但所需数据比较容易获取，又有数理统计和保险精算等理论做支撑，所得结果稳定、客观，通常用于巨灾保险的费率厘定。因此，在农业风险评估中可基于风险损失开展种植业自然灾害风险损失度量。

3. 基于风险机理的评估法

基于风险机理的评估法，遵循风险评估的溯源性思路，以造成风险的前因后果为切入点，主要以灾害过程机理与农作物灾害脆弱性机理为基础，通过情景模拟方法，系统再现致灾因子出现、致灾力产生和承灾体破坏的全过程。其中，农作物作为承灾体，脆弱性反映其遭受不同强度灾害时的损失程度。基于风险机理的评估法能完整再现灾害过程和农作物灾损特征，评估结果客观，不受历史灾害样本少的限制。但是，该方法对数据要求较高，机理模型复杂，建构比较困难。风险机理评估方法的这一缺点导致其发展较为缓慢，实际应用受到限制。

农业风险评估方法比较如表3-3所示。

表3-3 农业风险评估方法比较

评估方法	基于风险因子的评估法	基于风险损失的评估法	基于风险机理的评估法
特征	从引起农业风险的各种因子入手，根据分类构建指标体系，按指标体系进行评估	从风险造成的结果入手开展建模，运用概率论数理统计技术	从造成风险的前因后果入手开展建模，考虑风险发生机理和过程
理论依据	灾害系统构成理论，任何一种自然灾害系统都包含致灾因子、孕灾环境、承灾体和防灾减灾能力四部分	损失数据是风险因子综合作用的结果，通过对风险损失的统计分析可得到风险损失规律，未来风险事件的发生也遵循这一规律	风险发生是风险因子形成累加和农业生产过程相互影响的过程，对风险形成过程机理与农业生长机理的理解和关注十分重要
优点	考虑了灾害机理，操作直观，实现难度小，不受历史灾害数据样本少的限制	数学推理性强，结果表达方式多，评估结果较客观	能完整再现灾害过程和农作物灾损特征，评估结果客观，不受历史灾害样本少的限制
缺点	是典型的定性评估方法、主观性强，评估结果仅能给出风险等级，无法被进一步应用	受统计数据影响较大，依赖于数据样本的“量”和“质”	灾害机理复杂，建模复杂，无统一标准，无法直接移植推广
目的、用途	农业灾害风险防范、灾害早期预警和防灾减灾工程	经济分析，农业风险评估，保险定价与区别	农业灾害风险防范、农业灾害定损、农业风险评估、保险定价

3.3.3 农业风险管理技术

农业风险管理技术同其他风险一样,也可以分为控制型农业风险管理技术和财务型农业风险管理技术。

3.3.3.1 控制型农业风险管理技术

农业风险控制是指在风险分析的基础上,针对企业所存在的风险因素采取控制技术以降低风险事故发生的频率和减轻损失程度,主要表现为:在事故发生前降低农业风险事故发生的频率;在事故发生后将农业风险的损失降到最低限度。具体而言,控制型农业风险技术主要包括风险避免、风险预防和风险分散等。

1. 风险避免

风险避免是风险管理单位主动采取措施,放弃原先承担的风险或者完全拒绝承担风险的行为,这是最消极的一种手段,风险主体通过完全放弃某活动以达到回避损失发生的可能性。从风险避免的角度来看,应该尽量避免种植培育容易遭受自然灾害,对环境变化极其敏感,对虫害、植物疾病抵抗和免疫能力较弱的农作物品种,以保证合理的回报。政府应当建立起良好的信息网络,规范教导农作物种植的种类与标准,以此避免种植那些容易遭受损失的作物。虽然我国的农业信息产业发展得很快,但是主要集中在沿海等经济发达地带,边远地区的农业信息产业还没有得到长足发展,农业信息无法得到及时传播。如果政府能够加大对农业信息化的投入力度,使农业信息得到及时传播,那么农民就可以依据全面的信息进行正确决策,避免风险。

2. 风险预防

风险预防是在风险发生之前采取措施减少风险的发生频率与损失程度,它是通过消除或者减少风险因素来实现的。从风险预防的角度来看,应该提倡通过大力开发新型农业技术、及时推广新型成果,以技术的手段来减少农业风险给整个产业带来的损失,并且降低其发生的可能性与概率。例如,几个世纪以来,杰出的农学家、生物学家们通过作物杂交等方式,培育出了更耐极端环境、对疾病免疫的新型作物,极大地降低了农业风险的发生率,从一定程度上预防了农业风险。

3. 风险分散

风险分散是指增加风险单位数量来增强风险的可预测性,平衡风险损失,降低风险成本。从风险分散的角度来看,提倡农业产业化经营和发展。因为农业往往受自然因素的影响较大,如果单一的农业种养模式改变为多种多样化的经营模式,那么当某一产品由于极端天气、瘟疫等意外事故导致歉收之后,其他有关产品可以立即对这一损失做出弥补。此外,农业多样化并不应该仅仅局限于种植作物的多样化,国家还应该大力扶持与农业有关的制造业、加工业、运输业等产业,使得整个农业经济大幅提高。农业经济发展到一定的程度之后,其抵御风险的能力无疑也会大大提升。

3.3.3.2 财务型农业风险管理技术

由于受到种种因素的制约,人们对风险的预测不可能绝对准确,而防范风险的各项措施也都具有一定的局限性,所以某些风险事故的损失后果不可避免。财务型风险管理技术是以提供基金的方式,降低发生损失的成本,即通过事故发生前的财务安排,来解除事故发生后给人们造成的经济困难和精神忧虑。具体到本专题而言,农业风险的财务型风险管理技术可以分为农业风险自留、农业风险转移这两大类。前者主要通过各种内部融资或者外部融资的手段建立补救措施,后者则通过保险来实现。

1. 农业风险自留

农业风险自留指的是对农业风险的自我承担,即农户或企业等单位自我承受风险损害后果,这是一种广泛应用于各大领域的风险管理技术。考虑到我国如今农业仍未形成大规模产业化趋势,故单一个体较难通过设立内部专业自保公司、借入风险资金以及建立意外损失基金等方式进行转移,只能将个人所遭受的损失摊入经营成本。这种方法能够最大限度地减少管理细节,但是会使风险主体的经营状况发生大规模的波动,所以风险转移方法的应用更为普遍。

2. 农业风险转移

农业风险转移是指一些单位或者个人为避免承担损失,如作物歉收、农机设备损毁等,而有意识地将与损失有关的财务后果转嫁给另一些单位或个人去承担的一种风险管理方式。农业风险转移又分为财务型非保险转移和财务型保险转移两种办法。

(1)财务型非保险转移

财务型非保险转移就是指单位或个人通过经济合同,将损失或与损失有关的财务后果,转移给另一些单位或个人去承担。财务型非保险转移在西方发达国家中最为广泛的应用就是天气衍生品。天气衍生品是指标为气温、环境等和天气有关的一种金融工具协议,其价格由该标的决定。以最普遍的气温衍生品为例,其主要特点在于采取了金融产品的标准化形式,单份合约和指数点货币额都按照指数期权的标准模式来设计。此外,随着市场的发展,天气衍生品市场中的交易者来源越来越广泛,交易双方分别向其他经济部门扩展,包括但不限于大型能源贸易商、保险公司、再保险公司、投资银行、证券公司及对冲基金等金融机构。

从农户的角度来说,天气衍生品和农业保险均具有相同的风险规避作用,但是相比一般农业保险而言,天气衍生品仅仅关注天气情况的变化,购买时支付的成本相对较少,对那些熟悉本地天气情况的农户而言,天气衍生品比农业保险更具有吸引力。

虽然天气衍生品在国内已经引起越来越多人的关注,但是对于目前我国金融市场缺乏层次性这一状况来说,要在合适的时机推出天气衍生品,还需要做许多准备工作。其中最为重要的是完善我国天气衍生品的技术设计,以及大力推进我国保险市场和期权期货市场的发展。对于前者,需要研究极端自然现象带来的气温条件变化,确定相关参照气温、衍生品合约规格及月份,选择合适城市作为气温衍生品的推广地区;对于后者,需要大力推动我国保险市场和期权期货市场的发展,以国家出台的有关法律法规和政策等工具来促进保险市场和期货期权市场的发展与完善。

(2)财务型保险转移

财务型保险转移是通过将风险直接转移给保险公司来应对风险的一种方法。在中国,农户们往往通过农业保险来对自己可能承受的风险进行转移。就目前存在的农业保险组织形式来看,主要有农业保险公司、股份制的商业保险公司、外资或者合资农业保险公司、农业相互保险公司、农业保险合作组织等。农业保险市场的主体逐渐增多,并且呈现出多元化的发展趋势,大力推动了我国农业保险的发展。

3.3.4 农业风险管理效果评估

3.3.4.1 农业风险管理效果评估的内容及意义

1. 农业风险管理效果评估的内容

详见“2.3.4.1 工程项目风险管理效果评估的内容及意义”。

2. 农业风险管理效果评估的意义

通过效果评估总结经验教训,提供及时有效的信息反馈,为未来风险管理决策和提高风险管理水平提出建议。对农业来说即改变农业生产者的风险环境及行为特征,提高农民和全社会的福利水平。

3.3.4.2 农业风险管理效果评估的基本过程

风险管理效果评估应有个严密、科学的工作程序,才能井然有序地展开其工作,才具有客观性和权威性的评估结果。其基本过程分为以下七个步骤。

1. 建立效果评估小组

建立农业风险管理效果评估小组,其主要成员应由具有丰富的调查统计经验的人员组成。风险管理效果评估小组的职责是领导、组织、协调风险管理效果的评估工作,包括关于各农业区风险管理评估工作计划的制订、指标体系的设定、经费预算、进度、人员培训等。

2. 评估内容的确定

评估内容要根据各地区各项风险的风险管理性质确定。如风险管理是项目局部风险管理还是项目整体性战略风险管理;风险管理是为加强风险管控打基础,还是为促进农牧业的经济效益上水平;风险管理是侧重于扭转眼前的不良局面,还是立足于农牧业长远发展等。

农牧业项目局部风险管理应侧重于定量分析计算,以考核实施风险管理方案后的直接经济效果;而对于各农牧业项目整体性战略风险管理等来说,宜采用定性分析和定量分析相结合、以定性分析为主的方法,评判各农业区风险管理在打基础、上水平、增效益方面的积极作用。总之,评估工作只有围绕着农业风险管理规定的任务来确定,才能有的放矢。

3. 建立一套科学的评估指标体系

效果评估小组应根据各农业区自身特点、风险管理进展情况,建立一套较为客观且可操作的评估指标体系。制定评估指标应遵守科学性和可操作性原则,使风险管理效果评估工作能够全面、客观地反映农业风险管理实施效果。

4. 资料、数据的搜集

资料、数据的搜集是效果评估工作中一项十分重要的基础工作,它关系着效果评估结果的客观、准确与否。工作人员应按照效果评估指标体系,在农业领域广泛深入地开展资料收集工作。可采用访问式、问卷式以及实地考察等资料搜集方式,采集各农业区农业风险管理的相关数据。在搜集过程中,力争做到全面、准确,为下一步分析工作奠定基础。

5. 资料、数据整理

将获得的资料、数据进行分类和统计。在整理过程中,应采用较为科学的分类方法和统计方法,并尽可能地挑选有价值、有实际意义的各农业领域风险管理相关数据,使计算结果客观和可靠。

6. 比较分析

利用上述的统计结果与前期的有关数据进行比较。如果是初次评估,则将统计结果与有关历史数据进行比较。如果统计数据优于前期数据,说明该农业领域相关风险管理实施效果较佳;反之,说明该农业领域风险管理实施效果欠佳,需进一步分析其存在的问题。

7. 总结、反馈

将效果评估中反映出的问题反馈给农业风险管理决策人员,为进一步检查、修改、调整、优化风险管理计划提出建设性建议。

3.4 农业保险

3.4.1 农业保险概述

3.4.1.1 农业保险的概念

中国保险监督管理委员会于2007年出台的《农业保险统计制度》规定,农业保险传统上是指由保险机构经营,对农业产业在生产过程中遭受到约定的自然灾害、事故或者疫情所造成的经济损失承担赔偿保险金责任的保险,分为种植业保险和养殖业保险两大类。其同时界定了涉农保险的概念,即除农业保险以外,其他为农业服务业、农村、农民直接提供保险保障的保险,包括:涉及农用机械、农用设备、农用设施、农房等农业生产资料,以及农产品储藏和运输、农产品初级加工、农业信贷、农产品销售等活动的财产保险;涉及农民的寿命和身体等方面的人身保险。因此,农业保险有狭义和广义之分。

狭义农业保险仅指传统的农业保险,是指农业生产者以支付保险费为代价,把农业生产过程中由自然风险和市场风险造成的农业财产的损失转嫁给保险人的一种制度安排,主要包括种植业保险和养殖业保险两大类。传统的农业保险是保险的重要组成部分之一,作为一种农业生产风险转嫁机制,其在许多国家是构成政策性保险的第一大组成部分。它之所以成为政策性保险,不仅因为农业生产在国民经济中占据基础地位,更因为农业和其生产过程所面临的风险具有特殊性。在世界保险业中,传统的农业保险一直被视为前沿问题,是发展最缓慢的一类保险,一般的商业保险公司不愿经营这种风险较大且没有固定利润的保险。

广义农业保险既包括传统的农业保险,也包括涉农保险。涉农保险是指除农业保险以外,其他为农业服务业、农村、农民直接提供保险保障的保险,包括涉及农业生产和农民生活等方面的财产保险和人身保险。

农业保险框架图如图3-3所示。

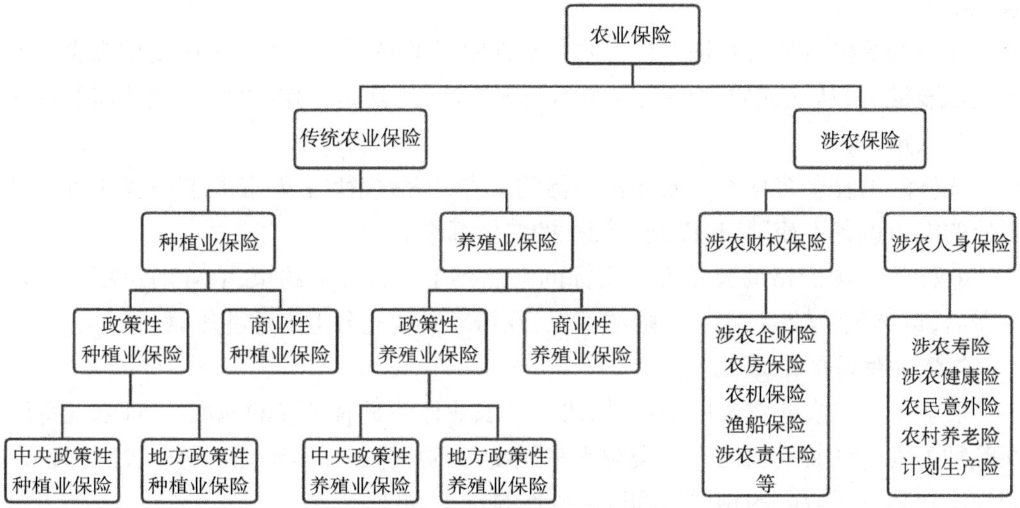

图 3-3 农业保险框架图

3.4.1.2 农业保险的特性

农业保险具有保险的一般特性,但又不完全等同于一般商业财产保险,具有一些自身独有的特性。农业保险是承保农业生产者和经营者在种植业和养殖业生产过程中遭受的自然灾害和意外事故造成的经济损失的一种财产保险。由于农业生产在很大程度上受自然灾害因素的影响,与其他财产相比,农业保险具有以下特性。

1. 农业保险标的的生命性

农业保险的保险标的大多是有生命的植物或动物,受生物学特征的强烈制约,具有以下非生命的特点。

①标的价值的最终确定性。农业保险的标的价值始终处于变化中,只有当成熟或收获时才能最终确定,在此之前,只能说保险标的处于价值的孕育阶段,而不具备独立的价值形态。因此,农业保险金额的确定、定损时间与办法都和一般财产保险不同,变动保额以及收获时二次定损等技术都为农业保险所特有。

②标的的生命周期性。标的生命周期、生产(时间)规律为农业保险业务的开展划定了时间。农业保险承保、理赔工作的开展必须适应这些规律。

③标的的鲜活性。农产品的鲜活特性使农业保险受损现场易灭失,从而对农业保险查勘时机和索赔时效产生约束。假如被保险人在出险后不及时报案,则会失去查勘定损的机会,农业保险合同如果不对时效专门加以约定,势必会增加保险人的经

营风险。

④标的受损后的自我恢复性。农作物保险标的在一定的生产期内受到灾害后有自我恢复能力,从而使农业保险的定损变得复杂,尤其是农作物保险,往往需要在收货时二次定损。

⑤标的的复杂多样性。农业保险标的繁多,生命规律各异,抵御自然灾害和意外事故的能力也各不相同,难以制定统一的赔偿标准。

⑥标的市场价格的波动性。受标的自然再生产过程的约束,农业对市场信号反应滞后,市场风险较高,农业保险的承保、理赔等必须充分考虑这些因素。

2. 农业保险的地域性

农业生产及农业灾害的地域性,决定了农业保险具有较强的地域性,即农业保险在险种类别、标的种类、灾害种类频率和强度、保险期限、保险责任、保险费率等方面,表现出在某一区域内的相似性和区域外明显的差异性。

农业保险地域性强的特点,决定了开展农业保险只能因地制宜,根据当地的特点,开办适当的险种,制定、使用符合当地实际的保险条款;同时,在农业保险的管理上,要重视农业保险的区域划分,形成合理的农业保险险种布局,在空间和时间上做到险种互补,分散农业保险的经营风险。

3. 农业保险的季节性

动植物生长受自然因素制约,具有明显的季节性,这就要求农业保险在整个业务操作过程中,必须对动植物的生物学特性和自然生态环境有正确的认识,掌握农业保险各种保险标的的特点。农业生产和农业灾害本身强烈的规律性和季节性,使农业保险在开展业务、承保、理赔、防灾防损等方面表现出明显的季节性,如农作物保险,一般是春天开展业务,秋后待农作物收获责任期结束。

农业保险的季节性特点,决定了农业保险要抓住农时,即农业保险在开展业务、承保、理赔、防灾防损等技术环节上,要遵守保险经济规律,按照农业生产的自然规律办事,严格把握农业生产的季节性变化特点来开展业务,组织业务管理,使农业保险的各项技术活动开展得恰到好处,取得最佳效果。

4. 农业保险的"三高"性

农业保险具有高风险、高成本、高赔付率的性质。农业风险具有明显的巨灾特性,农业风险事故往往涉及数县甚至数省,特别是洪涝灾害、干旱灾害等风险事故一旦发生,则波及千万农户、上亿公顷的农田;一次流行性疫病,往往致使大量的牲畜受灾,因此农业保险具有高风险性。农业保险标的点多面广、相对分散,加之农村交通不便,给农业保险的开展业务、承保、理赔以及风险控制带来了极大困难,增加了许多费用支出，业务经营成本明显高于一般财产保险。例如，养殖业保险标的分布点多面广，标的出险时间、地点分散、查勘现场需要大量的人力、财力和物力，交通不发达的偏远地区一头母猪死亡的查勘定损费用可能要几百元。受全球变暖等因素的影响，极端天气和气候灾害发生的频率和强度呈现出不断加大的趋势，农业损害损失不断加剧，给农业保险赔付带来了较大压力。

5. 农业保险的政策性

由于农业保险具有上述特点，加之农村经济发展水平的不平衡，被保险人的交费能力普遍有限。为了保障农业生产的稳定，促进农村经济发展，许多国家都把农业保险作为政策性保险业务。

农业保险的高风险和高成本性质以及由此带来的高费率，使保险公司的有效供给与农民的有效需求不足，纯市场运作方式因此失灵，需要国家进行干预。农业保险的政策性，一方面体现在农业保险是国家强农惠农富农的政策措施之一，国家对参加农业保险的农户提供保费补贴，对经营农业保险的机构实行一定的优惠政策，保险经营机构按照总体不盈不亏、收支平衡，正常年景略有结余，以备大灾之年的原则经营农业保险；另一方面体现在农业保险发展必须依靠政府及有关部门强有力的推动和相互配合，各级政府在财政补贴性农业保险的推动上具有很强的主导性，从制定补贴方案、产品设计、宣传推广以及组织发动上都扮演着重要角色，大部分地方成立由政府、财政、农业以及保险公司组成的农业保险组织机构，负责农业保险的推动工作。

6. 农业保险的正外部性

农业是一国的基础产业，农业稳定，受益者不只是农民，而是整个社会。农业歉收，受损的也不只是农民，而是涉及全社会的每个成员。农民购买农业保险，保险公司提供农业保险，保证农业生产顺利进行，可使全体社会成员享受农业稳定、农产品价格低廉的好处。因而，农业保险是一种具有正外部性的准公共产品。

农业保险的正外部性体现在农民对农业保险“消费”（或需求）和保险公司对农业保险“生产”（或供给）两个方面，具有供给和需求双重的正外部性。农业保险“消费”的正外部性，表现为农民购买农业保险的边际私人收益小于边际社会收益；农业保险“生产”的正外部性，表现为保险公司提供农业保险产品的边际私人成本大于边际社会成本。私人成本收益和社会成本收益出现了差异，从而导致正外部性产生。

3.4.1.3 农业保险的职能

农业保险作为保险的一类，具有基本职能和派生职能两个部分。基本职能包括分担风险职能和补偿农业经济提供职能；派生职能主要体现为防灾防损职能。

1. 农业保险具有分担风险的职能

农业是弱质产业,受自然条件影响大,每年都要受到水旱、冰雹、泥石流、山洪、病虫害、瘟疫等的袭扰,严重影响到农业的丰收和农民的生活。单个农民在生产经营中抵抗风险能力较弱,但可以通过参加农业保险支付一定保费,将风险转移给保险公司,在出现灾害损失的情况下,没有遭受灾害损失的被保险人共同分摊。农业保险通过集合具有同类风险的众多农民,以合理计算分担金(保费)的形式对种植业(农作物)、养殖业(禽畜)在生长、哺育、成长过程中可能遭受的自然灾害或意外事故造成的经济损失给予补偿,是农业生产规避风险损失的一种有效工具,也是市场经济国家支持保护农业发展的一项重要内容。

2. 农业保险具有补偿农业经济损失的职能

在现代农业中,农业保险发挥如下的经济补偿职能:一是有利于建立农村灾害保障体系,使农业生产在遭受自然灾害后能迅速恢复再生产,保障农业经济的持续稳定增长;二是通过农业保险的市场化运作,可以提高处置灾害或疫情的透明度,使真正需要救济的农民享受到农业补贴政策的优惠;三是农业保险通过专业的防灾防损机制,发挥风险管理优势,为巨灾风险的预测、衡量、管理提供经验、技术和人力上的支持。因此,世界上大多数国家政府都十分重视农业保险,视其为农村救济、农业贷款、农产品价格保护、农民福利等政策的一部分,以此来稳定农业生产,增加农民收入。

作为事后损失补偿制度,农业保险不仅使农户避免了因灾致贫,而且有利于恢复农业生产,缓解灾害对农业的影响。

农业保险的这两项基本职能只是对社会已有的财富进行再分配,并不能创造新的财富,遭受农业风险损害的被保险人的风险只是在不同农户间、不同保险年份间进行分散,而受损农户的经济补偿源于未受损害的其他被保险人,以及政府对农业保险的补贴投入,也包括自己过去交纳的保险费。

3. 农业保险具有防灾防损的职能

一方面,农业保险对象面临的风险远比一般财产和人身风险复杂,农业风险单位普遍比较巨大,且受害后果也更严重;另一方面,农业防灾防损的效果或性价比更为显著,特别是由于其风险单位大,规模效益更加明显。农业保险防灾防损是指保险公司为协助农业保险客户履行维护保险标的安全的义务,向农业保险客户提供的,对农业保险责任范围内的各种风险进行识别、评估、防范、控制,并及时采取措施消除或减少风险发生的因素,从而降低农业保险经营成本的一系列针对保险标的的全面风险管理服务。保险公司总公司、省级分公司、各级分支机构和基层经营单位都是农业保险防灾防损工作的实施主体,参保农户是农业保险防灾防损工作的具体实施对象。

在农业保险实务中，农业保险防灾防损工作需求和目标可概括为三大类：一是以降低赔付风险、改善业务质量、稳定业务经营为目标的风险导向型需求；二是以改善客户体验、提升保险服务水平、稳定业务发展为目标的客户导向型需求；三是以满足政府相关部门政策要求、发挥农业保险准公共产品属性和作用、履行社会管理职责为目标的政策导向型需求。只要满足上述三类基本需求，保险公司均应积极主动开展农业保险防灾防损工作。

农业保险防灾防损工作通常包括但不限于以下工作事项：①为减少承保标的的灾害损失，主动通知客户或委托外部机构开展灾前防灾防损服务（实施防灾防损措施或技术、建设防灾防损工程等），如病虫害防治、修筑防洪堤、租借灌溉设备、加固树桩等；②为降低承保标的的风险水平，为被保险人购置防灾防损装备设施，如购买防鼠防雹弹、防疫消毒药品、防虫防鼠药、抽水泵等；③为提升风险预警能力及被保险人灾害防范能力，获取或购买外部防灾防损信息及专业咨询服务，如提供气象灾害性天气预报信息、汛期水文短信服务等；④开发、应用及推广与防灾防损工作相关的应用研究成果或进行技术创新，如开展农业保险风险区划研究、建设森林火灾预警系统等；⑤为增强被保险人的风险防范意识和能力，和政府相关防灾职能部门联合开展防灾防损实践活动，如联合畜牧局开展送药下乡活动、联合召开专题培训等；⑥对被保险人开展与防灾防损有关的培训与宣传教育活动，如印发农作物灾害预防宣传手册、开办烟叶种植防灾培训班等。

总之，农业保险的职能，从不同的角度，可以有以下几个方面的理解。

对于国家和政府来说，农业保险是保护农业的一种政策工具。首先，农业在国民经济中的基础地位及其“弱质性”产业特点，决定了政府必须采取政策措施（包括运用农业保险）对农业加以保护和扶持；其次，实践证明，农业保险制度有利于降低农业灾害带来的风险损害，是国家促进农业发展和减少农民收入波动的一种有效的政策工具。

对于农业生产者来说，农业保险是转移农业风险的财务手段。首先，不管农业生产者是否懂得或意识到农业保险是管理农业风险的一种手段，只要参加了农业保险，他们就能以较少的保险费支出，把不可预料的农业风险损失转移出去，形成一种现实的互助性风险保障；其次，保费支出属于农业经营中必要成本费用的一部分，通过农业保险保费计入生产成本并由社会来分担，这样就依靠全社会的力量建立起可靠的农业风险保障和农业灾害补偿的经济制度，从而稳定了农业生产经营者的生产和生活，促进了农业发展。

对于农业保险经营者来说，农业保险是通过实现农业保险的社会利益而实现企业自身经济利益的一个途径。事实上，国外农业保险实践证明，只要政策扶持到位，经营机制设计合理，保险公司是能够参与到农业保险中并有所作为的。

3.4.1.4 农业保险的作用

农业保险的作用是指农业保险在国民经济中执行其职能时所产生的社会效应。

农业科技、农业投入、农业保险是现代农业可持续发展的关键要素。现代农业承受着自然风险、社会风险、经济风险的威胁，这些风险的存在，严重影响了农业的可持续发展。农民的收益和农业经济处在一种极度不确定性的状态下，客观上需要创建一种转移分散风险、分摊经济损失的风险管理机制，农业保险应运而生。农业保险是商品经济发展到一定阶段的产物，农业保险的发展，对保障农业再生产的顺利进行，推动农业的可持续发展无疑具有重要的作用。这些作用主要表现在以下几个方面。

1. 有助于农民生活的稳定

我国是农业人口大国，其中多数农业人口特别是中西部地区的农业人口，大多仍将农业作为其主要职业和生活来源。农业风险的存在具有客观性，它有可能使农民蒙受巨大的经济损失。而农业保险具有分担风险、补偿经济的职能：可以使投保农户在遭受保险责任范围内的灾害后及时得到经济补偿，尽快恢复农业生产；可以转移和分散风险，由参加农业保险的农民共同分担损失，以赔偿支付的方式保障农民生活的稳定。农业保险作为国家的一项农业保护政策，将改变现有的农业生产观念，使农民能够更加从容地面对农业生产中的风险，为鼓励农民积极投入农业生产，保证农业生产取得积极效果，提供了有力的支持。因此，农业保险既能保障农民生活的稳定，又能对农民生产活动起积极的促进作用。

2. 保障农村经济持续、健康的发展

农业保险的推行，可以在发生农业灾害事故时及时有效地补偿损失，保证农业生产资料的稳定供给，迅速恢复农业生产，使农业再生产不会萎缩和中断，稳定农产品价格，进而保证农村经济的持续发展。

农业保险作为国家的一项农业保护政策，可以起经济杠杆的作用。通过开展农业保险，各地方可根据当地经济社会发展的总体目标和要求，对符合现代农业发展趋势的重点项目进行财政保费补贴，降低农户和龙头企业的风险管理成本，实现有针对性的支持和引导，促进农业资源的合理配置和农业产业的结构升级，从而推动农村经济的健康发展。

3. 有利于改善农民的信贷地位和经济地位

农村金融是现代农村经济的核心，国家出台多项措施，千方百计地引导更多信贷资金和社会资金投向农村。但由于农村有效担保物范围狭窄，农民急需的小额信贷缺乏必要的风险保障，影响了涉农金融机构对农业的支持力度。通过农业保险这一机制，可以优化农村信贷环境，改善农民信贷地位和经济地位，激活农村金融服务链，形成农民敢贷、银行愿贷、资金安全有保障的局面，促进更多信贷资金支持农业发展。

4. 有助于促进国民经济的发展

农业是国民经济的基础，农业经济的波动是国民经济周期波动的重要影响因素。因此，农业经济活动因风险造成的损失，不仅会导致农业再生产过程的不稳定，更会使整个国民经济处于不稳定的状态。农业保险在直接促进农业生产活动稳定发展的同时，也间接保证了整个国民经济的协调发展。积极推动农业保险全面铺开，对国民经济的发展和农业产值的提高都有重要的影响。

3.4.2 农业保险的分类

农业保险按农业种类分类有种植业保险和养殖业保险；按是否享受政府扶持政策分类有政策性农业保险和商业性农业保险；按照承保的风险范围分类有单一风险保险、多风险保险和一切险保险；按保障程度分类有成本保险、产量产值保险、价格保险和天气指数保险；按保险标的所处生长阶段分类有生长期农作物保险和收获期农作物保险。

3.4.2.1 按农业种类分类

1. 种植业保险

种植业保险是指以农作物及林木为保险标的，在生长期间因发生约定的灾害事故造成经济损失而承担赔偿责任的保险。

（1）粮食作物保险

粮食作物保险是指以生长期的粮食作物为保险标的的保险。其中，粮食作物又称食用作物，分为禾谷类作物（稻谷、麦类等）、豆类作物（大豆等）和根茎类作物（马铃薯、甘薯等）。

（2）经济作物保险

经济作物保险是指以生长期的经济作物为保险标的的保险。其中，经济作物又称技术作物或工业原料作物，按用途分为纤维作物（棉花、麻类、蚕桑等）、油料作物（花生、油菜、芝麻、大豆、向日葵等）、糖料作物（甜菜、甘蔗等）、原料作物（橡胶、椰子、油棕、剑麻等）、药用作物（枸杞、甘草等）及其他经济作物，其他经济作物包括饮料作物（茶叶、咖啡、可可等）、嗜好作物（烟叶等）、香料作物（薰衣草等）等。

（3）蔬菜园艺作物保险

蔬菜园艺作物保险是指以生长期的蔬菜和园艺作物为保险标的的保险。其中，蔬菜作物分为瓜类蔬菜、茄果类蔬菜、葱蒜类蔬菜、绿叶类蔬菜、水生类蔬菜、甘蓝类蔬菜、白菜类蔬菜、菜用豆类、食用菌类；园艺作物分为花卉作物（鲜花及鲜花蓓蕾）和其他园艺作物（观赏花木、工艺盆景及装饰植物的种植）。

（4）水果及果树保险

水果及果树保险是指以生长期的水果和果树为保险标的的保险。其中，水果和果树分为仁果类（苹果、梨等）、核果类（桃、杏等）、浆果类（葡萄、草莓、猕猴桃等）、坚果类（核桃等）、柑果类（柑橘等）、亚热带及热带水果类（香蕉等）。

（5）林木保险

林木保险是指以具有经济价值的林木为保险标的的保险。其中，林木按用途分为防护林、用材林、经济林、炭薪林、特种用途林、苗圃林等。

（6）其他种植业保险

其他种植业保险是指除以上列明的种植业保险以外的其他作物保险，如绿肥牧草作物保险、制种作物保险、温室大棚作物保险、收获期保险等。

2. 养殖业保险

养殖业保险是指以各种处于养殖过程中的动物为保险标的、以养殖过程中可能遭遇的某些风险为承保责任的保险。

（1）水产养殖保险

水产养殖保险是由保险机构为水产养殖者在水产养殖的过程中，对遭受自然灾害和意外事故所造成的经济损失提供经济保障的一种保险。其中，水产养殖是指利用海洋水域、滩涂和内陆水域中的可养面积，对鱼、虾、蟹、贝、藻类及其他水生经济动植物进行人工投放苗种、饵料和经营管理，以获取相应产品的生产活动，分为淡水养殖和海水养殖。

淡水养殖保险，是指以淡水水域进行人工养殖的水产品，在出现灾害以后由保险机构提供赔付的一种保险。按照养殖场所的不同，分为池塘养殖保险、湖泊养殖保险、江河水库养殖保险、深水网箱养殖保险、流水养殖保险、稻田养殖保险等。其中，池塘养殖保险根据其池塘结构和养殖方式的不同，分为土塘养殖保险和水泥池养殖保险。

海水养殖保险，是指以海水水域进行人工养殖的水产品，在出现灾害以后由保险机构提供赔付的一种保险。按照养殖对象不同，分为鱼类养殖保险、虾类养殖保险、藻类养殖保险、贝类养殖保险和海带养殖保险等。按养殖场所和养殖方式的不同，分为滩涂养殖保险、海上网箱（渔排）养殖保险、海上贻贝吊养保险、扇贝笼养保险和底播养殖保险。

专项保险，是指国家投入专项资金支持的政策性保险，比如水产养殖中的对虾养殖保险等。

（2）畜禽养殖保险

畜禽养殖保险是以人工养殖的牲畜和家禽为保险对象的保险。在畜禽养殖保险中，根据保险标的的特点，又可分为牲畜保险和家禽保险。

牲畜保险，是指以牛、马、骡、驴等牲畜为保险标的的保险。牲畜保险是农业保险的一种，承担牲畜因疾病或其他意外事故（风、雨、水、火灾等）而死亡的损失。根据被保险人的需要，可加保各种附加险，如牲畜伤残和医疗费用险、屠宰险（屠宰后发现不符合卫生当局规定的要求）、产仔险、阉割险、流行性疾病险、流行性疾病的后果损失险、牲畜运输险、展览险等。大牲畜保险是以役用的马、骡、驴、牛、骆驼、种马、种牛等为保险标的的养殖保险。我国大牲畜保险的主要险种有耕牛保险、肉牛保险和养马保险等。

家禽保险，是指为经人们长期驯化培育，可以提供肉、蛋、羽绒等产品或其他用途的禽类提供的一种保险。

专项保险，比如生猪养殖保险和奶牛养殖保险等。

3.4.2.2　按是否享受政府扶持政策分类

1. 政策性农业保险

政策性农业保险是指以保险公司市场化经营为依托，通过政府保费补贴等政策扶持的农业保险。其中，接受中央政府财政补贴等政策扶持的农业保险为中央财政补贴型农业保险，仅接受地方政府补贴等政策扶持的农业保险为地方财政补贴型农业保险。政策性农业保险将财政手段与市场机制相对接，以政府救灾的创新方式，提高财政资金使用效益，促进农民收入可持续增长。政策性农业保险是世界贸易组织所允许的支持农业发展的“绿箱”政策。

2. 商业性农业保险

商业性农业保险是指保险公司与农业生产经营者直接签订商业保险合同，由市场机制调节运作，以商业营利为目的的农业保险。

政策性农业保险与商业性农业保险的区别如下。

（1）经营主体不同

政策性农业保险通常由专门成立的农业保险公司承保，或者委托商业保险公司承保,同时国家给予优惠政策。政策性农业保险一般承保的都是风险大、利润薄甚至亏损的农业项目,这类项目商业保险公司一般都不愿意承保,但这些项目又关系到农村经济的发展,国家非扶持不可。政府可对农业保险实行一定比例的保费补贴,或者政府实行农业保险免税经营等。商业性农业保险的举办主体一般是商业保险公司,它可以是国有独资保险公司,也可以是股份制保险公司。

(2)经营目标不同

政策性农业保险制度是依据政策目标建立的,商业性农业保险制度是根据市场目标建立的;政策性农业保险的经营不具有营利性,而商业性农业保险的经营则以营利为目的。

(3)经营机制不同

政策性农业保险有特定的险种,单一费率,保险人为了防止逆选择,还要求投保人必须投保政策性保险项目的所有对象,且要求投保人不足额投保,即不能将保险标的的所有风险都转嫁给政策性保险公司,投保人自己也必须承担部分风险,以遏制投保人的道德风险和心理风险的发生。而商业性农业保险的品种多,可由投保人自由选择,同时在可保利益的范围内由投保人自己决定投保金额,甚至保险费率(保险价格)也可以谈判。

(4)经营范围不同

政策性农业保险经营的项目,一般保险责任范围广,保险对象的损失概率较大,从而成本损失率较高;而商业性农业保险经营的项目责任范围窄,保险对象损失概率较小,成本损失可能性小。如多风险农作物保险和主要家畜家禽死亡保险一般由政策性农业保险经营。而某些单风险农作物保险,范围较小、价值较高的设施农业、精细农业的单风险保险或某些综合风险保险,一些特殊饲养动物的疾病和死亡保险(特种养殖保险)等可开展商业性农业保险。

(5)政府所发挥的作用不同

首先,政策性农业保险产品部分由政府买单,商业性农业保险产品则完全由投保人自己买单。其次,政策性农业保险通常包含只有通过政府行为才能协调开展的工作,如政策性农业保险与农户信贷资金发放、农产品出口价格补贴、农业救济、农业生产调整等农业保护措施紧紧地联系在一起;而商业性农业保险通常通过市场机制就能较好地运作。

当然,政策性农业保险和商业性农业保险的范围不是一成不变的,它们之间的范围界定是一个动态的过程。当国家的财力有一定提升时,可以将一部分商业性农业保险转化为政策性保险,不断扩大政策性农业保险的范围,使其更好地发挥农业保险应有的作用和功效。

3.4.2.3 按保障程度分类

1. 成本保险

成本保险即以生产投入作为保障依据,从而确定保险金额的保险。中国目前的农业保险大多为成本保险,遵循"低保障、低保费、广覆盖"的原则。

2. 产量、产值保险

产量、产值保险即以产品产量、产值作为保障依据,从而确定保险金额的保险。以实物计量,称为产量保险;以价值计量,称为产值保险。

3. 价格保险

价格保险即以生产的农产品的市场价格作为保障依据,当农户收获或出栏的农畜产品上市时,市场价格低于保险合同事先约定的保障价格,由保险人赔偿市场价格与保障价格差价损失的保险。

传统上,农业保险主要承保的是一种或多种自然风险,不承保市场风险,即价格风险。主要有两个方面的原因:一方面,价格风险不属于纯粹风险,而是一种投机风险,而投机风险保险公司一般不承保;另一方面,价格风险常常表现为系统性,容易产生巨灾损失,保险公司也不愿意承保。但是,在政府支持农业保险的制度环境下,农业保险成为政府一种重要的农业政策,在某些发展条件下,这种风险就具有一定的可保性。农业价格保险是近二十年国外农业保险发达国家开始研究和试验的一类保险产品。近两年农业价格保险在农业领域迅速崛起,成为传统农业政策性保险之外,可进一步满足农民增收需求的重要险种。

农业价格保险有两种操作方式。一种是单一的价格保险,就是由保险公司来承担价格风险责任。保险公司事先设定保险保障价格,在被保险人发生保险合同约定的价格风险损失,被保险标的的市场价格低于保险保障价格时,由保险公司负责赔偿价格差额。另一种操作方式就是所谓"价格保险+期货"。保险人接受投保农户就某种农作物或者畜禽产品的投保,当农畜产品上市或出栏时,市场价格低于保险保障价格时,依约定进行差额补偿。而保险公司接受农户的投保后转手用这笔业务在期货市场上购买看跌期权合约,如果到了交割期现货价格低于期货价格,保险人可将得到的期货差价补偿,向投保农户理赔。在这种方式下,保险公司实质上做的是期货中介业务。保险公司所进行的操作实际上是代理农户购买该种农产品的期权产品,理论上说,保险公司自己并不承担风险责任。

4. 天气指数保险

天气指数保险即以影响农作物的气候条件作为保障依据。天气指数保险是把影响农作物的一个或几个气候条件(如气温、降水、风速等)指数化,每个指数都有对应的农作物产量和损益,保险合同以这些天气指数为基础,当指数达到一定水平并对农产品造成一定影响时,投保人就可以获得相应标准的赔偿。

天气指数保险与传统农业保险相比存在诸多优势。

(1)天气指数保险有利于减少逆向选择和道德风险

逆向选择和道德风险问题的根源往往是信息不对称。尽管投保人相对于保险人更了解自己的农作物状况,但天气指数保险并不以个别生产者所实现的产量作为保险赔付的标准,而是根据现实天气指数和约定天气指数之间的偏差进行标准统一的赔付。因此,在同一农业保险风险区划内,所有的投保人以同样的费率购买保险,当灾害发生时获得相同的赔付,额外的损失责任由被保险人自己承担。这种严格规范的赔付标准极大地解决了信息不对称问题,进而解决了逆向选择和道德风险问题。

(2)天气指数保险的管理成本低

天气指数保险的管理成本远远低于传统农业保险,主要源于以下三方面原因:第一,天气指数保险合同是标准化合约,无须根据参保人的变化来调整合同内容;第二,天气指数保险不需要对单个农产品进行监督;第三,一旦发生保险责任损失,保险公司并不需要复杂的理赔技术和程序,只需从气象部门获取统计的气象数据,保户可直接按照公布的指数领取赔偿金。

(3)天气指数保险承保能力强

天气指数保险合同的标准化使得其易于在二级市场上流通,较强的流动性有利于在条件成熟时将其引入资本市场,利用强大的资本市场来分散农业风险,从而提高其承保能力。

天气指数保险在很多国家都有了一定程度的发展。比如,印度最大的私营银行印度工业信贷投资银行在世界银行的帮助下已经连续 5 年试行农业天气指数保险,取得了很好的成绩,已经自主经营、自负盈亏,业务拓展到全印度。当然,印度农业天气指数保险的风险责任仅是干旱。在我国, 2007 年,中国首家农业保险公司首次推出天气指数保险,在南汇西瓜种植区域试点。2009 年,经中国保险监督管理委员会批准,中国首款农作物旱灾天气指数保险产品在安徽省长丰县部分乡镇开展试点工作,这标志着我国天气指数保险的实践正式开始,为农业气象灾害政策性保险发挥积极作用。2014 年,国务院出台《关于加快发展现代保险服务业的若干意见》,明确了要大力发展“三农”保险,探索天气指数保险等新兴产品和服务。如今,天气指数保险涉及领域广泛，包括西瓜梅雨指数保险、水稻天气指数保险、柑橘气象指数保险和水稻暴雨灾害保险、苹果冻害指数保险等。可以预见，与气象部门密切相关的天气指数保险在未来将会占据气象服务市场一席之地。

3.4.2.4 按保险标的所处生长阶段分类

1. 生长期农作物保险

生长期农作物保险是指以农作物在萌发出苗至成熟收获期间因遭受自然灾害造成经济损失为保险责任的保险，实质上是针对农作物预期收获产品价值的保险。从价值角度来讲，作物在生长发育过程中始终处于价值的孕育阶段，只有当作物成熟收获，才能实现它的预期收获产品价值。在作物成熟以前，不能说它具有多少价值，只能说人们对它的生产投入了一定的物化劳动和活劳动。这一特点也决定了农作物保险比一般的财产保险复杂得多。

2. 收获期农作物保险

收获期农作物保险是指以成熟后的农作物为保险标的，以农作物在收割、运输、晾晒、轧打、脱粒、烘烤等初级加工阶段中，因遭受自然灾害或意外事故造成经济损失为保险责任的保险。收获期农作物的保险属于短期保险，保险期限一般为 1~2 个月。不同的农作物、不同的经济条件以及不同的机械化程度，使得保险期限有的长些，有的短些。

3.4.3 农业保险的责任范围

保险责任是保险合同中约定由保险人承担的风险范围，在保险事故发生时所负的赔偿责任。本节农业保险的责任范围将基于上一节根据农业种类分类的农业保险展开。

3.4.3.1 种植业保险责任范围

种植业保险合同的保险责任，视保险标的的不同而各有特点，但是可以按其责任范围分为单一责任保险、混合责任保险和一切险责任保险。

1. 单一责任保险

单一责任保险是指承保农作物一种风险责任的保险合同。例如，麦场火灾保险合同的保险责任仅限于火灾，西瓜雹灾保险合同则只承保雹灾。

2. 混合责任保险

混合责任保险是指承保农作物两种以上（包括两种）风险责任的保险合同。不过,混合责任保险一般是在保险合同列明的风险范围内承担保险责任,并非农作物的所有风险,故区别于一切险责任保险。例如,大白菜保险合同的保险责任包括冰雹、暴风和暴雨,而棉花种植保险合同则承保了冰雹、洪水、雷击、龙卷风、台风、暴风和暴雨。

3. 一切险责任保险

一切险责任保险是指承保农作物一切风险责任的保险合同,即保险人对所有自然灾害和病虫害造成的农作物损失都承担赔偿责任。例如,大豆作物保险合同承保了由火灾、水灾、旱灾、风灾、雹灾、霜灾、冻灾、虫害、病害、飞禽害、野兽害以及其他人力不可抗拒的自然灾害所致的农作物损失。

3.4.3.2 养殖业保险责任范围

1. 水产养殖保险

(1)淡水养殖保险

目前国内开展的淡水养殖保险的责任范围分为两类,一类为死亡责任,另一类为流失责任。

死亡责任所承保的责任范围限于非正常缺氧死亡(在高温低气压的恶劣气候条件下,淡水中所含的氧成分下降,不足以满足水生动物维持生命所需而引起的死亡);他人投毒、爆炸死亡(他人故意向池塘水域中投放有毒物质或爆炸物引起的养殖对象的死亡);疾病死亡(保险标的患疾病、瘟疫等治疗无效所致的死亡)等。

流失责任所承保的范围是因自然灾害或非人为的原因造成的保险标的流失并不可追回的损失,比如台风、暴风雨、龙卷风、洪水所造成的堤坝溃决引起的流失。

保险标的在养殖过程中自然死亡造成的损失,遭敌害侵袭造成的损失,养殖技术失误导致的损失以及被保险人及其家庭成员的故意行为造成的损失被排除在保险责任范围之外。不同具体险种的保险责任范围也有所不同,例如蚌珍珠保险的责任范围除上述死亡责任和流失责任外,还包括盗窃造成的损失,这是因为不同保险标的所面临的危险种类不同。

(2)海水养殖保险

国际上海水养殖保险承保的风险包括两大部分:自然灾害(风暴,暴风雨,海涌,海啸,海震,地震,火山爆发,洪水,雪崩,和/或泥石流)和意外事故(疾病、海藻或水母引起的赤潮、污染、水中缺氧、不完善的水供应、天敌、偷窃、碰撞)。由于国内保险技术相对落后,保险人对道德风险的控制手段有限,所以保险责任比国际同行要少一些,尤其是对于水中缺氧、不完善的水供应、天敌、偷窃、碰撞等给予排除;同时,对于南海和东海的部分水域因高温造成保险标的死亡的责任，一般不在承保的范围之内。

（3）专项保险

以对虾养殖保险为例。

1）责任范围

在保险期间内，由于下列原因直接造成保险对虾损失的，保险人按照保险合同的约定负责赔偿：①遭受暴风、台风、龙卷风、暴雨、雷击或者空中运行物体坠落，造成增氧机和水泵设备故障而无法开启发生“泛塘”的；②遭受上述灾害事故，发生溃塘、漫塘的；③爆发“桃拉”病（又称红体病）、白斑病，造成保险对虾死亡的。

2）除外责任

出现下列任一情形时，保险人不负责赔偿：①投保人及其家庭成员、被保险人及其家庭成员、投保人或被保险人雇佣人员的故意或重大过失行为、管理不善，以及他人的恶意破坏行为；②行政行为或司法行为；③水源水体发生侵入性污染的；④地震、地陷；⑤药害；⑥发生其他虾病的；⑦动物猎食造成损失的。

2. 畜禽养殖保险

（1）牲畜保险

在牲畜饲养过程中的下列风险事故都可以作为保险责任：①由于火灾、雷击、爆炸、雪灾、冰雹、洪水、地震、地陷、崖崩、泥石流、龙卷风、空中运行物体坠落及固定物体倒塌、野兽伤害、互斗、碰撞、窒息、中毒、淹溺、触电、摔跌所致牲畜死亡或终生残废的；②由于疾病、胎产、阉割所致牲畜死亡的；③由于患传染病经当地政府命令捕杀掩埋的。

保险牲畜由于下列原因所造成的死亡、伤残或损失，保险人不负赔偿责任：①被保险人及其家庭成员或饲养人员的故意行为；②被盗、走失。

（2）家禽保险

在家禽饲养过程中的下列风险事故都可以作为保险责任：①自然灾害，如雷击、龙卷风、暴风、暴雨、洪水、雹灾、雪灾、泥石流、崖崩等；②意外事故，如火灾、爆炸、触电、建筑物或其他物体倒塌等；③发生疫病（疾病）；④为了防止疫病蔓延，当地政府扑杀掩埋造成的损失。

家禽保险一般规定了如下除外责任：①在观察期内家禽因疾病所致死亡的；②被保险人及其家庭成员或饲养人员的故意行为造成家禽死亡的；③保险家禽因饲养管理人员管理不善，造成家禽死亡的；④正常淘汰以及由于瘟疫原因造成家禽零星死亡（在免赔额内）的；⑤其他不属于保险责任范围的损失。

(3)专项保险

1)生猪养殖保险

在保险期间内,由于下列原因直接造成保险生猪死亡,保险人按照本保险合同的约定负责赔偿:①因遭受火灾、爆炸、雷击、台风、暴风、龙卷风、暴雨、涝灾、雪灾和空中运行物体坠落事故,保险生猪在72小时内发生死亡的;②口蹄疫死亡,包括处于口蹄疫"疫区"和"疫点"的投保生猪,被县区级及其以上政府执法扑杀的;③猪瘟、高致病性蓝耳病;④正常免疫副反应(紧急免疫除外)。

出现下列任一情形时,保险人不负责赔偿:①投保人及其家庭成员、被保险人及其家庭成员、投保人或被保险人雇佣人员的故意或重大过失行为、管理不善,以及他人的恶意破坏行为;②行政行为或司法行为,但列为保险责任的行政行为不在此限;③隐瞒疫情不向动物防疫部门报告,且未采取有效减灾措施致使损失扩大的部分;④其他疫病或疾病;⑤动物侵袭撕咬造成死亡的。

2)奶牛养殖保险

在保险期间内,由于下列原因直接造成保险奶牛死亡,保险人按照本保险合同的约定负责赔偿:①火灾、爆炸;②暴雨、洪水(政府性蓄洪除外)、风灾、雷电、冰雹、冻灾;③泥石流、山体滑坡、地震;④建筑物倒塌、空中运行物体坠落;⑤口蹄疫、布鲁氏菌病、牛结核病、牛焦虫病、炭疽、伪狂犬病、副结核病、牛传染性鼻气管炎、牛出血性败血症、日本血吸虫病。在保险期间内,由于发生高传染性疫病,政府实施强制扑杀导致保险奶牛死亡,保险人也负责赔偿,但赔偿金额以保险金额扣减。

下列原因造成的损失、费用,保险人不负责赔偿:①投保人及其家庭成员、被保险人及其家庭成员、投保人或被保险人雇用人员的故意行为、管理不善;②除有关规定规定的政府强制扑杀外的其他行政行为或司法行为;③保险奶牛在疾病观察期内患有保险责任范围内的疾病。

3.4.4 农业保险原则

保险的基本原则包括保险利益原则、最大诚信原则、损失补偿原则和近因原则。对于农业保险,除了要遵循这四大基本原则,还应遵循自身独有的原则,主要包括社会效益最大化原则、政府与市场共同调节原则、强制与自愿相结合原则和基本保障原则。

3.4.4.1 社会效益最大化原则

农业保险社会效益最大化原则是指农业保险的开展,应将社会效益放在第一位,以期最大限度促进社会非经济性效果和利益的发展,而不仅仅是追求个人效益或企业利润的最大化。这包含三个方面的意思:一是社会效益的首位性,二是社会效益最大化的实现,三是社会效益最大化的评估。必须在农业保险法中确立社会效益最大化原则。这是因为农业保险的正外部性极强,该特性使农业保险带来的经济效益偏低,但是社会效益却极大。

3.4.4.2 政府与市场共同调节原则

政府与市场共同调节原则是指农业保险的发展需要政府与市场通力合作,共同努力。因为只靠任何一方的力量都达不到繁荣农业保险的目的。

农业保险的发展不能单纯依靠市场手段,还需要政府宏观调控。政府宏观调控的必要性主要体现在如下四个方面。其一,农业的重要性、弱质性。农业是基础产业,对国民经济的发展和社会的稳定意义重大。但是,农业又是弱质产业,抵抗风险的能力较差。因此,政府需要对农业保险进行宏观调控。其二,农业保险的重要性。农业保险是联合国所许可的绿箱政策,是现代农业在市场经济条件下发展的三大支柱之一。农业保险的目的就在于,用全国性的农业保险体系取代传统的农业价格支持等政府支农手段来稳定农业经济,增进国民福利。其三,农业保险的准公共产品属性。农业保险具有准公共产品属性,若完全依靠市场机制来提供,就必然出现供给不足的问题,因此需要政府对农业保险进行干预。其四,农业保险的正外部性。农业保险正外部性极强,其带来的经济效益不高,但社会效益却极高。所以,必须强调政府的宏观调控。

虽然农业保险的发展需要政府进行宏观调控,但是,作为一项经济活动,市场的影响也是不容忽视的。主要原因有三:一为效率原因,适当的市场调节能避免经营过程中出现市场脱节与无效率现象;二为成本原因,适当的市场调节可以减少经营成本,实现双赢;三为财政原因,适当的市场调节可以减轻政府财政压力。所以,在设计农业保险相关制度时可适当增加市场元素,比如强制投保与自愿投保相结合的制度规定就体现了市场的作用。

3.4.4.3 强制与自愿相结合原则

强制与自愿相结合原则有两层含义。一是指以不同险种为根据,对特定承保范围内的险种采取强制保险,对特定承保范围以外的险种采取自愿保险。强制保险主要是指通过法律、经济和行政手段强制农业保险的双方当事人签订农业保险合同或者采取一定的利益诱导机制促使农民投保,不投保就不能享受某些优惠,前者为法定强制保险，后者为事实强制保险。法定强制保险对合同双方均有约束力，农民必须投保，保险人必须承保。二是指以同一险种的保额为根据，对特定承保范围内的同一险种的标的物的保额同时采取强制保险和自愿保险，即规定强制保险和自愿保险各占同一险种保额的一定比例。

强制保险有利于克服农民保险意识淡薄和侥幸心理，解决自愿投保条件下的参与率不高的问题，扩大承保面，分散风险，积累雄厚的保险基金；有利于扩大同质保险标的物的规模，使大数法则充分发挥作用，准确估计损失率和保险费率；有利于防止道德风险和逆向选择，避免风险集中；还有利于降低保险成本和保险费率。但是，强制保险容易让农民认为其乱收费、增加额外负担，特别是农民侥幸心理得到验证时，更能催生其逆反心理。强制保险的优点正是自愿保险的缺点，强制保险的缺点正是自愿保险的优点。所以，为了扬长避短、优势互补，我国可根据保险标的物的重要程度、损失发生频率和损失程度、保险市场需求等因地制宜地确定特定承保范围内的险种采取强制保险，而对其范围以外的险种采取自愿保险，或者对同一险种同时采取强制保险和自愿保险，以整合强制保险和自愿保险的优势，促进农业保险稳定健康发展。

3.4.4.4 基本保障原则

基本保障原则是指保险水平既应与一国经济发展水平相适应，也应与一国农业保险政策目标密切相关。我国农业保险的目标定位以保持农业可持续发展为宜，我国在设计具体制度时，应当坚持基本保障原则。

1. 限制保额

在确定保额时，应根据预测的平均收获量的成效，或者按投入的生产成本，或者按农民向银行借得的生产贷款金额来确定，即要么给农民自留一部分免赔金额，要么只承保其实际投入的生产成本。这样，既能降低农民应交保险费，督促其精心管理，又能减轻保险机构支付保险赔偿金的压力，还可以保证农业再生产。

2. 限额赔偿

限额赔偿是指保险人在保险财产损失超过一定限度时才负赔偿责任或只对不超过一定程度的损失负赔偿责任的一种计算赔偿方式。在农业保险中，主要体现在：当发生保险事故且造成损失时，只要实际收入超过承保时预测的平均收获量的成数，则不予赔偿；当保险事故造成的损失超过实际收入时，则赔偿差额部分。此外，在牲畜保险中，如果发生保险事故时，死亡牲畜的保险额高于市场价值的则按照市场价值赔偿。限额赔偿既能保障再生产，又能有效节约保险基金，提升保险机构抗风险能力。

基本保障原则可以减少农民道德风险及逆向选择的发生。

3.4.5　中国农业保险的发展与前景展望

3.4.5.1　中国农业保险的发展

中国农业保险的发展分为开业试办阶段、恢复和发展阶段、萎缩调整阶段、新探索阶段、完善创新阶段等五个阶段。

1. 开业试办阶段(1950—1958年)

新中国成立前,由于农业具有高风险的特征,无论是以民间互助合作团体开办的保险业务还是官办保险和商业保险都因缺乏农业保险的经验而亏损,从而以失败告终。真正的农业保险业务是从新中国成立以后开始的。1949年10月我国成立了中国人民保险公司,开始承担试办以牲畜和农作物为主要标的的保险经营,农业保险业务逐步发展起来。1950年在北京、山东和重庆等地区试办牲畜保险,后来又在山东、江苏、河南等地区试办棉花保险。1954年在第四次全国保险工作会议上,明确农业保险是今后国家保险发展的主要方向,重新恢复了农业保险。1956年召开的第五次全国保险工作会议,重点强调发展农业保险,为农业保险的发展提供了政策支持。1958年,因人民公社的"一大二公"(指人民公社第一规模大,第二公有化程度高)特点,国家正式停办了农业保险业务。但8年实践中积累了一定的经营经验,对农业经济的发展做出了巨大的贡献。

2. 恢复和发展阶段(20世纪80年代—1993年)

党的十一届三中全会后,为了促进农业经济的发展,国家制定了一系列发展农业保险的政策,中国人民保险公司开始恢复农业保险业务的经营。1982年国务院文件指出"从各地实际情况出发,积极创造条件,抓紧做好准备,逐步试办农村财产保险、畜牧保险等业务"。这一时期的农业保险经营机构增加,业务快速发展,保费收入持续增长。

1991年党的十三届八中全会专门提出了鼓励农业保险发展,扩大承保险种,鼓励农民投保等多方面的政策建议,之后在各地政府的配合下,我国农业保险开始了对多种经营模式的探索,包括黑龙江农业保险模式和新疆农业保险模式等试点经典模式。但从1993年开始,由于农业的高赔付率,保险公司出现大量亏损,这些试点经营模式大部分停办。但是,这些实践探索为我国农业保险经营模式积累了经验和教训,对于后来农业保险业务的开展具有重要的实践意义。

3. 萎缩调整阶段(1993—2003年)

1992年中共十四大确立了建立社会主义市场经济体制的目标,此后我国农业经济的市场化进程加快,农业保险的经营也逐步向商业化转变。在此阶段,农业经济制度不断发展革新,但是农业保险发展的步伐却明显缓慢,全国范围内的农业保险业务明显萎缩。1994—2003年我国保险业发展迅速,保费收入持续上升,到2003年达到近4000万元,与1994年相比增长了10倍。而与此同时,农业保险业务的发展却相对缓慢,十年间一直徘徊在5亿元上下。

此阶段的农业保险在保费收入水平低的同时,其赔付率一直处于较高的水平,个别年份达到了100%以上,经营农业保险不仅没有利润,甚至可能赔钱,高风险、高成本、高赔付的“三高”特征,使一般商业保险公司对农业保险望而却步。在这样的情况下,农业保险业务出现了萎缩的状态。这一阶段我国农业保险的经营步履维艰,主要是因为此阶段主要由保险公司经营农业保险业务,业务规模小且抗风险能力弱,因此政府和农业经济专家开始考虑由政府经营农业保险,转变原来的经营模式。

4. 新探索阶段(2004—2012年)

在新探索阶段,党中央颁布了一系列政策性文件来支持和规范农业保险发展。党的十六届三中全会通过的《中共中央关于完善社会主义市场经济体制若干问题的决定》明确提出“探索建立政策性农业保险制度”。根据指示精神,原中国保险监督管理委员会(简称保监会)着手研究现代农业保险理论,并组织相关专家进行专题探讨与调研,形成了《建立农业保险制度的初步方案》。此后, 2004年的中央“一号文件”进一步提出要建立“政策性农业保险制度”。同年,保监会按照“试点先行、逐步推进”的原则,选择黑龙江、吉林、上海等9个省(区、市)作为发展政策性农业保险的先行试点。2005—2009年的中央“一号文件”、党的十七届三中全会通过的《中共中央关于推进农村改革发展若干重大问题的决定》等,都重点强调了建立政策性农业保险制度的重要性和必要性。正是由于这一系列政策文件的颁布与实施,各地试点采取政府财政“明补”农业保险业务的方式,新一轮政策性农业保险试点工作顺利开展,为持续推进我国政策性农业保险发展奠定了基础。2004年,在各级政府支持下,保监会在总结历史经验教训,对比分析国外经验的基础上,启动了新时期的农业保险试点工作。农业保险形成了“2+4”为主力军,其他保险公司积极参与的市场主体人民保险格局。中国人保和中华联合两家综合性商业保险公司在“十一五”期间设立了专门的农业保险管理部门,自上而下建立起一支专门从事农业保险的队伍,在全国范围内开展农业保险业务。安信农险、安华农险、阳光相互农险和国元农险4家专业性农业保险公司在一定区域内主要经营农业保险业务。此外,其他财产保险公司也积极地以多种形式参与农业保险的经营。2004年后,我国农业保险的保费收入逐年上涨,2007年出台的关于对农业保险的补贴政策更使得我国当年农业保险的保费收入开始大幅度上升。

5. 完善创新阶段(2013年至今)

党的十八大以来,党中央高度重视农业发展,持续加大对“三农”的支持力度。党的十八届三中全会提出完善农业保险制度,党的十九大提出乡村振兴战略。这一系列措施为促进农村经济发展,构建现代化农业体系注入了新的活力,也为农业保险改革创新带来了新的机遇。中国农业保险发展进入了完善创新阶段。为了更好地服务“三农”,保障农业生产安全和降低风险,党中央、国务院相继颁布了一系列政策性文件,不断完善和创新农业保险产品与服务。2014年的中央“一号文件”明确提出要加大农业保险支持力度。同年8月,国务院印发的《关于加快发展现代保险服务业的若干意见》明确指出,要积极发展农业保险,不断加大农业保险支持力度,并对落实农业保险税收优惠政策和财政补贴政策作了进一步的要求。2015—2021年连续六年中央“一号文件”都涉及农业保险以及农业保险产品和服务创新。与此同时,党中央决定在黑龙江、吉林、辽宁以及内蒙古自治区等4个省区开展大豆目标价格补贴试点,在新疆维吾尔自治区开展棉花目标价格补贴试点。此后,又在全国13个省区陆续开展了以水稻、玉米、小麦为标的,对适度规模经营农户进行农业大灾保险试点。这一系列政策和措施促进了我国农业保险的发展,为深化农业保险改革和构建现代农业保险体系奠定了基础。

3.4.5.2 中国农业保险的前景展望

中国农业保险尽管经历了许多困难、波折,乃至反复,但从总体趋势来看,已实现了从“小”到“大”的发展,不只是业务范围和规模的从小到大,更实现了从传统的农业保险向现代农业保险的研究和发展。同时,中国保险业在经营农业保险的基础上,按照国家发展“三农”的总体要求,赋予农业保险更广泛的概念与外延,即将农民和农村纳入保险服务范畴,实现了从“小农险”向“大农险”的跨越,为农业农村现代化发挥积极和独特的作用。

1. 农业保险法律法规体系逐步形成,教育和研究越来越受重视

目前,农业保险领域颁布了一系列的法律法规,农业保险经营的法律体系逐步完善。中央和地方政府、保险机构以及农户都有了在农业保险发展过程中的大体框架和约束机制,在财政部门积极扶持政策的推动下,在法律法规体系的保护下,农业保险将呈现出快速的发展态势。当然,在政策性农业保险全面推进的过程中还面临着很多理论、制度和技术方面的问题,这就暴露了我国缺乏农业保险领域方面人才的缺陷。针对这一问题,很多地方都加强了对农业保险科研和专业人才培养的重视程度。国家层面也设立了各种基金来鼓励和支持农业保险领域的研究。可以预见,农业保险领域的科研成果将与日俱增,农业保险经营和管理机构中的人才也将越来越突出,这将不断提升我国农业保险的发展质量并加快农业保险的发展速度。

2. 农业保险产品将日益丰富,参保率将迅速提高

农业保险产品呈现出逐年增加的趋势,种植业、林业、畜牧业和渔业的保险险种都越来越丰富,这必定会促进农业保险的迅速发展。由于中央和地方政府对农业保险的财政补贴不断加大,保险机构结合自身的利益和参保农户的利益,必定会注重农业保险新险种的开发和创新,达到双赢的效果,如近几年推行的农业相互保险、农业保险+期货等。正是由于各级政府和保险机构采取了各项有效措施,切实保障了农户的利益,农民投保农业保险的热情必然会越来越高涨,农业保险的参与率也会迅速提高,农业保险在这种大环境的影响下必定会呈现出稳健的发展态势。

3. 农业保险范围不断扩大,实现从"小农险"向"大农险"的跨越

面向未来,党的十九大报告提出要加快推进农业农村现代化。农业农村现代化是包括农村产业、生态、文化、治理和生活现代化的有机整体。保险面临着如何更好地服务和助力农业农村现代化的大课题。从总体框架来看,未来的农业保险将从一种"小农险"向"大农险"过渡,即在传统农业保险的基础上,发展面向农业、农民和农村的"大农险"。

随着我国农业和农村改革的全面深化,"农村承包经营户"和"农村集体经济组织"将成为新组织形态,在这一背景下,农业保险需要从新型农业业态的视角,重新思考发展和服务模式问题。如通过农业保险为农业经济组织的融资提供风险背书,促进农村金融的发展;通过推动精准农业,加大农业的科技化水平,从根本上降低农业生产的风险;继续推广"保单+订单"模式,为龙头企业解决可能面临的"定金"风险,推动订单农业的发展,继而解决农户的生产资金问题;进一步加强农村基层组织的建设与投入,将保险纳入农村的社会治理体系中,利用农村治安保险和环境责任保险,开展"保险+"的模式创新,解决农村治理面临的突出问题,从而助推农村实现治理能力现代化;农业保险业与政府相关部门密切配合,在继续做好农房保险,进一步提高保障范围和程度的基础上,因地制宜地推出各类农民的"保障保险",更好地发挥保险在扶贫特别是巩固脱贫成果中的独特作用,将"普惠保险"作为经营的基本理念,开展"互联网+健康扶贫"模式创新与探索,全面开展"保险下乡"活动,特别要关注留守老人和儿童的相关保险,像农村的医疗保险、大病保险和长期护理保险等,利用农村土地制度改革，通过“居住权”置换，探索农村“以房养老”模式。

案例分析

案例描述

2021年7月，河南省多地遭受极端强降雨，特别是“7·20”特大暴雨造成郑州、新乡、许昌、开封、安阳等多地形成洪涝灾害，洪涝所到之处，农作物被淹，农田设施被毁，众多养殖场所牲畜因灾丢失、死亡。在秋粮生长的关键时期，这场暴雨的影响面非常大，既影响玉米、花生等农作物的生长，相当一部分已经绝收，而且无补种的可能性；又影响养殖场的正常经营，水产养殖有很多已经“共享”了，生猪的养殖场被冲垮；还影响农民收入，尤其是完全依靠种植或养殖的农民或新型经营主体。据河南省加快灾后重建新闻发布会通报，本次洪涝灾害共造成河南省150个县市区1 664个乡镇1 481.4万人受灾，农作物受灾面积10 807.4平方千米，成灾面积6 676.7平方千米，绝收面积3 426.4平方千米。

河南省是我国的农业大省，粮食播种面积和产量均处在国内前列，也是自然灾害高发的省份。尽管河南省此次洪涝灾害农业保险的估损金额达到了2.96亿元，但补偿占比仅不到10%。一个重要原因是，为响应中央调减“镰刀弯”地区玉米种植面积的政策，河南省于2017年取消了玉米保险的保费补贴，之后年份河南省玉米保险覆盖率微乎其微，而玉米是河南省秋季作物的主要品种，播种面积占比在75%以上，此次灾害发生之时规模巨大的玉米并不在农业保险保障范围之内。

案例思考与分析

问题1：河南省暴雨涉及以上讲述的哪些农业保险？

政策性农业保险、养殖业保险、种植业保险等。

问题2：结合河南省暴雨分析农业保险的职能。

1. 农业损失补偿功能

这是农业保险的核心功能。农业生产靠天吃饭，自然灾害不可避免，灾害在什么时间、什么地点发生难以预料。即使有提前预报，但是波及范围和受损程度都无法确定。就特大暴雨来说，来势凶猛，持续时间长，损失巨大，预防措施达到的效果十分有限。农业保险是依靠大数法则,聚集多数人的保费来补偿少数人的灾害损失,因此参加农业保险后,保险机构可以为受灾农户提供及时、有效、合理的赔付。在国家农业保险政策的支持下,各级财政在农民交纳保费的基础上给予一定比例的补贴,保险公司利用时间和空间来分散风险,实现"人人为我,我为人人"的保险补偿功能。农民能够在受灾以后的第一时间及时获得保险资金的赔付,为及时开展农业生产提供了资金保障,例如圈舍修复、农地的平整、补种等。

2. 农民收入保障功能

在全面推进乡村振兴的重要阶段,稳步提高农民收入水平是缩小城乡差距的必然要求。农业保险能保障农民的基本生活水平、农民收入水平不降低。农民的生活资料来源于其劳动所得,来自土地的收入是农民收入的重要来源,如果遇到严重自然灾害的袭击,致使土地颗粒无收,血本无归,农民就会面临非常困难的局面。参加农业保险以后,保险公司可以对农作物在生长过程中遭受人力无法抗拒的自然灾害所造成的产量、产值或生产费用的损失负赔款责任,给农民稳定的生产生活强有力的支撑。受灾农民及时得到了经济补偿,就可以重建家园,保持一定的生活水平,坚定其恢复生产的信心。

3. 农村社会稳定功能

农业保险赔付有利于缓解财政救灾的负担。农村家庭联产承包制形成的一家一户生产,当遇到自然灾害或意外事故时,农民信心不足,要么"自生自灭",要么产生比较严重的依赖政府和社会救济的思想。投保农业保险后,农业生产遭到灾害损失时,保险机构及时对其进行赔付。发生特大灾害后,政府甚至动用了发放救济款的手段,农业保险机构也能按照"主动、及时、准确、合理"的要求,进行足额赔付,从而大大减轻了财政支出的负担,促进了农村社会的稳定发展。

问题 3:此次河南省洪涝灾害和灾后重建给农业保险的发展带来哪些启示?

1. 要继续高度重视并推动农业保险等现代风险管理工具的发展

随着全球气候变化的加剧,极端气象和重大自然灾害事件变得更加频繁,迫切需要提高经济社会发展的韧性和抗风险能力。对于已参保农户来讲,农业保险在其灾后恢复生产中发挥了积极作用,突出体现在理赔速度方面。例如,中原农险对扶沟县曹里乡 1 052 万元的理赔款是河南省涉农保险赔付的第一单,从查勘到到账,受灾农户在 24 小时内就拿到了理赔款,对于受灾农户来讲及早获得赔偿显然更有利于灾后恢复生产。同时,公开资料显示,截至 2021 年 7 月 28 日河南省保险行业共收到农险报案9 452件，估损金额2.96亿元，达到了省财政当时已下发农业生产救灾资金（4.8亿元）的60%，成为河南省恢复农业生产的重要资金来源。

2. 农业保险应坚持"扩面、增品、提标"的发展方向

为提高河南省农业保险的损失补偿能力，需要将玉米等大宗农产品保险纳入政策性农业保险体系，给予必要的财政补贴，提高其保险覆盖率。对于全国其他地区来讲也是如此，首先要大力推动农业保险"扩面"和"增品"，解决农业保险"从0到1"有没有的问题，然后不断提高农业保险保障水平，解决"从1到10"保障不足的问题。要提高农业保险在防灾减损中的作用，建议首先恢复河南省玉米保险的保费补贴政策，提高大宗农产品保险的覆盖率。如果玉米保险在财政补贴范围之内，则农业保险对河南省洪涝灾害的损失补偿作用将大幅加强。

3. 农业灾害风险应划分为常规风险和巨灾风险两大类

常规风险由现有农业保险进行管理，可设置赔付上限，而巨灾风险则采用单独的巨灾保险进行管理，可依据降雨量或干旱指数等指数保险的形式降低经营成本。这样做主要是从提高财政资金使用效率来考虑的，因为巨灾风险具有发生概率低、灾害损失重的特点。类似此次河南省洪涝灾害的重大灾害发生概率非常低（有媒体报道为"千年一遇"），如果不进行风险分层，则保险公司收取的保费中将有相当部分是为应对小概率事件灾害赔付而收取的"准备金"，这部分资金有可能是数年甚至数十年不会动用的，这显然是不经济的。如果财政资金补贴的农业保险常年赔付率处于较低水平，其在实践中恐怕也是难以实施的。

4. 研究设立单独的国家洪涝灾害保险制度

洪涝是我国第二大灾害因子，是南方许多省份的主要风险来源。和干旱、冷害等其他灾害相比，洪涝灾害具有"流动性"，即洪涝灾害会沿着河道由上游传导至下游，而且很多时候为了保障下游大城市和重要设施的安全，国家会向泄洪区泄洪，导致泄洪区的农田大面积受灾。例如，媒体报道，截至2021年7月22日8时河南省有66座大中型水库超汛限水位，昭平台、鸭河口等多个大中型水库泄洪，这些水大都流向了淮河流域，给安徽防汛造成了压力；另外，鹤壁市浚县承担了河南省境内泄洪区的大部分任务，以自己县域内的良田受淹换取了其他地区的安全。对于泄洪区以及下游地区的损失，国家理应给予适当补偿。尽管目前已有国务院《蓄滞洪区运用补偿暂行办法》和财政部《国家蓄滞洪区运用财政补偿资金管理规定》对泄洪区补偿办法进行了规定，但以行政手段为主，如能采用政府和市场相结合的方式建立我国洪涝灾害保险制度，将有助于进一步提高财政资金的使用效益和精准性。

参考文献

[1] 方蕊，安毅．粮食种植大户的农业风险管理策略选择：基于风险感知视角[J]．农业现代化研究，2020，41（2）：219-228．

[2] 刘亚洲，钟甫宁，吕开宇．气象指数保险是合适的农业风险管理工具吗？[J]．中国农村经济，2019（5）：2-21．

[3] 许亚萍，颜迪，李梦远，等．印度农产品流通体系的新动态[J]．商业经济研究，2018（6）：135-138．

[4] 安毅，方蕊．发达经济体农业风险管理体系建设经验与启示[J]．经济纵横，2017（10）：114-121．

[5] 方燕．中国农产品价格波动与调控机制研究[M]．北京：经济科学出版社，2013．

专题4 物流风险管理与保险

4.1 物流风险

4.1.1 物流风险的概念

国家标准《物流术语》中将物流定义为根据实际需要,将运输、储存、装卸、搬运、包装、流通加工、配送、信息处理等基本功能实施有机的结合,使物品从供应地向接收地进行实体流动的过程。

物流风险是指在物流的运输、储存、装卸、搬运等各个环节中发生损失或收益的各种不确定性,即发生在物流领域内的风险。现代物流风险可谓体系庞大、纷繁复杂,它不仅包括传统意义上的纯粹风险,还包括财产损失风险、责任风险、金融风险、人身风险、自然风险、社会风险、政治风险、市场风险、传递性风险等各个方面。

4.1.2 物流风险的特征

货物的运输、仓储、包装和配送等环节构成现代物流的完整流程,其各个环节相互独立又紧密联系,使得现代物流风险较传统物流风险具有一些独特之处。

1. 物流风险具有主客观因素共存性

主观风险主要是指管理人员在各个流程中没有遵守规范从而造成损失的风险。主观风险因素一般来说是可以通过增强工作人员的风险意识、规范操作流程、提高技术水平等方式避免的,在日常工作中需要加强对工作人员的管理和培养,还可以将主观风险问题总结为手册,尽可能地减少主观风险因素造成的损失。

客观风险通常是指货物在物流各环节中面临的自然灾害和意外事故等不以人的意志为转移的风险。客观风险因素通常来说无法消除,只能基于对客观规律的认识,在风险发生前做出可能面临的各种情况的预案,在风险发生后及时根据预案进行处理以使损失最小化,将这些风险因素的影响控制在可控范围内。

2. 物流风险具有不确定性

物流项目一般具有较强的专业性,且投资金额较大,在货物流转和储存的过程中经常受到诸多因素的影响和干扰,而这些因素通常具有相当的不确定性。物流风险的不确定性主要包括风险是否发生的不确定性、风险发生时间地点的不确定性、风险发生频率的不确定性和风险损失程度的不确定性。

首先,物流风险更为复杂多样。现代物流不仅涉及运输和仓储等环节,还需要根据客户的经营战略提供存货管理、加贴商标、订单实现、属地交货和包装等方面的服务。这些复杂的流程使其所面临的风险更具有不确定性,因此物流风险较其他风险也更为复杂多样。

其次,物流风险发生的比率也更难确定。一般而言,风险的估算要参考两个指数,即发生的概率和损失的严重程度,发生损失的概率越高,损失的严重程度越深,风险也就越大。由于物流风险的多样化和复杂性,物流风险的发生比率较难确定,因此物流业的风险不确定性要远远高于其他行业。

3. 物流风险具有动态性

物流活动的运作环境具有非常强的不确定性,其空间、时间等内外部条件不断发生变化,受空间、自然地理、经济环境、技术实力的影响较大,所以物流活动的风险影响程度、风险发生概率、风险带来的损失大小等都具有比较明显的动态特征。

物流风险的动态性要求物流风险的管理计划具有一定的灵活性,即要求物流企业在物流风险管理中做到风险辨识快速、风险评估准确、风险处理及时、风险监控实时。

4. 物流风险具有相关性

物流风险的相关性包括物流运营中管理者的决策行为和物流风险管理结果的相关性,以及物流环节中局部物流节点和整体物流运作的风险的相关性。

首先,物流运营中管理者的决策行为和物流风险管理结果的相关性指的是行为相关性。物流风险的影响因素是客观存在且复杂多样的,而不同风险管理者会根据自身过往的经历和经验等制定不同的风险预案,并采取不同的风险管理手段,这也决定了风险管理的结果是不尽相同的。物流风险管理经验较为丰富的管理者对物流风险的预案可能会更加全面,措施也会更有针对性,风险造成的损失也能控制在更容易接受的范围内。

其次,物流环节中局部物流节点和整体物流运作的风险往往具有相关性。物流活动是由多个物流节点和多种运输线路排列组合串联起来的完整系统,任何一个节点或者线路产生风险都会给整个物流活动造成影响;物流风险的相关性也可以理解为风险的动力学特征,即风险的传递和联动的特征。物流从产品开发、生产到流通的过程由多个节点企业共同参与,因此风险因素可以通过物流流程在各个企业间传递和累积，这不只影响某个环节某个企业，会对整个物流系统造成破坏。最典型的就是一个物流风险事件发生后带来的影响，会因为其中任何一个环节发生改变而导致其最后的影响效果发生变化。

4.1.3　物流风险的分类

4.1.3.1　按物流风险后果的承担者分类

按物流风险后果的承担者分类，可分为物流企业风险、货主企业风险、国家风险。

1. 物流企业风险

物流企业在实践中可能会遇到许多风险，如货物运输过程中由于自然灾害和意外事故等导致的货物灭损等风险；主观因素导致的延时配送、错发错送等风险；物流企业合作中的信息不对称导致的道德风险、物流业务运作风险等。

2. 货主企业风险

由于经济运行具有周期性，货主企业面对不同的经济周期会有不同的物流需求。经济上升周期时，市场需求扩大，企业生产规模扩大，物流需求相应增加；而经济下滑时，市场需求低迷，企业生产规模下降，物流需求相应减少。生产企业通过物流需求变化传导经济周期变化带来的风险。另外，企业物流外包可能会造成企业机密泄露、软条款欺诈等风险。

3. 国家风险

随着贸易全球化和供应链全球化的推进，许多物流活动开始在多个国家之间展开，但其可能会导致国际物流风险。国际物流风险除了和国内物流风险一样对物流企业和货主企业造成风险，还会对国家造成风险。比如，商品在国家之间的运输可能会产生外来物种入侵、疾病蔓延等风险；其他国家商品输入带来环境污染风险；政府允许外国物流企业进入本国市场，会造成本国的物流企业市场空间被挤压、物流人员失业等风险。

4.1.3.2　按物流风险损害的对象分类

按物流风险损害的对象分类，可分为财产损失风险、责任风险、信用风险和人身风险。

1. 财产损失风险

物流过程中的财产损失风险是指一切有形财产毁灭、灭失或贬值的风险。如仓储遭火灾、地震、爆炸等损失的风险，运输船只在航行中有遭到沉没、碰撞、搁浅等损失的风险，露天堆放或运输中的货物有遭到雨水浸泡、损毁或贬值的风险等。

2. 责任风险

物流过程中的责任风险是指企业或雇员因行为或操作上的疏忽、过失从而造成他人财产损失或人身伤亡，需要依照法律、合同或道义应负的经济赔偿责任的风险。如物流运输交通肇事风险、危险品泄漏风险、延时配送和错发漏发带来的责任风险。

3. 信用风险

物流过程中的信用风险是指在经济交往中，权利人与义务人之间由于一方的违约或违法行为给另一方造成经济损失的风险。作为新兴的现代物流商业模式，物流企业为满足客户需求，加强与客户的联系，增强在物流业的竞争力，通常允许物流需求者以信用为基础、以延后偿还或分期偿还等方式获得物流服务。但一旦物流需求者出现信用缺失，物流企业就不得不面临由赊销带来的信用风险和由此引发的一定程度的经营风险。

4. 人身风险

物流过程中的人身风险是指可能致人伤残、死亡或丧失劳动能力的风险。如在运输过程中因交通事故造成驾驶人员致残或致死的风险；在储存、包装、装卸的过程中因机器故障、不当操作产生工伤事故的风险。物流企业不仅要承担因员工意外伤害造成的经济赔偿责任，还需要面对员工因伤、因残离岗对企业正常经营造成的不利影响。

4.1.3.3 按物流作业环节分类

按物流作业环节分类，可分为运输环节风险、装载搬运环节风险、仓储环节风险、流通加工环节风险、配送环节风险、包装环节风险和物流信息风险。

1. 运输环节风险

运输环节中存在的主要风险有：运输合同主体资信不足、合同条款约定的权利义务不合理、合同履行中未及时检验和移交导致的违约风险；道路交通事故、船舶碰撞损害造成的赔偿风险，包括车辆转卖未过户可能被判承担连带责任的风险；因货物运输、保管不当造成货损、灭失以及货物迟延交付、误交付的违约赔偿风险等。

2. 装载搬运环节风险

货物的装载搬运是物流的重要环节，在此环节中，可能会出现工人主观疏忽或者因使用机器的设备质量问题造成的货物损坏，从而带来货物损坏风险和装卸安全事故风险。

3. 仓储环节风险

仓储环节风险是指物流企业在货物存放、管理、维护中的风险，其主要包括仓储物验收不明的风险，存货人欺诈风险，仓库储存环境不当导致仓储物变质、损毁甚至灭失的风险等。

4. 流通加工环节风险

流通加工环节中主要存在的风险有擅自转包风险，临时雇工人身风险，加工物交接验收不明的风险和物流加工外包欺诈风险等。

5. 配送环节风险

配送环节中主要存在的风险有配送延迟风险，误送赔偿风险，配送货缺损赔偿风险和错发错运风险等。

6. 包装环节风险

包装环节中主要存在的风险有包装条款不明确风险，包装条款履行不当风险，危险货物包装不明的风险，包装检疫检验不合格的风险，包装材料不当造成货物灭损的风险等。

7. 物流信息风险

物流信息环节中主要存在的风险有：存在信息系统故障和操作人员失误等问题，不能及时准确或者无法提供物流信息，造成企业延时配送、错送错发的风险；由于物流企业和多个货主合作，一些货主从自身利益出发，可能会将物流企业的一些运营信息如价格、周期、运输线路等泄露出去，从而给物流企业造成信息泄露风险。

4.1.3.4 按物流风险的来源分类

按物流风险的来源分类，可以分为自然风险、社会风险、政治风险、市场风险、传递性风险和技术风险。

1. 自然风险

自然风险是指由于自然力不规则变动引起的种种现象对物流企业运输、加工、储藏和生命造成损失与损害的风险。如船舶在运输中遭遇台风、海啸，汽车在运输过程中遭遇山洪、泥石流，在储藏过程中遭遇火灾、地震等风险。

2. 社会风险

社会风险是指由于个人或团体的行为，包括过失行为、不当行为及故意行为等，对物流过程造成财产或人员损失的风险。如跨国运输中遭遇海盗等风险。

3. 政治风险

政治风险又称国家风险。如因输入国家发生战争、革命、内乱而中止货物运输的风险,输入国家对输入货物加以限制或禁止输入的风险,本国变更对外贸易相关法律法规使输出货物无法送达输入国从而造成合同无法履行的风险,国家宏观经济政策变动引起物流市场行情波动导致的风险等。

4. 市场风险

市场风险与整个物流市场波动相关,是指未来物流市场的不确定性对物流企业实现其既定目标造成影响的风险。市场风险既来自物流需求客户自身,也来自物流企业之间的竞争。物流需求方行业不景气时,会导致物流需求萎缩;而日益激烈的物流企业之间的竞争,又会加大物流企业的经营风险。

5. 传递性风险

传递性风险是指第三方物流企业通过分包协议将全部风险有效传递给分包商时产生的风险。例如,第三方物流企业与客户签订的协议规定赔偿责任限额为每件500元,但第三方物流企业与分包商签订的协议却规定赔偿责任限额为每件100元,差额部分则由第三方物流企业买单。在这里,第三方物流企业对分包环节造成的货损并没有过错,但依据合同不得不承担差额部分的赔偿责任。目前铁路、民航、邮政普遍服务等公用企业对赔偿责任限额普遍规定较低,因此第三方物流企业选择由公用企业部门分包时将面临不能有效传递的风险。

6. 技术风险

技术风险是指和物流相关的技术开发和技术缺陷等对物流过程造成的风险。

技术开发方虽做出了最大限度的努力,但由于现有的认识水平、技术水平、科学知识及其他条件的限制,仍然发生了无法预见、无法克服的技术困难,导致研究开发全部或部分失败。如近些年来国内外电商和物流巨头都在无人机领域投下重注,但在多年研发后,无人机在物流运输方面仍具有以下风险:容易被黑客操控、入侵,在运输过程中会遭到人为攻击,内在运筹技术不能按照实际情况及时更新运输路线的风险等。

技术缺陷也会对物流过程产生一定的风险。比如生鲜农产品的运输仓储必须有冷链技术作保障,而冷链物流区别于常温物流的一个特征就是其对技术水平的要求非常高。发达省份(江浙沪等地区)因为经济实力雄厚和政府的大力支持,十分重视冷链技术应用,已经形成较完善的冷链物流体系。而有些省份因为缺乏较为先进的冷链技术投入,相应的包装技术也比较落后,需要面临货物发货不及时导致退货率严重的风险、物流运输时间较长客户在收到货品时可能已经腐烂的风险等,这在占据市场形成竞争力方面也极为不利。

物流风险按照不同的标准可以划分为不同的风险类型，每种类型的物流风险都有其对应的具体风险内容。将物流风险具体分类内容及描述汇总为表 4-1。

表 4-1 物流风险分类表

分类标准	风险种类	风险描述
按物流后果的承担者分类	物流企业风险	货物灭损风险、延时配送风险、错发错送风险、环境污染风险、交通肇事风险
	货主企业风险	机密泄露风险、客户关系风险、软条款欺诈风险
	国家风险	物种入侵风险、疾病蔓延风险、环境污染风险、人员失业风险
按物流风险损害的对象分类	财产损失风险	仓库毁坏风险、运输车辆损坏风险、货物被损坏风险
	责任风险	物流运输交通肇事风险、危险品泄漏风险、延时配送和错发漏发风险
	信用风险	担保风险、无法偿还贷款风险
	人身风险	伤残、死亡或丧失劳动能力风险
按物流作业环节分类	运输环节风险	道路交通事故风险、船舶碰撞损害赔偿风险、货物运输保管不当风险
	装载搬运环节风险	货物误交风险、交接时未及时检验通知的风险、装卸货物损害赔偿风险、装卸安全事故赔偿风险
	仓储环节风险	仓储物验收不明的风险、仓储物变质/损毁/灭失风险、存货人欺诈风险
	流通加工环节风险	擅自转包风险、临时雇工人身风险、加工物交接验收不明的风险、物流加工外包欺诈风险
	配送环节风险	配送延迟风险、误送赔偿风险、配送货缺损赔偿风险
	包装环节风险	包装条款不明确风险、包装条款履行不当风险、危险货物包装不明的风险、包装检疫检验不合格的风险
	物流信息风险	信息系统故障导致操作失败的风险、信息服务未及时或无法提供的风险、物流信息泄露造成的风险
按物流风险来源分类	自然风险	火灾/泥石流/台风/地震风险
	社会风险	跨国运输中遭遇海盗的风险
	政治风险	国家战乱风险、外贸规则变更风险
	市场风险	国际经济及贸易导致物流需求波动的风险、金融风险（外汇风险/利率风险/通货膨胀风险）、物流成本上升风险
	传递性风险	第三方需要承担的风险
	技术风险	技术发展无法满足现实需求的风险

4.2 物流风险管理

4.2.1 物流风险管理的概念

物流风险管理是指围绕物流风险管理目标,对物流风险进行识别、评估、风险管理技术选择和风险管理效果评估,从而实现以最小管理成本获得最大安全保障的过程。物流风险管理,不是解决个别风险对物流主体的个别影响,而是要解决物流风险对风险管理主体的整体影响。人们对物流风险的认识日趋完善,既认识到了传统认识中物流风险所带来的负面效应,也认识到了物流风险带来的正面效应,即物流风险带来的机会。所以,物流风险管理应该是现代物流企业全方位的风险管理。

4.2.2 物流风险管理的作用

1. 预防物流风险事故的发生

物流风险事故一旦发生,会导致运输过程中人员伤亡、运输物品损坏等,给物流企业带来一系列的负面影响。而提前进行风险管理,可以控制显性风险发生的可能性,降低隐性风险发生的概率,对风险的发生有明确的估计和概率把控,在一定程度上可以预防物流风险事故的发生。

2. 减少风险事故造成的损失

物流风险事故发生之后,物流企业需要面对人员、财务、信誉和名声的损失,损失程度的大小对物流企业的影响不容小觑。进行物流风险管理,从识别到评估再到控制,可以通过一系列风险管理控制手段提前做好风险发生的准备、降低风险发生的概率,从而帮助物流企业尽量避免损失、减少风险事故造成的损失。

3. 转嫁风险事故造成的损失

物流风险管理的核心在于通过对风险的识别和评价,找到规避和转移风险的方法,从而降低风险事故发生对物流企业的影响程度。一般的物流风险管理措施都会采取互保或者购买物流保险的方式来转移风险,通过确定的风险管理成本来转嫁风险事故造成的损失。

4. 保证风险管理单位的财务稳定

物流风险一旦发生,物流企业应对相关风险时,会出现相应的财务支出。如要对人员伤亡进行补偿,要对所运输货物的上游企业进行货物损失的赔偿,要对下游购买货物的企业进行机会损失的赔偿,还要对其他一系列的危机公关进行资金支付。因此，物流企业一旦遇到物流风险事故，就会造成巨大的财务损失。而在进行风险管理之后，有效识别风险并进行相应的预防和控制，可以减少风险发生的可能性，也能够通过选择适合的风险管理方式减少风险事故发生后的损失，将财务损失降到最低。

5. 营造安全稳定的社会环境

在现代社会中，电子商务和现代物流的发展使得物流几乎与每一个人都建立了或多或少的联系。因此，一旦发生物流风险事故，有可能会引起一连串的连锁风险事件，引起社会公众对现代物流运输业的怀疑和恐慌，不利于现代物流业的进一步发展。而且，一旦在运输过程中发生风险事故，例如运输车辆追尾、爆炸等风险事故，势必会使无辜的人受到伤害，不利于维护安全稳定的社会环境。因此，要建立物流运输安全稳定的社会环境，就必须进行一定程度的风险管理和控制，控制风险事故发生的概率和降低风险事故发生的损失，保证相关利益群体的利益不受到风险事故的影响。

4.2.3　物流风险管理的目标

物流风险管理的基本目标是以最小成本获得最大安全保障。物流风险管理的具体目标可以分为损失发生前目标和损失发生后目标。损失发生前目标是指通过风险管理消除和降低风险发生的可能性，为人们提供较安全的生产、生活环境；损失发生后目标是指通过风险管理在损失出现后及时采取措施，使受损企业的生产迅速恢复，保证物流企业生产经营活动的连续性。在制定物流风险管理目标时，必须根据企业的实际情况，确定企业的风险偏好以及企业对风险的可忍受程度，以保证企业的风险管理目标切实可行。

1. 损失发生前目标

（1）经济目标

物流企业应以最经济的方法预防潜在的损失，即在风险事故实际发生之前，就使整个风险管理计划、方案和措施最经济、最合理，这要求在项目执行之前就要对安全计划、保险以及防损技术的费用进行准确的分析和估计。

（2）安全状况目标

安全状况目标就是将风险控制在可承受的范围内。物流各相关企业应该对职工进行全面的风险管理培训，使其意识到物流风险的危害性，增强他们的安全意识，以便在风险发生时能够做出及时且有效的应对措施，同时应该为职工配备相应的保险以保障其人身安全。

（3）合法性目标

风险管理者必须密切关注与经营相关的各种法律法规，对每一项经营行为、每一份合同都进行合法性的审视,不至于使企业蒙受财务、人才、时间、名誉等的损失,保证企业生产经营活动的合法性。物流各相关企业应当依照法律法规制定符合实际需求的风险管理措施,保证利益相关方免受损失。

(4)履行外界赋予物流企业的责任目标

物流企业要遵守政府法规,使用合乎规定的安全设施以免发生危险,还应根据债权人的要求为贷款的抵押品上保险。

2. 损失发生后的风险管理目标

(1)生存目标

一旦发生风险事件,就会给物流企业造成损失,损失发生后风险管理最基本、最主要的目标就是维持生存。实现这一目标,意味着物流行业从业者要有足够的抗灾救灾能力,能够使企业、个人、家庭乃至整个社会经受得住损失的打击,不至于因自然灾害或意外事故的发生而元气大伤、一蹶不振。

(2)保持物流企业生产经营的连续性目标

物流风险的发生可能会使一部分物流企业中断生产经营,为保证物流企业能够保持持续运营,应该提前做出科学的计划。第一,分析物流各个环节,找到不可中断的最关键环节;第二,分析企业所面临的风险,找到对最关键环节影响最大的最危险事件;第三,制定最危险事件发生后的应对策略,并提前为其准备充足的资金。

(3)收益稳定目标

保持物流企业经营的连续性便能实现收益稳定,从而达到使物流企业保持收益持续增长的目标。稳定的收益意味着物流企业的正常发展,为了达到收益稳定目标,物流企业必须重视风险管理,尽可能地减少风险给企业带来的损失。

(4)社会责任目标

物流企业一旦遭受严重的损失,会形成一系列连锁反应,不仅影响员工、顾客、供货人、债权人等的利益,而且会影响国家税收乃至整个社会的利益。应尽可能减轻物流企业受损对他人和整个社会的不利影响。

物流风险管理目标是物流风险管理的目的。为了实现上述目标,风险管理人员必须辨识风险类别,分析风险对企业造成的影响,并选择适当的应对风险损失的方法和措施,有效管理和防范物流风险。

4.3　物流风险管理的内容

4.3.1　物流风险识别

4.3.1.1　物流风险识别的概念

物流风险识别是指企业为了衡量和处理风险,对物流活动中面临的各种现实和潜在风险进行及时感知、判断和分析的过程,是一个复杂的、连续的、长期的、系统性的工程。这一工作的主要任务是建立一套完整的企业物流风险数据库,将识别出来的各种风险进行完整的归纳和分类,并通过文字加以描述,为下一阶段的物流风险管理工作打下坚实基础。

4.3.1.2　物流风险识别的原则

1. 实时性原则

仓储物流行业的运行节奏较快,同时各环节间的联系较为紧密,一个环节出现风险事故,马上就会影响其他环节乃至整个供应链的运转,可谓牵一发而动全身。这就要求物流行业的风险识别必须具有前瞻性和及时性,对可能出现的风险提前做好识别方案,同时制定可行的方案保证风险识别的迅速性和有效性,从而满足物流风险识别的实时性原则。

2. 系统性原则

在进行风险识别时,要从粗到细,各方面的风险因素和各环节的风险因素都要涉及,逐级细化,从而做到对风险的全面而系统的管理。例如,在进行风险分析时,要兼顾物流企业的外部风险因素(如合作风险、信息风险等)和企业的内部风险因素(如仓储风险、运输风险、配送风险等),从这两个方面入手,逐级细化并进行识别。

3. 经济性原则

在选择风险识别方法与进行风险管理决策时,需要根据物流企业自身的财务状况和企业实力并遵循最优化原则。通过一定的技术手段,选择出经济成本最低、对自身风险管理最有效的决策方案。

4. 重要性原则

物流涉及范围广、环节多,不能没有重点地进行风险管理。因此,在进行风险识别时应该有一定的侧重点。重要性原则涉及两个方面:一是识别重要的风险,重点关注物流过程中最易出现的、造成损失最大的风险;二是确定重要风险对象,对重要性较高、易造成较大损失的环节进行有针对性的管理。

此外,还需要严格界定物流风险的概念,审核各种风险之间的联系,不能盲目确定风险,也不能轻易否定风险,以防给物流企业带来后患。

4.3.1.3 物流风险识别的过程

物流风险识别需要确定和风险相关联的因素,即产生风险的原因、具体的风险事件以及风险表现,在此基础上制定风险管理策略,有效规避物流风险。物流风险识别是一个系统工程,需要经过以下流程。

1. 制订风险管理整体计划

制定风险管理整体计划是风险识别工作开展的整体依据。风险管理整体计划包括物流企业的背景、风险管理目标、风险标准、决策标准和对风险识别的整体要求。

2. 确定风险管理识别的对象和目标

物流企业主要面临内部风险中的战略风险、供应风险、合作风险、信息风险和外部风险中的仓储风险、包装风险、装卸搬运风险、运输风险、配送风险、物流信息处理风险几大风险。但在此基础上,还要进一步细化风险识别,以完成明确的风险管理目标。

3. 制订风险识别计划

选择适合物流企业的风险识别方法,如专家调查法、风险清单法、事故树调查法、问询法等,并根据选择的方法,制定可操作性更强的实施细则。

4. 准备风险识别工具

准备相应的符合物流风险特点的识别工具,如物流风险因素调查表、工作流程图、工作分解结构等。

5. 开展调查

针对各物流环节进行相关的实地调研,进行有效的风险识别以确定风险类别,为物流风险管理提供可靠的依据。

6. 提交识别成果

根据实地调查的结果提供有效的具有针对性的物流企业风险识别报告,为下一步风险管理工作的进行提供事实依据。

4.3.1.4 物流风险识别的方法

风险识别的方法有很多,比如德尔菲法、头脑风暴法、态势分析法等。根据物流风险的特点，本书主要介绍以下两种物流风险识别方法。

1. 流程图法

可以通过流程图法将物流流程中的物流风险因素识别出来。流程图法包括如下两步。

第一步，绘制尽可能完整且详尽的物流流程图，包括从起点到终点的整个可供分析的物流流程。这个流程图里的每一步都是一个独立的环节，要清楚有关这个流程的细节，包括它的目的、如何进行、由谁来进行、可能导致的失误以及可能引起失误的原因。

第二步，分析物流流程图的各个环节并发现控制缺陷、潜在失效环节以及其他的薄弱环节，要特别留意那些不同的部门或组织交接处可能存在的潜在风险。此分析可以识别出那些没有被展示在现有流程中的被遗漏的控制程序，还可以识别出那些被错置的任务和职责，而它们可能导致流程错误或失控。

流程图法对于识别那些与不良执行相关的风险因素特别有效，既可以在损失实际发生之前识别出那些潜在的风险，也可以分析出这些潜在风险对整个物流过程运行产生的影响大小。

2. 决策试验和评价实验室法（DEMATEL 法）

运用决策试验和评价实验室法（DEMATEL 法）对物流风险影响因素之间的关联性进行分析，得出各个风险因素对于物流运作的影响大小，从而筛选出物流风险关键因素。因为物流风险因子之间的关系具有不确定性，需要充分利用专家的经验和知识来处理复杂的物流风险问题，因此用 DEMATEL 法更加合适。

DEMATEL 法的主要内容包括以下几方面。首先，针对一个特定的系统，选定有代表性的专家。然后，将专家聚集在一起，凭借多个专家的知识和经验收集与该系统有关的详细信息，最终确定出系统中所包含的所有要素。最后，利用收集的信息，识别要素之间的关联信息，通过一定的方法对系统进行全面的分析。

下面给出该方法的实施步骤。

①聚集多个专家，利用多个专家的经验收集有关系统的全部信息，明确系统中总共含有 n 个要素，记为 $m_1, m_2, \cdots, m_n$。

②利用专家的知识和经验全面分析系统中 n 个要素之间的直接影响程度。

③构建初始化直接影响矩阵 $\boldsymbol{X}$。让专家通过自己的经验和知识来确定系统中各要素之间的直接影响程度，从而得到一个 n 阶的初始化直接影响矩阵 $\boldsymbol{X}=(x_{ij})_{mn}$，其中，$x_{ij}$ 为要素 m_i 对要素 m_j 的直接影响程度。

④构建规范化直接影响矩阵。对初始化直接影响矩阵进行规范化处理，得到规

范化直接影响矩阵 $\boldsymbol{Y}$，$\boldsymbol{Y}=(y_{ij})_{mn}$。其中，$\boldsymbol{Y}$ 由公式(4.1)得到：

$$\boldsymbol{Y}=\frac{\boldsymbol{X}}{r} \tag{4.1}$$

式中，$r=\max\left(\sum_{j=1}^{n}x_{ij}\right)(i=1,2,\cdots,n)$。DEMATEL 法要求至少存在一个 i 使得 $\sum_{j=1}^{n}x_{ij}<r$ 成立。因此，可以得到矩阵 $\boldsymbol{Y}$ 的如下两个性质：$\lim_{n\to\infty}\boldsymbol{Y}^{n}=\boldsymbol{O}$；$\lim_{n\to\infty}(\boldsymbol{I}+\boldsymbol{Y}+\boldsymbol{Y}^{2}+\cdots+\boldsymbol{Y}^{n})=(1-\boldsymbol{Y})^{-1}$。其中，$\boldsymbol{O}$ 为零矩阵，$\boldsymbol{I}$ 为恒等矩阵。

⑤计算综合影响矩阵。综合影响矩阵 $\boldsymbol{H}$ 可由公式(4.2)得到：

$$\boldsymbol{H}=\lim_{n\to\infty}(\boldsymbol{I}+\boldsymbol{Y}+\boldsymbol{Y}^{2}+\cdots+\boldsymbol{Y}^{n})=\boldsymbol{Y}(1-\boldsymbol{Y})^{-1} \tag{4.2}$$

⑥分析影响因素。综合影响矩阵 $\boldsymbol{H}$ 中的元素 h_{ij} 表示要素 m_i 对要素 m_j 的综合影响程度，包括直接影响程度和间接影响程度。

利用公式(4.3)集结综合影响矩阵 $\boldsymbol{H}$ 中每行的元素得到 D_i。

$$D_i=\sum_{j=1}^{n}h_{ij}(i=1,2,\cdots,n) \tag{4.3}$$

式中，D_i 表示要素 m_i 对所有其他要素的综合影响值，称为要素 m_i 的影响度。

利用公式(4.4)集结综合影响矩阵 $\boldsymbol{H}$ 中每列的元素得到 T_i。

$$T_i=\sum_{j=1}^{n}h_{ij}(i=1,2,\cdots,n) \tag{4.4}$$

式中，T_i 表示要素 m_i 受所有其他要素的综合影响值，称为要素 m_i 的被影响度。

⑦构建因果图。计算每个因素的中心度 p_i，p_i 由公式(4.5)得到：

$$p_i=D_i+T_i(i=1,2,\cdots,n) \tag{4.5}$$

中心度 p_i 是要素 m_i 对所有其他要素的综合影响值与要素 m_i 受所有其他要素的综合影响值之和，表明了要素 m_i 在系统中所起的作用的大小，中心度 p_i 越大，说明要素 m_i 在系统中的重要程度越高。

计算每要素的原因度 r_i，r_i 由公式(4.6)得到：

$$r_i=D_i-T_i(i=1,2,\cdots,n) \tag{4.6}$$

若原因度 $r_i>0$，说明要素 m_i 易影响其他的要素，为原因要素；若原因度 $r_i<0$，说明要素 m_i 易受其他要素的影响，为结果要素。

因此，以 $D+T$ 为横轴，以 $D-T$ 为纵轴构建因果关系图，可以更直观地确定每个因素的中心度 p_i 和原因度 r_i，根据中心度可以识别系统中的核心要素，根据原因度可以明确要素中的原因要素和结果要素。

除以上两种方法以外，物流企业还可以通过风险管理者向企业各级各类员工征询意见，汇集整理后发现并确定可能出现的风险；通过观察同行企业的物流风险，总结引发风险的一些规律并利用规律进行风险识别；分析企业出现风险后的索赔记录历史，识别企业经济活动中的隐性风险。

实际物流活动中，有多种识别风险的方法，需要物流企业根据自己的实际情况以及每种风险识别方法的特点，找到适合本企业的风险识别方法。企业在有效识别物流风险后，还需要把识别的风险进行整理、归纳、分类，方便企业风险管理部门对这些风险进行有效评估。

4.3.2　物流风险评估

4.3.2.1　物流风险评估的概念

物流风险评估，是指在物流风险识别的基础上，通过对所收集到的大量详细资料进行分析，运用概率和数理统计的方法估计和预测事故发生的可能性或概率（频率）以及事故发生后可能造成损失的严重程度，确定其危险性，并根据国家规定的指标或行业公认的指标衡量风险的水平，确定风险是否需要处理以及处理程度的风险管理程序。物流风险评估内容包括物流风险事故发生的可能性、事故的严重程度、危险值确定、风险分级等。

4.3.2.2　物流风险评估的原则

对物流风险进行评估应该遵循以下原则。

1. 整体性原则

随着物流各个环节之间的协作与整合加强，对于物流的风险评估应该基于整个供应链来进行，即在反映运输、仓储、流通、配送等各个环节存在的风险状况的同时，也要反映整个物流系统所面临的风险状况。

2. 科学性与可比性原则

物流风险的评估过程要以科学的理论为依据，选择能够实事求是反映物流过程情况的相关指标构建评价体系，从而使物流企业能够进行横向和纵向的比较，发现自身的优势与不足，并加强对风险的防范和控制，使企业、物流行业稳定发展。

3. 实用性与经济性原则

设计物流风险评估体系要思路清晰，评估指标和评估方法要简洁精练且具有可操作性，能够在结合物流企业、委托企业、运输商品特点的基础上进行分析与评估，从而得出客观合理的评估结果。同时,物流风险评估体系也不能太过复杂,避免过多的数据采集导致成本过高、过程过于复杂。

4. 定性与定量相结合的原则

由于物流风险涉及物流行业外部经营环境和企业自身条件的多种确定和不确定因素,在很多情况下,难以精确掌握足够的数据信息,也难以量化处理,使得定性分析的结果不够明确、较为主观。因此,应该使用定性分析与定量分析相结合的方法对物流风险进行科学合理的评价。定性分析法是风险评估人员通过文字描述物流风险的大小以及对物流企业的影响程度的方法,定量分析法是用具体数据描述风险发生的概率以及对物流企业造成的损失的方法。

4.3.2.3 物流风险评估的过程

对物流项目进行风险评估一般可分为三步。

1. 确定项目整体风险水平

项目的整体风险水平是综合分析所有的个别风险后确定的。对项目进行整体风险水平的确定,需要对影响项目开展的各因素进行分析,再根据前面风险识别的结果,弄清各种风险之间的关系、相互作用以及它们对项目的影响程度和后果,即从风险的可预见性、发生概率和后果预测三个方面对项目风险的影响因素进行全面、多层次的分析。根据项目的要求和特点,选择合适的方法进行评估,能够保证评估结果的准确性。

2. 确定项目的风险评价基准

项目的风险评价基准就是物流企业针对每一种风险后果确定的可接受水平。单个风险和整体风险都要确定评价基准,可分别称为单个评价基准和整体评价基准。风险的可接受水平可以是绝对的,也可以是相对的,视风险的来源和项目的具体情况而定。大多数情况下,进行项目风险评估时,只要评估结果达到了事先设定的基准,就可以认为项目风险在可接受的范围内。项目基准的确定要与项目开展的目标紧密联系,项目开展的目标多种多样,这些目标一般与物流企业开展项目时的时间、地点以及项目开展的背景有关。一般情况下,这些目标都是可以进行定量计算的,因此可以根据这些目标来确定风险评价基准。

3. 对重要的单个风险进行分析

对物流企业开展项目的整体风险进行综合评估后,如果项目的整体风险小于或等于整体评价基准时,风险水平在可接受范围内,则该项目可以按计划进行。为了更进一步的把握项目的风险,可以对项目核心目标所涉及的单个因素风险进行分析。

4.3.2.4　物流风险评估的方法

物流风险评估可以采取定量分析和定性分析的方法。定性物流风险分析法是根据专家对风险打分、主观臆测等手段，区分风险的严重程度并做出相应的对策。定量物流风险分析法是通过模糊综合评价、反向传播（Back Propagation，BP）神经网络评价等方法，评判物流风险发生的概率，用具体数值表现物流风险大小和物流企业遭受损失的严重程度。不同的评价方法对应的评价指标不同，其实用性和优缺点的比较难度很大。本书主要介绍模糊综合评价、BP 神经网络评价两种定性分析方法。

1. 模糊综合评价法

模糊综合评价法是一种基于模糊数学隶属度理论将定性评价转化为定量评价的综合评价方法，即用模糊数学对受到多种因素制约的事物或对象做出一个总体的评价。该方法具有结果清晰、系统性强的特点，适用于解决各种难以量化的非确定性问题。具体的操作步骤如下。

（1）建立层次结构模型，构造因素集、评语集和决策值集

通常利用头脑风暴、德尔菲法等方法确定若干个一级物流风险评价指标以及其下属的二级物流风险评价指标，并提前对评价结果进行分级。

（2）构建判断矩阵

根据上文中确定的评价指标构建判断矩阵，组织专家两两比较各个二级物流风险评价指标对与其对应的一级物流风险评价指标的重要程度并打分。

（3）一致性检验

根据上文中的判断矩阵可得到特征矩阵，求出其最大特征值和特征向量作为风险因素的权重向量，可反复迭代，直到运算结果达成一致，即通过一致性检验。

（4）灰色关联分析

组织专家对由特征矩阵的特征向量构成的待检验数据特征矩阵和由专家打分的结果构成的风险特征矩阵进行关联度计算。

模糊综合评价法基于矩阵法对人们的思维过程进行了加工整理，提出了一套系统分析问题的方法，为物流风险评价提供了理论方面较有说服力的依据。但是该方法受主观因素的影响很大，最多只能排除思维过程中的严重非一致性，却无法排除决策者个人可能存在的严重片面性。此外，其比较、判断过程较为粗糙，不能用于精度要求较高的决策问题，虽然可以得到绩效评估的排序，但无法做到分类。

2. BP 神经网络评价法

BP 神经网络评价法基于 BP 神经网络的多指标综合评价方法。BP 神经网络是

模仿人脑结构及信息处理系统，通过神经网络的自学习、自适应能力和强容错性，建立更加接近人类思维模式的定性和定量相结合的物流风险评价模型。BP 神经网络示意图如图 4-1 所示。

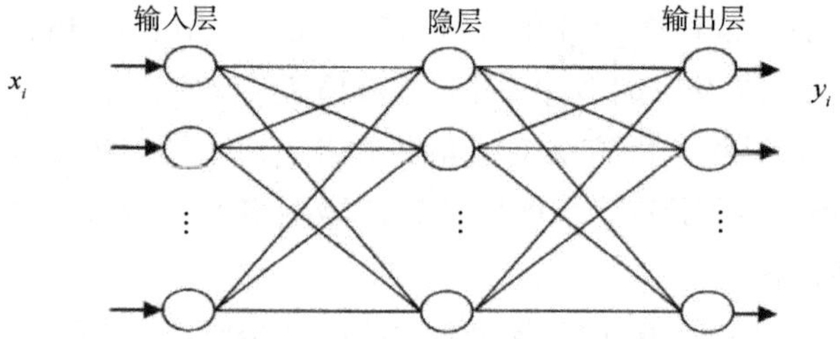

图 4-1　BP 神经网络示意图

具体的 BP 神经网络模型构建步骤如下。

①构建物流风险指标评价体系。通常利用头脑风暴、德尔菲法等方法构建若干个一级物流风险评价指标以及其下属的二级物流风险评价指标。

② BP 神经网络模型设计和训练。

步骤一：BP 神经网络模型设计，确定输入节点、输出节点、隐含节点。

步骤二：对神经网络模型进行训练。

训练好的神经网络把专家的评价思想以连接权的方式赋予网络上，这样该网络不仅可以模拟专家进行定量评价，而且通过实例学习有效避免了评价过程中人为计取权重和相关系数的主观影响和不确定性。BP 神经网络评价法具有运算速度快、问题求解效率高、自学习能力强、适应面宽等优点，能够较好地模拟评价专家进行综合评价的过程。

3. 其他方法

除了上面提到的模糊综合评价法和 BP 神经网络评价法，还有很多其他方法可以用来进行物流风险的评估，比如主观臆测法、敏感性分析法、事故树分析法、决策树法、风险坐标法和统计推论法等。

4.3.3　物流风险管理技术

物流风险管理技术又称风险管理方法，是指风险管理者在风险分析的基础上，为物流作业过程中面临的问题寻求有效工具来解决或者规避的风险管理程序，是物流企业风险管理的指导方针和行动指南。

物流风险管理方法实施中，根据物流企业的风险偏好、风险承受能力和风险管理目标，选择有效的风险控制、风险规避、风险转移等相关对策，并确定物流风险管理中需要的人、财、物等生产要素的规模和比例。

物流风险管理方法一般分为控制法和财务法两种。控制法是指在损失发生之前使用各种控制工具，力求消除各种隐患，回避或者减少风险发生，将损失的严重后果减少到最低程度的相关方法。财务法是指在物流风险事件发生前，事先做好物流风险成本的财务安排以降低风险成本；在物流风险事件发生后已经造成损失时，运用财务工具对损失的后果给予及时补偿，促使物流企业尽快走出风险阴影的相关方法。

4.3.3.1 控制型风险管理技术

1. 风险预防

物流企业需要提高物流信息分析能力以预防风险，可借助其他领域先进的信息化技术对影响物流运营的潜在风险进行预测。比如，借助卫星技术对自然灾害进行监控和预警，及时预防和规避运输途中由客观因素造成的公共风险。

物流企业要时刻关注国家物流产业政策、发展规划和投资需求等方面的信息，积极研究各项政策的概念和意义，这样做既有助于企业制定正确的发展战略，又有利于其根据政策变动及时调整经营战略，有效预防物流风险。

加强行业整体的物流信息网络建设是当前物流行业持续蓬勃发展的关键环节。物流行业是以信息化为支撑的新兴产业。一般来说，信息手段越健全，信息反馈越充分，对不确定因素的预防性就越强，信息处理能力也越强，物流管理所面临的风险就越小。但目前我国民营物流企业还比较落后，物流信息分析能力较弱，企业经营决策更多依赖于企业家的主观判断和个人能力，因此迫切需要提高物流企业信息化水平，制定物流风险控制预案，降低风险。

同时，在考虑对应的物流风险控制预案的过程中，物流企业要正确评估物流风险管理技术的实施效果以及成本效益，选择能够使剩余风险处于期望的风险容限以内的应对方案措施，全面识别所有可能存在的机会，从主体范围或组合的角度去认识风险，从而确定总体剩余风险是否在主体的风险容量之内。

2. 风险控制

物流企业通过创新物流风险管理机制来控制风险。通过分析风险因素，物流企业可结合先进的科学技术，建立物流风险评价系统、决策分析系统、异常报警系统，实施有效的物流服务跟踪监控，建立动态物流安全管控监测与分析机制，减少物流服务的离散性、偶然性、随机性，从制度上引领物流企业走向规范化、流程化、标准化，从而控制风险发生的概率。

物流企业要做好项目的前期调研论证工作，特别是市场调研和法律论证，保证项目在经济和法律上都是可行的、有保证的；与客户签订明确的、有利的合同，尽可能考虑到所有可能发生的风险，使合同条款尽量对物流公司有利；通过签订合理的合同，分摊、降低或者避免风险。

物流企业要加强内部的人员管理，规范作业流程，明确岗位责任制，培养识别、评估、检测和控制风险的能力，将风险管理贯穿物流经营活动的每一个环节，建立健全考核机制，增强员工的工作责任感，从而降低风险发生的概率。

物流企业要加强对客户的信用管理，只为信誉高的客户提供物流金融服务，及时收清有关的物流费用，防止出现拖欠的情况，从而有效地控制物流运营中的财务风险。

4.3.3.2 财务型风险管理技术

财务型风险管理技术是以提供基金的方式，降低发生损失的成本，即通过事故发生后所做的财务安排，来解除事故给人们造成的经济困难和精神忧虑，为恢复企业生产、维持正常生活等提供财务支持。财务型风险管理技术分为风险转嫁和风险自留两种。

1. 风险转嫁

风险转嫁是指一些单位或个人为避免承担风险损失，而有意识地将损失或与损失有关的财务后果转嫁给另一些单位或个人去承担的一种风险管理方式。风险转嫁又有财务型非保险转移和财务型保险转移两种方法。

（1）财务型非保险转移

财务型非保险转移是指受补偿的人将物流风险导致损失的财务负担转移给补偿的人（其中保险人除外）的一种风险管理技术。财务型非保险转移有中和、免责约定和保证合同三种主要方法。

中和是将损失机会与获利机会平衡的一种方法，是投机风险的主要处理对策。由于纯粹风险并无获利机会，故无法运用。

免责约定是指合同的一方通过合同条款的拟定与变更，将合同中发生的第三者人身伤亡和财产损失的责任转移给另一方去承担。通常在物流相关服务合同中，可通过免责约定来转移风险。

保证合同是指由保证人对被保证人因为其行为的不忠实或不履行契约义务所致权利人的损失予以赔偿的契约。

(2)财务型保险转移

财务型保险转移是指单位或个人通过订立保险合同,将其面临的财产风险、人身风险和责任风险等转嫁给保险人的一种风险管理技术。投保人交纳保费,将风险转嫁给保险人,保险人则在合同规定的范围内承担补偿或给付责任。应用到物流保险方面,即构建物流运营战略联盟转嫁风险。

物流企业要积极与保险机构组成战略联盟,通过双方的协作,形成双赢局面。作为应用范围最广泛、转移效果最显著的物流风险管理技术,物流保险备受物流企业的青睐。通过购买保险,物流企业可以以固定的成本支出把经营中的风险转嫁给保险公司,从而将物流企业和其服务的所有客户在经营过程中的风险降到最低,并有效地弥补物流企业的损失,以提高其收入,增强竞争优势。

然而,由于受到我国物流业起步较晚、物流业本身的不规范运营和经营者的陈旧观念等因素的影响,物流保险还未广泛地被物流行业接受和推行。而且现有的险种发展缓慢,只有财产保险和货物运输保险这两种仅针对单个环节的物流保险为物流企业普遍接受。因此,在今后的合作中,物流企业和保险公司双方都要秉承利益共享、风险共担的原则,优势互补,互惠互利。保险机构要改进服务方式和手段,开展面向物流企业的产品和服务创新,开发针对现代物流的一体化物流保险解决方案,从而推动物流保险市场的快速发展。

2. 风险自留

风险自留也称为风险承担,是指企业自己非理性或理性的主动承担风险,即一个企业以其内部的资源来弥补损失。风险自留一般只针对发生概率比较低、造成损失比较小的物流风险。

作为物流企业风险管理的最后一道防线,风险自留又可以分为非理性或理性的主动承担风险。其中,非理性的主动承担风险是指对损失发生存在侥幸心理或对潜在损失程度估计不足使物流企业陷于风险中;理性的主动承担风险是指经正确分析,认为潜在损失在企业的承受范围内,而且自己承担全部或部分损失比购买保险更经济合算。

物流企业选择风险自留时,需要一定的资金作为后盾。除了企业现有收入,企业可以通过建立风险自留保障基金筹集资金,或者通过外部借款获取资金。但是,通过风险自留基金去承担风险,这种做法最大的弊端在于:首先,物流风险并没有得到实质性的转嫁;其次,影响物流企业资金的运营与流动,不利于企业的健康发展;最后,一旦发生重大损失,会对企业产生巨大并且直接影响当年的经营数据的打击。而外部借款会加重企业的财务压力。

因此,选择风险自留的关键在于能否准确评判物流风险的大小,是否在企业可以承担的风险范围之内。

4.3.4 物流风险管理效果评估

4.3.4.1 物流风险管理效果评估的概念

物流风险管理效果评估是指物流风险主体在实施风险管理方案后的一段时间内,由物流风险管理部门对风险主体相关部门进行回访,考察物流风险主体实施风险管理方案后管理水平、经济效益的变化,并对物流风险管理全过程进行系统、客观分析的工作程序。通过对物流风险管理活动实践的检查总结,评估物流风险管理问题的准确性,检查物流风险处理对策的针对性,分析物流风险管理结果的有效性;通过分析评估找出成败的原因,总结经验教训,提高物流风险管理的水平;通过及时有效的信息反馈,为未来物流风险管理决策和提高风险管理水平提出建议。

4.3.4.2 物流风险管理效果评估的基本过程

1. 制订物流风险管理效果评估计划

制订物流风险管理决策效果评估计划是物流风险管理效果评估的首要任务。物流风险管理效果评估的单位可以是国家有关管理部门、风险主体的风险管理部门、保险公司等组织。物流风险管理效果评估单位应当根据风险单位的具体特点,确定物流风险管理效果评估的对象、范围、目标和方法,据此制订物流风险管理评估计划,评估计划应该能够较好地反映风险管理单位的管理绩效。

2. 搜集与整理有关资料

物流风险管理效果评估单位根据风险管理效果评估计划搜集有关资料,根据资料评估风险管理的效果。风险的特点决定了风险管理的效果在短期内是难以考察、评估的,需要长期的观察和大量的风险管理资料的支持。其中,需要搜集的资料包括以下几个方面。

(1)物流风险管理的有关资料

物流风险管理的有关资料主要包括风险管理意见书、风险管理措施的可行性报告、风险评估报告、设立风险管理设施的成本核算以及其他相关合同文件。

(2)物流风险管理措施实施后的有关资料

物流风险管理措施实施后的有关资料主要包括风险管理措施施行后的运行状况、风险管理决策的成本、风险管理决策的收益状况等。这些信息可以从物流风险管理决策实施前后发生的风险概率及以此为依据计算出的技术指标对比中获得。若发现风险事故的发生呈现上升趋势,则应分析产生问题的原因,对以往的风险管理效果做出评估并提出调整建议。

(3)国家有关政策与规定方面的资料

相关物流政策规定资料主要包括与物流风险和管理相关的国家政策、法规以及相关行业标准等。需要注意的是,在国际物流运送中,通常还要考虑相关国的法规政策。且由于双方语言、文化等可能存在不同,对外国的相关法规及政策更需要进行谨慎分析。

(4)有关部门制定的风险管理效果评估的方法

物流风险管理效果评估不仅需要充足的数据材料作支撑,还需选取合适的风险评估方法。选取评估方法时既要符合风险管理单位的具体情况,又要兼顾物流活动的自身特性,同时还不可偏离物流企业的风险管理目标。

(5)其他有关资料

根据物流活动的特性,有时还需要搜集其他资料进行补充。如海上运输和航空运输是不同的物流方式,其面对的物流风险也不同。因此,需要搜集跟物流企业运营特点相关的资料,为风险管理效果评估提供参考。

3. 编制物流风险管理效果评估报告

评估报告是物流风险管理效果评估的最终成果。物流风险管理效果的评估人员应当根据国家有关部门制定的评估格式,将风险管理效果分析汇总,编制出物流风险管理效果评估报告并提交给委托单位和被评估的单位。物流风险管理效果评估的编制必须坚持客观、公正和科学的原则,其主要工作内容包括比较分析和总结反馈两部分。

(1)比较分析

利用统计结果和相关的前期或历史数据相对比,若统计结果更优,说明此次物流项目风险管理实施效果较好,反之则欠佳,需要对其进行分析调整,以免在未来造成损失。

(2)总结、反馈

将效果评估中存在的问题反馈给物流风险管理决策人员,为修改、调整风险管理计划提出科学可靠、富有建设性的意见。

对于物流风险管理效果的评估,应重点考虑物流风险管理技术的影响范围及有效性,风险管理手段是否具有科学性;管理方式在实际操作中是否可执行,执行情况是否达到了理想目标,执行后风险水平是否得到有效的改善。物流风险管理技术效果的评估方法选择应视具体的管理手段而定。

4.3.4.3 物流风险管理效果评估的内容

物流风险管理效果评估的内容可以从物流风险管理决策效果、技术效果、社会效益效果、经济效益效果、方案实施情况效果等方面展开，但不限于以下效果评估的内容，可根据实际情况进行物流风险管理效果的评估。

1. 物流风险管理决策效果评估

物流风险管理决策效果评估是评估风险主体所面临的风险状况和风险管理决策执行的实际情况，验证风险管理前的风险预测和对风险主体风险抵御能力的分析是否正确，风险管理决策的实施是否减少了风险事故，或者降低了风险事故引发的损失，评估风险管理决策是否符合风险主体发展的需要。

2. 物流风险处理技术效果评估

物流风险处理技术效果评估是通过风险处理方案实际执行后的经济技术参数与执行前预测的数据对照比较，使风险主体进一步了解风险处理方案的实施情况，找出存在的差距，检验物流风险处理方案设计的合理程度，为新风险处理方案的评审提供依据。

3. 物流风险管理社会效益效果评估

物流风险管理社会效益效果评估是分析风险主体的风险管理对社会发展目标影响和贡献的一种方法，包括环境影响评估、经济影响评估等多方面的综合评估分析。

4. 物流风险管理经济效益效果评估

物流风险管理经济效益效果评估是对实施风险处理方案后风险主体的实际财务状况进行再评估，并与风险处理方案实施前进行指标对比，分析偏差原因，提出改进措施，为今后风险管理决策提供切实可行的参考资料。

5. 物流风险管理方案实施情况效果评估

物流风险管理方案的实施情况，直接影响风险决策的效果。物流风险管理实施中出现的任何偏差，都可能导致风险决策管理的失败。物流风险管理方案实施情况效果评估主要是评估风险管理各环节工作的实际成绩，总结各环节的经验教训，找出每个阶段的工作对实际风险管理效益与预防风险管理效益的偏差程度。

4.4　物流保险

4.4.1　物流保险的概念

从宏观上来讲,物流保险是一切与物流活动相关联的保险。把这一概念与物流概念相结合,可得出物流保险的真实概念:物品从供应地到接受地的实体流动过程中对财产、货物运输、机器损坏、车辆及其他运输工具安全、人身安全保证、雇员忠诚保证等一系列与物流活动发生关联的保险内容,其中包括可预见的和不可预见的自然灾害。

物流保险是一种可以伴随物流行业发展而发展并能够持续保障物流行业抵抗风险的产品和服务。该保险主要是为了转移物流环节可能会遇到的风险以及风险可能会造成的损失,以保证物流的运行和被保险人的利益不受损失。目前,物流保险可分为物流货物保险、物流工具保险、物流责任保险等险种。

4.4.2　物流保险的特性

物流保险除了具有保险的共有特性,还具有一些不同于其他保险的特性。

1. 保险责任的连贯性

物流是一个系统的概念,它要求在原有相对成熟的功能要素的基础上,在适合的时间,把适合的货物,按适合的数量,以适合的方式运到适合的地点,为客户提供最优的物流服务。而物流风险管理涵盖运输、仓储、包装、配送、装卸、流通加工、信息等多个环节,因此物流风险的保险期间和保险区间相较于其他行业的风险来说都更为漫长。虽然物流活动由若干环节构成,但保险责任却不受限于某个单一的物流环节,而是贯穿整个物流过程,具有一定的连贯性。

2. 承保风险的多样性

现代物流远远超越了传统运输与仓储的服务范畴,它不仅为客户提供仓储和运输服务,还提供诸如配送、流通加工等增值服务,并为客户提供优化的物流系统设计等。各种无法预测的自然灾害、意外事故和经营管理的疏忽,都有可能造成物流企业的重大损失。物流保险不仅承担财产和利益上的风险,还承担责任方面的风险;不仅承担物流运作方面的风险,还要承担自然灾害风险;不仅承担动态风险,还承担静态风险等。物流保险承保风险种类之多、范围之广是其他险种无法比拟的。

3. 损失责任的连带性

物流业虽属于服务性行业,但它也有产品,物品的运输与配送服务就是它的产品。在提供产品的过程中,一旦发生意外,不仅损失物流产品本身,还会给物流的服务对象造成影响。例如,在物流的运输环节发生事故,不仅使物流的生产不能正常进行(物流本身的产品受损),还会使物流的服务对象即货主的货物受到损害,而这种损害产生的费用往往远远大于物流产品本身的价值。

4. 保障对象的不确定性

与其他保险相同,物流保险中与保险公司签订保险合同的人是固定的,但物流保险的保障对象却经常发生变化。如在货物的远洋运输过程中,货物所有人将货物托运给承运人后,就失去了对货物的控制与管理,在这种情况下,货物保险单随着保险标的的转移而转移,相应地保险保障的对象也随之发生变化。

4.4.3 物流保险的分类

仓储环节保险、运输环节保险以及承运人责任保险构成传统物流领域"三足鼎立"的保险格局。随着现代物流业务的发展,物流服务理念呈现综合性一体化的特征,传统货物财产保险逐渐暴露出不足:第一,物流各环节的保险被分解,不符合现代物流功能整合的理念,换言之,运输、仓储等单个环节被整合成为一个概念即物流,而相应的各个险种并未被整合为统一的产品即物流保险;第二,传统货物保险体系不能将物流活动的各个环节有效覆盖,在物流过程中存在保险真空;第三,传统保险的条款设计、费率制定、风险管理等制度安排不能适应现代物流的发展需要。鉴于此,我国一些保险公司在数年前就开始探讨个性化的现代物流保险方案,这些方案的推出使保险业能够为现代化物流提供更好的服务,并对现代化物流保险的设计做了有益尝试。

2004 年中国人民财产保险股份有限公司率先提出了《物流货物保险条款》和《物流责任保险条款》,这两个物流保险条款对于我国物流保险的发展具有重要意义,开创了我国物流保险的发展方向。随后,中国太平洋财产保险股份有限公司等保险公司也纷纷推出了相关的物流货物保险和物流责任保险条款。目前,物流保险险种主要分为以下几类。

4.4.3.1 物流货物保险

物流货物保险是指以物流企业的物流货物为承保标的的保险。保险中的物流货物是指被保险人进行物流的物品,即凡以物流方式流动的货物均可作为物流货物保险的保险标的。但是，不包括枪支弹药、爆炸物品、现钞、有价证券、票据、文件、档案、账册、图纸等。金银、珠宝、钻石、玉器、贵重金属、古玩、古币、古书、古画、艺术作品、邮票等，此类物品需事先申报，经保险人认可并明确保险价值后亦可作为特约保险标的进行投保。

保险公司推出的物流货物保险主要针对企业物流，严格定义属于第一方物流，也就是从供方的物流角度出发来设计的。从法律关系来看，物流货物的所有权仅属于被保险人，所以物流货物保险应该归类于财产保险。其所承担的风险，既有不可抗力因素，也有各种过错疏忽因素，目的是代替原来单票式的零散货物运输保险，或者零散的仓储财产保险。

按照物流过程分类，物流货物保险可以分为物流仓储保险和货物运输保险。

1. 物流仓储保险

（1）物流仓储保险的概念

物流仓储保险是指主要承保火灾以及其他自然灾害和意外事故造成的仓储货物及仓储设备和设施损害的保险。企业在投保时，仓储保险主要涉及仓储货物、仓储基础设施、仓储设备等的财产保险。

（2）物流仓储保险的分类

物流仓储保险的保险标的，主要包括物流企业或其他企业处于仓储过程中的货物。凡是归投保人所有，或者代他人保管，或与他人共有或由他人共有而由投保人负责的物资，只要处于仓储状态，都可以列入投保范围。

从财产保险角度来讲，物流仓储保险可以分为以下两类。

①针对可保货物以及仓储基础设施、设备的保险。这类保险可以用会计科目来衡量，如固定资产、流动资产等，或者用企业财产项目类别反映，如房屋、建筑、仓储设备等。

②针对特约可保货物的保险。这类货物可以分为两类：一类是无须加贴条款或者增加保险费用的情况下可以特约承保的货物，这类货物市场价格变化较大，或者受某些风险影响较小，比如金银珠宝、古玩等，这些物品在投保仓储货物保险时保险人应该与投保人实现约定保险标的的价值，并查明标的物确实存在；另一类是必须用特约条款并增收保险费方可承保的货物，主要是为了满足仓储作业的特殊需求，如仓储外的基础设备等，保险人在接受仓储货物投保时，对于仓储基础设施、设备，应该考虑到其风险与仓储货物的风险不同，要区别对待。

2. 货物运输保险

(1)货物运输保险的概念

货物运输保险是以运输过程中的货物作为保险标的的保险。它主要承保在运输过程中,由各种自然灾害或意外事故造成的货物的损失。

(2)货物运输保险的特点

由于货物运输保险的保险标的是处于运输过程中的货物,而不同的货物具有不同的性质,从而其承保责任、致损因素以及涉及赔偿的处理都各不相同,因此货物运输保险与其他财产保险相比,有其自身的特点。

1)保险标的的流动性

货物运输保险的保险对象,运输中的各种货物,存在流动过程中的风险。这一特点决定了货物运输保险的保险标的较其他财产的风险大,也使得其风险很难为保险人所控制。

2)货物运输保险一般采用定值保险

如前所述,货物运输保险的保险标的是处于流动过程中的,而同一货物在不同地方的市场价格可能不一致,为避免发生保险事故后不同地点出现价格差异的现象,货物运输保险一般在签订保险合同时就事先约定其保险价值,而不是以发生事故时的保险标的的市场价值来确定保险价值。同时,其保险金额一般也与事先约定的保险价值一致。这样,当发生损失时,不再考虑出险时货物的实际价值,而是根据约定价值按货物的损失程度计算赔款。

3)被保险人的复杂性

由于经济贸易的需要,按照惯例,货物运输保险单可经被保险人同意,保险权益随物权单据货运提单的转让而随之转移,这在其他财产保险中是非常少见的。

4)保险合同的可转让性

货物运输保险的保险合同通常随着保险标的、保险利益的转移而转移,无须通知保险人,也无须征得保险人的同意。保险单可以以背书或其他习惯方式转让。

5)保险利益的特殊性

运输物流的特殊性决定了货物运输保险通常采用"不论灭失与否条款",即投保人事先不知情,也没有任何隐瞒,即使在保险合同订立之前或订立之时,保险标的已经灭失,事后发现承保风险造成保险标的的灭失,保险人也同样给予赔偿。

6)合同解除的严格性

货物运输保险属于航次保险,《中华人民共和国保险法》《中华人民共和国海商法》规定,货物运输保险从保险责任开始后,合同当事人不得解除合同。

(3)货物运输保险的分类

货物运输保险的种类及险种由于可能涉及不同惯例和不同的司法法律,根据货物运输所涉及的区域范围,我国的货物运输保险一般分为国内货物运输保险和国际货物运输保险。前者承保的货物一般只在境内领域,而后者承保的货物一般涉及我国境内领域以外的其他区域。

1)国内货物运输保险

国内货物运输保险,是以国内运输线上的各种货物为保险标的的保险,是财产保险的一部分。国内货物运输保险一般根据运输工具的不同,分为国内水路货物运输保险、国内铁路货物运输保险、国内公路货物运输保险、国内航空货物运输保险和鲜/活/易腐货物运输保险等险种。

国内水路货物运输保险主要承保通过沿海、内河水路运输的货物,根据保险责任范围的不同,可分基本险和综合险两个险别。基本险承保在运输过程中因自然灾害和意外事故遭受的损失。综合险除承保基本保险责任外,还承保因包装、盗窃造成的损失。

国内铁路货物运输保险和国内公路货物运输保险分别承保国内经铁路、公路运输的货物,同样可分为基本险和综合险两个险别。基本险的保障范围为自然灾害或者意外事故造成的损失。综合险的责任范围除基本险外,还承保因包装、偷盗、提货不着等造成的损失。

国内航空货物运输保险主要承保国内经航空运输的货物。

此外,一些保险公司针对物流企业可能采用多种运输方式运送货物,专门开办了物流货物运输保险,可承保多种运输工具联合运输的货物。

2)国际货物运输保险

国际货物运输保险主要分为海洋货物运输保险、陆上货物运输保险、航空货物运输保险和邮递包裹运输保险四类,每种运输方式根据保险责任的不同有不同的险别。

海洋货物运输保险是指以海上运输的货物作为保险标的的保险,承保进出口货物在海洋运输中遭受意外而发生的损失,其具体内容主要有主险、附加险。主险有平安险、水渍险和一切险。附加险是在主险的基础上加保的险种,投保人根据需要转嫁的风险选择相应的附加险。附加险包括一般附加险、特别附加险和特殊附加险三种险种。一般附加险承保因被盗、雨淋、破损、提货不着等造成的损失,不需要另收保费,但要在主险基础上加保,不能脱离主险单独投保,属于一切险的范围。特别附加险不属于一切险的范围,承保因国家政治环境变动、政策法规调整引起的损失。特殊附加险承保因战争和罢工导致的损失。此外,根据海洋运输货物的特定性专门确定了一些险种,如海洋运输冷藏货物保险和海洋运输散装桐油保险。

陆上货物运输的主要交通工具是汽车和火车。相较于海上货物运输和航空货物运输,陆上货物运输安全系数较高,运输成本较低。陆上货物运输保险有陆运险和陆运一切险两种形式。

航空货物运输保险承保货物空中运输过程中的损失。和其他运输方式比较,空运具有运输速度快、运输时效强的特点,适合运输时效要求高的货物运输。航空货物运输险有空运险和空运一切险两种险种。

邮递货物运输主要指通过邮局以邮包运输的货物。邮递包裹运输保险简称邮包险,承保邮包运输过程中因自然灾害、意外事故等造成的损失。邮包险有邮包险和邮包一切险两种险种。

需要注意的是,物流货物保险和货物运输保险的区别。虽然两者都是以规避物流货物在物流过程中遭受损失为目的,但两者在保险要素、承保责任、除外责任、保险期间等方面存在着差异。

首先,物流货物保险适用于第一方、第二方物流,即投保人和被保险人均是物流企业,保险标的是整个物流环节中的物流货物;而货物运输保险适用于任何物流形式,投保人和被保险人都是货物所有人,保险标的仅仅是五六种运输环节的货物。因此,从保险要素来看,物流货物保险投保的保险标的范围更宽,但是适用的情况相对较少。

其次,物流货物保险的承保责任与货物运输保险大致相当,主要区别是对装卸和搬运时“装卸人员的操作违规”风险是否予以承保;从除外责任来看,物流货物保险远多于货物运输保险,且部分除外责任还是物流货物经常会遭遇的风险;另外,由于物流货物保险可以选择的附加险只有 3 种,而货物运输保险可选择的附加险高达 20 种,所以物流货物保险对被保险人提供的保障范围比货物运输保险要窄。

最后,物流货物保险的保险期间不仅包含运输环节,还包括物流企业在货物运输前的包装、流通加工等环节以及物流货物到达目的城市后的配送环节;货物运输保险的保险期间则仅针对运输环节,所以物流货物保险的保险期间要大于货物运输保险的保险期间。

4.4.3.2 物流工具保险

物流企业根据不同的货主要求选择不同的运输工具运输货物,面对的风险不单单是运输货物的风险,使用的运输工具也会因为运输过程中的意外而出现不同的风险。因此,运用保险的方式转移物流企业运输过程中运输工具的相关风险,是物流企业进行风险管理的必要方式，需要对货物运输工具进行保险。

在物流运输中，机动车辆运输和船舶运输一般为物流企业自有，物流企业需要承担运输工具所带来的风险，由此物流企业需要为机动车辆和船舶进行保险。而在航空运输过程中，使用的航空飞机一般多为航空公司所有，物流企业无须承担航空飞机发生意外时的风险，因此本书不做具体介绍。

按运输工具不同，物流工具保险可分为机动车辆保险和船舶保险。

1. 机动车辆保险

（1）机动车辆保险的概念

机动车辆保险是指以机动车辆本身及机动车辆的第三者责任为保险标的的一种运输工具保险。它既包括机动车辆交通事故责任强制保险，也包含车辆损失险、第三者责任险等商业保险。主要承保因自然灾害和意外事故给物流企业带来的损失。

（2）机动车辆保险的分类

按照保险标的进行分类，机动车辆保险可以分为车辆损失保险和车辆责任保险两个大类。其中车辆损失保险是以车辆本身为保险标的的保险，除主险机动车辆损失保险之外，还包括全车盗抢险、玻璃单独破碎险、自燃损失险等。而车辆责任保险是以机动车辆的第三者责任为保险标的的保险，除主险第三者责任保险以外，还包括车上人员责任险、车上货物责任险、车载货物掉落责任险、无过失责任险等保险。

按照实施的形式分类，机动车辆保险可以分为商业保险和法定保险。商业保险，也称自愿保险，即投保人可以自愿选择投保与否，而保险人也可以自愿选择承保与否的保险。法定保险，又称强制保险，是依据国家的法律规定，投保人必须投保、保险人必须承保的保险。目前，我国的机动车辆保险中只有交通事故责任强制保险是法定保险，其他的机动车辆保险均是商业保险。

按照机动车辆的承保条件分类，机动车辆保险可以分为基本险和附加险。基本险是单独可以投保和承保的保险，也称为主险；而附加险必须在投保相应的基本险后方可投保。

2. 船舶保险

（1）船舶保险的概念

船舶保险是以船舶及船舶的第三者责任为保险标的的一种运输工具保险。

（2）船舶保险的分类

根据船舶航行的区域不同，船舶保险可以分为远洋船舶保险和沿海内河船舶保险。其中远洋船舶保险是以各类远洋船舶为保险标的的保险，沿海内河船舶保险的保险标的为在沿海或内河航行的船舶。

根据承保风险不同,船舶保险可分为全损险和一切险。全损险是指被保险船舶遭受承保风险的损害后,只有发生全损时,保险人才承担赔偿责任;只发生部分损失时,保险人不承担赔偿责任。一切险是指被保险船舶在遭受承保风险的损害后,无论是发生全损还是部分损失,保险人均承担赔偿责任。同时,一切险还负责赔偿船舶碰撞责任,共同海损、救助、施救等引起的损失和费用。

4.4.3.3 物流责任保险

物流责任保险是伴随物流业这一新兴服务产业的发展而产生的,目的是将物流企业在经营物流过程中因发生意外事故而应承担的责任风险转移给保险公司,从而保证物流企业经营的稳定性和持续快速发展。

物流责任保险是一种契合现代物流业发展潮流的新型保险产品。被保险人在经营物流业务的过程中,对由于列明原因造成的物流货物损失,依法应由被保险人承担赔偿责任的,由保险人根据保险合同的约定负责赔偿。物流责任保险既包括对客户(即物流合同相对方)的法律责任,也包括对第三方的法律责任。例如,物流公司由于失误造成货物的毁损丢失或者错发错运、错误交货的,属于对客户的法律责任;而物流公司在运输过程中造成他人的财产损害或人身伤亡的,属于对第三人的损害赔偿责任。狭义上的物流责任保险仅指对第三人的损害承担赔偿责任的保险。从损害的性质上来看,物流责任保险是物流保险中的一种类型,是对物流责任风险的保险保障。

物流责任保险是专门针对第三方物流企业所开发的物流保险产品,是将第三方物流企业承担的运输过程中承运人的责任以及仓储、流通加工过程中保管人的责任等融合在一起,由保险人承保此物流业务经营过程中的综合责任保险。保险标的是物流经营人的责任即第三方物流企业依法应承担的损害赔偿责任。作为第三方物流公司,它所承担的货物责任与货主不同,一单货物遭受风险,只承担它依法承担的部分,而不是任何损失都要承担。这样,它的风险比企业物流要少一部分,比如在货物运输过程中的不可抗力造成的损失,承运人就无须承担赔偿责任。

物流责任保险的责任范围包括经营者在物流业务过程中依法应由被保险人承担赔偿物流货物的损失。它将运输中承运人的责任以及仓储、流通加工过程中保管人以及加工人的责任融合在一起,因此物流责任保险的风险要大于其他单独的责任保险的风险。

按责任人和责任对象划分,可以将物流责任保险分为物流雇主责任保险和物流公众责任保险。

1. 物流雇主责任保险

物流雇主责任保险承保的标的是物流雇主责任。物流雇主责任是指雇主对物流企业的雇员在受雇期间从事物流业务活动时因发生意外事故或因职业病而造成人身伤残或死亡依法承担的经济赔偿责任。雇主责任成立的前提条件是雇主与雇员之间存在着直接的雇佣合同关系,这种合同关系均通过书面形式的劳动合同制来规定。

下列情况通常被视为雇主的过失或疏忽责任:第一,雇主提供危险的工作地点及其工具或者工作程序;第二,雇主提供的是不称职的管理人员;第三,雇主本人直接的疏忽或过失行为,如对有害工种未提供相应的合格的劳动保护用品等即为过失。凡属于上述情形且不存在故意意图的均属于雇主的过失责任,由此造成的雇员人身伤害,雇主应负经济赔偿责任。

2. 物流公众责任保险

公众责任保险又称普通责任保险或综合责任保险,承保致害人在公众场所由于疏忽或过失等侵权行为,致使他人的人身或财产受到损害,依法应由其承担的经济赔偿责任。

公众责任风险在物流行业是普遍存在的,物流过程中的各个环节如运输、储存、装卸、搬运、包装、流通加工等,物流作业的各个工作场所如码头、货物集散场、仓库、商店等公共场所,都有可能发生意外事故,造成公众的人身伤害或财产损失。因此,通过在物流行业设立公众责任保险分散和转移物流企业承担的公众责任风险,是公众责任保险产生并得以发展的基础。

在公众责任保险项下,可以分为综合公众责任保险、场所责任保险和承运人责任保险三类,每一类又包括若干险种,它们共同构成了物流公众责任保险业务体系。

(1)综合公众责任保险

综合公众责任保险承保被保险人在物流过程中涉及的任何地点因非故意行为或活动所造成的他人人身伤害或财产损失依法应负的经济赔偿责任。该险种除承担一般公众责任外,还承担着包括合同责任、产品责任、业主及物流企业的预防责任、完工责任及个人伤害责任等风险。因此,它是一种以公众责任为主要保险的综合性公众责任保险。

(2)场所责任保险

场所责任保险承保物流固定场所存在着结构上的缺陷或管理不善,或被保险人在被保险场所进行生产经营活动时因疏忽发生意外事故,造成他人人身伤害或财产损失且依法应由被保险人承担的经济赔偿责任。场所责任保险是物流公众责任保险中业务量最大的险种。

(3)承运人责任保险

承运人责任保险承保承担各种客货运输任务的部门或个人在运输过程中可能发生的损害赔偿责任,主要包括货物运输责任保险等险种。与一般公众责任保险不同的是,承运人责任保险保障的责任风险实际上是处于流动状态中的责任风险,但因运行途径是固定的,也可以视其为固定场所的责任保险业务。

4.4.4 物流保险的责任范围

4.4.4.1 物流货物保险

1. 物流仓储保险

物流仓储保险应采取列明风险的方式确定保险责任,保险标的只有在遭受到保险条款列明的自然灾害和意外事故造成损失时,保险人才承担赔偿责任。

保险条款中规定的意外事故是指被保险人不可预料的以及无法控制并造成损失的突发事件。保险条款列明的保险风险一般包括以下内容。

(1)自然灾害

自然灾害包括暴雨、洪水、台风、暴风、龙卷风、飓风、雪灾、冰凌、泥石流、崖崩、突发性滑坡、地面突然塌陷、火山爆发。

(2)意外事故

意外事故包括火灾、爆炸、雷击、飞行物体以及其他空中运行物体坠落、坠海以及意外事故造成的停电、停水、停气的损失、施救抢救造成的保险标的的损失、必要的合理费用支出、附加责任以及其他责任。

必要的合理费用支出是指,当发生保险范围内的灾害事故时,被保险人为减少保险货物损失,对保险货物采取施救、保护、整理措施而支付的必要的合理费用,由保险人负责赔偿。另外,因为索赔纠纷引起的诉讼,被保险人事先征得保险人书面同意支付的诉讼费用,保险人也可以负责。

附加责任是指,为适应投保人一些特殊需要,保险公司在承保上述自然灾害和意外事故外特约附加承包的各种风险,如盗抢保险、露天堆放的财产保险、机器损坏的保险等。

其他责任是指,自然灾害或者意外事故造成污染而引起的损失责任保险。对于条款中保险责任范围内所列明的自然灾害或者意外事故造成污染而引起的损失,保险人也承担赔偿责任。

2. 货物运输保险

（1）责任范围

责任范围分为基本险和综合险两种。

1）基本险

①因火灾、爆炸、雷电、冰雹、暴风、暴雨、洪水、地震、海啸、地陷、崖崩、滑坡、泥石流所造成的损失。

②由于运输工具发生碰撞、搁浅、触礁、倾覆、沉没、出轨或隧道、码头坍塌造成保险货物的损失。

③在装货、卸货或转载时，因遭受不属于包装质量不善或装卸人员违反操作规程所造成的损失。

④按照国家规定或一般惯例分摊的共同海损的费用。

⑤在发生上述灾难、事故时，因纷乱而造成货物散失以及因施救或保护货物所支付的直接合理的费用。

2）综合险

综合险除包括上述基本险的保险责任外，保险人还负责赔偿因下列原因造成保险货物的损失。

①因受震动、碰撞、挤压而造成破碎、弯曲、凹瘪、折损、开裂或包装破裂致使货物散失的损失。

②液体货物因受震动、碰撞或挤压致使所用容器（包括封口）损坏而渗漏的损失，或用液体保藏的货物因液体渗漏而造成保藏货物腐烂变质的损失。

③遭受盗窃或整体提货不着的损失。

④符合安全运输规定而遭受雨淋所致的损失。

（2）除外责任

除外责任（或责任免除）是指保险人不承担经济补偿义务的风险损失范围。我国现行的货运各险种的条款中，一般都单独列明除外责任。《国内水路、陆路货物运输保险条款》规定，由于下列原因造成保险货物的损失，保险人不负赔偿责任：①战争或军事行动；②核事件或核爆炸；③保险货物本身的缺陷、自然损耗以及货物包装不善；④被保险人的故意行为或损失；⑤全程是公路货物运输的，盗窃和整体提货不着的损失；⑥其他不属于保险责任范围内的损失。

4.4.4.2 物流工具保险

1. 机动车辆保险

(1)交强险

1)保险责任

交强险的保险责任是被保险机动车发生道路交通事故造成本车人员、被保险人以外的受害人人身伤亡、财产损失,在责任限额内予以赔偿,且承担无过错赔偿责任。

2)除外责任

交强险是为了保障交通事故中受害的第三者的权益,因此其除外责任相对较少,主要包括受害人故意造成的交通事故的损失、被保险人所有的财产及被保险机动车上的财产遭受的损失以及因交通事故造成第三者的间接损失,这些都不属于交强险的保险责任。同时,对于因交通事故产生的仲裁或诉讼费用及其他相关费用,交强险也不负赔偿责任。

(2)机动车辆损失保险

1)保险责任

①意外事故或自然灾害造成保险车辆的损失。意外事故主要包括碰撞、倾覆、坠落、火灾、爆炸以及外界物体坠落、倒塌,其中碰撞不仅包括保险车辆与外界物体的意外碰撞所造成的本车损失,还包括保险车辆所装货物与外界物体的意外碰撞所造成本车损失;自然灾害主要包括暴风、龙卷风、雷击、雹灾、暴雨、滑坡等自然灾害以及运载被保险机动车的渡船遭受的自然灾害。

②合理的施救费用。该项责任是指在保险车辆发生保险事故时,被保险人为了减少车辆损失,对被保险车辆采取施救措施所支出的合理费用。但该施救费用的最高赔偿限额以保险车辆的保险金额为限。同时,该项费用必须合理,即施救行为支出的费用是直接的和必要的,并符合相关规定。

2)除外责任

①被保险人或驾驶人的违法行为。违法行为主要包括驾驶员饮酒或服用国家管制的精神药品或麻醉药品、无有效驾驶证驾驶以及交通肇事后逃逸等情形。这些违法行为造成的任何损失和费用,保险人均不负责赔偿。

②特殊风险。特殊风险包括地震、战争、军事冲突、恐怖活动、罢工、暴乱、污染、核反应、核污染、核辐射等风险。由这些特殊风险导致的损失,保险人都不负责赔偿。

③机动车辆非正常使用。非正常使用包括机动车被扣押、被罚没、被查封、被政府征用等政府行为和机动车用于竞赛、测试、展览等特殊用途以及机动车在营业性场

所维修、保养、改装等非常时期以及机动车被吊装、被拖带、被运输等情形。此外，保险车辆作为犯罪工具也属于非正常使用。机动车辆在非正常使用期间所导致的损失，保险人均不负责赔偿。

2. 船舶保险

船舶保险可更详细地分为全损险和一切险，其责任范围也因此分开讨论。

（1）全损险

船舶保险全损险主要是对于被保险船舶因为海上意外事故或者自然灾害而遭受的船舶的全部损失给予赔偿。具体包括：海上自然灾害导致的船舶全损；海上意外事故导致的船舶全损；其他原因导致的船舶全损。

其他原因主要包括：装卸或移动货物或燃料时发生的意外事故；船舶机件或船壳的潜在缺陷；船长、船员有意损害被保险人利益的行为；船长、船员、引水员、修船人员和租船人员的疏忽行为；任何政府当局为防止或减轻因承保风险造成被保险船舶损害引起污染所采取的行为。

特别需要注意的是，全损险保险人只承担由上述原因导致船舶发生全部损失时的赔付责任。

（2）一切险

一切险的保险责任除了承保全损险所承保的风险导致的船舶的全损，还承保上述风险所导致的船舶的部分损失。此外，一切险还承保碰撞责任、共同海损与救助、施救等引起的损失和费用。

①碰撞责任。碰撞责任是指船舶保险承保的对被保险人造成第三者损失之后产生的赔偿责任。

②共同海损、救助。共同海损是指船舶和船上所载货物遭遇共同危险时，为了共同安全，有意而合理地做出特殊的牺牲或额外支付的特殊费用，这种牺牲由这三方按各自的获救价值进行分摊，这种分摊也称共同海损分摊。救助是指保险船舶受承保风险的袭击，单凭本身的力量无法解脱其所处的困境或危险，只好由所委请的第三者或者第三者职员前来提供帮助解决危险的一种行为，在此情况下发生的救助费用一般列入共同海损费用中，由各利益方按照获救价值比例进行分摊。

③施救。施救是指由于承保风险造成船舶损失或船舶处于危险中，被保险人为防止或减少根据船舶保险可以得到赔偿的损失而付出的行动，由施救行为产生的费用为施救费用。

4.4.4.3 物流责任保险

1. 物流雇主责任保险

(1)保险责任

根据物流雇主责任保险的通常做法,保险人一般承担下述四项责任。

①雇员在保单列明的地点和保险期限内从事与其职业有关的工作时遭受意外而发生伤、残疾、死亡,被保险人依据法律或雇佣合同应承担的经济赔偿责任。

②因患有与义务有关的职业性疾病而导致雇员人身伤残、死亡的经济赔偿责任。

③被保险人依法应承担的雇员的医药费,此项医药费的支出以雇员遭受前述两项事故而出现伤残为前提条件。

④被保险人应支出的法律费用,包括抗辩费用、律师费用、取证费用以及经法院判决应由被保险人代雇员支付的诉讼费用,该项费用必须用于处理保险责任范围内的索赔纠纷或诉讼案件,且是合理诉诸法律而支出的额外费用。

(2)除外责任

雇主责任保险的除外责任一般有如下几项。

①战争、类似战争行为、叛乱、罢工、暴动或者由核辐射所致的被雇人员的伤残、死亡或者疾病。

②被保险人的故意行为或重大过失。

③被雇人员由于疾病、传染病、分娩、流产以及因这些疾病而施行内外科治疗手术所致的伤残或死亡。

④由于被雇人员自加伤害、轻生、犯罪行为、酗酒和无照驾驶各种机动车辆所致的伤残或死亡。

⑤被保险人对其承包商雇佣的员工的责任。

2. 物流公众责任保险

(1)保险责任

物流公众责任保险的基本责任是承担被保险人在保单有效期内从事所保业务活动时因意外事故对第三者造成人身伤害(包括疾病、残疾、死亡)和财产的损害或灭失引起的法律赔偿责任。另外,该保险还负责被保险人因发生损害事故而支出的有关诉讼费用。

(2)除外责任

物流公众责任保险适用范围非常广泛,很难制定出一张适合所有物流保险条款和物流保险市场的除外责任表,但是总体上可以分成三类:一是不能承保的风险,即绝对除外责任,如战争、核风险等;二是不能在物流公众责任保险中承保,但可以在其他保险中承保的风险,如被保险人的雇员所遭受的人身伤害;三是一般责任保险不予承保,但经过特别约定并加收保费后能够承保的风险,如被保险人的合同责任等。主要的除外责任保险条款如下。

①被保险人的合同责任,除非该合同责任同时构成法律责任。

②被保险人雇员所遭受的人身伤害,被保险人或其雇员或其代理人照管、控制的财产的损失。

③被保险人或其雇员因经营活动一直使用的任何物品、土地、房屋和建筑物的损失。

④下列原因造成的损失或者伤害责任:保险单未列明的属于被保险人的或以其名义使用的任何牲畜、脚踏车、机动车、火车、船舶、飞机、电梯、起重机以及其他升降装置,火灾、地震、爆炸、洪水、烟熏和水污,任何类型的中毒或不洁的食物或饮料,大气、土地、水污染及其他污染,由被保险人做出的或认可的医疗措施或医疗建议。

⑤由于震动、移动或减弱支撑引起的土地或财产损失的责任。

⑥战争、内战等行为引起的后果责任。

⑦被保险人及其代表的故意行为或重大过失。

⑧核风险引起的责任。

⑨罚款或惩罚性赔款。

⑩被保险人自行负担的免赔额。

案例分析

案例描述

在某起物流责任险诉讼案件中,A物流公司在B保险公司投保了物流责任险,并约定:在保险期间,A物流公司经营过程中因意外事故造成物流货物毁损、灭失的,B保险公司在责任限额200万元范围内承担保险赔偿责任。后A物流公司的一批货物于行驶途中发生火灾,货损价值达20余万元,遂向B保险公司提出索赔申请,却遭到了拒绝,无奈之下只能与其对簿公堂。

A物流公司认为,该事故发生于保险期间,货损价值也并未超过合同约定的责任限额,应属于物流责任险的承保范围,B保险公司理应赔付。B保险公司应诉并提出了十分详细的拒赔答辩意见,主要观点如下。①涉案车辆为非营运车辆,火灾事故发生时,车辆行驶证已过有效期。依据合同中"被保险人自有的运输工具不适合运输物流货物,无论任何原因造成物流货物的损失,保险人均不负责赔偿"的条款,保险公司不予赔付。②物流公司提供的证明已向货物所有人或托运人支付赔款的证据不足,缺少具体的对账明细及银行凭证等,依据合同"被保险人未向该第三者赔偿的,保险人不得向被保险人赔偿保险金"的条款,保险公司有权拒绝赔偿。③缺少赔偿依据,如火灾原因鉴定结论,货物价值税务发票等。④根据保险合同,火灾免赔额为损失金额的20%,因此即使赔偿,赔偿金额最多为损失金额的80%。B保险公司依据这四点理由,请求法院驳回A物流公司的全部赔偿请求。

在这种情况下,律师作为A物流公司的代理人,发表了针对性的代理意见。①对于保险公司提出的涉案车辆为非营运车辆,即使该问题确实存在,但属于行政处罚范围,本案运输工具经生产检验合格登记为"货车",即理应适合运输物流货物,行政备案仅为形式要件,只要事故鉴定结论中未将车辆作为事故发生原因之一,保险公司就仍需赔偿。②对于保险公司认为的物流公司提供的证据不能证明已向第三者进行了赔付,也不能证明其赔付符合法律规定的意见,持不同看法。起诉材料中附有损失清单、与第三者签订的运输合同、发票、第三者出具的已赔付证明等证据,虽然四批涉案货物并不是每批货物的证明材料都能形成完整的证据链,但也具有一定的证明力。另外,虽缺少火灾鉴定结论,但A物流公司能够出具消防队出具的凭证,证明当日确实发生过火灾事故,于情于理于法,保险公司均应给予合理赔偿。

庭后,律师与A物流公司积极联系,又进一步补齐了相关证据,并与B保险公司做了大量沟通工作,最终本案以双方顺利和解结案,A物流公司获得了15万元的赔偿。

问题与分析思路

问题1:物流运输中有哪些风险存在?

物流中的风险从风险的损害对象来分,大概分为财产损失风险、人身风险、责任风险和信用风险,其中物流过程中的责任风险是指企业或雇员因行为或操作上的疏忽、过失从而造成他人财产损失或人身伤亡,需要依照法律、合同或道义应负的经济赔偿责任的风险。

问题2:物流责任险的承保范围是什么?

物流责任保险的责任范围包括在经营物流业务过程中依法应由被保险人承担赔偿责任的物流货物的损失。它将运输中承运人的责任以及仓储、流通加工过程中保管人及加工人的责任融合在一起,因此物流责任保险的风险大于其他单独的责任保险的风险。

物流保险责任范围较小，不能充分满足市场需求。根据保险条款，保险人仅承保被保险人在物流业务过程中，由于火灾、爆炸、运输工具发生碰撞、出轨、倾覆、坠落、搁浅、触礁、沉没、碰撞、挤压导致的包装破裂或容器损坏、装卸人员违规装卸、搬运等原因造成的物流货物损失，不包括被保险人因上述原因而给第三者造成的人身伤亡或其他财产损失。从引起被保险人赔偿责任的环节来看，基本为被保险人在运输、储存、装卸、搬运、配送货物过程中造成的物流货物损失，而不包括被保险人在提供包装、流通加工、信息处理服务过程中造成的物流货物损失。

问题3：物流责任保险和货物运输保险的区别是什么？

（1）被保险人不同：货物运输保险的被保险人通常是货主，保险公司向货主支付赔款后将向承运人进行追偿；物流责任保险的被保险人就是承运人，赔款赔付给物流运输企业。

（2）赔偿责任不同：货物运输保险的被保险人有货损就可以向保险公司主张赔付；当货主的保险公司向承运人进行追偿时或托运人向承运人主张索赔时，承运人可以使用物流责任保险向保险公司进行索赔。

（3）投保方式不同：货物运输保险每次运输出具保单或申报；物流责任保险是年度保单，一年内不需要申报每票货物的运输明细。

（4）保险责任不同：货物运输保险的保障范围包括自然灾害和意外事故；物流责任保险的保障范围限于发生列明的意外事故后要承担的法律责任。

（5）费率计算方式不同：货物运输保险是按照货物价值来计算保费的；物流责任保险按照运输企业一年的预计运费来计算保费。

参考文献

[1] 栗丽. 国际货物运输与保险[M]. 7版. 北京：中国人民大学出版社，2023.

[2] 周艳君，蒋云贵，于春敏. 物流保险实务[M]. 北京：清华大学出版社，2015.

[3] 张良卫. 物流保险：实践服务管理[M]. 北京：中国财富出版社，2010.

[4] 贾晓慧，张东辉. 海运物流信息风险对操作风险影响机理研究[J]. 重庆交通大学学报（自然科学版），2021，40（1）：59-64.

[5] 王蕾，王赛，李文科. 供应链脆弱性及恢复力：文献综述与展望[J]. 商业经济研究，2021（4）：35-38.

专题 5　电子商务风险管理与保险

5.1　电子商务风险

5.1.1　电子商务风险的概念

电子商务交易以平台为基础连接了供应商和消费者，并形成了一个完整的电子商务链条和信息流、资金流、物流三大支柱。基于此，电子商务风险是指整个电子商务交易活动过程中所面临的不确定性，即在电子商务服务商所提供的平台上发生的电子商务供应商和消费者涉及资金和商品循环的交易过程中所面临的信息传递、资金交易和物流运输等发生损失或收益的不确定性。

5.1.2　电子商务风险的特征

5.1.2.1　电子商务风险的一般特征

1. 客观性

风险是客观存在的，不以人的意志为转移，电子商务风险也有这种特征。电子商务风险的发生，无论是范围、程度、频率，还是时间、地点等都不可能相同，但都有发生的可能性。在电子商务的交易全过程中，付款、运输等方面都存在偏离人们预期的可能性。风险无处不在，只能通过各种技术手段来应对风险。比如，在快递包装内加入气垫，从而在一定程度可避免运输过程中，物品损坏造成的损失。

2. 偶然性和必然性

风险所带来的损失的后果往往以偶然和不确定的形式呈现在人们面前。在电子商务交易过程中，每个消费者都有可能收到损坏的包裹，对于消费者个体来说这只是概率事件，遇到的可能性往往不大，这便是对电子商务风险偶然性的理解。而对于消费者群体来说，在交易的过程中遇到物品损坏几乎是不可避免的。因此，电子商务风险发生对于单个个体具有偶然性，但对于大量个体具有必然性。

3. 不确定性

在电子商务交易的整个流水线上，风险发生是不确定的，主要表现在以下几个方面。

（1）风险是否发生的不确定性

电子商务交易过程中，对于单笔交易无法预知风险是否发生。也就是对于单笔风险而言，其发生是随机的，具有不确定性。

（2）空间上的不确定

在电子商务的交易过程中，事故的发生是必然的。但是无法确定具体事故发生在哪个快递上，发生在哪辆快递运输车上，或者发生在哪个分配车间等，因此发生在哪个空间是无法预知的。

（3）时间上的不确定

在电子商务交易中，由于每个交易有差异，其面临的风险也有所差异，每个交易所发生的时间也不尽相同。同时，人们对于这种风险发生的不可预知，造成了风险在时间方面的不确定性。

（4）损失程度的不确定性

任何风险造成的损失程度往往都是不确定的。在电子商务交易中，客户下了订单后，大家都知道快递可能会有所损坏，但不会知道这份快递在工厂加工时的加工程度如何，亦不知道在运输过程中由于货物挤压会对这份快递造成什么样的损失。也就是说，无法预知这份快递送到顾客手中时其损失程度会有多大，所能做的就是通过各种电子商务风险管理技术手段，将损失程度降到最低。

4. 可识别性和可控性

在电子商务交易过程中，风险的发生是可以识别的，进而能够对其进行控制。对于风险的识别，能够通过概率论与数理统计来判断风险发生的概率以及造成损失的程度，进而通过管理技术来减少或者规避风险的发生。

5.1.2.2　电子商务风险的独有特征

由电子商务风险的概念可知，电子商务的风险存在于电子商务链条中，其独有特征主要有系统性、动态性、演进性、隐蔽性、复杂性和全球性。

1. 系统性

电子商务风险存在于生态链系统中，具有系统性。各节点的活动在电子商务生态系统内进行，并且彼此之间相互影响。单单依靠某个节点产生的作用效果往往较小，但是多个节点构成的系统整体具备了一定的功效。电子商务生态链系统性兼备了生态系统和电子商务系统两个系统的特点,融合了提供产品、网上交易和线下物流等系统服务和信息生态系统的信息传送、信息回馈等服务。节点要素在系统内实现完全闭路循环,同时具备自我组织和自我调节的特性,可在不借助外力的情况下实现自我组织、有序的结构系统,从而保证生态链的基本运转。

2. 动态性

动态性是指电子商务生态结构上节点的不断变化导致电子商务风险动态波动。节点可能主动或者被动退出生态链,节点上信息、资金等要素也可能不断流动,满足用户不断变化的需求;电子商务生态链节点的可替代性强,可通过增加或者减少同类节点,改变生态链的长度和宽度。根据市场的变化、技术的更新或者消费者需求的不同,电子商务的计划和方案需要随时修订更新。因此,电子商务生态链是发展变化的,链内节点也是不断变化的。为了在电子商务活动中获得最大的商业利益,电子商务生态链中的节点会根据新的动态,不断调整自己的战略部署以提升竞争能力。

3. 演进性

电子商务风险会随着电子商务生态链中节点的功能价值、自身形象、技术水平等因素的进步不断演进。节点的演进促使电子商务生态链进化与升级。电子商务生态链演进的内容包括电子商务产品、用户的接受能力、用户的接受方式、物流技术等。电子商务生态链的演进使得电子商务风险不断降低:为了适应市场环境变化,链中节点之间协调互动、共同发展,带动生态链从较低层次平衡向较高层次平衡演进。链上的节点通常采用协同进化模式升级电子商务生态链,在升级的过程中也会淘汰某些不能演进的节点,最终生存下来的节点必然存在着某种稳固的互利关系,在一定程度上,这种演进性特征与生态学中物种进化类似,它有助于电子商务生态链的稳固,从而促进电子商务链条的演进。

4. 隐蔽性

电子商务风险具有很强的隐蔽性。风险初起时可能不大容易察觉,当风险变得清晰可辨时,危机就无法避免了。这种隐蔽性,来自信息的非对称性。在网络中,人们可以自由遨游,不需要提供真实的姓名和身份,如果再缺少相关的法律约束,投机和欺诈就会泛滥,电子商务就会趋向崩溃。

5. 复杂性

在电子商务中,风险不是单一的,而是综合的。因为电子商务中涉及的参与方以及相关信息比较多,各方都可能存在各种不同的风险,多种风险往往交叉在一起,它们相互影响,使得风险防范的难度大幅增加。

6. 全球性

电子商务风险既可能来自国内,也可能来自世界其他任何一个地方。四通八达的通信网络,把世界各地紧紧地联系在一起。电子商务风险可以在全球范围内迅速传播,具有很强的传染性和广泛的影响力,人们很难进行有效防范。

5.1.3 电子商务风险的分类

5.1.3.1 按电子商务的交易流程分类

1. 售前风险

售前风险是指电子商务交易进行之前,消费者在平台上挑选产品与供应商进行咨询交流的过程中所面临的风险。例如,消费者就商品相关问题咨询供应商时,平台系统出现崩溃使得咨询停止的风险;卖家在平台上提供与实际产品严重不符的图片和详细介绍欺骗消费者的风险等。

2. 售中风险

售中风险是指电子商务交易正在进行时,消费者决定消费、确认付款到第三方支付平台完成付款的资金交易过程中所面临的风险。例如,消费者在第三方支付平台进行支付时,平台系统突然出现崩溃导致支付失败的风险;买家选择货到付款的方式,货到后又拒绝付款给商家带来损失的风险等。此外,在进行网络商品交易过程中,在交易中心平台上,买卖双方签订合同,买卖中心主要负责监督买方是否能够按时付款,卖方是否能够按照要求为买方提供所需物件。在交易的整个过程中,易出现多方面的管理问题,若不能及时解决这些问题,会增加安全风险。另外,一些黑客凭借各种非法手段,获得相关机密文件,甚至窃取银行账号及密码获取非法收益,会加重企业损伤程度。

3. 售后风险

售后风险是指电子商务交易完成后,商家货物的发出、物流公司货物的运输、消费者收货后使用过程中所面临的风险。例如,商品在运输过程中遭到损害带来的风险,消费者对产品不满意时的退货风险,消费者在使用商品过程中商品价格突然大幅度下降所带来的损失的风险等。

5.1.3.2 按电子商务的交易主体分类

1. 供应商风险

供应商风险是指电子商务交易主体中的卖家面临的风险,包括售前卖家生产过程中和进货过程中面临的货物损坏和成本大幅变动的风险,产品存储过程中面临的存放不当、库存积压的风险;售中消费者利用店铺商品凑单付款后又大幅度退货故意违约的信用风险;售后商品运输过程中发生损坏带来的损失,以及同类型商品供应商价格竞争的风险等。

当提及电子商务的风险时,习惯认为是消费者面临的风险,其实供应商面临的风险也很大。这也是为什么许多生产厂家、销售代理商的电子商务还只停留在单纯做网络广告的阶段,而并没有完全地在网上进行交易。在电子商务中,供应商面临的风险主要有三方面,即假消费者、被封锁服务和数据被窃。

(1)假消费者

假消费者是指一些人假扮客户来订购产品或服务。例如,用假信用卡号来骗取免费服务和免费产品,或者要求送货而没有人支付。

(2)被封锁服务

被封锁服务是指供应商的计算机和网络资源被黑客攻击和封锁。这类攻击程序的代码,在一些黑客程序的网址上很容易找到,而且很难被追踪到。

(3)数据被窃

数据被窃是销售商们面临的一种很常见的风险。黑客可以随时随地作案,而且很难被追踪到。针对这一点,供应商应该采取防范自身网络的技术措施来防范风险。

2. 平台方风险

平台方风险是指提供电子商务服务的平台企业包括商品零售平台、第三方交易平台、电子商务直播平台等面临的风险,包括平台硬件软件故障、黑客入侵、平台内部技术人员操作失误带来的信息泄露隐私风险和知识产权风险,第三方支付平台中消费者账户信贷额度或余额被盗刷而承担的责任风险,电商直播平台在直播过程中因网络原因使直播卡顿、观看人数超载的风险等。

3. 消费者风险

消费者风险是指电子商务交易的需求方在购买商品时所面临的风险,包括供应商提供虚假信息、恶意夸大商品使用效果欺骗消费者,消费者付出过多的时间成本并且遭遇财产损失的风险;消费者在购物过程中提供的物流信息和支付账户信息遭遇泄露而面临的诈骗风险;消费者售后退换货过程中被商家拒绝回复、拒绝退款和拖延退换货的风险等。具体有以下几个方面。

(1)欺骗性网址

欺骗性网址主要有两类:一种是黑客设立的假网址,另一种是黑客利用现有一些网址程序的漏洞欺骗消费者。假网址是指黑客在互联网上设立一个网址,假扮成销售站点，消费者在访问或购物时，会被要求提供信用卡号及其他信息，黑客在骗取了大量的客户信息后便撤销网站。而黑客利用已有网址程序中的漏洞来欺骗消费者更不容易被发现，黑客利用一些现有网址程序中的漏洞来监控、记录用户的账号、密码等信息，或利用网络浏览器的漏洞窥探访问者的硬盘，或者由一个临时性的假网址产生一个漏洞程序，黑客利用这个程序可以查看用户的硬盘并盗窃消费者机器上的文件。

（2）从销售商和网络服务提供商那里盗取消费者的信息

在电子商务中，消费者在进行商务活动时要提供给销售商和网络服务提供商（ISP）大量的私有信息（如信用卡号等）。如果黑客入侵了销售商和ISP的服务器，消费者的私有信息就可能被盗取，对于这一点消费者无从防范。因而，消费者在选择ISP时，应该选择信誉好、可靠性强的ISP公司。

（3）从小型文本（Cookies）文件中盗取消费者的信息

当消费者第一次访问一个网址时，主机会分配给用户一个独立的标识码，并创建一个小型文本（Cookies）文件，将用户的账号、密码存放在里面，并将该文件存在用户的机器硬盘上。当用户的计算机被非法访问或入侵时，文件被盗就会导致用户信息被盗。

（4）直接骗取

直接骗取是指黑客假扮系统管理员等，通过电子邮件或电话与消费者联系，谎称网络有故障，要求得到消费者的密码。黑客知道密码后就很容易访问消费者机器上的数据文件和应用程序，进一步对它们进行破坏、修改等。许多消费者对这类风险毫无防范意识。消费者应当记住，不管系统出现任何问题，都不需要管理员向消费者询问其私有信息。另外，消费者可以使用数字签名技术来加强防范。

5.1.3.3 按电子商务的交易内容分类

1. 信息流风险

信息流风险是指电子商务交易过程中信息流通循环所面临的风险，包括电子商务供应商、消费者面临的私人物流信息因黑客入侵、平台管理人员管理不善等被泄露和盗取的风险，商品信息由卖家经平台传递给买家时被零售平台和电商直播平台夸大和虚假化的风险，平台中信息系统数据库被未经授权人员删除和修改的风险等。

2. 资金流风险

资金流风险是指电子商务交易过程中资金流通所面临的风险，即买家从第三方支付平台划拨资金到电子商务企业平台，待交易完成确认收货后资金从平台方划拨到供应商账户,以及退货时发生反向资金流动时面临的风险,包括因第三方支付平台系统瘫痪造成资金交易失败的风险,资金账户被恶意盗取和信贷透支的风险等。

3. 物流风险

物流风险是指电子商务交易过程中货物运输流通的风险,包括买家进货、发货和卖家退换货过程中货物运输时面临的各种风险。如快递公司不合理地装卸货物造成货物损坏、货物遗漏、货物错发等风险,在运输过程中遭遇交通事故的风险等。

作为电子商务中至关重要的环节,物流起着加速商品销售和流通,以及降低成本的重要作用。近年来,随着消费者要求提高服务质量与自身物流成本上升的两难局面的出现,电子商务物流的一些弊端逐渐显现出来。其主要包括:运输时间长、运输途中货物破损、丢失程度高;运输包装不环保不规范;中途退换货频繁、自建仓成本高;买家信息泄露等问题。因此,物流服务水平的提高与否极大地影响着电子商务的长远发展。

5.1.3.4 按电子商务的运行环境分类

1. 网络环境中的风险

(1)支付环境

随着电子支付手段的普及,电子商务网络环境的不安全因素也在不断出现。目前的电子商务支付系统中,消费者和商家都面临着不同信用问题的威胁。例如,消费者在支付过程中个人隐私遭泄露、付款后收不到商品;商家遭到恶意评论导致其信用等级降低等。

(2)运行环境

在电子商务交易中,保证运行环境的安全是进行有效交易的基础,防止因应用程序出错、网络故障、硬件设备受损、计算机病毒、黑客入侵而导致用户信息失效、受损,进而给电子商务活动带来不必要的风险。

2. 信息安全风险

在电子商务交易中买卖双方对信息的掌握程度是不对称的,处于不同供销阶段的企业对信息的实时掌握程度也是不对称的。从企业的角度来看,每个企业为了维护自身在市场中的竞争地位,是不太愿意将涉及企业机密的信息过多对外传递的,在商业环境中,商业机密的泄露对于企业的伤害也是十分大的。在 B2C(Business-to-Consumer)商业模式中,商家可能采用机会主义行为欺骗买主或者提供不符合要求的服务质量或者产品。尤其是针对无形的产品服务,由于没有标准化的质量规范,无形产品的质量更加无法保证,从而会出现道德风险。用户在进行网上交易的时候存在个人信息被盗用或破坏的可能性。一些黑客会设置一些欺骗性的网址或者利用网站的漏洞,监控用户硬盘并窃取用户信息。此外,用户在进行电子商务活动中提供给 ISP 大量私人信息,黑客入侵 ISP 服务器,客户信息就可能被盗。用户访问网站的时候会在本地硬盘中建立一个 Cookies 文件记录用户信息,包括账号、密码等信息,一旦这些信息被不良人员滥用,会给用户带来不可估量的风险损失。

在电子商务环节中,涉及信息传递的技术有数字签名、信息认证、数据加密和数字摘要等。一条信息的覆盖范围,大到国家政治军事机密,小到个人隐私信息。而电子商务环节中存在着冒名偷窃、篡改数据、信息丢失以及遭黑客、病毒入侵等的风险。这些风险的存在,极大地降低了网络中信息的有效性、真实性和隐私性,干扰交易双方活动的进行,时刻威胁着电子商务交易环节的安全。

3. 信用风险

传统商业模式下,企业之间通常面对面进行商务交易活动,在完成交易前双方需要签订合同等一系列纸质文件,明确规定交易数量、价格、交货时间以及违约处理等重要事项,从而保护交易双方的权益。纸质证明文件的真伪比较容易辨识,操作起来也较简单。随着计算机技术的高速发展,想要实现电子商务的成功离不开消费者对网上交易的高度信任。然而,由于存在利用虚假信息进行网络诈骗等行为,网站根本无法核实其真假,对商家是一种损失,对于消费者更是。同时,有些虚假网站为了获取消费者的身份信息 、购物行为和密码等,过分诱导消费者做出错误的购买决策,之后通过不履行交易等方式,欺骗消费者,给其带来巨大的损失。此外,电子商务模式下,交易双方通过电子商务平台进行在线交流、沟通,签订电子文件,线上直接完成交易,不需要线下面对面交易。在这种交易模式下,企业在享受网络开放性所带来的便利的同时,也面临着网络虚拟性可能导致的风险。参与商务活动的一方可能会编造虚假数据欺骗企业进行交易,给企业带来很大的信用风险。另外,交易方在网络操作平台上公布的相关商品信息不全面甚至虚假,会造成双方信息不对称,从而对企业的交易决策产生误导。因此,电子商务交易模式下的企业可能会面临着信用风险。

5.1.3.5　按电子商务的法律环境分类

1. 侵权风险

电子商务自发展以来,其网络平台的开放性得到了很大的认可,同时也使得资源在网络平台中的流通显得尤为通畅。由于资源的共享性,许多产权问题得不到彻底解决和处理,其中域名抢注、商标侵权、技术专利保护等各种纠纷尤为突出。

2. 交易环节风险

在电子商务交易中，买卖双方对于彼此来说都是陌生人，而双方在网络这个虚拟环境中进行交易实质上属于一种无纸贸易。其中电子货币、电子签名、网上银行、网上支付、CA（Ceritificate Authority）认证等均是无纸化的体现。当交易双方发生交易关系时，交易双方的身份问题、电子货币的支付问题以及各银行之间的责任问题都得不到相应法律的保护。

3. 税收风险

电子商务具有匿名性和全球化难以追踪的特点，因此查明商务纳税人变得十分困难；我国一开始实行“网上贸易零关税”，虽然放低了电子商务的门槛，却使得之后的电子商务税收管理复杂，且一直有反对零税收政策的人，目前也在积极地思考应对措施，然而对于传统税收无纸化电子商务至今仍是一大难题；电子商务的运行模式，其交易时间、地点、方式等各方面都不同于传统贸易，传统税收相关法律对其是空白的，法律责任难以界定，势必造成法律执行的失衡，最终影响政府税收工作。电子商务的税收现状必将进行革新。

5.1.3.6 按电子商务风险的表现形式分类

1. 结构断裂风险

结构断裂风险是指电子商务主体形成的链式依存关系中断导致的电子商务风险。电子商务生态链结构断裂风险的表现为链中节点不存在或者链中节点的依存关系破裂。单一链式关系的电子商务生态链只要有一处发生断裂都会使得整个电子商务生态链无法运转，从而导致电子商务风险。

2. 运行瘫痪风险

运行瘫痪风险是指电子商务生态链瘫痪导致的电子商务风险。电子商务主体的正常运转受阻，具体表现为电子商务生态链虽然没有断开，仍然保持着链的框架形式，但是链中的节点停止运转，从而使得电子商务生态链不能正常运转。电子商务生态链的瘫痪风险分为短期瘫痪风险和长期瘫痪风险。短期瘫痪是指由于特殊原因导致的，短期内可解决并恢复正常的风险形式。长期瘫痪是一种较为严重的风险形式，一旦出现往往很难恢复生态链的正常运转，即使后期恢复了也很难完全消除风险带来的隐患。

3. 组织老化风险

组织老化风险是指电子商务生态链的老化导致的电子商务风险。整个生态链并未发生断裂，同时也在正常运转，但是链中出现流转速度下降或某些观念功能落后等现象。这种风险具体表现为电子商务生态链中物流组织、信息组织、资金组织形态老化和节点结构的老化。

4. 负面形象风险

负面形象风险是指电子商务生态链自身形象带来的风险。一些电子商务生态链中节点的进入和退出较为频繁，生态链中节点之间的链接关系不够稳定，其依存关系可能会被取代或者割舍。电子商务生态链的形象是社会经济环境中一种直观的体现，较差的形象主要是指电子商务生态链知名度低、美誉度低、形象偏差大等。知名度低的电子商务生态链由于得不到社会大众的认可，其链中节点信息传递效率低下，缺乏积极性；美誉度低的电子商务生态链会造成链中节点不稳定，一些节点为了追求自身利益会转移到美誉度高的链；形象偏差大是由于该链对自身形象管理不善导致的印象偏差。例如，P2P电子商务生态链由于部分企业老总携款出逃、公司实体店不合法等负面形象，被媒体曝光再加上社会公众口碑的负面传播，造成该电子商务生态链不稳定，许多P2P电子商务实体店相继倒闭，而其他电子商务主体也不愿意入链。

5.1.3.7 其他分类方式

1. 经济风险

经济风险是指随着信息技术的快速发展和电子设备快速更新周期，一些与电子商务相关的固定资产迅速贬值，淘汰率变高，企业的运营成本也在增加，电子商务企业需要在技术开发和信息技术无形资产方面不断增加资本投入，这使得电子商务企业的投资具有一定的投资风险，经济风险包括金融风险和行业风险。大量的网上交易和无纸贸易增大了税务检查的难度，同时由于网络信息的环境中存在着强烈的不确定性以及由这些信息不对称带来的正反馈效应，使得电子商务在发展过程中无法保证效率和公平，相关产业和企业在发展电子商务的过程中也不得不面对一些潜在的风险。

2. 管理风险

电子商务的管理风险是指由交易流程管理、人员管理、交易技术管理的不完善所带来的风险。

①交易流程管理风险。在网络商品中介交易的过程中，客户进入交易中心，买卖双方签订合同，交易中心不仅要监督买方按时付款，还要监督卖方按时提供符合合同要求的货物。在这些环节上都存在着大量的管理问题，如果管理不善势必造成巨大

的潜在风险。

②人员管理风险。人员管理通常是网上交易安全管理中最薄弱的环节。近年来，我国计算机犯罪大都呈现内部犯罪的趋势，其主要原因是工作人员职业道德修养不高，且安全教育和管理松懈。一些竞争对手还利用企业招募新人的方式潜入该企业，或利用不正当的方式收买企业网络交易管理人员，窃取企业的用户识别码、密码、传递方式以及相关的机密文件资料。

③交易技术管理风险。有些操作系统中的某些用户是无口令的，如匿名互联网协议地址，利用远程登录命令登录这些无口令用户，允许被信任用户不需要口令就可以进入系统，然后把自己升级为超级用户。

3. 技术风险

技术风险有技术选择风险和网络犯罪风险两项。

①技术选择风险，企业选择采用技术比较落后的网络设备、存储技术方案，落后的技术手段可能导致相关平台在数据处理过程中速度过慢，甚至由于系统漏洞增多而导致防范病毒感染的能力差等问题的不断产生。

②网络犯罪风险，一些非法的个人或者组织，入侵企业系统，通过窃取、篡改、伪造、轰炸等方式窃取企业数据、修改网页等使客户的信息和财产受到不可估量的损失。

4. 其他风险

（1）自然灾害

自然灾害包括火灾、洪水、飓风、地震和其他由风险引起的灾害；人为的硬件设备损坏，在一定程度上也会带来一定的风险损失。

（2）法律和制度风险

这几年来，我国电子商务飞速发展，但相比于欧美的成熟市场仍然存在着许多不足。首先就是相关政策和制度规范的滞后，政府在对电子商务各个参与主体的权利和义务的规范上还不够完善，对电子商务造成的损害相关主体利益的防范和惩罚措施也明显不足。因此，无论是电子商务的供给方还是消费方，都或多或少要面临法律方面的风险。

电子商务风险有多种分类方式，本节主要从电子商务的交易流程、电子商务的交易主体、电子商务的交易内容、电子商务的运行环境、电子商务的法律环境、电子商务风险的表现形式和其他分类方式对电子商务风险分类进行阐述，现将这些风险分类汇总为表 5-1。

表 5-1　电子商务风险清单

分类标准	风险标准	风险描述
按电子商务的交易流程分类	售前风险	售前咨询受阻碍、发布虚假商品信息
	售中风险	支付失败、消费者拒绝付款
	售后风险	退货风险、恶意差评
按电子商务的交易主体分类	供应商风险	库存积压、商品损坏
	平台方风险	平台设备故障、黑客入侵、隐私泄露等
	消费者风险	信息泄露、诈骗等
按电子商务的交易内容分类	信息流风险	信息泄露、盗取等
	资金流风险	资金盗取、信贷透支
	物流风险	货物损坏、货物遗漏
按电子商务的运行环境分类	网络环境中的风险	隐私遭泄露、恶意评论、程序出错、网络故障、计算机病毒、黑客入侵等
	信息安全风险	冒名偷窃、篡改数据、信息丢失等
	信用风险	虚假数据、网络诈骗等
按电子商务的法律环境分类	侵权风险	域名抢注、商标侵权等
	交易环节风险	个人隐私、秘密信息泄露等
	税收风险	法律责任难以界定、法律执行失衡等
按电子商务风险的表现形式分类	结构断裂风险	各部门之间关系破裂
	运行瘫痪风险	平台瘫痪、停止运转
	组织老化风险	物流组织、信息组织、资金组织老化
	负面形象风险	媒体曝光、违反法律、大众印象差
其他分类方式	经济风险	税务检查难、信息不对称
	管理风险	管理不善、管理漏洞
	技术风险	窃取企业数据、修改网页
	其他风险	自然灾害、制度规范滞后

5.2 电子商务风险管理

5.2.1 电子商务风险管理的概念

电子商务风险管理是指在整个电子商务交易中,对电子商务主体即买家、卖家和平台方在售前信息流传递、售中资金交易、售后服务和物流运输过程中的风险进行识别、衡量、控制以及评价的过程,并在此基础上优化组合各种风险管理技术,对风险实施有效的控制并妥善处理风险所致损失的后果,实现整个电子商务交易的稳定进行和供给需求的相互满足,期望在电子商务交易过程中达到以最小的成本实现最大安全保障的目标。

5.2.2 电子商务风险管理的目标

电子商务风险管理的目标是通过运用应对电子商务风险的各种方法,维护电子商务主体在交易过程中信息流、资金流和物流的安全运行,预防交易中的主体道德风险、平台操作风险,避免整个环节的法律法规风险,以最小的成本实现电子商务市场的稳定经营,创造电子商务健康发展的有利经营环境,进而促进并稳定整个经济系统的发展。

对于企业来说,进行电子商务风险管理是为了减少商务活动进行过程中可能带来的财产损失、商誉受损等负面影响。对于整个电子商务圈来说,规范的电子商务风险管理也是为了维持良好的电商经营环境。对于国家政府来说,推动电子商务风险管理的普及,一方面有助于提升市场经济活跃程度,加大国家市场的监控力度,保障电子商务安全可靠的发展和运行;另一方面电子商务风险管理的实践也是国家立法部门电子商务相关法律改进和完善的过程。

5.2.3 电子商务风险管理的作用

随着信息科技的进步,网络信息技术在当代得到了广泛的普及,以网络信息技术为载体的电子商务活动也得到了飞速的发展。电子商务是一种有别于传统商业活动,以信息网络技术为手段,以商品交换为中心,具有时代特征的商业活动。电子商务凭借网络信息技术和互联网,实现了商务活动的电子化、网络化和信息化,方便了商务活动的进行,极大提升了商务活动的效率。电子信息技术为商务活动带来便捷体验的同时,也增加了商务活动过程中的不确定性。进行电子商务风险管理的原因是为了规避电子商务过程中的三大风险。

1. 防范交易风险的发生

电子商务的交易过程是在虚拟网络的隔空对话而不是传统的面对面交易,这就可能出现诚信道德风险,虚假信息的存在、部分人弄虚作假的行径导致电子商务参与者决策失误,可能会带来不确定的风险损失。

2. 预防运作风险的发生

电子商务进行过程中依赖机器软件操作,软件操作失误和一些无法用机器完全代替人工的处理上可能会出现技术性问题,由此产生了一定的技术性风险。企业内部的运作管理,可能会出现错误投资而导致的资金错配。合理的风险管理措施可以预防运作风险的发生,减少资金的损失。

3. 避免法律法规风险的发生

除了机器和技术上带来的风险与不确定性,电子商务相关的法律政策也尚未健全完善,政策的变动给电子商务的损益带来了很强的不确定性。当企业的发展战略和现行法律法规出现冲突时,合理的电子商务风险管理可以调和这种矛盾。

5.2.4　电子商务风险管理的分类

1. 供应商风险管理

供应商风险管理是指正确识别、衡量和评价电子商务供应商所面临的风险,并采取积极的措施来处理风险,以最低的成本实现供应商收益和安全的最大保障。其主要内容为供应商财产风险管理、信息风险管理、信用风险管理等。供应商是电子商务参与主体中的商品供应方,对供应商进行风险管理能稳定商品的供给,为电商稳定交易奠定基础。

2. 平台方风险管理

平台方风险管理是指全面分析电子商务交易过程中所有平台方企业所面临的风险,通过对风险进行识别和衡量,采用合理的经济和技术手段对电子商务平台方所面临的风险进行管理,以最低的成本实现平台方企业稳定运行和交易的顺利完成。其主要内容为电商平台企业财产损失风险管理、责任风险管理、人员损失风险管理,第三方支付平台信用风险管理等。

3. 消费者风险管理

消费者风险管理是指对电子商务交易的需求方即买家进行风险识别、衡量和评价,采取切实可行的措施来处理消费者风险,预防消费者财产损失,提升消费者的忠诚度,以最低的成本实现消费者需求最大的满足感。其主要内容为消费者财产损失风险管理、责任风险管理等。

4. 监管部门的风险管理

监管部门的风险管理是指电子商务行业的监管部门运用政治、法律和经济手段的管理方法,对已经发生或可能发生的风险进行信息搜集、信息分析、政策制定、措施实施和经验总结的系统管理过程,切实保障电子商务交易的合法运行,积极应对和控制风险损失。其主要内容包括技术风险管理、市场风险管理、社会风险管理等。

5.3 电子商务风险管理的内容

5.3.1 电子商务风险识别

5.3.1.1 电子商务风险识别的概念

风险识别是指对面临的和潜在的风险加以判断、归类和对风险性质进行鉴定的过程。风险识别是风险管理的基础和起点,是风险管理的首要工作。风险识别包含感知风险和分析风险两个环节。

在电子商务风险管理中,风险识别是其首要工作。电子商务风险识别要做的就是在整个电子商务交易流程中去发现可能产生风险的因素和条件并且加以分析,发现感知风险的思路可以有多种。感知风险可以通过电子商务活动的流程图逐个排查感知风险因素,也可以根据电子商务活动参与者逐个去调查分析。风险可能来自电子商务企业内部或者企业外部,可能是来自电子商务流程中直接影响商务活动的风险因素,也可能是电子商务流程之外间接影响商务活动的风险因素。风险识别是在收集有关各种威胁、漏洞和相关对策等信息的基础上,识别各种可能对电子商务系统造成威胁的安全风险。对于电子商务系统的安全来说,风险识别主要是对电子商务系统的网络环境风险、数据存在风险和网上支付风险进行识别。电子商务风险识别,是一个多角度、多维度的过程,是风险分类的前提,成功的电子商务风险管理需要完善的风险识别系统。

5.3.1.2 电子商务风险识别的原则

1. 实时性原则

电子商务企业随时监测设备系统软件等风险源的实时状态,预测故障发生的可能性以及损害程度，及时调整应对故障的处理办法。对于所有可能产生风险的环节，电子商务企业都应该定期做风险评估和风险检测，对各种可能的风险制定实时的风险预案来预防风险的发生。

2. 系统性原则

对于风险的识别不能只着眼于电子商务流程中的单一环节，要从整个电子商务运作系统去识别风险，认识到局部风险的可传递性以及局部与整体的风险会互相影响，注意间接风险的发生。电子商务风险的安全风险不仅存在于设备中，而且存在于信息传输渠道、交易流程、运输过程等各个电子商务企业运作环节中，因此要注意这些环节和业务的联系。

3. 经济性原则

电子商务企业的主要支出用以维护企业的正常运营，要控制风险管理的成本以最小的支出获得最大的保障。应该对风险损失和风险识别过程的投入成本做出比较，选择合适的电子商务风险识别方法，将风险识别过程中的经济花费控制在企业的可接受范围内，保障电子商务的正常运行。

4. 重要性原则

风险识别还要有所侧重，应该着重对电子商务活动中最可能发生风险的环节、风险损失影响最大的环节中可能发生的风险加以识别。对风险事故发生以后损害程度大、发生概率大的风险，给予更多的关注和风险管理投入。

5.3.1.3　电子商务风险识别的过程

1. 发现风险源

风险源是指在电子商务交易过程中可能导致买家、卖家和平台方企业面临风险的因素或条件的来源。

（1）客观风险源

客观风险源包括自然环境和人为环境。

1）自然环境

自然环境是最基本的风险源，在电子商务交易过程中的自然环境主要包括天气和自然灾害原因给网络带来的风险，天气和自然灾害原因给库存商品和运输带来的风险，成本价格变动使商品价格波动的风险。

2）人为环境

人为环境是指人类的社会活动所营造的社会环境。电子商务交易过程中的人为环境主要包括经济环境、法律环境、政治环境和操作环境等，即国家对于电子商务的政策、法律法规、交易准则、交易商家和企业准入准则等。

(2)主观风险源

主观风险源是风险管理者的主观判断造成的,其与电子商务交易过程中的主体密切相关,如由于信息系统数据库管理人员对于黑客入侵等已暴露的风险源视而不见、非专业人员对平台的管理和维护因其能力和职责缺失等带来的电子商务交易过程的不确定性。

2. 感知风险

电子商务交易过程中的感知风险是指通过调查和了解来识别电子商务交易过程中各个环境风险的存在。它是进行风险识别的基础,也是进行风险分析的基础。包括感知与电子商务交易有关的参与主体、信息、资金、物流运输过程中所面临的风险。

3. 分析风险

电子商务交易过程中的分析风险是指通过归类,掌握电子商务风险产生的原因、条件以及风险所具有的性质,分析风险是风险识别的关键。其包括掌握电子商务交易主体和各个环节的风险,如分析信用风险、法律风险中隐私风险和知识产权风险、技术风险中网络环境风险、数据存储风险和网上支付风险、行业竞争风险、政策风险和企业自身的风险等。

5.3.1.4 电子商务风险识别的方法

1. 风险清单法

电子商务可以通过风险清单法罗列出电子商务活动所有可能出现的风险,即电子商务企业的专业人员可以在设计好的标准表格上全面列出电子商务企业可能面临的各种风险。风险清单一般很长,在罗列清单时一般都会尽量把所有可能造成损失的风险都写入风险清单中。一份完善而完整的风险清单,可以帮助电子商务企业建立自己的风险框架,方便其对照风险清单并结合自身的经营状况进行风险识别工作。风险清单法可以帮助电子商务企业了解什么才是最基本的风险,可以让电子商务企业在风险识别过程中避免遗漏风险源。但是,风险清单法有很大的局限性,如果电子商务企业面临一些特殊的风险,这种风险的风险因素可能并没有包含在风险清单中。风险清单处理特殊风险过于笼统,不具有针对性。

2. 财务报表分析法

电子商务企业可以通过财务报表分析法对企业的财务报表进行深入细致的分析进而得出该企业近些年来的经营和发展情况。以企业的“四表一注”(“四表”是指资产负债表、利润表、所有者权益变动表、现金流量表;“一注”是指财务报表附注)及其他相关财务数据为基础进而识别该企业财务风险的方法就是财务报表分析法,通过对财务报表中的近些年企业财务数据的变动趋势和浮动范围进行分析,进而得出该企业近些年来的经营状况和发展情况,由此识别企业财务运作的风险。

3. 财务指标分析法

财务指标分析法是定量识别方法,通过对本电子商务企业财务指标的横向分析和纵向分析,可以了解本企业近些年来数据指标的变动情况,这是企业自身的纵向对比;同时可以分析本企业在同行业企业当中的财务对比情况,这是横向对比。并且通过财务指标分析法可以对本企业的偿债、营运、盈利等方面的能力进行细致入微的分析,进而具体掌握企业的财务情况。结合定性识别法、定量识别法和综合识别法等方法对企业的财务风险进行风险识别,以确保更加全面具体地对电子商务活动的财务风险进行识别。

4. 态势分析法

对于电子商务企业的运营风险和战略决策风险,可以通过态势分析法(又称SWOT分析法)进行风险分析。在SWOT中,S(Strengths)是优势、W(Weaknesses)是劣势、O(Opportunities)是机会、T(Threats)是威胁。

所谓SWOT分析,即基于内外部竞争环境和竞争条件下的态势分析,就是将与研究对象密切相关的各种主要内部优势、劣势和外部的机会和威胁等,调查列举出来,并依照矩阵形式排列,然后用系统分析的思想,把各种因素相互匹配起来加以分析,从中得出一系列相应的结论,而结论通常带有一定的决策性,可以为电子商务企业的运营投资等战略决策提供参考。运用SWOT方法,可以对电子商务企业所处的情境进行全面、系统、准确的研究,从而根据研究结果制定相应的发展战略、计划以及对策建议等。按照企业竞争战略的完整概念,战略应是一个企业"能够做的"(即组织的强项和弱项)和"可能做的"(即环境的机会和威胁)之间的有机组合。

5. 流程图分析法

电子商务企业可以将电子商务活动的过程和内在逻辑绘制成流程图,针对流程中的关键环节和可能出现风险的薄弱环节进行重点的风险识别调查。例如,B2B2C(Business to Business to Consumer)的电子商务经营模式下,电子商务活动的经营流程就可以分为以下几点。

①消费者通过互联网网址、广告、产品目录和搜索引擎检索等方式得到对自己有用的信息,进入有关的网站并查询自己所需要的产品或服务。

②消费者通过网站提供的供货单填入需要购买的商品或服务的内容,包括购买什么、购买多少、送货方式和付款方式等信息。

③消费者选择付款方式,如信用卡、电子现金等。

④商家或企业的电子商务服务器自动检查支付方服务器,确认汇款额是否被认可。

⑤商家或企业的电子服务器确认消费者汇款后,通知销售部门或物流公司送货上门。

⑥消费者所在的开户银行将支付款项转到消费者的信用卡公司,信用卡公司负责发给消费者收费清单。

⑦为保证交易过程的安全性,还需要一个认证中心对网上交易的双方进行认证,以确认交易各方的真实身份。

在这一流程线上,电子商务企业可以针对网站、平台、物流多方的技术风险和诚信风险做出具体的考察与识别。

5.3.2 电子商务风险评估

5.3.2.1 电子商务风险衡量

1. 电子商务风险发生概率的衡量

建立在上述分析与认知的基础上,可以通过数理统计的方法进行更具体的衡量与概率估计。电子商务风险的概率估计,是指在对过去电子商务风险事故资料进行分析的基础上,运用概率论和数理统计的方法对未来电子商务风险事故发生的概率及其事故造成的损失程度进行估算和预测的过程。

在电子商务的概率估计中,最常用的是泊松(Poisson)分布。

Poisson 分布是一种统计与概率学里常见到的离散概率分布,由法国数学家西莫恩-德尼·泊松(Siméon-Denis Poisson)在 1838 年提出。Poisson 分布适合于描述单位时间或空间内随机事件发生的次数,需满足以下四个条件:①给定区域内特定事件发生的次数,可以根据时间、长度和面积来定义;②各段相等区域内特定事件发生的概率是一样的;③各区域内,事件发生的概率是相互独立的;④当给定区域变得非常小时,事件发生两次以上的概率趋向于 0。

电子商务风险事件是随机事件,有较高的独立性,因此 Poisson 分布适合用来描述电子商务风险事件发生概率的分布情况。

若随机变量 X 可取一切非负整数值,表示在给定的时间间隔内某电子商务风险事故发生的平均次数,则电子商务风险事故 A 发生的概率如公式(5.1)所示。称随机变量 X 服从参数为 λ 的 Poisson 分布,记作 $X \sim P(\lambda)$。

$$P\left(X=k\right)=\frac{\lambda^{k}\mathrm{e}^{-\lambda}}{k!}(k=1,2,\cdots;\lambda>0) \qquad (5.1)$$

其中，k 表示事件发生的次数；e 是自然常数；λ 是一个参数，表示在一定时间或空间里，每个时间或空间单元中所期望的事件发生次数。

因此，某地区电子商务风险事件发生次数不超过 n 次的概率如公式（5.2）所示。

$$P\left(X\leqslant n\right)=\sum_{k=1}^{n}\frac{\lambda^{k}\mathrm{e}^{-\lambda}}{k!} \qquad (5.2)$$

2. 电子商务风险事件损失幅度的衡量

（1）电子商务风险事件损失的测算

首先，电子商务风险的损失强度与若干个变量有关，风险暴露数量是第一个影响变量，当电子商务风险发生在人员和财产较为密集的电子商务生态链中时，通常损失强度会较高。其次，损失强度还与电子商务风险的表现形式有关，结构断裂风险和运行瘫痪风险通常会产生更大的损失范围，造成较高的损失强度。同时，损失强度还与发生的时间节点有关，比如双十一购物节等电子商务平台大促期间发生的电子商务风险会给电子商务企业造成更大的损失。

在对风险事件损失进行测算时，要综合考虑直接损失（财产损失）与间接损失（社会形象，电子商务生态链运行混乱等造成的经济损失）。

（2）电子商务风险事件损失集中程度估计

为了使电子商务风险易于预测和管理，利用统计学知识，引入电子商务风险集中程度的变量：均值和离散系数。首先，均值衡量了电子商务风险程度的大小，均值越大表示该风险导致的损失越大。其次，离散系数是衡量电子商务风险发生集中程度的指标，离散系数越大，风险越分散，均值的代表性越低，风险就越难以预测和管理。

均值包括算术平均数、几何平均数、调和平均数和加权平均数等。

算术平均数是指在一组数据中所有数据之和除以数据的个数。它是反映数据集中趋势的一项指标。把 n 个数的总和除以 n，所得的商叫作这 n 个数的算术平均数。其计算式如公式（5.3）所示。

$$A_{n}=\frac{a_{1}+a_{2}+a_{3}+\cdots+a_{n}}{n} \qquad (5.3)$$

几何平均数是指 n 个观察值连乘积的 n 次方根。根据资料的条件不同，几何平均数有加权和不加权之分。其计算式如公式（5.4）所示。

$$G_{n}=\sqrt[n]{a_{1}a_{2}a_{3}\cdots a_{n}} \qquad (5.4)$$

调和平均数是指数值倒数的平均数的倒数。它主要是用来解决在无法掌握总体单位数（频数）的情况下，只有每组的变量值和相应的标志总量，但需要求得平均数的情况下使用的一种数据方法。其计算式如公式（5.5）所示。

$$H_n = \frac{n}{\frac{1}{a_1}+\frac{1}{a_2}+\frac{1}{a_3}+\cdots+\frac{1}{a_n}} \tag{5.5}$$

加权平均数是指不同比重数据的平均数，加权平均数就是把原始数据按照合理的比例来计算，若 n 个数中，x_1 出现 f_1 次，x_2 出现 f_2 次，…，x_k 出现 f_k 次，那么 x_1，x_2，…，x_k 的加权平均数的计算式如公式（5.6）所示。

$$\mu = \frac{x_1 f_1 + x_2 f_2 + +x_k f_k}{f_1 + f_2 + \cdots + f_k} \tag{5.6}$$

其中，f_1，f_2，…，f_k 是 x_1，x_2，…，x_k 的权。

离散系数指标有全距（极差）系数、平均差系数、方差系数和标准差系数等，常用的是标准差系数。标准差是反映一组数据离散程度最常用的量化形式，是表示精确度的重要指标。$\bar{X}$ 为样本均值，样本偏离样本均值的标准差来衡量数组的离散程度。样本标准差的计算式如公式（5.7）所示。

$$S = \sqrt{\frac{1}{n-1}\sum_{i=1}^{n}\left(X_i - \bar{X}\right)^2} \tag{5.7}$$

总标准差的计算式如公式（5.8）所示。

$$\sigma = \sqrt{\frac{1}{n}\sum_{i=1}^{n}\left(x_i - \mu\right)^2} \tag{5.8}$$

其中，μ 为总体均值。

（3）电子商务风险事件损失程度与事件次数相关性分布

在自然界和社会环境中，很多系统存在着典型特征，并遵从数学物理分布，其中自组织临界理论能够解释系统的复杂行为，而幂律分布是自组织临界性的一种特有性质，也称为厚尾分布。具体来说，系统在达到临界状态时，在时间和空间上就会出现幂律分布现象。研究表明，电子商务风险具有统计学规律，服从幂律分布。

3. 风险衡量的方法

在多种风险衡量方法中，比较合适的方法有蒙特卡罗方法。蒙特卡罗方法是一种随机模拟数学方法。该方法用来分析评估风险发生的可能性、风险的成因、风险造成的损失或带来的机会等变量在未来变化的分布。具体操作步骤如下。

①量化风险。将需要分析评估的风险进行量化，明确其度量单位，得到风险变量，并收集历史相关数据。

②根据对历史数据的分析，借鉴常用建模方法，建立能描绘该风险变量未来变化的概率模型。建立概率模型的方法有很多，一类如差分和微分方程方法，插值和拟合方法等，这些方法在未来的分布类型（如正态分布），仅确定其分布参数；另一类是对风险变量的变化过程做出假设，描述该风险变量在未来的分布类型。

③计算概率分布初步结果。利用随机数字发生器，将生成的随机数字代入上述概率模型生成风险变量概率分布的初步结果。

④修正完善概率模型。对生成的概率分布初步结果进行分析，用实验数据验证模型的正确性，并在实践中不断修正和完善模型。

⑤利用该模型分析评估风险情况。正态分布模型是蒙特卡罗风险方法中使用最广泛的一类模型。通常情况下，如果一个变量受很多相互独立的随机因素的影响，而其中每一个因素的影响都很小，则该变量服从正态分布。在自然界和社会中大量的变量都满足正态分布。

对于电子商务风险，可以采用如上方法进行衡量和管理。分析电子商务风险的成因，也就是前面提到的电子商务生态链的发展状况，电子商务风险事件高发地区、高发目标人群，各国政府对于电子商务风险的认知、态度、防范措施，单个电子商务风险事件以及电子商务企业的情况。通过统计实证和定性分析从其中找出关键指标，之后将关键成因量化，比如电子商务企业规模（人）、电子商务风险发生时间（月份）、经济状况（营收水平）等，综合起来建立指标体系并确定各自的权重，和某个地区某段时间导致电子商务风险事件发生时这些成因的具体数值。

5.3.2.2 电子商务风险评价

通过对各种项目电子商务风险评价方法的分析与比较，明确每种项目风险评价方法的优点和不足。选择合适的评价方法时需要综合考虑很多方面的因素，不但要考虑项目的特点以及项目风险因素的特征，也要考虑研究中所建立的风险评价指标体系。层次分析法是一种比较科学、应用比较普遍的风险评价方法，但是层次分析法对风险进行评价实际上是基于风险因素之间是独立的、相互不产生影响的基础上，而实际项目风险因素之间是不可能完全独立的。因此，在运用层次分析法评价项目风险时，还需要识别并评价风险依赖关系，进行考虑风险因素依赖的项目风险综合评价。

1. 电子商务风险评价的目的

（1）更准确地认识风险

通过定量方法进行风险评价，可以定量确定电子商务中各种风险因素、风险事件发生的概率大小、概率分布及其发生后对电子商务目标影响的严重程度或损失的严重程度。其中损失的严重程度可以从两个不同的方面来反映:一方面是不同风险的相对严重程度,据此可以区分主要风险和次要风险;另一方面是各种风险的绝对严重程度,即风险本身对目标影响的严重程度,据此可以了解各种风险所造成的损失后果。

(2)保证目标规划的合理性和计划的可行性

电子商务数据库只能反映各种风险综合作用的后果,而不能反映各种风险各自作用的后果。由于电子商务风险的个别性,只有对特定电子商务的风险进行定量评价,才能正确反映各种风险对电子商务目标的不同影响,才能使目标规划的结果更合理、更可靠,使在此基础上制订的计划更具有现实的可行性。

(3)合理选择风险对策,形成最佳风险对策组合

如前所述,不同风险对策的适用对象各不相同。风险对策的适用性需从效果和代价两个方面考虑。风险对策的效果表现在降低风险发生概率和降低损失严重程度的幅度。风险对策一般都要付出一定的代价,可以将不同风险对策的适用性与不同风险的后果结合起来考虑,为不同风险选择最适宜的风险对策,从而形成最佳的风险对策组合。

2. 电子商务风险评价的步骤

电子商务风险评价的步骤分为以下五个步骤:制定风险度量的方案、准备风险度量所需的信息资料、对电子商务风险进行估量分析、写出风险衡量报告、汇报风险衡量的结果,如图 5-1 所示。

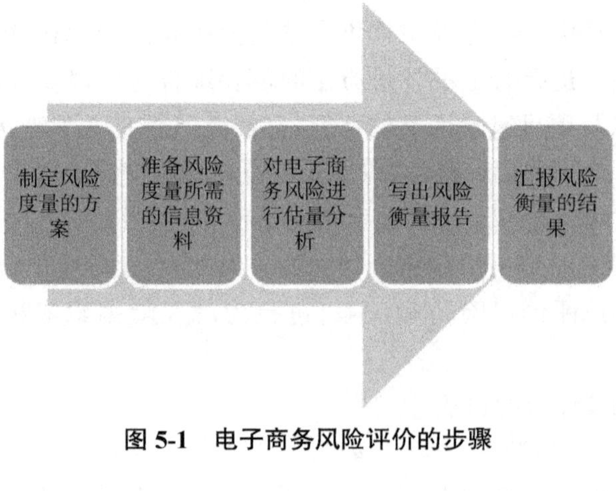

图 5-1 电子商务风险评价的步骤

3. 电子商务风险评价的方法

电子商务风险评价的方法大致可分为三种:定性的评价方法、定量的评价方法、定性定量相结合的评价方法。定性的评价方法主要有安全检查表法、情景分析法。定量的评价方法主要有主成分分析法、敏感性分析法、概率论与数理统计法、蒙特卡罗模拟法。定性定量相结合的评价方法主要有模糊综合评价法、人工神经网络评价法、费用—概率曲线法、层次分析法。本节主要对安全检查表法、模糊综合评价法、层次分析法进行简要概述。各方法的具体介绍如下。

(1)安全检查表法

安全检查表是依据相关的标准、规范,对工程、系统中已知的危险类别、设计缺陷以及与一般工艺设备、操作、管理有关的潜在危险性和有害性进行判别检查。为了避免检查项目遗漏,事先把检查对象内割成若干系统,以提问或打分的形式检查项目列表,这种方法就称为安全检查表。它是系统安全工程中一种最基础、最简便、应用最广泛的系统危险性评价方法。目前,安全检查表法在我国不仅用于查找系统中各种潜在的事故隐患,还用于量化各检查项目,进行系统安全评价。

安全检查表法有很多优点,实用性很强。例如,安全检查表法能够事先编制,可以做到系统化、科学化,不漏掉任何可能导致事故的因素,为事故树的绘制和分析做好准备。安全检查表法,按照原因实践的重要顺序排列,有问有答,通俗易懂,能使人们清楚地知道哪些原因事件重要、哪些次要,促进职工采取正确的方法进行操作,起到安全教育的作用。但是缺点也很明显,一是评价的对象只能是已经确定的,对于潜在的对象没有办法度量;二是只能定量地分析风险,无法准确地进行判断。

(2)模糊综合评价法

在对一个系统进行全面、综合的评价时,常常碰到很多无法确定的、无法量化的因素,这些因素比较模糊,很难给出判断。对这种含有模糊性的评价因素进行评价时,就需要运用模糊评价法。模糊评价法,也被叫做模糊综合评判,是模糊数学体系中的一种具体方法,是利用模糊变换原理和最大隶属度原则,对评价系统中各个因素进行综合评价的方法。其优势是具备简单的数学模型,掌握起来比较容易,对因素多、层次多的疑难问题评判的效果比较好,不是其他模型能替代的,况且该方法特别接近于主观思维的习惯,所以该方法非常适用于对社会公共问题和经济问题进行评价。

综合评价值越大,则表示评价对象的电子商务风险系数越高,需要加强或者改进对电子商务风险的管理措施。运用模糊层次分析法分析问题时,因为它无法对决策问题进行总体评价量化,一般只用它来进行指标权重的分析,而不对决策问题进行综合的判断。模糊综合评价法通过专家对风险的主观判断,利用模糊数学原理来综合各位专家的评估意见,从而获得总体评估结果。由此,电子商务项目风险评价过程中,将模糊层次分析法和模糊综合评价法相结合,通过模糊层次分析法计算各指标权重,然后运用模糊综合评价法对风险进行综合评价,综合了这两种方法的优点,克服了各自的不足之处。虽然仍有不足,但该评价方法不但可以得出电子商务项目风险中每一项风险因素的相对大小,还可以计算出该电子商务项目整体风险的大小,从而对企业开展电子商务项目提供较大的帮助。

(3)层次分析法

1)建立层次结构模型

将决策的目标、考虑的因素(决策准则)和决策的对象按它们之间的相互关系分为最高层、中间层和最低层,绘出层次结构图。最高层是指决策的目的、要解决的问题。最低层是指决策时的备选方案,中间层是指考虑的因素、决策的准则。对于相邻的两层,称高层为目标层,低层为因素层。

2)构造判断(成对比较)矩阵

在确定各层次各因素之间的权重时,如果只是定性的结果,往往不容易被别人接受,因而提出构造判断矩阵法,即不把所有因素放在一起比较,而是两两相互比较,对此时采用相对尺度,以尽可能减少性质不同的诸因素相互比较的困难,以提高准确度。如对某一准则,对其下的各方案进行两两对比,并按其重要性程度评定等级。

3)层次单排序及其一致性检验

对用于判断矩阵最大特征根的特征向量,经归一化(使向量中各元素之和等于1)后记为 $\boldsymbol{W}$。$\boldsymbol{W}$ 的元素为同一层次因素对于上一层次因素某因素相对重要性的排序权值,这一过程称为层次单排序。能否确认层次单排序,需要进行一致性检验,所谓一致性检验是指对判断矩阵 $\boldsymbol{A}$ 确定不一致的允许范围。

对于普通层次分析法,由于 λ 连续的依赖,则 λ 比 n 大得越多, $\boldsymbol{A}$ 的不一致性越严重,一致性指标用 CI 表示, CI 越小,说明一致性越大。用最大特征值对应的特征向量作为被比较因素对上层某因素影响程度的权向量,其不一致程度越大,引起的判断误差越大,因而可以用 $\lambda-n$ 数值的大小来衡量 $\boldsymbol{A}$ 的不一致程度。定义一致性指标为:$CI=0$,有完全的一致性;CI 接近于 0,有满意的一致性;CI 越大,不一致越严重。为衡量 CI 的大小,引入随机一致性指标 RI。其中,随机一致性指标 RI 和判断矩阵的阶数有关,一般情况下,矩阵阶数越大,则出现一致性随机偏离的可能性也越大。

4)层次总排序及其一致性检验

计算某一层次所有因素对于最高层(总目标)相对重要性的权值,称为层次总排序，这一过程是从最高层次到最低层次依次进行的。

5.3.3 电子商务风险管理技术

电子商务风险管理技术主要是指在风险分析的基础上，对所面临的问题寻求有效的处置工具，将电子商务各环节、主体风险管理付诸实践。其主要包括控制型风险管理技术和财务型风险管理技术。

5.3.3.1 控制型风险管理技术

1. 风险避免

风险避免是风险管理单位主动采取措施，放弃原先承担的风险或者完全拒绝承担风险的行为，属于最消极的手段。主要通过放弃或不再进行某项活动以消除风险源，同时使获利的可能性降至零，如消费者选择实体店购买、供应商线下零售店销售等。

2. 风险预防

风险预防是指在电子商务风险发生之前采取措施减少风险发生的频率与损失程度。具体是指供应商、消费者等相关方加强信用意识、第三方支付平台对客户信用加强审核形成安全的支付环境、网络技术人员加强对平台的保密和维护、监管部门加强监管和完善市场准则来进行风险预防。

3. 风险分散

风险分散是指通过增加风险单位数量来增强风险的可测性，平衡风险损失，降低风险成本。风险分散是集合有同类风险的多数单位，将风险损失分散到众多的单位，使某一单位所承担的风险较以前减少，或者将具有不同风险的单位组合起来，使之互相协作，提高各单位应对风险的能力。由于大数法则的作用，损失的不确定性相对减少，通过集中与分散，达到降低风险的目的。比如，现在各大公司都在全力打造自己的交易平台，让小商家入驻，消弭个人与黑客在安全领域的力量差距。

4. 损失抑制

损失抑制是指在风险发生时或发生后，为了防止风险蔓延和损失扩大而采取的一系列措施，是处理风险的有效技术。损失抑制的一种特殊形态是割离，它是将风险单位割离成许多独立的小单位而降低损失程度的一种方法。

损失抑制的措施有如下两类。

一类是积极的事前措施，即在损失发生前为降低损失程度所采取的一系列措施。在损失发生前采取损失抑制措施，有时也会减少损失发生的可能性。如对电子商务的客户加强管理,进行资信评价和资信限度设立从而抑制损失发生。

一类是消极的事后措施,即在损失发生后为降低损失程度所采取的一系列措施。损失发生后减少损失的方法主要是紧急情况的处理,即急救措施、恢复计划或合法的保护,以此来阻止损失范围的扩大。一旦损失发生,对问题客户停止供货就是事后抑制的重要措施。

5.3.3.2 财务型风险管理技术

财务型风险管理技术是以提供基金的方式,降低发生损失的成本,即通过事故发生前的财务安排,来解除事故发生后给人们造成的经济困难和精神焦虑,为恢复风险主体生产、维持家庭正常生活等提供财务支持。如支付宝承诺通过支付宝支付时发生的资金损失,全部由支付宝赔付。

1. 风险自留

风险自留是指对风险的自我承担,即电子商务风险主体或单位包括买家、卖家和平台企业自我承受风险损害后果的方法,采取损失摊入经营成本,建立意外损失基金、借入资金、专业自保公司等措施。例如,当货物价值较低,往返运费超过其本身价值,退换货时往往选择自己承担财产损失。

2. 风险转移

风险转移是指参与电子商务交易的单位或个人为避免承担损失,有意识地将损失或与损失有关的财务后果转嫁给另外一些单位或个人去承担,分为财务型非保险转移和财务型保险转移。前者是指单位或个人通过经济合同将损失或与损失有关的财务后果转移给另一些单位或个人去承担,如在电子商务中通过在线可交易期货,从而转嫁给交易者。后者是通过向保险公司投保将风险转移给保险人承担,如保价险、运费险等。

5.3.4 电子商务风险管理效果评估

5.3.4.1 电子商务风险管理效果评估的内容及意义

风险主体相关部门(平台、商家、运输部门等)在实施风险管理方案后的一段时间内,由风险管理部门对风险主体进行回访,考察风险主体(平台、商家、运输部门等)实施风险管理方案后管理水平、经济效益的变化,并对风险主体(平台、商家、运输部门等)风险管理全过程进行系统、客观的分析。

通过电子商务风险管理活动实践的检查总结,评估风险管理问题的准确性,检查风险处理对策的针对性,分析风险管理结果的有效性;通过分析评估找出成败的原因,总结经验教训;通过及时有效的信息反馈,为未来风险管理决策和提高风险管理水平提出建议。

对电子商务进行风险效果评估有助于发现电子商务漏洞、安全评价和安全改进电子商务漏洞,为我国电子商务的安全、快速和高效发展保驾护航。

5.3.4.2 电子商务风险管理效果评估的基本过程

1. 制订风险管理效果评估计划

风险管理效果评估的单位应当根据风险单位的具体特点,确定风险管理效果评估的对象、范围、目标和方法,据此制订风险管理效果评估计划,评估计划应该能够较好地反映风险管理单位的管理绩效。电子商务的特点有电子商务成为国民经济重要的增长点、移动电子商务呈现爆发性增长、涉农电子商务快速发展、我国电子商务国际影响力显著增强。电子商务风险管理效果评估的对象有网上商城、消费者、产品、物流交易平台、平台经营者、站内经营者、支付系统等。电子商务风险管理效果评估的方法有资料收集法、过程评估法、指标对比法、因素分析法、评分法、头脑风暴法、德尔菲法、远景分析方法等。

2. 搜集与整理有关资料

风险管理效果评估单位根据风险管理效果评估计划搜集电子商务的有关资料,根据资料评估风险管理的效果。风险的特点决定了风险管理的效果在短期内是难以考察评估的,需要长期的观察和大量的风险管理资料的支持。这阶段需要搜集的资料包括以下几个方面。

(1)风险管理的有关资料

风险管理的有关资料主要包括风险管理意见书、风险管理措施的可行性报告、风险评估报告、设立风险管理设施的成本概算以及其他有关的合同文件。

(2)风险管理措施实施后的相关资料

风险管理措施实施后的相关资料主要包括风险管理措施实施后的运行状况、风险管理决策的成本、风险管理决策的收益状况等。这类资料可以通过风险管理决策实施前后风险发生的概率及以此为依据计算出的技术指标的对比中获得。如果风险事故的发生呈现上升趋势,则应该分析产生问题的原因,对以往的风险管理效果做出评估并提出调整建议。

(3)国家有关政策与规定方面的有关资料

国家有关政策与规定方面的有关资料主要包括和风险管理措施有关的国家政

策、法规等,评估风险管理措施是否符合国家的政策和法规。

(4)有关部门制定的风险管理效果评估的方法

风险管理效果评估不仅需要充分的数据资料,还与风险管理效果评估的方法有很大关系。风险管理效果评估的方法应该符合风险管理单位的具体情况并兼顾风险管理单位的管理目标。

(5)其他有关资料

根据风险管理的具体特点与风险管理目标的要求,还要搜集其他有关的资料,如风险管理技术资料、设备安全运行情况资料等,为风险管理效果评估提供参考。

3. 编制风险管理效果评估报告

评估报告是电子商务风险管理效果评估的最终成果。风险管理效果的评估人员应当根据国家有关部门制定的评估格式,将风险管理效果分析结果汇总,编制出风险管理决策效果评估报告并提交委托单位和被评估的单位。电子商务风险管理效果评估报告的编制必须坚持客观、公正和科学的原则。

(1)比较分析

利用上述的统计结果与前期的有关数据进行比较。如果是初次评估,则将统计结果与有关历史数据进行比较。如果统计数据优于前期数据,说明电子商务风险管理实施效果较佳,反之说明电子商务风险管理实施效果欠佳,需要分析其中存在的问题。

(2)总结、反馈

将效果评估中反映出的问题反馈给电子商务风险管理决策人员,为修改、调整电子商务风险管理计划提出建设性建议。

5.4 电子商务保险

5.4.1 电子商务保险的概念

电子商务保险是以电子商务活动中有关的财产及其有关的利益作为保险标的,对投保人或被保险人的经济损失进行补偿的综合性保险。电子商务保险属于财产保险的范畴,由于电子商务活动的虚拟性,电子商务保险与传统保险产品相比有一些不同。首先是承保对象不同。电子商务保险的承保对象主要是电子商务交易过程中因伴随网络技术的迅速发展而直接产生或衍生出的风险。其次是保险标的不同。电子商务的保险标的是交易过程中的财产和与之相关的经济利益,既可以是个人网银中的实际货币,也可以是各大软件中的虚拟代币。当被保险人遭受经济损失或货币可衡量的损失时,保险公司应按照保险合同予以经济补偿。

5.4.2 电子商务保险的特性

1. 专业性

电子商务是一项集成了网络信息技术、经济学、行为心理学等多学科的商务活动。相较于传统的商业保险,电子商务保险具有的专业性主要体现在以下两个方面。

一是承保风险的专业性。电子商务保险具有高科技保险的特点,其承保的风险类别与传统的财产保险差别很大。传统财产险的承保风险通常是不可抗拒的自然灾害或意外事故,如火灾、洪涝灾害等。电子商务保险承保的主要风险则是信息流风险中的高科技风险(如计算机病毒、钓鱼网站和黑客攻击)、物流风险中的运输问题等技术风险。

二是保险团队的专业性。电子商务保险面临的风险是专业且特殊的,因此参与电子商务保险的团队也是专业且精深的。电子商务风险的专业性决定了保险公司的门槛,保险公司必须对电子商务风险有深入的研究才能在开发保险险种、保费的厘定、保险条款的确定、相关保单的核保及出险后的核赔、保险金的赔付上做到缜密。电子商务保险的团队要求比传统财产保险更高,制定流程比传统财产保险更为复杂,制定标准比传统财产保险更为严苛。这些特征都是电子商务保险专业性的体现,这对于电子商务保险的承保理赔、产品开发,尤其是精算定价,提出了更高的专业性要求。

2. 虚拟性

网络世界本就是虚拟的现实世界,电子商务正是基于互联网兴起的交易模式,具有深厚的互联网基因,自然就具有虚拟性的特点。电子商务保险同样继承了电子商务的虚拟性特点,其虚拟性主要体现在以下两个方面。

一是保险事故双方的虚拟性。电子商务保险的被保险人具有虚拟性,被保险人可以是虚拟游戏玩家,其游戏账户里的装备、代币等具有虚拟性;电子商务保险的事故责任人同样具有虚拟性,目前有一些黑客保险,这类电子商务保险的事故责任人通常为具有虚拟身份的网络黑客,这种虚拟身份给电子商务保险的赔款追偿带来了不小的难度。

二是保险标的的虚拟性。电子商务保险的保险标的既可以是采用网上银行进行交易的实际货币,也可以是能用货币衡量的等价代币(通常发生在游戏平台、社交软件等)。诚然,货币的虚拟性加速了电子商务交易的进程,提升了用户的交互体验,但也造成了电子商务活动中的信息不对称。电子商务活动中的违约和欺诈事件频发,保险标的的虚拟性为保险公司对保险事故责任人的追偿工作带来了不小的难度,有些时候甚至无法追偿到个人。降低虚拟性引发的风险对电子商务活动的参与方来说是十分必要的。

3. 全球性

全球化已是当今时代发展的主流,"地球村"的概念早已深入人心。电子商务活动突破了边境、国家的限制,使得不同种族、不同肤色的人群能够在互联网平台上进行跨越空间和时间的交易,这是电子商务活动全球化的体现。这种全球化固然给人们的生活带来了极大的便利,但也引发了一系列安全问题。

电子商务保险的全球性体现在承保对象上。目前,许多国内企业与国外企业开展了国际交流合作,在电子商务平台上进行跨境交易。许多个人用户也选择在跨境电商平台上进行消费,但是这种跨国电子商务活动容易受到利率风险的影响。例如,国内许多消费者选择在知名电商平台亚马逊上购买国外的直邮箱包、鞋服、化妆品等。但是跨境购物面临着汇率波动和国际运输的风险,一旦发生风险事故,引发的风险损失往往需要消费者或者平台商家自行承担。而电子商务保险区别于传统的财产保险,具有全球性的特征,因而可以更好地应对更为复杂的跨境电商活动中的全球性风险,保障消费者或者商家的部分权益。

4. 易分销性

电子商务保险承保的风险源于电子商务活动的交易流程,因此许多电子商务保险也相应地与电子商务的交易流程相匹配,具有易分销性。

目前,许多电子商务保险的险种是针对电子商务活动交易流程中各个环节面临的风险来设计的,伴随着电子商务活动一并推出,采取捆绑销售的模式。例如,华泰财产保险公司推出的退货运费险是面向淘宝网的购物人群的,消费者在进行付款时能看到购买运费险的选项,也就是说,消费者在了解该险种内容之后,只要在支付时一并勾选退货运费险即可投保成功。这种简单易操作的特性,使得该险种很快在电子商务平台上得到了广泛应用。此外,还有一种网购敢赔险,在网络交易完成后会自动生成保险合同,消费者在了解合同内容后只需要选择是否接受,如果点击接受则合同即时生效,免去了复杂的参保流程,方便且快捷。电子商务保险这种有别于传统财产保险的优势赋予其天然的营销渠道和潜力巨大的市场空间,这些优势使电子商务保险更易得到推广。

5. 方便性

电子商务保险的方便性体现在消费者在自己所在城市的任何已开通这种业务的

保险公司都可以进行投保，一次性签订一定期限的电子商务保险，或者足不出户在保险公司的网站上购买保险，合同邮寄到家。

6. 安全性

电子商务保险的安全性体现在消费者合同在手对以后维护自己的合法权益有所依据，更加安全可靠，且保险公司属于第三方，在处理问题上会比商家更加公正。

7. 快捷性

电子商务保险的快捷性体现在消费者只需一个电话或一个邮件就能把自己的电子商务问题交给保险公司，保险公司在一定期限内给客户一个满意的答复。

5.4.3　电子商务保险的分类和责任范围

运用风险回避、转移、自留等风险管理方法，对电子商务活动中的风险进行有计划的控制和管理。作为一种重要的风险管理方法，保险可以对电子商务风险进行损失分摊和经济补偿，并协助做好防灾防损工作，稳定电子商务的运营。

电子商务活动中的财产损失、信用、法律责任等风险，大多是非投机性的纯粹风险，人们可以通过风险实践掌握其偶然或意外发生的规律，因而这些风险属于可保风险。但是，由于技术等条件的限制，仍有许多风险属于不可保风险，这也是目前电子商务保险险种有限的原因，许多电子商务风险没有相对应的险种可供购买。但是可以预见的是，随着科学技术的发展，人们对电子商务规律性认识的提升，某些现阶段属于不可保风险的风险，将来也可以成为可保风险，并开发出对应的保险产品。

依照电子商务保险的承保风险，其可分为电子商务财产保险、电子商务责任保险和电子商务信用保证保险三类。电子商务保险其中部分险种承保传统风险，是传统保险产品在电子商务领域的延伸运用，与传统保险有相似之处。例如，电子商务第三方物流保险、责任保险就类似传统的货物运输保险和承运人责任保险。同时，电子商务保险也具有区别于传统财产保险的新功能。例如，网络虚拟财产损失保险就属于电子商务保险的一种，但在传统财产保险中，虚拟财产属于不可保的风险标的。

5.4.3.1　电子商务财产保险的分类和责任范围

电子商务财产保险的承保范围是电子商务活动中可能对财产造成损失的风险，既包括交易的故障风险也包括网络虚拟财产风险。在电子商务财产保险中，保险公司承保企业计算机网络设备设施遭受自然灾害、意外事故、人为过失等原因导致的硬件风险，赔偿其设备直接经济损失和恢复费用。在电子商务企业营业中断保险（利损险）中，保险公司承保病毒破坏、黑客攻击等风险，赔偿企业因故障而丧失的预期利润和间接经济损失。在网络虚拟财产风险中,保险公司承保网上银行、电子货币被盗窃的风险,赔偿企业或个人因网上盗窃行为所致的直接经济损失。

(1)计算机网络安全保险

1)概念

计算机网络安全保险是以电子商务不具备正常交易的条件、被突然中断或破坏为保险标的的一种交易工具保险。它主要承保企业计算机网络设备设施遭受自然灾害、意外事故、人为过失等原因而导致的硬件风险,赔偿其设备直接经济损失和恢复费用,以及由于计算机网络硬件或软件风险(包括病毒破坏、黑客攻击等),赔偿其因故障导致丧失预期利润的间接经济损失。

2)承保责任范围

①事故响应相关费用。保险人将支付或代表被保险人支付因网络安全事件发生而产生的任何合理和必要的信息技术取证费用。

②数据恢复费用。保险人将代表被保险人支付网络安全事件发生后,恢复被保险人丢失或损坏的数据以及计算机软件至网络安全事件发生之前最接近的可能情形所产生的任何合理和必要的费用。

③营业中断损失。保险人将支付被保险人在赔偿期间内由于被保险人计算机系统因网络安全事件导致部分或全部无法使用,直接造成的毛利润损失和工作成本增加。

(2)虚拟财产保险

1)概念

虚拟财产保险是针对虚拟财产设置的一种保险产品。与传统的商业保险类似,虚拟财产保险的主体主要包括投保人与保险人。投保人一般是虚拟财产的持有者,为转嫁虚拟财产灭失风险而支付相应保费。保险人则是提供虚拟财产保险,在风险事件发生后承担赔偿责任的保险公司。

2)分类

虚拟财产损失险是指投保人将在游戏中的装备、游戏币、游戏号等资产作为保险标的,当发生损失时,保险人根据保险合同以及损失情况进行赔付的险种。

虚拟财产责任险是指网游公司和玩家存在有偿的合同关系时,网游公司因为游戏设计存在漏洞以及对账号保管不慎等原因造成玩家损失而需承担相应的民事赔偿责任。网游公司可以将这种民事损害责任通过风险转移的方式由保险人承担,当被保险人发生民事损害时,由保险人依据保险合同规定对玩家履行相应的经济赔偿责任。

3)承保责任范围

保险标的为:①游戏账号;②游戏币;③游戏装备和道具;④经保险人同意的其他虚拟财产。

在保险期间内,因账号失窃、黑客攻击、运营商数据丢失或损坏等意外事故,导致保险标的损失,并且在保险期间结束72小时之内,被保险人向保险人提出索赔的,保险人应按照本保险合同的约定负责赔偿。

(3)退货运费险

1)概念

退货运费险是为解决买卖双方在退货中由于运费支出产生的纠纷,保险公司针对网络交易的特征,适时推出的产品,也简称退运险或运费险。退货运费险目前分为买方退货运费险和卖方退货运费险两个类别。区别为由买方支付保险费的为买方退货运费险,反之为卖方退货运费险。

运费险主要承保的对象是买卖双方的交易风险。从买方来看,主要是由于卖家的宣传与实物不符或者尺码不符等,这可以算是对卖家违约风险的承保。但是,在物流过程中产生的风险并不是此险种承保的对象,比如商品在物流邮寄过程中毁损,保险人可以拒绝赔偿。从卖方来看,承保的对象是买家信用,也就是发生买家拒收的风险。买家拒收的风险不一定是卖家问题引起的,也可能是买家违约,由于第三方支付,卖家发货和实际取得货款也有时间和空间差,且买家在拒收后还可以申请退款,卖家实际上承担着这一风险。

2)承保责任范围

在保险期间内,网络购物行为发生后,因实物与网上展示不符或投保人与保险人协商一致的其他理由,买方或收货方在买卖双方约定的退货期间内退货,且卖方允许买方或收货方退货并承诺返还货款,保险人按照保险单约定的退货运费进行赔偿。

3)除外责任

除外责任具体包括:①投保人、被保险人及其代表的故意行为;②战争、敌对行动、军事行为、武装冲突、罢工、骚乱、暴动、恐怖活动;③核辐射、核爆炸、核污染及其他放射性污染;④地震、海啸;⑤行政行为或司法行为;⑥买卖双方未就退货达成一致意见发生的退货行为;⑦因承运方的责任造成的网购物品本身的损失和损坏。

5.4.3.2 电子商务责任保险的分类和责任范围

电子商务责任保险的承保范围是电子商务活动中的信息风险和物流风险,保险公司对因个人或团体的疏忽或过失行为,造成他人财产损失或人身伤亡的,按照保险合同的约定负有的相应的赔偿责任。例如,在电子商务信息隐私责任保险中,由于被保险人过失导致受害方的交易信息或隐私被破坏、泄露时,如果被保险人具有赔偿受害人经济损失或精神损害的赔偿责任,则保险公司按照订立的保险合同的约定负责赔付。在第三方物流责任保险中,由保险公司负责承担电子商务第三方物流承运人的责任风险。第三方物流商作为电子商务的销售商和普通电子商务消费者之间的中间商,运输过程中的物资流和资金流的分离使其对买卖双方均负有一定的责任。这种责任通常巨大而又难以估值,故需要将此风险发生的可能性纳入电子商务保险的考量范围。

(1)卖方信用保证保险

对于卖方,保险公司可以提供卖方信用保证保险,为卖方提供担保,赔偿权利人由于卖方不履约遭受的经济损失,譬如卖方不依据合同规定(提供虚假信息或故意夸大),不能按质、按量、按时把货物送到买方手中。

(2)买方信用保证保险

保险公司也可以开发买方信用保证保险,承保买方无力支付货款、逾期不付款、恶意拒收货物并拒绝付款、蓄意欺诈,故意不付款等行为导致卖方、第三方物流发生经济损失的风险。

(3)电子商务雇员忠诚保险

1)概念

所谓电子商务雇员忠诚保险,是指在雇佣期间,电子商务企业雇员的不诚信行为导致企业遭受经济损失,特别是偷窃或破坏客户交易信息,盗窃、挪用网络虚拟财产等给企业造成经济损失后,保险公司对企业所遭受的损失承担赔偿责任。

2)承保形式

①指名保证保险,即以特定的单个雇员为被保证人的保证保险。

②特定职位保证保险,即以电子商务企业特定职位上的所有雇员为被保证人的保证保险。若其中一名雇员离职并补上一名新雇员,则对新雇员的保险自动生效而无须变更保险合同,也无须通知保险人。但是,职位本身或被保证人人数发生变化时,用人单位应及时通知保险人。

③总括保证保险,即以被保险人全体在册员工为被保证人的保证保险。

3)承保责任范围

保险公司对被保险人因保单所载员工在保险期限内的欺诈行为、不诚实行为所致的经济损失,负经济赔偿责任。

4)除外责任

①被保险员工工作错误、疏忽、过失或经营无方。

②被保险员工向电子商务企业借贷。

③与被保险员工无关的外界盗窃。

④与被保险员工的欺诈、不诚实行为无关的盘点、结算、兑账不符。

⑤电子商务企业自身疏忽、故意行为以及重大过失行为。

⑥被保险员工与其职务无关的行为。

(4)产品质量保证保险

1)概念

在电子商务中,产品质量保证保险是指承保制造商、网络销售商或修理商因其制造、销售或修理的产品质量有内在缺陷而给消费者带来的经济损失的保险。其包括更换、修理有质量问题的产品所引起的损失和费用;因产品无法使用而改用其他方式达到目的所引起的损失和费用;根据法院判决或政府有关部门命令收回、更换或修理已投入市场的产品所引起的损失和费用。保险金额一般按保险标的的购货发票或修理费收据金额来确定;保险期限因产品的性能、用途不同而异,一般是以产品质量认证机构所确认的质量保证期来确定。

2)保险责任范围

①使用者更换或修理有质量缺陷的产品所蒙受的损失和费用。

②赔偿使用者因产品质量不符合使用标准而丧失使用价值的损失和由此引起的额外费用。

③被保险人根据法院的判决或有关政府当局的命令,收回、更换或修理已投放市场的存有缺陷的产品所承受的损失和费用。

5.4.3.3 电子商务信用保证保险的分类和责任范围

电子商务信用保证保险可以承保电子商务交易风险以及电子商务工作人员个人的诚信风险。电子商务信用保证保险的承保范围是电子商务活动中的人为风险,是最重要的电子商务风险管理手段。对于电子商务活动中的卖方而言,保险公司为其提供电子商务履约的信用担保,赔偿权利人由于卖方不履约遭受的经济损失。例如,卖方不依据合同规定提供虚假信息时,不能按质、按量、按时把货物送到买方手中时,卖方蓄意欺诈买方货款故意不发货时,均由保险公司对权利人进行赔付。对于买方而言,保险公司为其提供买方信用保险,承保买方无力支付货款、逾期不付款、恶意拒收货物并拒绝付款、蓄意欺诈、故意不付款等行为给卖方、第三方物流公司造成经济损失的风险。

电子商务信用保证保险具有多个品类,可以应对多种复杂场景。例如,当电子商务企业工作人员的不诚信行为,尤其是偷窃或破坏客户交易信息,盗窃、挪用网络虚拟财产等行为导致企业遭受经济损失时,电子商务雇员忠诚保险的保险公司将对被保险企业进行赔偿,弥补企业遭受的经济损失。对保险公司而言,这种信用保证保险通常可在赔付后向义务人追偿来减少损失,理论上是"零风险"保险业务。

(1)电子商务隐私信息责任保险

1)概念

电子商务隐私信息保险是基于保险公司、电子商务企业与消费者三方就消费者隐私信息披露、泄露后损失赔偿等所订立的保险协议。

2)特点

①电子商务隐私信息保险是对消费者隐私信息披露风险的事后补偿机制。因信息不对称的存在,在实际应用中,消费者无法判断企业对其隐私信息的收集和应用是否符合监管或协议的要求,最终导致现有隐私保护手段的失效。而电子商务隐私信息保险则是将企业对隐私信息的收集和应用过程视为"黑箱子",重点关注对消费者可能产生的隐私信息披露风险的补偿。

②电子商务隐私信息保险还处于探索阶段。电子商务企业可以选择购买隐私信息保险赠予消费者以提升消费者披露隐私信息的意愿,也可以仅仅提供隐私信息保险的购买渠道由消费者决定是否购买。

(2)网络交易安全应用软件责任保险

网络交易安全应用软件责任保险保障用户在使用保单列明的网络交易安全类软件过程中进行在线交易或支付时受到恶意软件或病毒的攻击,且由于网络交易安全类软件存在缺陷或瑕疵,未能按照保险单约定的方式有效甄别、警示,导致用户账户信息被盗或出现交易欺诈等情形并遭受直接经济损失的,软件运营商或开发商依据法律规定或合同约定承担赔偿责任的,保险公司按约定负责赔偿。

(3)快递保险

1)概念

以快递方式将货物发送到目的地,可能通过陆上或航空运输,或者经过两种或两种以上的运输工具运送。不论通过何种运送工具,凡是以快递方式将货物运送至目的地的保险均属快递保险。快递保险按其货物运输方式的不同,分别对应其运输工具所对应的保险条款。

2)分类

快递保险按其运输工具的不同,相对应的货物运输保险方案也不同。

如果快递是国际快递,并且通过火车、汽车运输,那么此快递保险对应的就是国际陆上货物运输保险(火车、汽车)方案。

如果快递是国内快递,并且通过火车、汽车运输,那么此快递保险对应国内水、陆路货物运输保险方案。

如果快递是通过飞机运输,那么此快递保险对应航空货物运输保险方案。

3)承保责任范围

①被保险快递邮包在运输途中由于恶劣气候、雷电、海啸、地震、洪水等自然灾害所造成的全部或部分损失。

②由于运输工具遭受搁浅、触礁、沉没、碰撞、倾覆、出轨、坠落、失踪所造成的全部或部分损失。

③由于失火、爆炸所造成的全部或部分损失。

④被保险快递邮包在运输途中由于外来原因导致的全部或部分损失。

⑤被保险快递邮包由于快递公司未投递给快递运单上所注明的接收人本人所造成的邮包丢失。

⑥被保险人对遭受保险责任范围内危险的快递邮包采取抢救、防止或减少快递邮包损失的措施而支付的合理费用,但以不超过被救快递邮包的保险金额为限。

4)除外责任

①被保险人的故意行为或过失所造成的损失。

②属于发货人责任引起的损失。

③在保险责任开始前,被保险快递邮包已存在品质不良或数量短差造成的损失。

④被保险快递邮包的自然损耗、本质缺陷、特性以及市价跌落、运输延迟所引起的损失或费用。

⑤快递公司快递邮包战争险条款和货物运输罢工险条款规定的责任范围和除外责任。

案例分析

案例描述

近日,有媒体报道,温州消费者马某(化名)在接受媒体采访时声称,在今年 1 月初网购时，购买了相关保险的退货运费险，但当退货时，“保障期限和保障范围都符合赔付要求，却不能得到应有的赔付”，马某对此感到困惑。

事实上，看到媒体报道后，涉事保险公司第一时间对此进行了回应。保险公司相关负责人在接受媒体记者采访时表示，根据调查了解发现，其实马某在2013年12月30日至2016年1月21日，分别注册了9个不同的淘宝身份，并通过不同的身份名称分期分批向该保险公司投保了538份退货运费险，并就其中约50%的商品发起退货申请。同时，在2015年12月至2016年1月，马某使用其注册的7个淘宝身份，12个手机号，7个邮箱地址分别向该保险公司投保了275份退货运费险，并就其中的224单提出退货索赔，退货率超过80%。据了解，此期间马某所购商品基本为10元左右的手套、口罩等重量轻的商品，全为卖家包邮及适用“7天无理由退货”，所留的收货地址包括沈阳、黑龙江、内蒙古、河北等不同省市以及阿富汗等境外国家，并在收货当天或次日予以退货。“根据上述信息及数据，其注册不同淘宝身份、采用多个不同手机号分别下单、大批量购买包邮低价商品、畸高的退货率，以及超短的退货周期，其行为模式符合通过逆向高比例退货，赚取差价的可疑案件类型。”该保险公司相关负责人表示，在系统辨识出马某的可疑索赔案件后，公司也立即对其索赔所涉及的快递公司的区间运费进行了调查和比对，“其每单的索赔金额较其实际运费有2至4元的盈利空间。”保险公司因马某账号和交易行为存在异常而拒绝赔付。

案例思考与分析

问题1：电子商务保险中运费险投保成本低、出险概率高、投保人群大，其存在是否合理？为什么？

根据可保风险应具备的条件进行分析。可保风险是纯粹风险，在电子商务运行的过程中，商品的发货和退货中的运费需要买家或卖家来承担，总体来看发生退换货时商品销售受阻和运费的负担对于双方而言只有损失而无收益；可保风险损失具有经济可行性，电子商务运费险的损失程度一般而言为商品运费，在保险公司承保能力范围内，虽然损失程度相对而言不是很高但其业务量巨大，累积起来的风险较大；可保风险损失是明确的，电子商务运费风险的损失在时间、平台、原因和数额上都是明确并且可鉴定的；可保风险损失具有偶然性和意外性，电子商务交易时，买家退货风险发生的概率未知，退货属于因商品问题而发生的意外事故，运费风险损失的发生具有偶然性和意外性；可保风险损失概率是确定的，根据各大电子商务平台大数据中的用户规模和用户退换货频率，以及各大快递平台运费的规定，使用完备的统计资料并运用科学的方法能够合理地厘定保险费率;可保风险是大量的同质风险。由于电子商务的兴起和繁荣,网上购物用户的规模急剧扩大,尤其在节假日期间的交易量更大,买家和卖家所遭遇的退换货风险是大规模存在的,且损失的概率和损失的规模大体相近,满足了可保风险经营的大数法则要求。

综上所述,电子商务中的运费风险属于可保风险,因此运费险的存在是具有合理性的,尽管案例中所描述的利用运费险来盈利的事件大规模发生引发了人们对运费险合理性的思考,但问题的解决需要保险公司对运费险的条款和除外责任更加明确,利用现阶段的科学技术来识别用户的异常交易行为,需要更加严厉的监督和管理来减少此类骗保盈利事件的发生。

问题2:案例中存在着哪些风险?可用哪些保险来转移?

案例中的风险主要包括马某频繁购买商品后退货给卖家带来的财产损失风险,退换货时买家或卖家承担邮费的风险,利用保险本身的漏洞赚取差价的风险,利用保险监管的漏洞骗保获利的风险等。

针对上述风险,风险管理应该把重心放在投保人电子商务交易行为所带来的风险上,加强对投保人电子商务交易行为的管理和监督,完善相关保险的条款和除外责任,风险管理技术要结合大数据、云计算等新兴科学技术来应对电子商务发展性、创新性的风险。

针对退换货时买家或卖家承担邮费的风险,可以选择用买家运费险和卖家运费险来转移,对于投保人利用保险自身条款和监管漏洞骗保的风险则需要保险公司完善条款,提高核保能力和技术,监管部门和法律部门要加大查处力度,降低风险发生的概率。

问题3:该案例中保险公司是否应该赔偿?为什么?

该案例中保险公司不应该赔付,分析如下。

根据《中华人民共和国保险法》第二十七条有关保险欺诈条例的规定,投保人、被保险人故意制造保险事故的,保险人有权解除合同,不承担赔偿或者给付保险金的责任;除《中华人民共和国保险法》第四十三条规定的受益权丧失情况外,不退还保险费。在此案例中,马某在2013年12月30日至2016年1月21日期间,分别注册了9个不同的淘宝身份,并通过不同的身份名称分期分批向该保险公司投保了538份退货运费险,并就其中约50%的商品发起退货申请,并多次重复进行上述行为,其行为模式明显符合通过逆向高比例退货,赚取差价的可疑案件类型,同时根据《退货运费险》第六条和第三十一条的相关规定,对于投保人、被保险人及其代理人的故意行为、骗保行为保险人不负责赔偿任何损失、费用,因此案例中的马某虽然保障期限和保障范围都符合赔付要求,却不能得到应有的赔付。

根据《退货运费险》第六条中责任免除的相关规定,索赔申请者提供虚假物流信息的保险人不负责赔偿任何损失和费用。案例中马某所留的收货地址包括沈阳、黑龙江、内蒙古、河北等不同省市以及阿富汗等境外国家均为虚假地址,有恶意退货行为,因此保险公司可不予赔付。

根据《中华人民共和国保险法》第一百七十四条有关进行保险欺诈活动法律责任的规定,投保人、被保险人或者受益人有故意造成保险事故骗取保险金的保险诈骗活动,尚不构成犯罪的,依法给予行政处罚。马某注册不同淘宝身份、采用多个不同手机号分别下单、大批量购买包邮低价商品、畸高的退货率,以及超短的退货周期的行为应当被依法给予行政处罚。

基于上述分析,保险公司不应当赔付马某,且应当依法对马某给予行政处罚。

参考文献

[1] 陈修龙,闫东玲. 天津保险业发展与经济增长关系的实证研究[J]. 甘肃科学学报, 2015,27(5):127-130.

[2] 陈德人,方美玉,白东蕊. 电子商务案例分析[M]. 2版. 北京:人民邮电出版社, 2023.

[3] 唐小虎,王金威. 基于AHP的电子商务风险识别与评价[J]. 北方经贸, 2021(8): 61-63.

[4] 邵兵家. 电子商务概论[M]. 4版. 北京:高等教育出版社,2019.

[5] 黎新伍,叶晗堃. 跨境电子商务运营与管理 [M]. 2版. 南京:南京大学出版社, 2021.

专题 6 国际贸易风险管理与保险

6.1 国际贸易风险

6.1.1 国际贸易风险的概念

国际贸易风险是指在国际贸易中，与贸易有关的某些因素在一定时间内发生不可预料的变化，导致国际贸易主体的实际收益与预期收益或实际成本与预期成本不一致，从而使国际贸易主体蒙受损失的可能性。国际贸易中某些因素在一定时间内发生的不可预料的变化，称为国际贸易风险事件。

国际贸易是一个紧紧依赖于环境的活动，尤其依赖国际环境。诱导国际贸易风险的因素繁多，激烈的国际市场竞争、复杂多变的国际国内环境、各地不同的贸易政策等，都使得国际贸易风险因素复杂化且难以准确把握，从而导致国际贸易风险事件经常发生，并可能造成重大风险损失。同时，也正是环境的复杂多变，给国际贸易带来了有利的机会，使国际贸易活动有可能获得风险收入。国际贸易参与主体，常常会对这种风险收入与风险损失、风险成本进行分析和比较，在此基础上进行决策并制定相应的风险管理措施。

6.1.2 国际贸易风险的特征

随着经济全球化的快速发展，国际贸易风险与日俱增，呈现出客观性、复杂性、变化性、相对性等特征。

1. 客观性

国际贸易风险是对外经济交往的必然产物，不以人的意志为转移，在对外经济活动中客观存在，这种客观性表现为形成国际贸易风险原因的客观性和必然性。诱发国际贸易风险的原因有很多，主要有国际贸易参与主体生产经营活动的复杂性和市场经济参与主体的认识及其他方面能力的局限性。导致国际贸易风险的客观基础和依据，必然会从风险成因的角度表现出来。国际贸易风险的客观存在性还表现为国际贸易风险的不可避免性，在国际贸易风险存在的基础消除之前，国际贸易风险是必然事件,国际贸易风险管理者只能将其控制在一定程度之内,降低其发生的概率,但不可能彻底消除国际贸易风险。

2. 复杂性

国际贸易风险的复杂性表现为四点:一是国际贸易风险发生的原因、表现形式、影响力和作用力是复杂的,这就要求经营主体所采取的应对措施具有针对性和应变性;二是国际贸易风险形成的过程是复杂的,人们不能完全了解、全面掌握其形成过程;三是国际贸易整个流程的各个环节都有可能产生风险,但是风险的强弱、频率及表现是不同的,经营性主体对其把握存在一定难度,只能根据经验和认识以及对风险类型发生的敏感度,依次做出不同的应对反应,但这种反应是否正确取决于复杂的因素;四是国际贸易风险造成的后果是复杂的,或者说国际贸易风险的结果对经营主体的影响和损坏程度是各异的。国际贸易风险的复杂性使得人们较难对其做出准确的判定,人们对风险的描述往往是事后归纳总结,对风险事件发生的时间、地点、规模、后果基本是事后统计。

3. 变化性

国际贸易风险并非一成不变,它会随着时间的推移、空间的不同、市场环境的变化而变化。不同的时间、空间、环境,会对各国的社会、人文、政治、市场环境等产生间接的影响。同时,不同区域的教育水平与消费能力也有偏差,企业国际贸易往来在这些非物质变化性的影响下,其风险意识也随之改变。从某种形态上讲,这些变化性的因素间接影响了企业的风险意识。

4. 相对性

国际贸易风险会随着一定条件发生转化,或者加强或者削弱。国际贸易风险具有相对性,是相对于不同的经营者及其抗衡风险的能力而言的。如果人们识别风险、评估风险、抵御风险的能力增强,经营者面对风险的承受力提高,就能在一定程度上降低风险导致的损失程度、范围和风险的不确定性,降低风险发生的机会和概率,减少不可控风险产生的破坏力,反之亦然。

6.1.3 国际贸易风险的分类

6.1.3.1 按国际贸易风险性质分类

根据国际贸易风险性质,可划分为静态风险和动态风险。

1. 静态风险

静态风险主要是指在国际贸易中由于自然灾害或人们的错误行为等带来的风

险，如地震、台风、洪水、欺诈、失信等。

2. 动态风险

动态风险主要是指国际贸易参与主体的经营管理状况、市场资金需求变动或经济发展、经济体制改革以及国际市场变化无常等因素引起的风险。

在国际贸易中，静态风险与动态风险有着明显的不同，可从以下几方面进行区别。

（1）可否计量

静态风险具有一定的规律性，国际贸易参与主体可以通过大数法则等数理统计方法评估静态风险造成的后果。在国际贸易参与主体收集的历史资料中，这种风险造成损失的机会尽管对个别国际贸易参与主体来说是不确定的，但就整体来说表现为一个确定的数值。

与静态风险相比较，动态风险因缺乏规律性而难以预测。动态风险造成的后果是难以估计的，因为市场资金需求变动或经济发展、经济体制改革变动引起国际贸易参与主体经营方面的波动，以及国际市场变动对国际贸易参与主体进行国际进出口业务的影响，是很难用历史资料来推算和估计的。

（2）可否获得额外收益

静态风险对于个体和社会来说都是纯粹风险，静态风险造成的后果主要是经济上的损失，不会因此获得意外的收益。动态风险可能引起的后果则是双重的，既可能给国际贸易参与主体带来经济上的损失，也可能给国际贸易参与主体带来额外的收益。从长期来看，动态风险是对资源配置不当所做的调整，对整个社会是有利的，国际贸易参与主体完全有可能从中获利。

（3）可否回避

静态风险一般属于不可回避风险，国际贸易参与主体在风险面前处于被动地位。例如，国际贸易参与主体可以采取一些措施来预防自然灾害、欺诈、货损、贸易合作方的信用风险等。但从长期来看或从大范围来看，自然灾害、欺诈、货损、贸易合作方的信用风险等往往是无法回避的，是有可能发生的。

而动态风险常常是可以回避的，国际贸易参与主体在风险面前处于主动地位。例如，针对不同的国际市场环境，国际贸易参与主体可以采取不同的方式进入国际市场以规避风险。

（4）造成的损失可否计入成本

静态风险造成的损失可以通过财产保险费或通过国际贸易参与主体营业外支出的形式计入国际贸易参与主体的成本当中。

动态风险则不然,由于这种风险的不可计量性和不可保险性,其可能引起的损失是无法直接计入成本的。而且,这种风险本身还意味着可能的收益,因此也没有计入成本的理由。

6.1.3.2 按国际贸易风险来源分类

根据国际贸易风险来源,可划分为国家性风险、市场性风险、自然风险、合同风险、操作风险和欺诈风险等。

1. 国家性风险

国家性风险是指由于东道国的政治、社会和宏观经济发生不可预测的变化和调整,给从事国际贸易企业的经营活动带来影响、制约和造成损失的可能性。

根据产生的原因,国家性风险可以分为以下几种情况:①政治因素,如本国或外国政府更迭、政局动荡不安、爆发战争,或发生国家(地区)间的政治冲突、战争等;②社会因素,如本国或外国发生阶级冲突、种族冲突、宗教冲突等;③政策因素,如外汇管制、贸易管制、不同的国际贸易政策或法律或习惯、歧视性贸易政策、反倾销政策等;④国际性危机,如全球性金融危机、经济危机等。

国家性风险仅依靠国际贸易商(包括国际贸易参与主体,如银行、保险公司和运输公司等)的能力不能完全规避,因为国家性风险直接影响国际贸易的各个环节。作为贸易商,在进行交易前,尤其是进行大宗的国际贸易活动前,首先应当仔细研究交易国的相关政策,再决定以何种方式进行交易能够最大程度地避免和降低风险发生的概率和风险可能造成的损失,因此必须对国家性风险的评估与管理给予充分的重视。

2. 市场性风险

市场性风险是指由市场因素给国际贸易主体造成损失的可能性。市场因素主要分为以下三方面:①汇率因素;②利率因素;③价格因素。

在国际贸易结算中,进口商或出口商中至少有一方是以外币计价的,但外汇汇率又处于变动之中,为此买卖的一方就一定要承担汇率变动的风险;国际货物买卖合同成立以后,货物价格或原材料价格都可能发生很大的变化,买卖的一方就必须承担因价格升降而引起的市场风险。

3. 自然风险

自然风险是指由自然灾害因素引起损失的可能性。雷电、火灾、地震等自然灾害都可以使国际贸易参与主体蒙受经济损失。尽管自然因素引发风险事故的概率对国际贸易参与主体来说不一定很大,但造成的损失往往是无法预计的。

4. 合同风险

合同风险是指由于合同原因给国际贸易主体带来损失的可能性。国际贸易的开展需要以相关的合同为基础,从而保证各项工作有序地开展,同时也会产生明显的合同风险。例如,在国际贸易开展过程中,由于涉及的主体较多,并且国外的环境较为复杂,在合同签订过程中存在较多的影响因素,如资金不准确、专业术语不明确、对合同条款不了解等,造成双方认知存在差异,最终产生合同风险。在传统的国际贸易发展过程中,对贸易术语理解不透彻是造成风险的主要原因,并且因合同产生的偏差通常难以协商解决,最终会产生诉讼仲裁风险。

5. 操作风险

操作风险是指在国际贸易业务中,因国际贸易主体的非欺诈性故意行为造成工作差错带来损失的可能性。从国际贸易业务流程可以看出,国际贸易是涉及多方面、多环节的业务活动,任何一方当事人的工作失误或者客观条件的限制,都会影响贸易合同的顺利履行和正常贸易结果的产生。比如,贸易商备货不齐、运输部门的运期不能保证、银行结算部门的工作疏忽、差错造成的结算延迟等,都会导致国际贸易风险事故的发生,从而对国际贸易当事人造成损失。

6. 欺诈风险

欺诈风险是指由人为欺诈原因导致的国际贸易主体遭受损失的可能性。欺诈风险通常表现为以下三种:①国际货物买卖合同的欺诈;②国际货物运输(一般指海洋运输)欺诈;③国际贸易结算欺诈。欺诈行为主体可能是参与贸易的单方、双方或多方,由贸易商与船东共谋或船东自谋等。欺诈的目标可能是定金、预付货款、货款、货物、保险金等。

6.1.3.3 按国际贸易风险损失范围分类

根据国际贸易风险损失范围,可划分为赔本风险和赔利风险。

1. 赔本风险

赔本风险,是指由某种不利事件引起国际贸易参与主体经营的货款不能回流的可能性。国际贸易参与主体的贸易经营运动,具有双回流性质,一方面是货物的流出(或流进),另一方面是货款的流进(或流出)。只有实现双向流动的贸易经营活动,才是完整的运动。

2. 赔利风险

赔利风险,是指由于某种不利事件引起国际贸易参与主体业务活动不能达到预期正常增值回流的可能性。国际贸易参与主体从事进出口业务,直接目的是获得最大限度的利润。进行国际贸易活动前,国际贸易参与主体对可能获取的最大限度的利润会有一个基本的估算,而这种估算是基于经营自身存在的盈利可能。如果经营顺利,预期盈利将转为实际盈利。如果由于某种不利事件的发生或其他原因,经营活动资金增值实际额小于可达到的预期增值额,这种预期盈利与实际盈利的差额,实质上也是一种经营风险,只不过不像赔本那样明显而已。比如,由于某种原因,出口国际贸易参与主体在货物到达进口国口岸时,不得不进行降价处理,或者进行转售,中间必然会导致费用的增加和利润的减少。

6.1.3.4 按国际贸易风险交易范围分类

根据国际贸易风险交易范围,可划分为进口贸易风险、过境贸易风险和出口贸易风险。

1. 进口贸易风险

进口贸易又称输入贸易,是指将外国商品或服务输入本国市场销售的贸易。输往国外的商品未经消费和加工又输入本国,称为复进口或再输入贸易。进口贸易的风险主要包括合同风险、贸易结算风险和价格风险。

2. 过境贸易风险

过境贸易是指甲国向乙国运送商品,由于地理位置的原因,必须通过第三国,对第三国来说,虽然没有直接参与此项交易,但商品要进出该国的国境或关境,并要经过海关统计,从而构成了该国进出口贸易的一部分。过境贸易的风险主要包括海上风险、陆上风险、空运风险以及知识产权风险。

3. 出口贸易风险

在出口贸易业务的实际操作中,通常要经过业务洽谈、合同签订、货物交接、支付结算这样一个基本流程链。在这一过程中,既可能产生业务流程链外的风险,也可能产生业务流程链中的风险。出口贸易业务中的风险主要包括合同风险、市场风险、信用风险和其他贸易风险。

国际贸易风险贯穿贸易双方报价、还价、确认、订约、履约整个交易过程的始终，按照不同的划分标准，可以分成不同的国际贸易风险类型。具体如表 6-1 所示。

表 6-1　国际贸易风险分类表

分类标准	风险种类	风险描述
按国际贸易风险性质分类	静态风险	由于自然灾害或人们的错误行为等带来的风险
	动态风险	国际贸易参与主体的经营管理状况、市场资金需求变动或经济发展、经济体制改革以及国际市场变化无常等因素引起的风险
按国际贸易风险来源分类	国家性风险	国家的政治因素、社会因素和宏观经济发生不可预测的变化和调整带来的风险
	市场性风险	因市场因素，如汇率因素、利率因素、价格因素造成的风险
	自然风险	雷电、火灾、地震等自然灾害造成的风险
	合同风险	因合同原因带来的风险，如合同中资金不准确、专业术语不明确、对合同条款不了解等，造成双方认知存在差异
	操作风险	国际贸易主体的非欺诈性故意行为造成的工作差错带来的风险，如贸易商备货不齐、运输部门的运期不能保证、银行结算部门的工作疏忽、差错造成的结算延迟等
	欺诈风险	通常表现为国际货物买卖合同的欺诈、国际货物运输（一般指海洋运输）欺诈、国际贸易结算欺诈等
根据国际贸易风险的损失范围划分	赔本风险	由某种不利事件引起国际贸易参与主体经营的货款不能回流的风险
	赔利风险	由于某种不利事件引起国际贸易参与主体业务活动不能达到预期正常增值回流的风险
根据国际贸易风险的交易范围划分	进口贸易风险	进口贸易的风险主要包括合同风险、贸易结算风险和价格风险
	过境贸易风险	过境贸易的风险主要包括海上风险、陆上风险、空运风险以及知识产权风险
	出口贸易风险	出口贸易业务中的风险主要包括合同风险、市场风险、信用风险和其他贸易风险

6.2 国际贸易风险管理

6.2.1 国际贸易风险管理的概念

国际贸易风险管理是指国际贸易主体在国际贸易活动中对存在的各种风险进行识别、评估、处理和效果评价,以最小的成本获得最大安全保障的过程。其概念的阐释如下。

①国际贸易主体是指从事国际商品贸易活动的组织和个人,包括专业进出口公司,外资、合资企业,工贸企业和其他有进出口经营权的企业及个人。

②国际贸易风险由风险因素、风险事故和风险损失三个要素构成,国际贸易风险管理的对象就是国际贸易中形形色色的风险因素、风险事故和风险损失。国际贸易风险管理的基本目标是实现以最小的风险管理代价获得企业生存发展的最大安全保障。

③国际贸易风险管理的内容:一是国际贸易风险警戒,是指企业对各种各样的贸易风险保持高度的警惕和戒备,对交易环节中的风险因素保持合理的怀疑;二是国际贸易风险归类和定位,是对国际贸易风险因素进行定性、定量的属性鉴定和提示警备;三是国际贸易风险防范,是根据识别和定位的结果对国际贸易风险采取必要的防范措施;四是国际贸易风险处置,指风险事故发生后,国际贸易主体迅速采取有效的措施对国际贸易风险进行应急处理和积极补救;五是提升应对风险的能力,强调提升国际贸易主体抗击国际贸易风险的综合能力 。

6.2.2 国际贸易风险管理的作用

国际贸易风险管理主要具备以下几个方面的作用。

1. 预防国际贸易风险事故的发生

国际贸易是一个多协同、区域性乃至全球性的活动,一旦发生未知的风险事故,可能会给国际贸易主体造成不可估量的损失,甚至可能会对贸易各方造成无法承受的社会压力和政治影响。而提前进行风险管理,控制显性风险发生的可能性,降低隐性风险发生的概率,对风险的发生有明确的估计和概率把控,可以在一定程度上预防国际贸易风险事故的发生。

2. 减少国际贸易风险事故造成的损失

国际贸易事故发生之后,不仅对外贸易企业会面临人员、财务、信誉和名声的损失，而且贸易相关国有可能面临声誉损失、信用危机以及更大的社会压力。进行国际贸易风险管理，从识别到评估再到控制，可以通过一系列风险管理活动提前做好风险发生的准备，降低风险发生的概率，从而帮助国际贸易相关方减少风险事故造成的经济损失和政治声誉损失。

3. 转嫁国际贸易风险事故造成的损失

国际贸易风险管理的核心在于通过对风险进行识别和评价，找到规避和转移风险的措施，从而降低风险事故发生对各方的影响。一般的国际贸易风险管理措施都会采取互保、担保或者购买物流保险的方式，在风险事故真正发生时做到风险事故损失的转移，通过确定的风险管理成本，来转嫁风险事故造成的损失。

4. 保证国际贸易企业的财务稳定

国际贸易风险一旦发生，企业要及时对经济损失进行补救，要对其他贸易方有所交代，也要考虑对全球经济贸易的影响。因此，对外贸易企业一旦遇到国际贸易风险事故，就会面临巨大的财务压力。而在进行风险管理之后，有效识别风险，进行有针对性的预防和控制，可以减少风险发生的可能性；也可以通过选择适合的风险管理方式，减少风险事故发生后的损失，将财务损失降到最低。

5. 营造安全稳定的国际环境

国际贸易涉及的利益方很多，一旦发生风险事故，不仅对贸易各方有所影响，甚至会影响到国际社会的贸易市场，从而引发一系列的连锁风险事故，引起世界各国的恐慌，不利于国际贸易行业的进一步发展。因此，要建立安全稳定的国际贸易营商环境，必须进行一定程度的风险管理和控制，控制风险事故发生的概率和降低风险事故发生的损失，保证相关利益群体的利益不会受到风险事故的影响。

6.2.3　国际贸易风险管理的目标

国际贸易风险管理的基本目标是以最小的成本实现最大的安全保障，具体体现在以下两个方面。

1. 损失发生前目标

（1）经济目标

外贸企业应以最经济的方法预防潜在的损失，即必须在风险事故实际发生之前，就使整个风险管理计划、方案和措施最经济、最合理，这要求在项目执行之前就要对安全计划、保险以及防损技术的费用进行准确分析。

（2）合法性目标

风险管理者必须密切关注与经营相关的各种法律法规以及贸易相关国的政策信

息,对每一项经营行为、每一份合同都加以合法性的审视,才能使企业不蒙受财务、人才、时间、名誉的损失,保证企业生产经营活动的合法性。相关企业应当依照法律法规制定符合实际需求的风险管理措施,密切关注与企业相关的各种法律法规,保证利益相关方免受损失。

2. 损失发生后目标

(1)生存目标

一旦不幸发生风险事故,就会给企业造成损失,损失发生后风险管理的最基本、最主要的目标就是维持生存。实现这一目标,意味着国际贸易相关行业从业者有足够的抗灾救灾能力,并且能够让企业、个人、家庭乃至整个社会经受得住损失的打击,不至于因自然灾害或意外事故的发生而元气大伤、一蹶不振。

(2)收益稳定目标

保持贸易企业经营的连续性便能实现收益稳定的目标,从而使其保持收益稳定增长。稳定的收益意味着企业能够正常发展,而为了达到收益稳定目标,必须增加风险管理支出。风险管理者必须把损失控制在一定范围内,使企业实现收益稳定的目标。

(3)社会责任目标

尽可能减轻贸易企业受损对他人和整个社会的不利影响。企业遭受一次严重的损失,会影响员工、顾客,供货人、债权人、税务部门以至整个社会的利益。

为了实现上述目标,风险管理人员必须辨识风险、分析风险和选择适当的应对风险损失的方法和措施。

6.3 国际贸易风险管理的内容

6.3.1 国际贸易风险识别

6.3.1.1 国际贸易风险识别的概念

国际贸易风险识别是指国际贸易主体对国际贸易活动中所面临的和潜在的风险加以判断、归类和鉴定性质的过程。国际贸易风险识别主要解决两个问题:一是发现国际贸易活动中面临的风险,二是鉴定国际贸易风险的特征和属性并加以归类。国际贸易风险识别是国际贸易风险管理的基础,也是国际贸易风险管理的起点。

在国际贸易活动中,国际贸易风险具有复杂性、可变性的特征,各种不同性质、不同强度的风险影响、阻碍着国际贸易的顺利完成。因此,必须识别国际贸易活动所面临的各种风险,不仅要识别当下所面临的风险,更要对未来各种潜在风险进行识别。识别国际贸易风险需借助一些技术工具和方法,全面查找、发觉、辨析国际贸易面临的风险。

6.3.1.2 国际贸易风险识别的原则

1. 全面周详原则

在进行国际贸易风险识别的过程中,应该全面系统地考察、了解各种风险因素发生的概率以及造成损失的严重程度。损失发生的概率和严重程度,会直接影响人们对损失危害的衡量、对风险管理措施的选择以及管理效果的优劣。因此,必须全面了解国际贸易活动中可能存在的风险因素,以便及时清楚地为决策者提供完备的信息。

2. 综合考虑原则

国际贸易活动中要面临不同的组织和系统,必须综合使用多种风险识别方法,列出可能面临的风险因素,在所涉及的不同组织和不同系统中对这些风险因素综合考虑,以避免风险事故的发生,或将风险事故所造成的损失降到最低。

3. 量力而行原则

在进行国际贸易风险识别时,要考虑国际贸易主体自身的实力,尽量采用以最少的支出实现最佳风险识别的方法,要将风险识别的成本列入财务报表,以做分析考量。

4. 科学计算原则

国际贸易风险识别应该以严格的数学理论作为分析工具,在感知和普遍估计风险的基础上,进行精确的统计和计算,并分析各种风险源,以得出比较科学合理的风险识别结果。

6.3.1.3 国际贸易风险识别的过程

1. 收集风险信息

信息是风险识别的基础。充分收集和掌握风险信息资料对风险识别起着决定性的作用。国际贸易风险管理人员应充分利用风险识别的技术手段和信息渠道,广泛收集、寻找与风险有关的直接、间接信息,感知、分析形形色色的风险因素,其中包括国内环境的风险因素和国际环境的风险因素,国际贸易内部环境的风险因素和国际贸易外部环境的风险因素等。

(1)风险信息搜集的原则

根据国际贸易风险的特点,国际贸易风险信息搜集要把握以下三个原则。

①风险信息搜集效率原则。风险信息搜集要快,过时的风险信息不仅无益,甚至影响国际贸易的正常进行。搜集信息时要注重效率,不能耽搁时间,要抢先获得风险信息。掌握实时的风险信息,给国际贸易参与主体提供回避或防范国际贸易风险的机会,从而避免灾祸事故发生或减少灾祸事故造成的损失。

②风险信息搜集量大原则。风险信息搜集要多多益善,较多数量的风险信息可以互相印证,便于国际贸易风险管理者去伪存真。若信息量少就无从比较分析,难以准确判断决策。

③风险信息搜集准确原则。风险信息搜集要准确,要根据国际交易项目的具体要求,有针对性地收集相关风险信息,不要盲目收罗一些错误或无用的信息。

(2)风险信息搜集渠道

风险信息搜集的渠道有很多,这里列举几种主要的渠道。

①从银行机构获得风险信息。国际贸易参与主体可以借助境内外银行对贸易对象的资信调查,了解对方的借贷信誉和资本实力。

②从有关的经济主体获得风险信息。通过对交易对象经营活动的观察、对消费者的调查、同竞争对手相关人员的交谈、对竞争对手的研究、对相关公开资料的分析等,都可为国际贸易主体提供大量的风险信息。

③从国内外咨询、调查机构获得风险信息。一些专业性的咨询、调查机构往往将资信调查作为其主要业务,这些机构善于收集有关的风险信息,所获得的信息较客观准确,时效性强,具有较大的参考价值。

④从各有关机构和部门获得风险信息。海关、商务部、外交部等诸多部门和相关机构发布的许多信息都可以用来分析当前进行国际贸易行为可能会面临的风险。

2. 分析处理风险信息

风险信息只有经过分析处理才具有参考价值。对风险信息进行分析处理,有利于国际贸易参与主体查出真正的风险隐患,便于国际贸易参与主体有效地利用有限的人力、物力和财力资源应对具有较大危害性的风险事件。风险信息分析处理主要包括以下内容。

(1)风险信息的加工整理

对风险信息进行加工整理的目的是把它变换成便于传输、分析、观察、输出的形式。加工整理的方法主要有筛选、分类、编辑、浓缩、计算、分析等。经过加工整理后的信息,有的需要马上就用,有的待用,有的只供以后参考研究。因而需要把有关的信息分门别类地储存起来，形成风险信息档案。目前，在国际贸易参与主体内部借助于计算机系统建立起来的数据库就可对风险信息进行储存，计算机可根据要求将其编制成不同的形式输出给用户。

（2）风险信息的鉴定

风险信息的鉴定是指对加工整理后需要进行处理的风险信息分别进行鉴定和甄别，判定其真实性和可用性，确定哪些风险信息是准确的、哪些风险信息是失真的、哪些风险信息是值得参考的、哪些风险信息是不值得参考的。

（3）风险信息的归类

国际贸易风险管理部门在获知比较准确的风险信息后，需对各风险进行深入的分析，确定各种贸易风险的性质，依据一定的标准将这些风险分别进行归类，为下一步的风险管理工作做好准备。比如，在国际贸易活动中，按风险的来源将之归类为自然风险、社会风险或经济风险；按风险主体范围的大小将之归类为宏观风险或微观风险；按风险所在的等级将之归类为绿色风险、蓝色风险、黄色风险或红色风险，其中绿色风险等级最低，说明几乎不存在风险或风险的危害为0，蓝色风险是指风险发生可能小或风险危害程度低，黄色风险是指危害为中度的风险，红色风险等级最高，表示风险极有可能发生或风险的危害很大。

（4）对风险的认知和辨识

对风险的认知与辨识就是认识风险的危害后果、影响大小与时空范围，确定国际贸易参与主体对风险应采取的态度和重视程度。要以科学的态度对待已识别出来的风险。

3. 撰写风险识别报告

在分析处理风险工作完成后，要以报告的形式对风险识别的成果进行总结，写出较为详细的风险识别报告，为下一步的风险估量、风险监控提供依据，为风险防范方案的制定提供参考。报告要依据所掌握的比较充分的风险信息资料，运用一定的风险识别技术和方法，逐一对风险症状、风险情形进行鉴定、诊断，对相关的风险信息进行确认，将各种显性与隐性的风险因素挖掘、查找出来。在风险识别报告中，国际贸易风险管理者应详细列举和描述已查明的存在于各交易环节中的风险症状、苗头，对风险产生的主客观原因、背景、影响因素，对风险的性质、特征、类别、可能产生的环节，对风险的可控性、可管理性、管理的难度与成本等诸多问题进行准确的分析阐述，对风险可能发生的时间、场合及其损害后果进行初步估计，对国际贸易的整体风险形势进行预测，在此基础上，对被识别出的国际贸易风险提出初步处理建议。

4. 通报风险识别的结果

在撰写完或风险识别报告并对已识别出来的风险进行评估的同时,国际贸易风险管理者应立即向领导决策层和有关部门通报已发觉的风险情势,提示国际贸易参与主体先行做好风险预防的各项准备,提示相关业务人员加强风险戒备。在一般情况下,继风险识别之后,风险管理工作进入下一流程,即对已经识别出来的风险进行估测和评价。对于十分危急的风险警情,国际贸易参与主体则应立即动员人力、物力对其进行紧急监控和紧急处置,遏制风险警情恶化的趋势,全力化解风险危机。

6.3.1.4 国际贸易风险识别的方法

国际贸易风险识别需借助一些技术工具和方法,除了头脑风暴法、德尔菲法、财务报表法等风险识别普遍运用的方法外,本章重点介绍流程图法、事故树分析法和风险清单法。

1. 流程图法

国际贸易风险管理部门按照实际国际贸易业务流程绘制流程图,查找和发现流程中关键环节和薄弱环节的贸易风险。在国际贸易中,流程图法主要分为以下两步。

第一步,绘制尽可能完整且详尽的国际贸易业务流程图,包括从起点到终点的整个可供分析的流程。这个流程图里的每一步都是相互独立的环节,要清楚地说明这个流程的细节,包括它的目的、业务内容、交易方式、谁来进行、可能导致的失误以及可能引起失误的原因等。

第二步,分析国际贸易流程图的各个环节并发现控制缺陷、潜在失效环节以及其他的薄弱环节,要特别留意那些不同的部门或组织的交接处可能存在的潜在风险。该分析可以识别出那些并没有展示在现有流程中的被遗漏的控制程序,还可以识别出那些被错置的任务和职责,而它们可能会导致贸易流程错误或失控。

在分析国际贸易流程图时,应重点查找:①交易处于准备期时的贸易风险,比如国际市场的不公平竞争、目标市场国和地区的或明或暗的贸易壁垒等;②商定合同过程中的风险隐患,包括磋商交易和签订合同过程中存在的风险,在这一过程中,根据以往的经验教训查找国际贸易磋商和合同审核、签订时容易犯的错误和过失,查找合同条款是否有纰漏,查看合同条款制订得是否严密、合理,以及交易对方在合同中是否设置了陷阱;③履行合同过程比较复杂,出口贸易合同履行包括审证、备货装运、商检报关、制单结汇、核销退税、理赔等流程,进口贸易合同履行还包括开证、付款赎单、索赔等环节,查找其中隐藏的风险因素。

现以成本加运保费价格条件、信用证付款方式的出口贸易业务为例,运用贸易流程图法分析出口贸易风险。出口贸易业务基本流程图如图 6-1 所示。

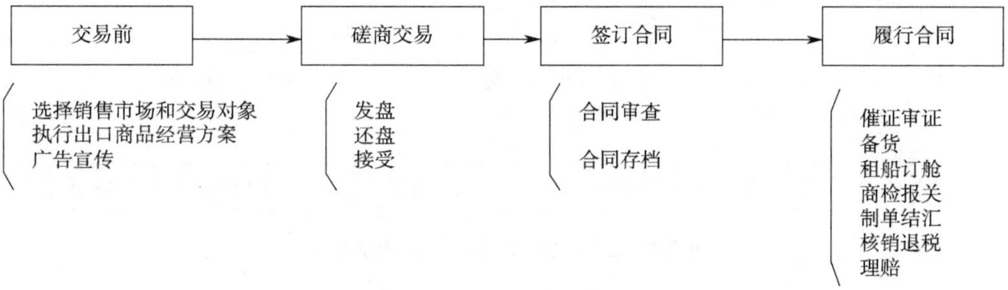

图 6-1　出口贸易业务基本流程图

从图 6-1 中可以看到,出口贸易业务流程所涉及的风险类别主要包括交易前风险、磋商交易风险、签订合同风险和履行合同风险。交易前的风险主要是国外市场环境和客户资信带来的风险;磋商交易的风险是在磋商过程中发生的失误可能带来的风险;签订合同的风险则是合同审核不严带来的风险;履行合同的风险更容易出现在审证、备货、租船订舱、商检报关、制单结汇、核销退税、理赔等方面。

2. 事故树分析法

事故树分析法是用树形图表示的一种因果分析法,从某一事故(结果)出发,运用逻辑推理的方法寻找引发事故的原因,即从结果推导出引发风险事故的原因。事故树图由结点和连接结点的线组成,结点表示事件,连线表示事件之间的关系,下一级结点是上一级结点的原因。

事故树分析法在国际贸易风险识别过程中的具体操作步骤:首先,推测出国际贸易参与主体可能遭受的利益损害后果;其次,调查分析可能导致该后果的直接原因和间接原因;最后,绘制事故树,也就是将事故树用恰当的符号或逻辑把后果与原因由上到下层层连接起来。

事故树分析法便于查明导致国际贸易损失事件发生的风险原因,估算出风险事件发生的概率,从而提出有针对性的风险控制措施。事故树分析法可使风险查找有章可循,最大限度地降低风险识别的错误率和遗漏率。事故树分析法尤其适用于比较复杂的大型国际贸易中。

以出口贸易中收汇风险为例,运用事故树分析法识别风险因素,其事故树如图 6-2 所示。

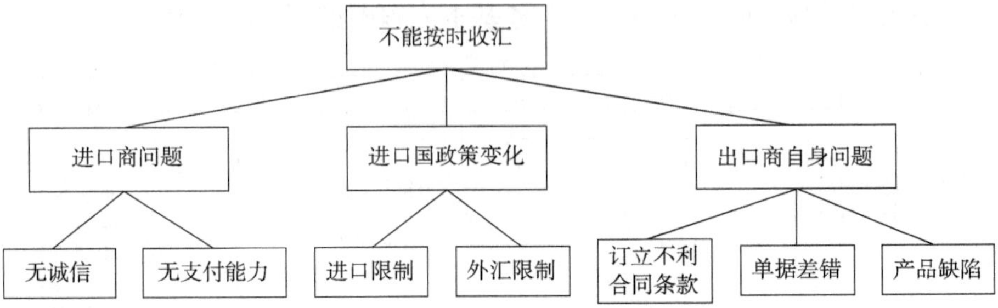

图 6-2 出口贸易中收汇风险的事故树

3. 风险清单法

风险清单法是指由专业人员设计好标准表格,国际贸易相关人员把经历过、见识过或了解到的风险事件和来源整理在这一表格中,以反映国际贸易整体业务或某一领域业务比较全面的风险。风险清单一般按风险来源进行分类,并列明相应的风险因素,说明这些风险因素可能造成的后果。相关领域的风险管理者可借助这一风险清单,逐一检查、核对自己所从事的贸易业务可能面临的风险,构建本单位的风险识别框架。

如表 6-2 所示是出口贸易业务风险清单,是由出口贸易领域基于以前出口业务风险信息资料编写出来的,出口贸易业务人员和风险管理人员可查看核对该风险清单,找出所从事的同类交易中可能面临的风险损害。

表 6-2 出口贸易业务风险清单

风险分类 一级指标	风险分类 二级指标	风险因素	风险后果
一、交易前风险	1. 国外市场环境风险	国外市场环境复杂;企业外销人员业务素质较低,责任心不强	放弃或推迟进入该目标国际市场;面临法律责任追究;产生不可预计的费用或带来额外损失
	2. 国外客户的资信风险	客户资信不好;企业对客户资信调查意识不强	商业欺诈发生;商誉损失
二、磋商交易风险	3. 磋商环节风险	对相关的国际贸易惯例和法规了解不透彻或根本不了解	不必要的纠纷或损失;商誉损失
	4. 合同条款风险		
三、签订合同风险	5. 合同审核风险	疏于对合同进行审核	合同履行难度加大;合同条款不当导致额外费用增加
	6. 合同存档风险	合同保管不当	丢失数据;发生诉讼证据不足

续表

风险分类 一级指标	风险分类 二级指标	风险因素	风险后果
四、履行合同风险	7. 信用证风险	审证不严，怠于要求客户改证	收汇难度加大或收不回来
	8. 备货风险	对供应商的考察有问题	价高质次或交货期难以保证
		产品质量监督不严	客户针对产品质量提出索赔
	9. 租船订舱风险	装运时间安排不当	延迟交货
		对船公司考察不周	出现无单放货等运输欺诈现象
	10. 商检报关风险	对相关政府部门或服务企业考察不周，装运时间安排不当	延迟交货，单据出现错误，以致受到海关、商检等部门处罚
	11. 制单结汇风险	制单人员素质较差；汇率波动	信用证不符点、拒付，使收汇难度加大；产生汇率差
	12. 核销退税风险	国家政策影响；办理人员工作态度恶劣或能力较差	外汇管理局制裁，不能及时办理退税；收回退税款，占压资金
	13. 理赔	经办人员业务素质较差	产生麻烦或纠纷
		客户关系存在问题	遭受讹诈，或在经济、商誉方面受损

风险清单法简洁明了，识别的速度也比较快，可帮助同类企业系统地识别出最基本的风险，并降低忽略重要风险源的可能性。但这些风险清单都是标准化的，适合同领域的所有贸易活动，而不同国际贸易活动具有一定的差异性和不可比性。因此，风险清单法只能大致估算出相关的最基本风险，一些贸易活动的特殊风险可能没有包含在风险清单中，国际贸易风险管理者要认识到风险清单法的局限性，使用一些辅助手段或其他的风险识别方法来配合应用风险清单法，弥补风险清单法的不足。

6.3.2　国际贸易风险评估

6.3.2.1　国际贸易风险评估的概念

国际贸易风险评估是在风险识别的基础上，根据国际贸易组织的经营目标和风险管理规划，参照一定的标准对国际贸易风险进行系统的衡量和评价的过程。在风险评估过程中，风险管理者要评定国际贸易项目的单项风险等级和国际贸易项目的总体风险水平，确定国际贸易项目风险的排序；发现国际贸易项目关键风险所在，明确需重点加强防范和管理哪些风险；根据国际贸易项目中不同风险的重要程度，拟订针对各单项风险管理和整体风险管理应采取的对策措施，制定国际贸易风险管理的相关配套方案；揭示国际贸易风险管理的薄弱环节，查找国际贸易主体在风险管理中诸如体制、机制、管理水平、业务素质等方面的问题，然后有针对性地提出加强国际贸易风险管理的合理建议。风险评估的目的是为国际贸易经营决策和项目风险管理提供科学依据和合理化建议，保障国际贸易项目的顺利进行。

国际贸易风险评估涉及的内容包括对风险发生可能性的评估、对风险后果严重性的评估、对风险影响范围的评估、对风险事件发生时间的评估、对风险损失期望值的评估、对国际贸易风险主观感受能力的评估等。

6.3.2.2 国际贸易风险评估的依据

所谓国际贸易风险评估的依据就是指国际贸易风险评估时所要参照的一些重要因素，列举如下。

1. 国际贸易风险识别的结果

国际贸易风险评估的对象是贸易业务中存在的各种风险，而这些风险在风险识别报告中已经过系统的总结，形成了风险分类表。因此，国际贸易风险要依据风险识别的结果进行评估。

2. 国际贸易风险衡量的相关数据

根据风险衡量得到的相关数据是风险评价赖以进行的基础。这些数据包括风险发生的概率，风险后果的大小、风险的影响范围、风险的时间分布等风险指标。风险评估就是要根据这些风险数据排列各项国际贸易风险，推断出国际贸易的整体性风险，并制定出国际贸易风险防范预案。因此，风险衡量得到的相关风险数据的准确性与可靠性的程度，直接关系着风险评估的质量与效果。

3. 国际贸易项目的具体类型

国际贸易项目有多种分类，如：按货物移动方向可分为进口贸易、过境贸易、出口贸易；按商品形态可分为有形贸易、无形贸易；按参加国的多少可分为双边贸易、多边贸易；按内容可分为货物贸易、劳务贸易、技术贸易、金融贸易、旅游贸易、运输贸易、文化贸易；等等。对国际贸易风险进行评估时要考虑贸易项目的具体类型，一般而言，重大而复杂的贸易项目所涉及的风险变量较多，风险程度较高，应对此贸易项目风险进行重点评估。

4. 国际贸易参与主体的经营目标和方略

各国际贸易参与主体都各自制定其经营目标和发展方略,风险评估必须参照这些经营目标和方略。凡是严重阻碍国际贸易参与主体经营目标的实现、损害国际贸易参与主体的长远和根本利益、使国际贸易参与主体发展方略无法得以实施的因素都属于重大的风险隐患,它们是国际贸易参与主体重点防范的风险。在风险评估时,这些国际贸易风险应列为高危害性风险,应对之进行重点衡量评价。而对于那些对国际贸易参与主体经营目标和发展方略影响不大的风险情形,则无须花太多的时间和代价进行深入的估量分析。

5. 国际贸易参与主体风险防范管理规划

国际贸易风险的评估务必参照对外经济贸易国际贸易参与主体的风险防范管理规划。按照风险防范管理规划,有些风险被国际贸易参与主体认定需重点监控和长期防范,预防这样的贸易风险应投入较大的人力、物力和财力,对此类风险的评估也应尽可能详尽,并应制定出风险应对方案。而对于一些规划中所提及的危害性不大,或者虽有较大危害性但可通过保险、保理等途径轻易转移损失的国际贸易风险则无须花太大力量来处理,可简单评估这类风险。

6.3.2.3 国际贸易风险评估的方法

国际贸易风险评估的方法有很多种,大体可分为以下两类。

1. 定性分析法

定性分析法是指用描述性的文字说明各单项国际贸易的风险状况和项目的总体风险状况,阐明国际贸易风险轻重缓急态势的方法。如对某国际贸易项目的一系列风险的危险性可分别表述为:“重大风险,其损失后果极其严重,务必加以规避。”“普通风险,加以规避或转移;规避、转移不成,则应控制风险损失。”“轻微风险,规避或转移,成本高,无须规避或转移,可自我承担。”风险定性分析法的概念是对识别出的风险展开定性分析,将风险按照发生的概率和影响的大小进行排序,以此将风险防范的等级确定下来。可通过层次分析法、专家打分法等对国际贸易项目进行风险定性分析。

2. 定量分析法

定量分析法是指用数据计量的方法评估国际贸易风险险情,明确国际贸易风险的危急状态。比如,参照某种风险水平确定风险系数,以此评价国际贸易风险,最低风险系数设为 0,表示无风险;最高风险系数设为 1,表示其危害性可致国际贸易参与主体于死地。发生风险的概率以及项目受风险影响的程度是风险定量分析过程中需要确定的数据。定量分析法需要量化项目结果,对项目具体目标的实现概率进行评估,将风险等级确定下来,在此基础上采取措施加强项目管理,使项目目标得以实现。可通过敏感性分析法、蒙特卡罗法以及概率论和数理统计法等对项目进行风险定量分析。

由于单一分析方法存在局限性,在进行国际贸易风险评价时,往往要将定量分析法与定性分析法结合起来,客观准确地评价国际贸易风险。

6.3.2.4 国际贸易风险评估的流程

1. 确定各单项贸易风险级别

在衡量风险的大小时,只看风险发生的概率或只看风险损失的程度都不能客观地反映风险的危害状况,必须综合考虑风险事件发生的概率和损害后果的大小。事件发生的概率和损害后果的大小的乘积,称为风险事件状态。这一乘积可以较为准确地反映出外贸风险事件的危害状态。明确风险事件状态可使风险管理人员更为准确地度量外贸风险的大小,预料风险事件的危害状态。

例如,某外贸公司A欲向外国某公司B出口某种产品,A公司通过有关渠道获得了关于该项交易的大量风险信息,根据风险发生的概率和损失金的大小可计量出相应的风险事件状态,如表6-3所示。

表6-3 国际贸易风险事件状态

风险类别	贸易壁垒风险	意外事故风险	信用风险	汇率风险	技术性风险
概率	0.18	0.06	0.23	0.27	0.15
损失金额/元	136 800	106 700	113 500	5 600	86 500
风险事件状态/元	24 624	6 402	26 105	1 512	12 975

从表中可以看出,信用风险的危害性最严重,风险事件状态为26 105元;贸易壁垒风险的危害性次之,风险事件状态为24 624元;汇率风险的危害性最小,风险事件状态为1 512元。

根据风险事件状态和其他风险指标便可综合评定国际贸易项目各单项风险的等级。按照危险性从高到低的顺序将国际贸易风险区分为一级、二级、三级、四级风险等级级别。

2. 列出国际贸易风险表

依据风险识别、风险估量的结果,参照国际贸易风险的风险等级排列,国际贸易风险评估人员可制定出具有一定格式的国际贸易风险表。风险表中可按照风险程度高、中、低的序列或者按风险的紧迫程度将已被识别和评估的所有国际贸易风险一一列出，同时就有关情况进行详细的描述。这种列表明确了各种潜在和现实的贸易威胁，使重大的国际贸易风险一目了然。风险表中也可以按照贸易环节和流程的顺序将国际贸易风险分别列出，并且对重大的国际贸易风险进行标记。这种将外贸企业所面临的风险一一展示出来的国际贸易风险表，便于各相关外贸人员明确风险管理的对象，强化风险防范的意识。

3. 确定国际贸易项目总体风险级别

综合分析贸易项目中各项风险的危害性和发生概率，参照类似贸易项目的风险等级，对贸易项目的整体风险程度做出评价，评定出该项目的总体风险等级。在国际贸易风险管理实践中，常使用风险损失期望值法来评价国际贸易项目的整体性风险。计算国际贸易项目风险损失期望值满足公式（6.1）。

$$E=\sum_{i=1}^{n}(P_i\times L_i) \tag{6.1}$$

其中，E 代表风险损失期望值，P_i 代表第 i 种贸易风险发生的概率，L_i 代表第 i 种贸易风险的损失程度，i 代表第 i 种风险（i=1，2，…，n），从 1 到 n 计算。公式中的 $P_i\times L_i$ 实际上为单项贸易风险的风险事件状态。

以上表所涉外贸项目为例，根据表中的数据，运用风险损失期望值的计算公式，计算出该外贸项目的风险损失期望值为 71 618 元。

期望值的大小可反映贸易项目整体风险的大小，风险管理人员可借此确定贸易项目的总体风险等级。此风险等级状况对外贸项目能否立项影响很大，为该项目的风险管理决策提供参考。

4. 对国际贸易风险管理成本进行匡算

任何风险管理都需要花费成本、付出代价，企业在进行风险管理时必须考虑成本问题。国际贸易中的有些风险比较容易处理，例如一些运输风险，只需付出少许代价投保货物运输险就可将风险转移出去。有些国际贸易风险与某些政治、文化原因纠缠在一起，盘根错节，很难处理，比如在西方发达国家颇为盛行的技术贸易壁垒等风险，即使付出很大代价也不一定能解决好。因此，在对某项风险采取管理措施之前，必须先对风险管理所需的成本开支进行预估，估算出某项外贸风险管理所需花费的总成本。然后，再将风险管理的总成本与风险管理所能挽回的经济损失即风险管理的效益相比较，权衡决定某项风险管理是否值得去做。若风险管理的效益大于风险管理的总成本，则可采取相应的风险管理措施；反之，风险管理无须进行。

5. 评估对外经济贸易企业对国际贸易风险的整体承受能力

国际贸易风险承受能力带有很强的主观色彩，它反映了涉外贸易主体对风险概率和风险危害后果等风险指标的综合感受能力。在评估对外经济贸易企业对国际贸易风险的整体承受能力时需要考虑两方面的问题。一是风险的性质和危害程度。对有些风险外贸企业是很难预见、预防的，如意外事故、技术性贸易壁垒等风险，外贸企业只能采取保险或放弃交易的办法来转移或回避风险。二是企业的综合实力。综合实力是抵御风险的基础，是衡量风险承受能力的重要指标。例如，某中型外贸企业准备开展一项金额较大的机电产品出口贸易，出口商抗御风险能力中等。通过调查分析认为该项贸易中的主要风险是买方违约风险，即买方信用风险。通过对该贸易项目中买方违约风险危害性和出口企业抗风险实力的分析，可以获得出口商对于该贸易项目风险整体承受能力的有关结果，违约风险的心理感受如表 6-4 所示。其中，表格中的小数表示风险产生的可能性。

表 6-4　违约风险的心理感受

	很低	低	中等	高	很高
	0.1	0.2	0.4	0.6	0.8
违约程度	基本履行合同，只有无关大局的轻微违约	基本履行合同，有一些非实质性的违约	有少许实质性的违约	基本不履行合同，有较大的实质性违约	完全不履行合同，彻底违约
利益损失	损失不明显	利润减少，但仍有利可图	出现部分亏损	严重亏损	财货两空，损失惨重
主观感受	可不计较	有微利可图，勉强接受	无利可图，不愿接受，但可承受	赔本生意，不可接受，难以承受	严重威胁，不能忍受
心理承受能力	很强	强	尚可	稍弱	很弱

6. 确定国际贸易风险管理的优先序列

国际贸易远比国内贸易复杂，其所包含的风险因素也远比国内贸易多，在一项外贸交易中往往会出现多种风险情形。为合理地运用企业有限的风险管理资源，积极预防和控制外贸风险，风险管理人员需要按照一定的原则排列出外贸风险控制管理的优先次序。在确定风险管理的优先序列时有两方面因素要考虑。一是要考虑风险的等级。它以贸易风险的危害性大小、紧急程度、概率高低为依据。二是要考虑风险管理的成本与效益。要初步预算各项风险管理所需的代价，预计风险管理可能带来的经济效益。再将预期的风险管理成本与预期的经济效益进行权衡比较，看风险管理的成本与风险管理可能带来的效益孰大孰小。若后者大,则该项风险值得控制和处理;反之,风险管理就不值得了。一般来说,风险等级高且风险管理预期效益好的贸易风险应列为优先管理的序列。

在考虑风险管理的优先序列时,如表 6-5 所示要将国际贸易风险管理的成本与收益进行比较。表中“L–C”一栏反映的是在未考虑风险概率的情况下,风险管理的效益与成本比较的情况,若以此结果为依据,风险管理的序列应为:贸易壁垒风险、意外事故风险、信用风险、技术性风险、汇率风险。但这种根本不考虑风险发生概率的序列不足以成为风险管理的优先序列。因此,只有“M–C”一栏的结果,即风险事件状态与风险控制的成本之差方可以成为制定风险管理优先序列的依据。因为“M–C”一栏的结果兼顾了风险概率、风险损害、风险管理成本这三个因素,综合考虑了风险等级与风险管理效益两方面的问题,能够比较客观地反映风险管理的效益状态。依照 M–C 的结果,贸易风险依次排列为贸易壁垒风险、信用风险、技术性风险、意外事故风险、汇率风险,这种排列结果可以成为风险管理的优先序列。综合上述情况说明,可得出国际贸易风险的序列表,如表 6-6 所示。

表 6-5　国际贸易风险管理的成本与收益比较

风险类别	贸易壁垒风险	意外事故风险	信用风险	汇率风险	技术性风险
概率(P)	0.18	0.06	0.23	0.27	0.15
损失金额(L)/元	136 800	106 700	113 500	5 600	86 500
风险事件状态(M, M=P×L)/元	24 624	6 402	26 105	1 512	12 975
风险控制的成本(C)/元	13 000	3 600	17 800	3 200	9 200
L–C/元	123 800	103 100	95 700	2 400	77 300
M–C/元	11 624	2 802	8 305	−1 688	3 775

表 6-6　国际贸易风险的序列表

	风险事件状态	L–C	M–C	风险管理的优先序列
1	信用风险	贸易壁垒风险	贸易壁垒风险	贸易壁垒风险
2	贸易壁垒风险	意外事故风险	信用风险	信用风险
3	技术性风险	信用风险	技术性风险	技术性风险
4	意外事故风险	技术性风险	意外事故风险	意外事故风险
5	汇率风险	汇率风险	汇率风险	汇率风险

在进出口贸易项目中，对外经济贸易企业应按照风险管理的序列，合理地调配使用风险管理中的人力、物力和财力资源，集中精力预防和处理好重大贸易风险。

7. 提出国际贸易风险控制的初步预案

第一，要说明贸易项目中存在的风险态势，如国际贸易风险的种类、发生概率、危害程度、持续时间和危险等级等情况。

第二，在对贸易风险的特性和演变规律有较为准确把握的基础上，明确风险防范管理所应采取的基本策略或策略组合。

第三，要根据风险应对策略，利用企业所掌握的各种资源，制定应对和处置各项风险的具体措施。

第四，要揭示出各个部门、各个贸易环节所存在的薄弱环节，对外经济贸易企业风险管理中存在的问题做出全面的分析，就如何改进风险管理中的薄弱环节、加强风险防范的机制建设提出建议。

第五，就风险防范的综合协调问题做出规划。国际贸易风险防范是一项系统工程，需要许多部门和机构的协同配合。预案要对风险防范中有关整体协调和全面保障的问题做出规划和安排。

6.3.3 国际贸易风险管理技术

国际贸易风险管理技术可分为两类讨论：控制型风险管理技术和财务型风险管理技术。

6.3.3.1 控制型风险管理技术

国际贸易控制型风险管理技术是指在国际贸易风险分析的基础上，针对国际贸易过程中存在的风险因素，积极采取控制技术以消除风险因素，或减少风险因素的危险性。此类型的风险管理技术主要体现于在事故发生前降低事故发生的频率，或者在事故发生时控制损失继续扩大，将损失降到最低限度。具体的控制型风险管理技术可采取如下手段。

1. 风险预防

国际贸易参与主体严格按照国际贸易的基本操作程序和国际惯例办事。在进行贸易活动时，可以根据国家制定的《中华人民共和国对外贸易法》《中华人民共和国涉外经济合同法》等相关的法律法规，来规范操作流程，相关的法规也可以作为识别合作方操作行为的依据。通过这个方法能够提前有效地识别出风险进而预防风险的发生，防患于未然。具体而言，可从国际贸易的各个操作程序来分析。以出口的国际贸易的操作程序为例，主要包括报价、订货、付款、备货、包装、通关手续、装船、运输保险、提单、结汇。在报价时，严格按要求提供产品的质量等级、产品的规格型号、产品是否有特殊包装要求、产品的运输方式、产品的材质等内容，避免事后因为产品不符合客户要求而造成退货等风险。在订货时，双方须签订合同，应严格遵守《中华人民共和国合同法》中的有关规定。在备货时，严格遵守时间限定，避免延迟交货。在包装、装船及运输时，严格遵从要求，避免货物损坏或丢失。在收货人提货时，遵循无单不放货的规定。若国际贸易参与主体均能如上所述严格按照国际贸易的基本操作程序执行，必然能预防风险，减小损失发生的概率。

另外，要选择资信状况可靠的国际贸易主体作为合作伙伴，并综合考虑交易对象所在国家的政治稳定状况、自然灾害发生概率等宏观环境，尽可能规避国际贸易风险。

2. 风险控制

（1）谨慎对待，维护自身利益

国际贸易参与主体在签订进口合同时，要考虑保护性条款。贸易中的书面合同具有确定性、告诫性和公开性，并具有证据作用。因此，要充分利用合同的这一特性和作用来保障贸易中的安全。如在货物未达到标准时，要有明确的条款说明该情况下的退货责任完全由卖方承担。而在签订出口合同时，要考虑仲裁条款。在合同中载入仲裁条款，构成合同双方当事人之间的有效仲裁协议。在发生合同违约等情况后，合同当事人可根据“仲裁条款自治”的说法，坚持合同仲裁条款的效力，纠纷由仲裁法庭裁决，防止无谓的拖延，从而减少自己的损失。

（2）积极做好风险信息调查工作

积极做好风险信息调查工作，以便及时采取补救措施，控制损失程度。国际贸易参与主体应该积极开展风险信息调查工作，完善自己的情报网络，以便在风险发生时能及时应对，控制损失的继续发生。一是可通过境内银行了解合作方所在国家的汇率变化趋势，控制汇率风险带来的损失；二是关注政府官方网站，跟进国际贸易相关政策，如货币政策、贸易政策、财政政策等，以及国际贸易法中具体条款的变化，控制政治和法律风险带来的损失；三是掌握对方所处地进口产品的质检标准，突破进口国的技术贸易壁垒，控制技术风险和市场风险带来的损失。

（3）完善风险监管机制

完善风险监管机制要加强对风险的监控和建立快速反应机制。对风险的监控是对国际贸易过程中风险因素、风险事件和风险损失的监控。如在国际运输环节，要有风险预警机制，包括火灾预警、运输工具预警（即将发生沉船、飞机失事等情况）等。

在运输石油等能源时,还要注意是否发生泄漏。有效的风险监控可以让国际贸易主体及时采取风险控制措施,制止风险事态的继续发展,最大限度减轻危害和损失。而对风险的快速反应机制是处理紧急风险事件的有效手段,能及时控制损失的范围。建立风险快速反应机制能够将发生国际贸易风险时的国际贸易参与主体应对举措常态化、固定化、制度化,提高国际贸易参与主体在面对突然发生的国际贸易风险时的反应效率和管理能力。国际贸易主体应成立国际贸易风险快速反应机制的组织领导机构,对机构中所有人员的责任、权限进行明确的分工;依据风险的危机程度,按等级、层次制定一些对策,结合可能出现的情况预备数套风险处置预案、行动规程和计划;要在人力、物力、财力方面做出统筹安排,确保自己能够对抗各类风险的侵袭;完备后备资源和措施建设,确保在紧急情况下有可以使用的丰富的后备资源和措施。

6.3.3.2 财务型风险管理技术

与控制型风险管理技术不同,财务型风险管理技术主要是通过财务手段来应对各类风险。财务型风险管理技术是以提供基金的方式,降低发生损失后的成本,即通过事故发生前所做的财务安排,来解除事故发生后给国际贸易主体造成的经济危机。该手段为恢复国际贸易参与主体的生产、维持国际贸易参与主体正常运营等提供了财务支持。财务型风险管理技术可采取如下手段。

1. 风险自留

(1)事先提取风险准备金

在国际贸易往来中,有许多风险是不能预测、不能控制甚至不能转移的,比如亚丁湾海域索马里海盗猖獗,有时国际货物海上运输时不可避免地会遇到,从而给国际贸易参与主体带来无法预计的损失。在这种情况下,国际贸易参与主体要事先对可能存在的风险进行预估,在风险发生时利用风险准备金实施救济行为。

(2)做好坏账准备

与风险准备金同理,国际贸易参与主体在进行国际贸易前要先提取坏账准备金,以避免因对方无法支付应收账款而给国际贸易参与主体带来损失。

2. 风险转移

(1)通过银行保函的方式转移风险

银行保函即银行保证书,是银行作为保证人向受益人开立的保证文件。银行保函被保证人未向受益人尽到某项义务时,则由银行承担保函中所规定的付款责任。在国际贸易中,出口国际贸易参与主体可要求进口方向银行申请延期付款保函,以确保在进口方不能按规定时间交付货款时由银行代为付款。如此,可将出口国际贸易参与主体面临的信用风险的损失转移给银行承担。

(2)通过国际保理业务的方式转移风险

国际保理业务是商业银行或附属机构通过收购消费品出口债券而向出口商提供的一项综合性金融业务,其核心内容是以收购出口债券的方式向出口商提供出口融资和风险担保。保理机构向国际贸易参与主体提供信用风险保障,帮助国际贸易参与主体利用应收账款这种流动资产进一步扩大业务规模,将国外客户因拒绝付款而造成的财务损失转移。

(3)通过备用信用证的方式转移风险

一些国家和地区没有银行保函业务,对于这些国家和地区,商业银行设立备用信用证进行担保。如果备用信用证的申请人,即国际贸易中的买方,不能按时履行付款义务,开证行在接受受益人,即国际贸易中的卖方,提供的符合备用信用证相关规定的汇票,以及申请人不能履行付款义务的证明文件后,应支付给受益人相应的赔偿。因而,备用信用证使得国际贸易中的卖方国际贸易参与主体承担的信用风险损失转移给了开证行。

(4)签订担保合同

当作为国际贸易中的卖方时,为了避免承担信用风险的损失,国际贸易参与主体可以事先签订担保合同。担保合同有两种形式:一是由国际贸易当事方即买方以质押、抵押等方式进行担保;二是以国际贸易第三方为买方担保,在风险发生后由担保人替买方偿付货款。

(5)购买国际贸易相关保险

购买出口信用保险。出口信用保险是各国政府为提高本国产品的国际竞争力,推动本国的出口贸易,保障出口商的收汇安全和银行的信贷安全,促进经济发展,以国家财政为后盾,为国际贸易参与主体在出口贸易、对外投资和对外工程承包等经济活动中提供风险保障的一项政策性支持措施,属于非营利性的保险业务,是政府对市场经济的一种间接的调控手段和补充。

同时,可以借助国际大型专业保险公司的帮助,转移可能存在的由于国际贸易参与主体对贸易对象的不了解而可能造成的贸易风险的转移。国际上有许多大型专业保险公司可提供“量身定制”的专业险种,如果国际贸易主体有需要投保的风险而没有标准化的险种,可以考虑这种投保方式。

6.3.4 国际贸易风险管理效果评估

6.3.4.1 国际贸易风险管理效果评估的内容

国际贸易风险管理效果评估的内容往往包括对风险发生的可能性的衡量、对风险后果的严重性的衡量、对风险影响范围的衡量、对风险事件发生时间的衡量、对国际贸易风险损失的期望值的衡量、对国际贸易风险主观感受能力的衡量等。国际贸易风险因素在不同维度、不同程度的组合,使风险态势呈现出很大的差异性。对国际贸易风险因素和状况的评估就应采用不同的标准从不同的维度展开,单一标准和维度不足以准确估量和反映国际贸易风险的状态。

6.3.4.2 国际贸易风险管理效果评估的基本过程

1. 制订国际贸易风险管理效果评估计划

风险管理效果评估的首要任务就是制订风险管理效果评估计划,其实施单位既可为政府管理部门,也可为实行贸易主体的相关部门及保险公司等。就国际贸易而言,对风险管理效果进行评估时要因地制宜、因时制宜地确定评估的对象、范围、目标和方法,并据此制订风险管理效果评估计划。需要特别注意的是,由于国际贸易的风险因素较多,往往相互之间还存在相互关系,因此在制订评估计划时应尽量保证评估的全面性、准确性,以免因为片面的评价对风险管理效果和国际贸易的未来决策产生误导。

2. 搜集与整理有关资料

由于风险管理具有长期性,在短时间内对风险管理项目进行全面、深入的考察,既不现实,也不准确。因此,搜集风险管理项目的资料并对其进行整理加工是十分必要的。

(1)风险管理的有关资料

风险管理的有关资料主要包括风险管理意见书、风险管理措施的可行性报告、风险评估报告、设立风险管理设施的成本核算以及其他相关合同文件。

(2)风险管理措施实施后的有关资料

国际贸易风险管理措施实施后的相关资料主要包括风险管理措施实施后的运行状况、风险管理决策的成本、风险管理决策的收益状况等。这些信息可以通过风险管理决策实施前后发生风险的概率和以此为依据计算出的技术指标的对比中获得。若发现风险事故的发生呈现上升趋势,则应分析产生问题的原因,对以往的风险管理效果做出评估并提出调整建议。

（3）相关贸易政策规定资料

相关贸易政策规定资料主要包括和国际贸易及风险管理相关的国家政策、法规、相关行业标准等。需要注意的是，在国际贸易中通常还要考虑贸易国的法规政策以及两国之间的贸易协定等政策，相较于其他类别的风险，此过程需要搜集整理的资料显著增加。且由于双方在语言、文化等方面或存在不同，更需要谨慎分析外国的贸易法规政策。

（4）相关风险管理效果评估方法

国际贸易风险管理效果评估不仅需要充足的数据材料做支撑，还与所选取的风险评估方法有关。选取评估方法时既要符合风险管理单位的具体情况，又要兼顾国际贸易的自身特性，同时不可偏离国际贸易企业的风险管理目标。

（5）其他相关资料

根据国际贸易的特性，有时还需要搜集其他资料进行补充，为风险管理效果评估提供参考。比如，在对外贸易中，对方国家的文化习俗、宗教信仰、生活习惯等方面与国内或许存在较大差异，这看似是微不足道的小细节，但如果忽视了对其的搜集、分析，往往会在贸易过程中蒙受巨额损失。

3. 编制风险管理效果评估报告

在效果评估计划的指导下，对相关资料进行搜集整理后，其评估成果将由风险管理效果评估报告体现出来。国际贸易风险管理效果的评估人员需要根据国家相关部门制定的评估格式，将风险管理效果分析结果汇总，编制出风险管理效果评估报告，并提交给相关单位。在编制报告的过程中必须坚持公正、客观、科学的原则。其主要工作内容包括比较分析和总结、反馈两部分。

（1）比较分析

将统计结果和相关前期数据或历史数据相对比，若统计结果更优，说明此次贸易项目风险管理实施效果较好，反之则欠佳，需要对其进行分析调整，以免在未来的贸易过程中造成损失。

（2）总结、反馈

将效果评估中存在的问题反馈给国际贸易风险决策人员，为修改、调整风险管理计划提出科学可靠、富有建设性的建议。

对于国际贸易风险管理效果的评估，应重点考虑在国际贸易过程中风险管理技术的影响范围和有效性，风险管理手段是否具有科学性；管理方式在实际操作中是否可执行，执行情况是否达到了理想目标，执行后风险水平是否得到了有效的改善。国际贸易风险管理效果的评估方法选择应视具体的管理手段而定。

6.4 国际贸易保险

6.4.1 国际贸易保险的概念

国际贸易保险是以保险学知识为基础,以服务于国际贸易为基本原则和目标,以对外运输货物保险为核心的保险。由于国际贸易涉及因素极具广泛性,针对国际贸易的保险形式也是多种多样,各不相同的。根据国际贸易中所面临的主要风险,国际贸易保险可以划分为运输险、信用险和投资险。

6.4.2 国际贸易保险的特性

1. 国际贸易保险承保的风险具有多样性和综合性

国际贸易保险是财产保险的一个分支,但是国际贸易保险所承保的风险范围大大超过了一般财产保险的承保范围。国际贸易保险既承保财产和利益方面的风险,又承保责任方面的风险;既承保陆上的风险,又承保海上的风险;既承保自然灾害、意外事故等各类客观风险,又承保外来原因(如偷窃、战争、海盗)等的主观风险;既承保航行或者运输过程中的动态风险,也承保船舶停泊或者货物仓储期间的静态风险。由此可见,国际贸易保险种类之多、变化之大,是其他财产保险所不能比拟的,同时国际贸易保险标的的致损原因也是错综复杂的。

2. 国际贸易保险业务范围的国际性

国际贸易保险的业务范围具有很强的国际性。国际贸易会涉及不同国家或地区在政策措施、法律体系方面可能存在的差异和冲突以及语言文化、社会习俗等方面带来的差异,所涉及的问题远比国内贸易复杂;国际贸易的交易数量和金额一般较大,运输距离较远,履行时间较长,因此交易双方承担的风险远比国内贸易要大;国际贸易容易受到交易双方所在国家的政治经济变动、双边关系和国际局势变化等条件的影响;国际贸易除了交易双方,还涉及运输、保险、银行、商检、海关等部门的协作、配合,过程较国内贸易复杂得多。综上,国际贸易业务具有强烈的国际性,相应的保险业务也具有国际性。

3. 国际贸易保险的风险转移性和风险补偿性

国际贸易保险通常是通过法律合同来实施的。在保险合同中,保险公司承诺对被保险人在合同期内所受到的损失进行补偿,这样当被保险人的进出口货物因发生合同规定的风险而受到损失时,风险就由于被保险人向保险公司投保而转移到保险公司手中,从而规避了国际贸易过程中的风险,还能获得保险公司一定程度上的财产补偿。

4. 国际贸易保险价值的定值性

国际贸易保险的保险标的具有定值性,按保险标的的价值在订立合同时是否确定划分为定值保险合同和非定值保险合同。在订立合同时,投保人和保险人事先约定保险标的的价值(即保险价值)作为保险金额,并将两者都载明于保险合同中。在保险事故发生时,不管实际价值发生变化与否,保险人均以保险金额作为赔偿的依据。如海上运输货物保险一般为定值保险,也就是以当事人所持有的保险利益为限,以约定保险价值作为保险金额。此项约定保险价值的估计,通常是以货物价值、预付运费、保险费、其他费用和预期利润的总和作为计算标准,即以国际贸易价格条件——成本加运保费价格加一定比例作为保险金额。

6.4.3　国际贸易保险的分类

6.4.3.1　货物运输险

被保险人或投保人在货物装运之前,预估一定的投保金额(即保险金额)向保险人(或称承保人,即保险公司),投保货物运输险。

被保险人按投保金额、投保险别和保险费率,向保险人支付保险费并取得保险单据。

被保险货物若在运输过程中因遭受保险事故而造成损失,则保险人负责对保险险别责任范围内的损失,按保险金额及损失程度赔偿保险单据的持有人。

1. 海洋运输货物保险

货物和船舶在海上运输中,由于海上风险和外来风险而造成的损失,称为海上损失。海上损失可以从不同角度来划分,最常见的是按损失程度划分,可分为全部损失和部分损失。全部损失又可分为实际全损和推定全损,部分损失又可分为共同海损和单独海损。

实际全损是指货物完全灭失或变质而失去原有用途,即货物的全部损失已经发生。推定全损是指认为货物实际全损已不可避免,或者为避免发生实际全损进行施救、整理和恢复原状所需支付的费用,有时会再加上续运至目的地的费用总和,估计要超过货物在目的地的完好状态的价值。

共同海损是指载货船舶在海运途中遇到共同危难,船方为了维护船舶和所有货物的共同安全并使得航程得以继续完成,有意地并且合理地做出的某些特殊牺牲或支出的特殊费用。共同海损的成立,必须具备四个条件:必须确有危及船、货共同安全的危险存在,而不能主观臆测;船方的措施必须是有意的、合理的;所做出的牺牲或支出的费用必须是非正常性的;构成共同海损的牺牲和费用支出必须是有效的。单独海损是指货物受损后,未达全损程度,而且是单独一方的利益受损并只能由该利益所有者单独负担的一部分损失。

世界上的主要国家都有自己的保险条款,其中影响最大的是英国伦敦保险协会制定的《协会货物条款》,目前世界上约有三分之二的国家在海运货物保险方面直接采用了该条款。我国为适应对外经济贸易发展的需要,由中国人民财产保险股份有限公司根据我国保险业务的实际情况,参照国际保险市场的习惯,制定了《中国保险条款》。

按照《海洋运输货物保险条款》,我国的海洋运输货物保险险别,按照能否单独投保,可分为基本险(主险)和附加险两类。基本险可以单独投保,而附加险不能独立投保,只有在投保基本险的基础上才能加保附加险。

2. 航空运输货物保险

航空运输货物保险是指以航空运输过程中的各类货物为保险标的,当保险标的在运输过程中因保险责任造成损失时,由保险公司提供经济补偿的一种保险业务。

航空运输货物保险是以飞机为运输工具的货物运输保险。近年来,随着航空技术的迅速发展和对航空运输需求的猛增,航空运输在国际贸易货物运输中的重要性日益增强,航空运输货物保险也随之发展起来。

航空运输与其他运输方式相比较为复杂,加上航空运输货物保险起步比较晚,致使航空运输货物保险迄今未能发展成为一个完整、独立的体系。为适应航空货物运输及保险业务的顺利开展,伦敦保险协会于 1965 年对实际业务中常用的航空运输货物一切险制定了一份比较完整的《协会航空运输货物一切险条款》。该条款于 1982 年重新修订,现为《协会货物保险条款(航空)(邮包除外)》。此外,伦敦保险协会还制定了《协会货物战争险条款(航空货物)(邮包除外)》和《协会货物罢工险条款(航空货物)》两种协会空运货物保险条款。目前,国际保险市场较多采用上述条款进行航空运输货物保险。

3. 陆上运输货物保险

陆上运输主要是指铁路运输和公路运输。在我国,陆上运输货物保险限于使用火车和汽车这两种交通工具进行的运输活动,使用其他陆上交通工具的国际货物运输活动则不予承保。因此,陆上运输货物保险以火车、汽车运输的各类货物为保险标的。当投保了陆上运输货物保险的货物在铁路或公路运输途中因保险责任造成货物损失时，由保险人即保险公司提供经济补偿。

中国人民保险集团股份有限公司针对我国国际贸易陆上运输的特点，将我国的陆上运输货物保险划分为两个主要险别，即陆运险和陆运一切险。

陆运险是指保险人对被保险货物在运输途中遭受暴风、雷电、地震、洪水等自然灾害，以及运输中由于陆上运输工具碰撞、翻车、出轨、抛锚、塌方、失火、爆炸等意外事故造成的货物全部或部分损失承担赔偿责任。此外，被保险人对遭受承保责任内危险的货物采取抢救、防止或减少货损的措施而支付的合理费用，保险公司也负责赔偿，但以不超过该批被救货物的保险金额为限。

陆运一切险的承保责任范围与海上运输货物保险条款中的一切险相似。保险公司不仅负责赔偿被保险货物在运输途中遭受暴风、雷电、洪水、地震等自然灾害，或由于运输工具遭受碰撞、倾覆、出轨，或在驳运过程中因驳运工具遭受搁浅、触礁、沉没、碰撞，或由于遭受隧道坍塌、崖崩或失火、爆炸等意外事故所造成的全部或部分损失，而且负责保险货物在运输途中由于一般外来原因所造成的全部或部分损失。陆运一切险的保险责任期限也采用“仓至仓条款”，但是最长至被保险货物运抵卸载车站起满 60 天为止。

其中，“仓至仓条款”是指保险公司会在保险合同中明确自己承担的责任期限，以控制事故发生时的损失程度。陆上运输货物保险责任的起讫期限与海洋运输货物保险的“仓至仓条款”基本相同，是从被保险货物运离保险单所载明的起运地，即从发货人的仓库或储存处开始运输时生效，直至该项货物送交至保险单所载明的目的地为止，通常为收货人仓库或储存处所，或被保险人用作分配、分派或非正常运输的其他储存处所。但如果未运抵上述仓库或储存处所，则保险责任的截止期限以被保险货物到达最后卸载的车站后的 60 天为限。若事故真的不幸发生了，陆上货物运输的索赔时效自被保险货物在最后目的地车站全部卸离车辆后起算，且最多不能超过两年。这两年的期限显然是从维护保险人利益的角度和节约法律资源的角度来考虑的。

4. 邮包保险

邮包保险是指以货物运输过程中的各类货物包裹为保险标的，当保险标的在运输过程中因保险责任造成损失时，由保险公司提供经济补偿的一种保险业务。

邮包保险承保通过邮政局邮包寄递的货物在邮递过程中发生保险事故所致的损失。以邮包方式将货物发送到目的地可能通过海洋运输，也可能通过陆上运输，或航空运输，或者经过两种或两种以上的运输工具运送。不论通过何种运输工具，凡是以邮包方式将贸易货物运达目的地的保险均属邮包保险。

6.4.3.2 出口信用保险

出口信用保险是为了鼓励本国出口商扩大出口贸易,开拓国外市场而提供的一种特殊的出口贸易收汇风险保障业务。它最初只是国内信用保险的延伸,到 19 世纪下半叶,英国海外国际贸易不断发展,出口货物增多,收汇风险日益加大,信用保险逐渐向出口信用保险延伸。1919 年英国政府创设了官方的出口信用保证机制,以鼓励向高风险地区出口,从而扩大了英国的出口贸易规模。

此后,世界上越来越多的发达国家和发展中国家认识到出口信用保险制度在促进国际贸易、改善国际收支地位等方面的重要意义,尤其是现代社会的发展使得世界各国的经济活动联系日益密切,竞争也日益激烈,出口商向进口商提供出口信用保障是一项十分有效的扩大出口、占领市场的措施。

出口信用保险的类型主要有短期出口信用保险、中长期出口信用保险、出口信用担保和国外投资保险。

1. 短期出口信用保险

中国出口信用保险中的短期出口信用保险主要有短期出口信用统保保险、短期出口信用证保险、短期出口保险综合险和短期出口保险特定保险。

(1)短期出口信用统保保险

短期出口信用统保保险主要承保国际贸易参与主体以非信用证结算方式的出口,最大程度支持和鼓励国际贸易参与主体以非信用证开拓市场,扩大出口规模。如果国际贸易参与主体将其出口的所有非信用证业务全部投保,其投保金额达到一定规模,中国出口信用保险公司将给予其优惠费率。

(2)短期出口信用证保险

短期出口信用证保险主要承保国际贸易参与主体以信用证结算方式的出口,费率仅为统保费率的一半。信用证结算并不能消除安全收汇的所有风险,特别是某些发展中国家的外汇管制风险,对出口国际贸易参与主体使用的远期信用证收汇构成一定风险,因此信用证结算方式的出口贸易同样需要出口信用保险的保障。

(3)短期出口保险综合险

短期出口保险综合险主要承保国际贸易参与主体以信用证和非信用证结算方式的所有出口业务,是将上述的统保保险和信用证保险综合在一起的险种,其费率更加优惠。

(4)短期出口保险特定保险

短期出口保险特定保险是为了重点支持电子产品和成套设备的出口,如中国出口信用保险公司设计的短期险项下的"特定合同保险"与"特定买方保险",以满足国际贸易参与主体以非信用证结算方式出口上述产品的特别需求。此外,中国出口信用保险公司还专门设计了短期险项下的"买方违约保险",支持国际贸易参与主体充分利用分期付款的方式出口。该险不仅按惯例承保出运后的风险,而且承保出运前的风险。2003 年,中国出口信用保险公司再度开发了"农产品出口特别保险""出口票据保险""海外劳务风险保障"三个新品种,以满足国际贸易参与主体的不同需求。

2. 中长期出口信用保险

中国出口信用保险中的中长期出口信用保险承保信用期通常为 1 年至 10 年,承保的是出口国际贸易参与主体或银行在国际经济活动中,因境外政治风险或商业风险而遭受的经济损失。该保险承保金额较大、期限较长、融资需求较强、收汇风险较大的大型机电产品和成套设备的出口和海外工程承包等项目,其险种主要是出口卖方信贷保险和出口买方信贷保险。

(1)出口卖方信贷保险

出口卖方信贷是指在大型机械设备与成套设备贸易中,为方便出口商以延期付款的方式出卖设备融资,出口商所在地的银行对出口商向国外进口商出售设备、技术和劳务提供的一种贷款。

出口卖方信贷是中长期的人民币贷款,资金并不出境。卖方信贷一般使用中国人民银行颁布的指导利率。卖方信贷的商务合同一般采用延期付款的方式,出口商发货后不能即期收汇,且必须承担汇率风险和进口商的信用风险。出口商必须在资产负债表上反映该笔负债。目前中国绝大部分出口卖方信贷由中国进出口银行提供,利率比商业贷款优惠。

出口卖方信贷保险又称延付合同保险,是在出口商以延期付款的方式向境外出口商品和服务时,延付期超过 1 年,出口信用机构向出口商提供收汇风险保障的政策性信用保险。其承保的是境外进口商和担保人不付款的风险,包括政治险和商业险,赔付比率为 90%。出口商可以将卖方信贷保险的赔款权益转让给银行作为保证,以获得出口卖方信贷,这就是"出口卖方信贷保险"名称的由来。其保险责任是基于商务合同项下的买家支付货款的责任,因此出口卖方信贷保险标的是出口商务合同而不是出口卖方信贷协议。

此外,出口信用机构通常保留对出口方的追索权。为了将自己的损失降低到最小,出口信用机构通常会与出口方事先达成协议,约定前者保留对后者出现商务违约情况下的追索权。

出口卖方信贷保险的功能是通过保障银行在无追索权情况下的中长期应收款贴现融资中的债权安全,鼓励银行对出口方提供中长期贸易融资,实现对出口方和融资银行的“双赢”效应。

从理论上讲,出口卖方信贷保险并不一定和出口卖方信贷必然相联系,其逻辑是出口商通过投保出口卖方信贷保险有效地提升了自身的信用等级,符合了银行的信贷要求,从而能够顺利获得贷款。实践中,出口商投保出口卖方信贷保险往往源于银行的要求。出口卖方信贷保险的投保人和被保险人都是出口商,保单货币与商务合同一致,通常是美元,而出口卖方信贷的货币通常是人民币。

(2)出口买方信贷保险

出口买方信贷是指在大型机械装备或成套设备贸易中,由出口商的银行贷款给外国进口商或者外国进口商的银行,用于支持进口商以即期付款的形式购买出口商的产品、服务或技术的一种贷款。贷款银行可以是出口国银行可以是第三国银行。

出口买方信贷包括直接贷款给进口商和直接贷款给进口商银行,该银行再转贷给进口商这两种形式。

出口买方信贷是一种中长期跨国的外汇贷款,一般使用经济合作与发展组织公布的商业参考利率或者以伦敦银行同业拆借利率为基础的浮动利率。买方信贷的商业合同可采用信用证、付款交单付款方式,出口商发货后可即期收汇,不承担利率风险和进口商的信用风险,出口商无须负债。

出口买方信贷保险是指在出口买方信贷融资的方式下,出口信用机构向贷款银行提供还款保障的政策性保险。承保的风险包括政治风险和商业风险,赔付比率均为95%。出口买方信贷保险所依据的基础合同是出口买方信贷贷款协议,保险货币与贷款协议货币一致,一般是美元。出口买方信贷的被保险人是贷款银行,投保人一般为出口商或贷款银行。与出口卖方信贷保险相同,出口信用机构也对转让应收款的出口方保留一定的追索权。

出口买方信贷保险的功能是为银行参与出口买方信贷提供强有力的风险保障,进而为本国出口方参与国际贸易和对外经济合作活动提供间接的融资支持,达到促进本国资本货物出口和海外工程承包的目的。出口买方信贷保险与出口买方信贷的结合并非偶然,它是出口方寻求贸易融资、银行管控信贷风险和海外借款人获取优惠信贷条件等多种市场需求共同造成的结果,具有多方面的经济功能。

出口买方信贷保险在国际贸易和融资中发挥着不可或缺的重要作用,它通过鼓励银行对外提供买方信贷,进而支持出口方“走出去”参与国际贸易竞争,实现出口国发展对国际贸易经济的宏观战略。

3. 出口信用担保

中国出口信用保险中的出口信用担保业务主要是支持国内国际贸易参与主体的一般贸易、大宗机电设备产品、高新技术产品的出口和对外工程承包等。该担保业务分为融资担保和非融资担保两大类。

（1）融资担保

融资担保是指担保人直接向为出口商发放出口贷款的银行提供担保，保证在贷款发生损失时，由担保人给予赔偿的一种担保业务，担保范围限于出口商的融资还款风险。对银行而言，这种方式的担保业务比单纯的信用保险所提供的保障更为全面。因为在单纯的信用保险项下，出口商转让保险单权益是有条件的，即出口商在按合同约定的情况下，因进口商的商业风险或政治风险而使融资银行的贷款遭受损失，可以通过信用保险获得部分赔偿；但如果作为被保险人的出口商违反保险合同，保险人可以依据保险单的除外责任条款拒绝赔偿，这样银行的贷款损失就无法获得补偿。融资担保则是无条件的，无论出口商在出口信用保险中是否存在违约行为，融资银行的贷款损失都可以获得担保人的补偿。目前，中国出口信用保险公司的融资担保业务，主要是出口项目贷款融资担保和出口流动资金贷款融资担保。

（2）非融资担保

非融资担保是指担保人向进口商保证出口商按照进出口双方签订的合同履行其义务，因担保范畴不包括出口商的融资需求和还款风险，因而被称为非融资担保。

中国出口信用保险公司可以直接对外出具非融资担保函，也可以通过国内外其他金融机构转开此类保函。目前，中国出口信用保险公司开具的非融资担保函有投标保函、履约保函、预付款保函和质量维修保函等。

1）投标保函

投标保函是指担保人应投标人的申请，向招标人保证投标人中标后会履行标书规定的责任和义务的书面保证文件。在国际贸易或工程承包中，大型机械设备的买卖或工程项目的承建招标，通常要求投标人提供标价金额的1%~5%的投标保函，保证投标人在其投标的有效期内不撤标、不改标、不更改原报价条件，以及一旦中标后，投标人将按标书的规定，在一定时间内与招标人签订合同并提供履约保函。否则，招标人将依据投标保函索赔。

2）履约保函

履约保函是指担保人根据出口商或工程承包商的申请，向进口商或业主（招标人）出具的保证出口商或中标人履行合同项下的责任和义务的书面文件。按照国际惯例,履约保函的担保金额一般为合同金额的5%~10%,但某些国家要求担保金额等于合同金额。如果招标人要求的担保金额较高,则对出口商或中标人来说风险较大。因为招标人可能将巨额保函在国际资本市场上融资后,最终毁弃合同,这样就会给出口商或中标人和担保人造成巨大损失。

3)预付款保函

预付款保函是指担保人出具的保证出口商或工程承包商履行合同项下的责任和义务,否则退还进口商或业主预付的定金的书面保证文件。预付款保函通常在进口商的预付款到达出口商的账户后生效,否则极易导致敞口保函,一旦进口商无理索赔并未预付定金,则出口商或担保人将十分被动,有可能须以自身资金赔偿进口商。

4)质量维修保函

质量维修保函是指担保人出具的保证如果出口货物质量或工程质量与合同规定不符,国内出口商或工程承包商应及时更换、维修,否则担保人将按保函金额赔偿国外进口商或业主的书面保证文件。

4. 国外投资保险

(1)海外投资保险

中国出口信用保险中的海外投资保险是中国政府为鼓励中国国际贸易参与主体开展境外投资而推出的一种政策性金融工具,主要承保中国国际贸易参与主体在海外的投资及其收益因东道国或地区的政治风险等所遭受的损失。

海外投资保险产品包括股权保险和贷款保险两类产品。

从发达国家的海外投资保险的法律形式来看,既有属于中国国内法范畴的单边投资保险制度,也有属于国际法范畴的双边投资保险制度。

1)单边投资保险

在单边投资保险制度下,由投资者所在国家单独制定海外投资保险制度,设立保险机构,且不要求投资接受国确认或缔结双边协定,从而属于中国国内法调整范围。

2)双边投资保险

双边投资保险制度以对外投资国与投资接受国共同签署具有法律效力的协议为前提,它要求投资接受国予以确认。无论是双边投资协定还是多边投资协定,因属于政府间的协议,均具有国际法性质。

海外投资保险的特点:由政府机构或公营公司承保,其不是以营利为目的,而是以保护投资为目的;其对象只限于海外私人直接投资,而且被保险的私人直接投资必须符合特定的条件;其范围只限于政治风险,如征用险、外汇险、战争险等,不包括一般商业风险;其任务不仅仅是像民间保险那样进行事后补偿,更主要的是防患于未然,这一任务通常是结合两国之间的投资保证协定来完成的。

(2)来华投资保险

中国出口信用保险中的来华投资保险又称境内投资保险,承保外国和中国香港、中国澳门、中国台湾地区投资者的投资和既得利益以及为中国内地投资项目提供贷款的金融机构的贷款本金及利息,承担风险发生而遭受的损失并给予补偿。

6.4.4 国际贸易保险的责任范围

6.4.4.1 货物运输险责任范围

1. 海洋运输保险

海洋运输保险的基本险分为平安险、水渍险和一切险三种。海洋运输保险中一切险的责任范围最大,包括除战争和罢工等危险以外的一切外来原因造成的损失。水渍险与平安险的责任范围基本相同,所不同的仅是水渍险负责海上自然灾害和意外事故造成的部分损失,而平安险则不负此项责任。伦敦保险协会制定的《协会货物条款》第一条运输条款规定,上述三种险别保险责任的开始和终止日期是自货物运离保险单所载地点的仓库或储存处所开始运输时生效,在正常运输过程中继续有效,直至该项货物运达保险单所载目的地收货人仓库或储存处所或其他最后仓库或储存处所为止,或至该项货物运达保险单所载目的地或在目的地以前的其他仓库或储存处所时为止,这些仓库或储存所是被保险人为了分配、分派或为了不属于正常运输的储存而决定使用的,或至货物在最后卸货港全部卸离海轮后满60天为止。按照国际保险业的习惯,海洋运输保险基本险采用的是"仓至仓条款",即保险责任自被保险货物原保险单所载明的起运地发货人的仓库或储存处所开始生效,包括正常运输过程中的海上、陆上、内河和驳船运输在内,直至该项货物到达保险单所载明目的地收货人的仓库为止,但最长不超过被保险货物卸离海轮后60天。

(1)平安险

平安险这一名称在我国保险行业中沿用甚久,其英文原意是指单独海损不负责赔偿,根据国际保险界对单独海损的解释,它是指部分损失。平安险原来的保障范围只包括全部损失,但在长期实践的过程中,平安险的责任范围得到了补充和修订,当前平安险的责任范围已经超出了只赔全部损失的限制。概括起来,这一险别的责任范围主要包括以下几方面。

①运输过程中,由于自然灾害和运输工具发生意外事件,被保险货物的实际全损或推定全损。

②由于运输工具遭遇搁浅、触礁、沉没、互撞、与流冰或其他物体碰撞以及失火、爆炸等意外事故造成的被保险货物的部分损失。

③只要运输工具曾经发生搁浅、触礁、沉没、焚毁等意外事故，无论这个意外事故发生之前或者发生之后在海上遭遇恶劣气候、雷电、海啸等自然灾害造成的被保险货物的部分损失。

④在装卸转船过程中，被保险货物一件或数件落海造成的全部损失或部分损失。

⑤运输工具遭遇自然灾害或意外事故，在避难港卸货引起的被保险货物的全部损失或部分损失。

⑥运输工具遭遇自然灾害或意外事故，需要在中途的港口或者在避难港口停靠，因而引起的卸货、装货、存仓以及运送货物所产生的特别费用。

⑦发生共同海损引起的牺牲、公摊费和救助费用。

⑧发生了保险责任范围内的危险，被保险人对货物采取抢救、防止或减少损失的各种措施，因而产生的合理施救费用。但是，保险公司承担费用的限额不能超过这批被救货物的保险金额。施救费用可以在赔款金额以外的一个保险金额限度内承担。

（2）水渍险

水渍险的责任范围除了包括上列平安险的各项责任，还负责被保险货物由于遭受恶劣气候、雷电、海啸、地震、洪水等自然灾害造成的部分损失。

（3）一切险

一切险的责任范围除了包括上列平安险和水渍险的所有责任，还包括货物在运输过程中，各种外来原因导致的保险货物的损失。不论全部损失或部分损失，除对某些运输途耗的货物，经保险公司与被保险人双方约定在保险单上载明的免赔率外，保险公司都给予赔偿。

上述三种险别都有货物运输的基本险别，被保险人可以从中选择一种投保。

被保险人应按照以下规定的应尽义务办理有关事项，如因未履行规定的义务而影响保险人利益时，保险人有权拒绝赔偿有关损失。

①被保险货物运抵保险单所载明的目的港（地）以后，被保险人应及时提货，当发现被保险货物遭受任何损失时，应立即向保险单上所载明的检验、理赔代理人申请检验，如发现被保险货物整件短少或有明显残损痕迹应立即向承运人、受托人或有关当局（海关、港务当局等）索取货损货差证明。如果货损货差是由于承运人、受托人或其他有关方面的责任造成的，应以书面方式向他们提出索赔，必要时还须取得延长时效的认证。

②对遭受承保责任内危险的货物，被保险人和本公司都可迅速采取合理的抢救

措施,防止或减少货物的损失。被保险人采取此项措施,不应视为放弃委付的表示,本公司采取此项措施,也不得视为接受委付的表示。

③如遇航程变更或发现保险单所载明的货物、船名或航程有遗漏或错误时,被保险人应在获悉后立即通知保险人并在必要时加缴保险费,本保险才继续有效。

④在向保险人索赔时,必须提供下列单证:保险单正本、提单、发票、装箱单、磅码单、货损货差证明、检验报告及索赔清单。如涉及第三者责任,还须提供向责任方追偿的有关函电及其他必要单证或文件。

⑤在获悉有关运输契约中"船舶互撞责任"条款的实际责任后,应及时通知保险人。

此外,保险人可以要求扩展保险期。例如,对某些内陆国家出口货物,如在港口卸货转运内陆,无法按保险条款规定的保险期内到达目的地,即可申请扩展。经保险公司出立凭证予以延长,每日加收一定保险费。不过,在上述三种基本险别中,明确规定了除外责任。所谓除外责任,是指保险公司明确规定不予承保的损失或费用。

海洋运输保险的附加险别是基本险别责任的扩大和补充,它不能单独投保,附加险别有一般附加险和特殊附加险。

一般附加险有 11 种,包括偷窃、提货不着险,淡水雨淋险,短量险,渗漏险,混杂、沾污险,碰损、破碎险,串味险,受潮受热险,钩损险,包装破裂险,锈损险。特殊附加险包括交货不到险,进口关税险,舱面险,拒收险,黄曲霉素险,卖方利益险,出口货物到香港(包括九龙)或澳门存仓火险责任扩展条款,罢工险,海运战争险等。

一般附加险的责任范围如下:均已包括在一切险的责任范围内,凡已投保海洋运输保险一切险的就无须加保任何一般附加险,但应当说明海洋运输保险一切险并非一切风险造成的损失均予负责。特殊附加险的海洋运输战争险的承保责任范围,包括由于战争、类似战争行为和敌对行为、武装冲突或海盗行为,以及由此引起的捕获、拘留、扣留、禁制、扣押所造成的损失,或者各种常规武器(包括水雷、鱼雷、炸弹)所造成的损失,以及由于上述原因引起的共同海损牺牲、分摊和救助费用。但对原子弹、氢弹等热核武器所造成的损失不负赔偿责任。战争险的保险责任期限以水面危险为限,即自货物在起运港装上海轮或驳船时开始,直到标的卸离海轮或驳船为止;如不卸离海轮或驳船,则从海轮到达目的港的当天午夜起算满 15 天,保险责任自行终止。保险条款还规定,在投保战争险的前提下,加保罢工险不另收费。

货物运输险涉及海上损失程度的责任范围如下:按照货物险保险条例,不论担保何种货物运输险险种,由于海上风险造成的全部损失和共同海损均属保险人的承保范围。对于推定全损的情况,由于货物并未全部灭失,被保险人可以选择按全部损失或按部分损失索赔。倘若按全部损失处理,则被保险人应向保险人提交“委付通知”,把残余标的物的所有权交付保险人,经保险人接受后,可按全部损失得到赔偿。

除外责任是指保险不予负责的损失或费用,一般都有属非意外的、非偶然性的或须特约承保的风险。为了明确保险人承保海洋运输保险的责任范围,在中国人民保险集团股份有限公司《海洋运输货物保险条款》中,海洋运输基本险别的除外责任有下列五项:①被保险人的故意行为或过失所造成的损失;②各地发货人责任所引起的损失;③在保险责任开始前,被保险货物已存在的品质不良或数量短差所造成的损失;④被保险货物的自然损耗、本质缺陷、特性以及市场跌落、运输延迟所引起的损失和费用;⑤战争险和罢工险条款规定的责任和险外责任。航空运输、陆上运输、邮包运输保险的除外责任与海洋运输基本险别的除外责任基本相同。

2. 航空运输保险

(1)航空运输险

航空运输险责任范围是被保险货物在运输途中遭遇雷电、火灾、爆炸或由于飞机遭受碰撞、倾覆、坠落或失踪等意外事故所造成的全部或部分损失。

由于下列保险事故造成保险货物的损失,保险人负赔偿责任:

①火灾、爆炸、雷电、冰雹、暴风、暴雨、洪水、海啸、地陷、崖崩;

②因飞机遭受碰撞、倾覆、坠落、失踪(在3个月以上),在危难中发生卸载以及遭受恶劣气候或其他危难事故发生抛弃行为造成的损失;

③因受震动、碰撞或压力而造成破碎、弯曲、凹瘪、折断、开裂的损失;

④因包装破裂致使货物散失的损失;

⑤凡属液体、半流体或者需要用液体保藏的保险货物,在运输途中因受震动、碰撞或压力致使所装容器(包括封口)损坏发生渗漏而造成的损失,或用液体保藏的货物因液体渗漏而致保藏货物腐烂的损失;

⑥遭受盗窃或者提货不着的损失;

⑦在装货、卸货时和港内地面运输过程中,因遭受不可抗力的意外事故及雨淋造成的损失;

⑧被保险人对遭受承保责任内危险的货物采取抢救,防止或减少货损的措施而支付合理费用,但最高以不超过保险货物的保险金额为限。

由于下列原因造成保险货物的损失,保险人不负责赔偿:

①战争、军事行动、扣押、罢工、哄抢和暴动;

②核反应、核辐射和放射性污染;

③保险货物自然损耗,本质缺陷、特性所引起的污染、变质、损坏,以及货物包装

不善；

④在保险责任开始前，被保险货物已存在的品质不良或数量短差所造成的损失；

⑤市价跌落、运输延迟所引起的损失；

⑥属于发货人责任引起的损失；

⑦被保险人或投保人的故意行为或违法犯罪行为引起的损失；

⑧行政行为或执法行为所致的损失；

⑨其他不属于保险责任范围内的损失。

航空运输险的责任期限是保险责任是自保险货物经承运人收讫并签发保险单（凭证）时起，至该保险单（凭证）上的目的地的收货人在当地的第一个仓库或储存处所时终止。但保险货物运抵目的地后，如果收货人未及时提货，则保险责任的终止期最多延长至以收货人接到"到货通知单"以后的 15 天为限（以邮戳日期为准）。

（2）航空运输一切险

航空运输一切险的责任范围是除包括上述航空运输险的责任外，对被保险货物在运输途中由于外来原因造成的，包括被偷窃、短少等的全部或部分损失，保险公司也负赔偿责任。

保险公司对下述损失不负赔偿责任：

①被保险人的故意行为或过失造成的损失；

②由于工人罢工或运输延迟造成的损失；

③由于战争、敌对行为、武装冲突造成的损失；

④由于上述原因引起的拘留、扣押、没收或封锁造成的损失和各种常规武器以及炸弹所造成的损失；

⑤由于原子弹、氢弹等核武器造成的损失。

航空运输货物保险起讫日期是自被保险货物经航空公司收讫并签发航空运单时开始生效，在正常运输过程中继续有效，一般说来，直至货物运抵目的地交到收货人仓库或储存处所时止。但保险货物在到达目的地后，在航空公司保管期间的保险责任，最长期限以航空公司给收货人发出到货通知书当日午夜起算 30 天为限。

被保险人应按照以下规定的应尽义务办理有关事项，如因未履行规定的义务而影响保险公司的利益时，保险公司有权拒绝赔偿有关损失。

①被保险货物运抵保险单所载目的地以后，被保险人应及时提货，当发现被保险货物遭受任何损失时，应立即向保险单上所载明的检验、理赔代理人申请检验，如发现被保险货物整件短少或有明显残损痕迹，应立即向承运人、受托人或有关当局索取货损货差证明。如果货损货差是由承运人、受托人或其他有关方面的责任造成，应以

书面方式向他们提出索赔。必要时还须取得延长时效的认证。

②对遭受承保责任内危险的货物,应迅速采取合理的抢救措施,防止或减少货物损失。

③在向保险人索赔时,必须提供下列单证:保险单正本、提单、发票、装箱单、磅码单、货损货差证明、检验报告和索赔清单,如涉及第三者责任还须提供向责任方赔偿的有关函电及其他必要单证或文件。

3. 陆上运输保险

(1)陆运险

陆运险责任范围是:被保险货物在运输途中遭遇暴风、雷电、地震、洪水等自然灾害造成的全部或部分损失;由于运输工具遭受碰撞、倾覆或出轨造成的全部或部分损失;如有驳运过程,保险日期为货物到达最后卸载的车站后60天为限,则包括驳运工具搁浅、触礁、沉没、碰撞造成的全部或部分损失;由于运输工具遭遇隧道坍塌、崖崩或火灾、爆炸等意外事故造成的全部或部分损失。保险日期为直至该项货物送交保险单载明的目的地收货人的仓库时为止。

(2)陆运一切险

陆运一切险的责任范围是除包括陆运险的责任外,还包括由于外来原因造成的短少、短量、偷窃、渗漏、碰损、破碎、钩损、雨淋、生锈、受潮、受热、发霉、串味、沾污等全部或部分损失。保险责任是从被保险货物运离保险单所载明的起运地发货人的仓库或储存处所时生效,包括正常陆运和有关水上驳运,直至该项货物送交保险单载明的目的地收货人的仓库时为止。保险日期以货物到达最后卸载的车站后60天为限。

陆运险的除外责任与海洋运输险的除外责任基本相同。它主要包括:被保险人的故意行为或过失所造成的损失;被保险货物的自然损耗、本质缺陷、特性以及市场跌落、运输延迟所引起的损失或费用;在保险责任开始前,被保险货物已存在的品质不良或数量短差所造成的损失;属于发货人责任所引起的损失;本公司陆上运输货物战争险条款和货物运输罢工险条款规定的责任范围和除外责任。

4. 邮包运输保险

邮包运输保险按其保险责任分为邮包险和邮包一切险。邮包险与海洋运输保险水渍险的责任相似,邮包一切险与海洋运输保险一切险的责任基本相同。

(1)邮包险

邮包险责任范围是被保险货物在运输途中,由于遭受雷电、暴风、地震、海啸、洪水等自然灾害,或由于运输工具碰撞、搁浅、触礁、出轨、倾覆、坠落、失踪,或由于失火、爆炸等意外事故造成的全部或部分损失,或由上述事故引起的共同海损的牺牲、分摊和救助费用以及被保险人对遭受承保责任内危险的货物采取抢救,防止或减少货损的措施而支付的合理费用,但以不超过该批被救货物的保险金额为限。

（2）邮包一切险

邮包一切险除包括上述邮包险责任外,对被保险货物在运输途中,由于外来原因造成的包括被偷窃、短少在内的全部或部分损失,保险公司也负有赔偿责任。保险公司对因战争、敌对行为、武装冲突以及工人罢工所造成的损失,以及由于运输延迟或所保货物本质上的缺点或自然损耗直接造成的损失,运输保险的责任范围也各有不同。保险公司对被保险人的故意行为或过失所造成的损失,不负赔偿责任。保险期限是从被保货物经邮局收讫并签发邮包收据时开始生效,直至货物运抵目的地后。按照国际贸易货物运输方式的不同,在邮局保管的最长保险责任期限,以邮局给收件人发出通知书当日午夜起算 15 天内为限。

陆上、航空、邮包运输货物,除上述基本险别外,还可加保战争险和罢工险等特殊附加险。

对于被保险人来说,在办理国际邮包运输时,应当正确选用邮包的保价与保险。凡经过保价的邮包,一旦在途中遗失或损坏,即可向邮政机构按保价金额取得补偿。因此,对寄往办理保价业务的国家,可予保价。鉴于有些国家和地区不办保价业务,或有关邮政机构对保价邮包损失赔偿限制过严,或保价限额低于邮包实际价值,则可采取保险,也可采取既保险又保价的做法。根据中国人民保险集团股份有限公司规定,凡进行保价的邮包,可享受保险费减半收费的优待。我国通过邮包运输进口的货物,按邮包运输进口货物预约保险合同的规定办理投保手续。

6.4.4.2　出口信用保险责任范围

1. 短期出口信用保险

（1）商业风险

商业风险的承保范围为:买方破产或无力偿付债务;买方拖欠货款;买方拒绝接收货物;开证行破产、停业或被接管;单证相符、单单相符时开证行拖欠或在远期信用项下拒绝承兑。

（2）政治风险

政治风险的承保范围为:买方或开证行所在国家、地区禁止或限制买方或开证行向被保险人支付货款或信用证款项;禁止买方购买的货物进口或撤销已颁发给买方的进口许可证;发生战争、内战或者暴动,导致买方无法履行合同或开证行不能履行信用证项下的付款义务;买方支付货款须经过的第三国颁布延期付款令。

损失赔偿比例:由政治风险造成损失的最高赔偿比例为 90%,由破产、无力偿付债务、拖欠等其他商业风险造成损失的最高赔偿比例为 90%,由买方拒收货物造成损失的最高赔偿比例为 80%。

保险公司对被保险人在保险单有效期内从中国出口货物,并在按合同规定的条件下将货物交付承运人后,因下列原因引起的风险(包括商业风险和政治风险)予以承保。

商业风险,包括以下情形:①买方破产或者无力偿付债务,指买方被宣告破产或者买方丧失偿付能力;②买方拖欠货款,指买方收到货物后,违反销售合同的约定,超过应付款日仍未支付货款;③买方拒绝接收货物,指买方违反销售合同的约定,拒绝接受已运抵的货物。

政治风险,包括以下情形:①买方所在国家或者地区颁布法律、法令、命令、条例或者采取行政措施,禁止或者限制买方以合同发票列明的货币或者其他可自由兑换的货币向被保险人支付货款;②买方所在国家或者地区颁布法律、法令、命令、条例或者采取行政措施,禁止买方所购的货物进口;③买方所在国家或者地区颁布法律、法令、命令、条例或者采取行政措施,撤销已颁发给买方的进口许可证或者禁止进口许可证有效期的延展;④买方所在国家或者地区,或者货款须经过的第三国颁布延期付款令;⑤买方所在国家或者地区发生战争、内战、叛乱、革命或者暴动,导致买方无法履行合同。

短期出口信用保险对下列损失不承保:①在支付货款时已经或通常能够由货物运输险或其他保险承保的损失;②由汇率变更引起的损失;③由卖方本人或代表的任何人违反合同或不遵守法律引起的损失;④在货物交付前,买方已有严重违约行为,卖方有权停止发货,但仍向其发货而造成的损失;⑤在交付货物时由于买方没有遵守所在国法律、法令、命令或条例,因而未得到进口许可证或进口许可证展期所引起的损失;⑥由于卖方的或买方的代理人或承运人破产、欺诈、违约或其他行为引起的损失;⑦卖方向未经本公司批准信用限额并且不适用本人自行掌握的信用限额的买方出口所发生的损失;⑧在卖方遵守有关规定的情况下,在货物交付承运人之日起两年内未向投保公司索赔的损失。

在中华人民共和国境内注册的、有进出口经营权或对外承包劳务经营权的国际贸易参与主体,以如下方式签订的出口贸易合同适用于投保短期出口信用保险:①货物从中国出口或转口的货物、技术或服务;②销售合同在出口前已经生效,且明确主要合同条件;③支付方式为信用证,或者付款交单、承兑交单、赊销等;④付款期限一般不超过 180 天;⑤销售合同真实有效。

2. 中长期出口信用保险

中长期出口信用保险的承保范围是合同金额在100万美元以上，收汇期限超过360天的大型成套设备、机电产品或船舶等资本性或半资本性货物，技术成熟、国产化程度为60%~70%（船舶50%）以上，或回报率较高的大型基础设施建设，如公路、桥梁、电站等融资项目。其承保风险如下。

（1）中长期出口卖方信用风险

①负有还款责任的各方倒闭、破产、被接管或清盘，或丧失偿还能力。

②进口商或其还款担保人自商务合同规定的付款之日起未履行还款义务。

③进口商因故单方面停止或终止执行贸易合同。

④进口商所在国或任何打算偿还债务或履行商务合同规定的付款义务的第三国政府颁布法令实行外汇管制，限制汇兑。

⑤进口国与中国或任何有关的第三国发生战争、敌对行为，以及内战、叛乱、革命、暴动或其他骚乱，或发生不可抗拒的其他事件，致使合同无法执行。

（2）中长期出口买方信用风险

①海外进口商或借款人丧失偿付能力。

②进口商或借款人拖欠或拒付货款。

③进口商单方面终止或取消合同。

④货币不能兑换或汇出。

⑤项目所在国发生战争、革命、暴乱或其他政治骚乱。

⑥项目所在国取消或限制已执行的进出口合同。

⑦项目所在国政府宣布延期支付债务。

案例分析

案例描述

D公司成立于2006年7月，注册资本为1 000万元，为自然人独资的有限责任公司。股东和法定代表人均为同一人。其经营范围为：自营和代理各类商品及技术的进出口以及通过边境小额贸易方式向毗邻国家开展各类商品及技术的进出口业务。

2012年，公司为H行A+级客户，用信品种为出口信保项下融资。

D公司自2011年12月至2012年3月，在H行共办理出口信保项下融资贷款

12 笔，其中美元贷款 9 笔共 1 252.38 万美元，人民币贷款 3 笔共 2 739 万元。2012 年 3 月前的融资均能及时收回信保项下的应收账款。

1. 案例情况

2012 年 3 月，D 公司与 3 个国外买家签订销售合同，发货后向中国出口信用保险公司申报出口并交纳保费，中国出口信用保险公司出具短期出口信用保险承保情况通知书；D 公司向 H 行提出贷款申请，并提供了销售合同、商业发票、海运提单、海关报关单、信用限额审批单、短期出口信用保险承保情况通知书等单据；H 行审核相关单据，使用 D 公司电子报关卡，对每张报关单进行网上核查，并进行屏幕打印，同时通过当地海关查证是否结关。经查证，以上业务确已结关，H 行客户部门受理该公司的融资业务。

预计收汇日前 10 天，H 行开始通知 D 公司催促进口商及时付款，但截至融资到期日 H 行仍未收到信保融资项下的应收账款，之后同样的情况再次发生，三笔同一买家下的信保融资均形成逾期。贷款的具体情况如下。

2012 年 3 月 22 日，金额为 825 万元，约定借款期限为 2012 年 3 月 21 日至 2012 年 7 月 2 日。D 公司于 2012 年 7 月至 11 月累计通过自有资金偿还贷款本金 731 万元，现欠贷款本金 94 万元。

2012 年 3 月 22 日，金额为 1 391 万元，约定借款期限为 2012 年 3 月 21 日至 2012 年 7 月 2 日。该笔贷款全部逾期，现欠 H 行贷款本金 1 391 万元。

2012 年 4 月 10 日，金额为 523 万元，约定借款期限为 2012 年 4 月 10 日至 2012 年 7 月 10 日。该笔贷款全部逾期，现欠 H 行贷款本金 523 万元。

D 公司在 H 行逾期贷款本金总额为 2 008 万元。

2. 应对措施

2012 年 9 月 7 日，H 行向中国出口信用保险公司申报可能损失，并于 2013 年 3 月 22 日向当地中级人民法院提起诉讼。

同时，H 行停办了该公司出口信用保险项下贸易融资业务。对于发生逾期的业务，H 行一是对企业的账户进行监管，监督资金的回笼情况；二是及时与企业签订贷款到期通知书、逾期催收通知书；三是实地调查，及时准确掌握企业的经营情况。

3. 案例结果

2012 年 12 月 20 日，中国出口信用保险公司向 H 行提供了初审意见：经中国出口信用保险公司委托海外渠道介入调查，限额买家否认与被保险人之间存在报损项下货物贸易关系，否认对被保险人负有任何债务，并已就声明进行相关公证。鉴于以上，在被保险人进一步举证证明可以向限额买家确立无争议的销售合同债权之前，中国出口信用保险公司暂无法承担赔偿责任。

由于D公司和H行未能再提供中国出口信用保险公司所需的证明材料，截至2013年5月9日，逾期人民币贷款3笔共2 007.54万元。

案例思考与分析

本案中D公司为H行营销的新客户，尽管H行对贸易背景进行了认真细致的调查，但由于国外买家否认交易，而D公司和H行又无法提供更多证明D公司债权的证据，最终中国出口信用保险公司拒绝赔付形成不良。根据H行了解，D公司曾以担心索赔会对今后的投保有不利影响为由，要求经营行不要向中国出口信用保险公司索赔，并承诺以其自有资金还款，这一点不免让人对本案的贸易背景产生怀疑。

本案最终并未定案，但仍可从中得到一些有益的启发。

问题1：作为H行，如何对风险应对措施进行归类？

在本案例中，H行的风险应对措施可分为贷前、贷后及出险后三类。

问题2：结合本案例，按照分类标准阐述H行采取的风险管控措施。

贷前在对业务贸易背景及相关单据进行审查时，尽可能留存一切可以证明债权确立的材料，以备国外买家确认交易时进一步举证。特别是对于新客户应尽量联系国外买家核实交易情况，以确保贸易背景真实。

贷后要密切关注客户的货款收回情况，发现问题要立即停止为其办理新增出口信保融资业务，防止风险扩大。

出险后中国出口信用保险公司提供的意见仅是初步调查结果，如出口商或H行能够进一步提供其可接受的证明债权确立的证据，中国出口信用保险公司将继续调查，确认后予以赔付。因此，出口商如能积极配合H行与船运公司等相关机构联系，掌握货物到港、国外买家提货等证据，则H行很可能获得中国出口信用保险公司的赔付。

问题3：H行如何能得到保险赔付？

D公司认为本案中中国出口信用保险公司为买方核定的信用限额期限为120天，而D公司经营的服装成衣等大众化日用消费品并不畅销，当时又逢欧债危机屡发，赊销期120天根本不能满足国外客户的需求，所以买家违约并否认交易。因此，在贸易背景真实的情况下，经营行在贷前应对客户的贸易周期与中国出口信用保险公司可保信用期限进行分析，发现不匹配时应及时提醒客户并采取相关措施防范因买方恶意否认交易造成银行损失的风险。

参考文献

[1] 赵冬梅，闫东玲. 基于因子分析和聚类分析的中小制造企业信用评级研究[J]. 电子设计工程，2015，23(7)：82-85.

[2] 武亮，赵永秀. 国际贸易风险防范[M]. 北京：人民邮电出版社，2016.

[3] 唐宜红，张鹏杨. 后疫情时代全球贸易保护主义发展趋势及中国应对策略[J]. 国际贸易，2020(11)：4-10.

[4] 吴君民，徐刘阳. 新冠全球大流行背景下中国对外贸易的风险与对策探讨[J]. 理论探讨，2020(5)：17-22.

[5] 陈岩. 国际贸易理论与实物 [M]. 5 版. 北京：清华大学出版社，2021.